CW01663845

Cahiers d'Études africaines

Éditions de l'École des hautes études en sciences sociales

Rédaction

Campus Condorcet, EHESS
IMAF
5, cours des Humanités
93322 Aubervilliers cedex - France
Tél.: 01 88 12 02 21
Courriel: Cahiers-Afr@ehess.fr

Se procurer la revue

Abonnements/subscriptions

Éditions de l'EHESS
Campus Condorcet
Bâtiment EHESS
2, cours des Humanités
93322 Aubervilliers cedex
Courriel: editions-vente@ehess.fr

Un bulletin d'abonnement figure en fin de numéro.
Subscription form appears at the end of issue.

Diffusion/Distribution

HARMONIA MUNDI *livre*
Le Mas de Vert - Ancienne Route de St-Gilles
13200 Arles - France

Commandes téléphoniques
(+33) 04 90 49 58 05

Prix du numéro/Issue rates

	Tarif actuel	Tarif des numéros 1990-2022	Tarif des numéros antérieurs à 1990
Numéro simple	20 €	18 €	8,50 €
Numéro double	35 €	33 €	15,50 €
Numéro triple	45 €	42 €	20 €

Collection complète: 1650,00 €

Les Cahiers d'Études africaines sont mis en ligne sur Persée, JStor, OpenEdition et Cairn

Derniers numéros thématiques parus

2025 **Imaginaires de la liberté, expériences d'émancipation**
LXV (1) 257

2024 **Les équivoques de la dissuasion à la migration**
LXIV (2) 254

2023 **Retours de restitutions**
LXIII (3-4) 251-252

2022 **La classe en islam : entre piété et distinction**
LXII (4) 248

2022 **Salariats d'en bas**
LXII (1-2) 245-246

2021 **Femmes et droit dans les Afriques musulmanes**
LXI (2) 242

2020 **Soudan : identités en tension**
LX (4) 240

2019 **Paroles de papier**
LIX (4) 236

2019 **Le politique, une histoire de famille ?**
LIX (2) 234

2018 **Face à la sorcellerie**
LVIII (3-4) 231-232

2018 **Photographies contestataires, usages contestés**
LVIII (2) 230

2017 **Terrains et fugues de Georges Balandier**
LVII (4) 228

2017 **Renouveau monumental**
LVII (3) 227

2017 **Élites de retour de l'Est**
LVII (2) 226

2016 **De l'art (d'être) contemporain**
LVI (3) 223

2016 **Mobilités et migrations européennes en (post) colonies**
LVI (1-2) 221-222

2014 **Musiques dans l'« Atlantique noir »**
LIV (4) 216

2014 **Les mots de la migration**
LIV (1-2) 213-214

Cahiers d'Études africaines

LXV (2) 258 2025

études et essais

notes et documents

chronique bibliographique

Ouvrages recensés

AUREGAN Xavier & PAIRAULT Thierry (DIR.). *L'Afrique et ses présences chinoises.*

BONO Irène. *Un entrepreneur du national au Maroc. Ahmed Benkirane, traces et discrétion.*

CHEKROUN Amélie. *La conquête de l'Éthiopie. Un jihad au XVIe siècle.*

CHRÉTIEN Jean-Pierre. *Explorateurs et explorés au Burundi. Une vraie-fausse rencontre (1858-1900).*

COLLEYN Jean-Paul & SANOGO Mingoro. *Les «dit-on» et autres récits plus sérieux. Mali, 1980-2020.*

GAGLIARDI Susan Elizabeth. *Seeing the Unseen. Arts of Power Associations on the Senufo-Mande Cultural "Frontier".*

LACAM Clélia. *Le Bleu et le Noir. Jeux de pouvoirs dans une mission catholique féminine (Gabon, 1911-1955).*

ISSN 0008-0055
ISBN 978-2-7132-3413-2

Jean-Pierre Dozon & Allison Sanders

Jean-Louis Boutillier (1926-2024)

« Un magistère distancié, bienveillant et ironique »

Un chapitre de l'histoire de l'africanisme français vient de se refermer. Jean-Louis Boutillier s'est éteint au cœur de l'été 2024, à l'âge de 97 ans. Sa disparition intervient un an après la disparition de Marc Augé et quelques mois après celle d'Emmanuel Terray, lesquelles ont donné lieu à des textes d'hommage dans des numéros récents des *Cahiers d'Études africaines* (Colleyn 2024 ; Dozon 2024). Il était leur aîné de près de dix ans et il avait joué auprès d'eux un rôle majeur, lorsqu'il s'est agi pour ces deux agrégés de l'ENS, comme on le précisera plus au long, d'entamer une carrière d'ethnologue en Côte d'Ivoire, peu après l'indépendance du pays.

Juste après la Seconde Guerre mondiale, il avait commencé par suivre un cursus en droit, puis entrepris une thèse de doctorat en économie politique portant sur les économies sous-développées (Boutillier 1953), sous la direction de François Perroux après avoir obtenu une bourse d'études en 1951

FIG. 1. — JEAN-LOUIS BOUTILLIER EN 2005

Collection personnelle de Jean-Louis Boutillier.

à l'Université de Californie (UCLA) à Los Angeles. Toutefois, avant de se rendre aux États-Unis pour un an, il avait obtenu un certificat d'ethnologie au Musée de l'Homme où Marcel Griaule, Maurice Leenhardt, André Leroy-Gourhan, Jacques Soustelle ou encore Claude Lévi-Strauss dispensaient des cours et où Denise Paulme était responsable du département d'Afrique noire.

Mais c'est par l'entremise d'Hubert Deschamps, qui avait occupé de hautes fonctions dans l'administration coloniale (notamment comme gouverneur de la Côte d'Ivoire et du Sénégal), s'était fait administrateur-ethnographe à Madagascar et officiait comme responsable des sciences sociales à l'Office de la recherche scientifique et technique d'Outre-Mer (ORSTOM), l'actuel Institut de recherche pour le développement (IRD), ainsi qu'au Conseil supérieur des études sociologiques d'Outre-Mer[1], que Jean-Louis Boutillier trouva l'opportunité de concilier son double apprentissage par une première enquête de terrain en Côte d'Ivoire en 1954. C'était l'époque où le système colonial s'était quelque peu libéralisé (fin du travail obligatoire et du régime de l'indigénat, exercice de droits politiques et syndicaux, etc.), mais où la métropole paraissait vouloir renforcer ses liens avec ses territoires africains et malgache en voulant diversifier bien plus qu'auparavant leur mode de développement. En effet, depuis la fin du XIXe siècle, ce dernier avait fait des colonies africaines des colonies d'exploitation spécialisées notamment dans quelques cultures d'exportation (coton, arachide, café, cacao, etc.). Le franc CFA avait été créé en 1945 et, l'année suivante, le Fonds d'investissement pour le développement économique et social (FIDES), avec pour finalité d'améliorer les infrastructures, de mettre en place de grands projets d'exploitation agricole ou encore d'investir dans des industries de transformation telles que des huileries, des usines textiles ou des cimenteries. De ce fait, la population française expatriée ne cessait d'augmenter et de se renouveler, composée désormais de nombreux techniciens, ingénieurs, éducateurs et chercheurs de toutes disciplines.

Ces changements notables concernaient particulièrement la Côte d'Ivoire qui était devenue, suivant l'expression de l'époque, le fleuron des territoires africains de l'Union française grâce notamment au développement d'une économie de plantations, principalement de café et de cacao, mais aussi notamment de palmiers à huile dans les régions côtières du pays. Le FIDES avait précisément conçu la création d'une usine de raffinage d'huile de palme dans l'une de ces régions — le pays adioukrou — mais se heurtait à la résistance des producteurs locaux qui ne vendaient qu'une très faible partie de leur récolte à ladite usine. C'est à la recherche des raisons de cette résistance

---

1. Il se fit par la suite plus volontiers historien en occupant à la Sorbonne la première chaire d'histoire moderne et contemporaine de l'Afrique noire. Parmi ses divers ouvrages, voir en particulier DESCHAMPS (1970).

que Jean-Louis Boutillier, invité pour cela à travailler avec une ethnologue du CNRS, Marguerite Dupire[2], devait s'atteler. Ce qu'ils firent tous deux en réalisant une vaste étude focalisée sur l'histoire économique de la région et sur les transformations survenues dans l'organisation traditionnelle de la société locale (Boutillier & Dupire 1958). Ils montrèrent justement que la création de l'usine de raffinage avait modifié profondément les rapports de genre dans la production d'huile de palme. Les femmes, qui œuvraient à transporter les régimes de graines, refusaient d'être moins rémunérées que les hommes qui les récoltaient, et vendaient le produit final ailleurs qu'à l'usine en question. On pourrait dire que, par cette étude, Jean-Louis Boutillier et Marguerite Dupire inaugurèrent un type de recherche qui a pris plus d'ampleur au cours des deux-trois décennies suivantes sous le nom de socioéconomie ou d'anthropologie du développement. En même temps, ils étrennèrent des enquêtes qui se sont multipliées au cours de ces mêmes décennies, notamment à l'ORSTOM dans le cadre des études de terroirs, associant ethnologues et géographes ou encore sociologues et économistes pour rendre compte de la diversité des milieux ruraux africains en situation de développement.

Cependant, cette première enquête particulièrement formatrice fut vite suivie, toujours en Côte d'Ivoire, d'autres recherches en quelque sorte appliquées. La première, commandée par l'INSEE et par la FAO, qui mobilisa un collectif de chercheurs français, majoritairement statisticiens et économistes, consista à évaluer les problèmes que rencontrait la production vivrière dans le centre du pays, la région dite de Bouaké. La seconde, peut-être encore plus novatrice, et dans laquelle Jean-Louis Boutillier, devenu chercheur à l'ORSTOM, fut plus personnellement impliqué, porta sur la région et la ville de Bongouanou en pays agni. Par des enquêtes socioéconomiques minutieuses, il s'agissait d'examiner au plus près les modes de vie d'une population autochtone qui, grâce à l'essor de la cacaoculture et de la caféiculture comme au progrès de la scolarisation, incarnaient assez bien le succès économique et les avancées sociales de la Côte d'Ivoire. Il était également question d'étudier les modes d'insertion de diverses populations allogènes (venues notamment du nord ivoirien, du Soudan français ou actuel Mali et de la Haute-Volta) qui, travaillant comme main d'œuvre rurale, artisans et commerçants, participaient à leur façon fortement au développement de la région et à son urbanisation (Boutillier 1960).

Ici, on ne peut que mettre en exergue le contexte dans lequel se déroulèrent ces premières recherches de Jean-Louis Boutillier. La Côte d'Ivoire occupait une place de choix au sein de cette Union française, pas seulement pour des

2. Marguerie Dupire, née en 1920 et décédée en 2015, était l'aînée de Jean-Louis. Ethnologue au CNRS, elle était une grande spécialiste du monde peul.

motifs économiques, mais aussi parce qu'une personnalité du pays y jouait un rôle de premier plan : il s'agissait de Félix Houphouët-Boigny. Celui-ci, en effet, avait créé au sortir de la Libération un mouvement politique panafricain, le Rassemblement démocratique africain (RDA, auquel il affilia son parti, le Parti démocratique de Côte d'Ivoire), qui s'était apparenté au Parti communiste français et qu'avaient entrepris de réprimer, à la fin des années 1940, des autorités métropolitaines et des lobbies coloniaux qui n'entendaient nullement, là comme ailleurs (notamment à Madagascar et en Indochine), laisser se développer un mouvement indépendantiste. Mais, Félix Houphouët-Boigny, qui était devenu député et avait fait abolir le travail forcé, avait finalement rejoint au tournant des années 1950 l'Union démocratique socialiste de la Résistance (UDSR) de René Pleven, François Mitterrand et Gaston Deferre et était de plus en plus impliqué dans la vie de la IVe République. Ce fut d'ailleurs à ce titre, en l'occurrence à celui de ministre délégué à la Présidence du Conseil dans le gouvernement de Guy Mollet, qu'il participa en 1956 à la rédaction de la loi-cadre (dite aussi loi Defferre) qui conférait l'autonomie politique aux territoires africains. Or, Jean-Louis Boutillier, tout en suivant de près cette évolution très politique des choses, y fut en quelque sorte aux premières loges en étant nommé président du bureau de vote de la région de Bongouanou. Là, il fut en mesure de témoigner très directement de ce qui était en train de permettre pour la première fois aux Ivoiriens d'élire leurs représentants à l'assemblée territoriale, sans encore tout à fait savoir que le pays allait bientôt accéder à l'indépendance.

Mais, s'il retourna quelques années plus tard en Côte d'Ivoire, devenue comme toutes les autres colonies françaises d'Afrique, une République officiellement indépendante, c'est au Sénégal qu'il poursuivit sa carrière, incité par Lévi-Strauss lui-même, lors de son court retour en métropole, à entreprendre une nouvelle mission de recherche assez proche de celles qu'il avait réalisées en Côte d'Ivoire.

À la fin des années 1950, le Sénégal était devenu également autonome et une autre personnalité africaine d'importance, Léopold Sédar Senghor, était sur le point de présider à la destinée politique du pays. Dans le cadre d'un vaste projet de développement et d'aménagement de la moyenne vallée du fleuve Sénégal dans lequel était prévue la construction d'un barrage hydraulique, il s'agissait pour cette mission interdisciplinaire, au sein de laquelle Jean-Louis Boutillier remplissait la fonction de socioéconomiste, mais où intervenaient de jeunes chercheurs et assistants sénégalais, d'étudier les conditions de vie des populations locales et d'envisager les impacts possibles que la construction du barrage pouvaient avoir sur elles et le développement qu'il était loisible d'en attendre. La mission prévoyait aussi une étude, dont

Jean-Louis Boutillier eut plus spécifiquement la responsabilité, qui portait sur les mouvements migratoires, notamment ceux qui impliquaient les populations peules. Alors que le pays venait d'accéder à l'indépendance, et que sous la conduite de Léopold Sédar Senghor et de son chef de gouvernement, Mamadou Dia, il était engagé dans des projets de modernisation et de planification socialisants de ses mondes ruraux, Jean-Louis Boutillier fut à nouveau sollicité pour étudier pendant plusieurs mois les problèmes plus spécifiques de la Casamance[3], une région assez différente sur tous les plans du reste du pays qui, par la suite, fut le terrain de confrontations entre les autorités sénégalaises et des mouvements séparatistes.

Mais après la Côte d'Ivoire et le Sénégal, il lui fut demandé une vaste étude, au tout début de l'indépendance de la Haute-Volta (actuel Burkina Faso) et dans la perspective de possibles réaménagements, sur les différents types de structures foncières du pays. Ce fut là une étude de grande ampleur et d'une qualité assez exceptionnelle (alors même qu'elle dut être interrompue plusieurs mois, Jean-Louis Boutillier ayant été victime d'un grave accident de la route) puisqu'elle concerna les principaux groupes ethniques de la Haute-Volta et porta sur un échantillon de 400 villages et de près de 2 000 exploitations. Pour étudier les structures foncières, mais aussi et simultanément les organisations sociales et les manières culturelles de se représenter la terre et de se l'approprier (Boutillier 1964), il se fit de plus en plus ethnologue. Il revint dans les années 1970 en Haute-Volta pour prendre en charge un vaste programme de recherches sur les mouvements migratoires de nombreux de ses ressortissants, spécialement vers la Côte d'Ivoire.

À peine avait-il achevé cette nouvelle étude que la direction de l'ORSTOM lui demanda en 1964 de retourner en Côte d'Ivoire pour diriger le petit centre de recherche de Petit-Bassam, où étaient affectés essentiellement des chercheurs en sciences sociales ; ce centre obtint quelques années plus tard son autonomie administrative et financière[4]. À l'époque, le pays paraissait aller formidablement bien puisqu'on parlait à qui mieux mieux du « miracle ivoirien », cela dans une belle continuité avec cette étiquette de « fleuron » dont les autorités

3. Cette étude fut sollicitée par le père Louis-Joseph Lebret qui devint conseiller de Mamadou Dia pour la conception du plan de développement de l'économie sénégalaise. Celui-ci, par ailleurs, était un proche de François Perroux, directeur de la thèse de Jean-Louis Boutillier, puisqu'ils avaient fondé ensemble, sous l'Occupation, l'association catholique Économie et humanisme.

4. En général, les centres ORSTOM rassemblaient aussi bien les sciences dites dures que les sciences sociales. Le modeste centre de Petit-Bassam fut donc le seul à avoir permis aux sciences sociales de disposer d'une telle indépendance administrative et financière et on dut cette exception à un mouvement de revendication, porté par les chercheurs du centre, dont Jean-Louis Boutillier, en mai 1968.

coloniales l'avaient affublé depuis les années 1930. Au-delà de l'ORSTOM, la présence française y était de plus en plus marquée (au travers du ministère de la Coopération, mais aussi de nombreuses entreprises hexagonales) et les projets de développement se multipliaient : cela nécessitait le recours à des travaux en sciences sociales, notamment pour prendre la mesure des transformations qui affectaient diversement les nombreux groupes ethniques qui composaient la Côte d'Ivoire. Cependant, le pays était tenu d'une main de fer par Félix Houphouët-Boigny qui, assez naturellement, avait accédé à la fonction présidentielle, en imposant non seulement un régime à parti unique, mais aussi en faisant arrêter, en ce début d'indépendance, au moins plusieurs centaines de membres du parti et de personnalités qui lui étaient proches au motif d'avoir comploté contre son régime. Il s'avéra par la suite que ces arrestations étaient une entreprise d'épuration de la part de Félix Houphouët-Boigny afin de faire taire les contestations internes, spécialement celles qui visaient la manière dont le chef de l'État faisait de la Côte d'Ivoire un acteur de premier plan d'une Ve République gaullienne inséparable de son pré carré africain.

C'est dans ce contexte politique ivoirien assez pesant que Jean-Louis Boutillier prit ses fonctions et accueillit, parmi d'autres jeunes chercheurs, Emmanuel Terray puis Marc Augé. Et bien que le premier ne fût pas de l'ORSTOM (mais avait été recruté comme coopérant-enseignant à la toute jeune université d'Abidjan où il devint le premier directeur de l'Institut d'ethnosociologie qui y fut presque aussitôt créé) et que le second n'y fût détaché que pour quelques années, il lui revint de les aider à choisir leur terrain et de les initier quelque peu au travail d'enquête puisque l'un et l'autre (qui avaient suivi les enseignements de Georges Balandier à l'ENS) avaient décidé d'entreprendre des thèses en ethnologie, lesquelles, comme cela se faisait beaucoup à l'époque, consistaient en des monographies ethniques.

Dans ce centre de Petit-Bassam, Jean-Louis Boutillier fut plus largement à l'initiative de rencontres régulières autour des grands thèmes liés à ces exercices monographiques, tels que ceux relatifs aux systèmes de parenté et aux représentations collectives[5] ; et, en la matière, il était soutenu par un ethnologue de l'ORSTOM qui avait déjà travaillé sur ces grands thèmes, Pierre Étienne. Avec la collaboration de sa compagne états-unienne, Mona Étienne, celui-ci était en train de produire des connaissances majeures sur les alliances matrimoniales

5. Il ressortit de ces rencontres deux numéros remarquables des *Cahiers des sciences humaines* de l'ORSTOM, à la publication desquelles Jean-Louis Boutiller prit une part active, l'un sur les conceptions du temps dans quatre sociétés ivoiriennes (*CAHIERS DE L'ORSTOM* 1968), l'autre sur le mariage en Afrique de l'Ouest (*CAHIERS DE L'ORSTOM* 1971).

et les interdits de mariage au sein du monde baoulé[6], qui donnèrent lieu à des échanges épistolaires fournis avec Claude Lévi-Strauss.

De jeunes ethnologues ivoiriens étaient associés à ces rencontres organisées par Jean-Louis Boutillier : Georges Niangoran-Bouah et Harris Memel Fôté, qui devinrent assez vite des grands noms africains de la discipline, et, de temps en temps, le penseur, ethnologue et écrivain Amadou Hampâté-Bâ. D'autres chercheurs ou enseignants français, tels que l'ethnologue et poète Jean-Marie Gibbal et l'historienne Claude-Hélène Perrot y prirent également part.

Bien plus tard, son ami Marc Augé dit de Jean-Louis Boutillier qu'il exerçait sur ce cénacle franco-ivoirien « un magistère distancié, bienveillant et ironique » (Augé 2008), comme si, des savoirs issus de ses différents terrains d'enquêtes, il avait tiré la nécessité de pratiquer le doute méthodique et de remettre constamment l'ouvrage sur le métier. Lui-même parla de cette époque et de ce cénacle, en faisant à sa manière écho aux propos de Marc Augé, avec une certaine nostalgie tout en les mettant volontiers à distance critique. « C'était une sorte de bulle », dit-il (Boutillier 2008), pour bien marquer le fait que si naquirent là amitiés et complicités intellectuelles, ce fut dans un contexte politique assez singulier où bien peu de libertés d'expression étaient accordées par ailleurs aux citoyens ivoiriens.

Bien qu'il s'engageât à nouveau dans d'importantes enquêtes sur les migrations de travail voltaïques nécessitant la contribution de démographes, d'économistes et de sociologues, qui posèrent de délicats problèmes méthodologiques[7], la Côte d'Ivoire resta pour lui le pays où il se fit plus résolument ethnologue. En effet, au cours des années 1970-1980 (et alors qu'il n'avait plus la charge du centre de Petit-Bassam et qu'au contraire la direction de l'ORSTOM l'avait interdit de toute expatriation pour avoir participé au fameux ouvrage accusateur *Qui se nourrit de la famine en Afrique* [Comité d'information Sahel 1974] qui dérogeait prétendument à l'obligation au « devoir de réserve »[8]), Jean-Louis Boutillier se lança dans une vaste étude sur le royaume de Bouna situé dans le nord-est ivoirien.

Au départ, il comptait mener une enquête relevant de l'anthropologie économique telle qu'elle était en train de se pratiquer en Grande-Bretagne

6. Sur les travaux de Pierre Étienne, voir MARIE (1973).
7. Des désaccords, portant notamment sur le calcul des revenus que rapportaient au pays les migrations de travail vers la Côte d'Ivoire, apparurent au sein de cette équipe interdisciplinaire : si les uns et les autres (dont Jean-Louis Boutillier) firent des rapports, cette vaste enquête ne donna néanmoins pas lieu à une synthèse globale.
8. L'ouvrage, publié aux Éditions François Maspero en 1974, entendait démontrer que la sécheresse et ses conséquences alimentaires dans le Sahel au début des années 1970 étaient le résultat des politiques d'exploitation agricole durant la période coloniale, elles-mêmes poursuivies après les Indépendances.

depuis les recherches de Bronislaw Malinowski et de Raymond Firth, et dont, en France, il fut un précurseur sur le plan méthodologique, tandis que Claude Meillassoux, Maurice Godelier et quelques autres entendaient la développer dans le cadre de la théorie marxiste des modes de production[9]. Mais il élargit très nettement sa recherche en conduisant également une enquête d'anthropologie historique et politique : remontant au début du XVIIe siècle, il montra notamment que ce royaume avait eu cette spécificité de faire co-exister un ensemble de chefferies aristocratiques rassemblées autour d'un pouvoir royal et de communautés paysannes d'obédience en quelque sorte païenne avec des clans de commerçants musulmans, le tout reposant sur des rapports esclavagistes et des entreprises guerrières (Boutillier 1993). Et, fait remarquable, son travail (qui reçut en 1993 le prix Cornevin de l'Académie des sciences d'Outre-Mer) fut en forte résonance avec celui que menait Emmanuel Terray (1995) à peu près au même moment sur le royaume voisin abron avec lequel, par ailleurs, le royaume de Bouna était régulièrement en conflit.

D'autres enquêtes et d'autres expériences marquèrent le parcours professionnel de Jean-Louis Boutiller, dans le cadre de l'ORSTOM ou sur sollicitations d'autres institutions, ou liées à des initiatives collectives, telles que celle, tout à fait novatrice à l'époque, portant sur le tourisme en Afrique de l'Ouest (Boutillier *et al.* 1978).

Mais à partir de celles qui ont été mentionnées et qui ont marqué fortement ce parcours, il reste à mieux apprécier la place qu'il a occupée dans l'histoire de l'africanisme français, dans la mesure où ses recherches, comme ses contributions à celles de collègues français ou africains ont été durablement et très insuffisamment mises en avant.

Économiste, devenu sociologue et ethnologue, Jean-Louis Boutillier a été au cœur de dispositifs d'enquêtes pluridisciplinaires étroitement liés aux importants projets de développement qui ont accompagné, à partir des années 1950, les changements institutionnels et politiques de plusieurs des pays qui composaient l'Afrique occidentale française. La Côte d'Ivoire, le Sénégal, la Haute-Volta étaient trois scènes où, à la suite des travaux réalisés principalement par des administrateurs coloniaux et dans le sillage de ceux produits par des chercheurs professionnels (au premier chef, ceux de l'école griaulienne au Soudan français, l'actuel Mali, et les études conduites dans le cadre de l'Institut fondamental d'Afrique noire (IFAN) installé à Dakar), notamment celles de Georges Balandier et Paul Mercier au Sénégal ou de Denise Paulme en Guinée, les recherches en sciences sociales se sont multipliées et Jean-Louis Boutillier

9. En plus des ouvrages et rapports correspondant à ses enquêtes des années 1950, voir BOUTILLIER (1968 : 214-256). La contribution de Jean-Louis Boutillier à l'anthropologie économique est détaillée dans P. COUTY (1985 : 11-20).

y joua un rôle majeur. Il les inaugura en tant que socioéconomiste et, souvent, en tant que responsable d'équipes menant des enquêtes statistiques et des investigations plus qualitatives. Il fut aussi un véritable initiateur pour des jeunes chercheurs de l'ORSTOM ou d'autres établissements, qui réalisèrent, juste après les Indépendances, quantité de monographies sous l'égide de ceux qui, tels Georges Balandier et Gilles Sautter, y occupaient de fortes positions institutionnelles. Et, si nombre d'entre eux devinrent ses amis, on y compta également des jeunes chercheurs du cru, à l'exemple de Abdoulaye Bara Diop qui, après avoir travaillé avec lui, devint un grand spécialiste de la société wolof et surtout le père de la sociologie sénégalaise. Par ailleurs, on ne peut manquer d'évoquer la complicité qu'entretinrent Jean-Louis Boutillier et Bernard Dadié pendant plus de soixante ans, ce dernier ayant été tout à la fois un acteur de premier plan de la lutte anticoloniale au sein du PDCI/RDA et la figure éponyme de la littérature ivoirienne[10].

Mais ce qui fit la force et certainement la singularité du parcours de Jean-Louis Boutillier, et dont seuls celles et ceux qui l'ont connu d'un peu près (mais ils se font désormais de plus en plus rares) peuvent témoigner, c'est la manière avec laquelle il l'a conduit. Homme de terrain assurément, il était aussi un homme de grande culture prenant plaisir et curiosité à la conversation bien au-delà des sujets professionnels. C'était aussi une personne discrète voire secrète, qui s'est tenue résolument à bonne distance des positions institutionnelles et académiques, manifestant toujours une certaine ironie vis-à-vis d'elles, même quand il dut s'y confronter comme directeur d'un modeste centre ORSTOM, ou quand elles étaient occupées par ses meilleurs amis[11].

En tout cas, pour les auteurs de ces quelques lignes d'hommage qui ont eu le bonheur de le côtoyer, pour l'un, comme ancien membre de l'ORSTOM (ou plutôt de l'IRD), mais issu également du cénacle ivoirien de Petit-Bassam, pour l'autre comme jeune chercheure s'étant notamment penchée sur la fabrication de la « bibliothèque sénégalaise » (Sanders 2023), nul doute qu'il a représenté à lui seul un moment crucial de l'histoire de l'africanisme français.

Institut des mondes africains (Imaf), IRD, EHESS, Aubervilliers, France ;
Institut des mondes africains (Imaf), Aubervilliers, France.

---

10. C'est sur la recommandation de Georges Balandier, qui avait connu Bernard Dadié à l'IFAN de Dakar et à *Présence africaine* juste après la Libération, que Jean-Louis Boutillier fit la connaissance de ce dernier dès son premier séjour en Côte d'Ivoire. À partir de là, leur amitié fut à la mesure de leur longévité, Bernard Dadié disparaissant en 2019 à l'âge de 103 ans.
11. Cela n'a pas empêché Claude Lévi-Strauss de songer possiblement à Jean-Louis Boutillier pour la chaire d'étude comparée des sociétés africaines du Collège de France qui revint finalement à son amie Françoise Héritier.

BIBLIOGRAPHIE

AUGÉ M., 2008, « Petit-Bassam », *L'Homme,* 185-186 : 39-41.

BOUTILLIER J.-L., 1953, *Modèles macrodynamiques de développement économique basés sur le principe d'accélération : possibilités d'application aux économies sous-développées,* Thèse de doctorat, Paris, La Sorbonne.

BOUTILLIER J.-L., 1960, *Bongouanou, Côte d'Ivoire. Étude socio-économique d'une subdivision,* Paris, Berger-Levrault.

BOUTILLIER J.-L., 1964, *Les structures foncières en Haute-Volta,* Ouagadougou, ORSTOM.

BOUTILLIER J.-L., 1968, « L'enquête d'ethnologie économique », in J. POIRIER (dir.), *Ethnologie Générale,* Paris, Gallimard (« Encyclopédie de la Pléiade ») : 214-256.

BOUTILLIER J.-L. *ET AL.,* 1978, *Le tourisme en Afrique de l'Ouest. Panacée ou nouvelle traite ?,* Paris, Maspero.

BOUTILLIER J.-L., 1993, *Bouna, Royaume de la Savane Ivoirienne. Princes, marchands et paysans,* Paris, Karthala, ORSTOM.

BOUTILLIER J.-L., 2008, « C'était une sorte de bulle », *L'Homme,* 185-186 : 33-37.

BOUTILLIER J.-L. & DUPIRE M., 1958, *Le Pays adioukrou et sa palmeraie (Basse Côte-d'Ivoire). Étude socio-économique,* Paris, ORSTOM.

CAHIERS DE L'ORSTOM, 1968, « Temps et développement : quatre sociétés en Côte d'Ivoire », série sciences humaines, V (3).

CAHIERS DE L'ORSTOM, 1971, « Traite précoloniale, politique matrimoniale et stratégie sociale dans les sociétés lagunaires de Basse Côte d'Ivoire », série sciences humaines, VIII (2).

COLLEYN J.-P., 2024, « Les multiples facettes d'un anthropologue passionné, Emmanuel Terray (1935-2024) », *Cahiers d'Études africaines,* LXIV (III), 255-256 : 521-526.

COMITÉ D'INFORMATION SAHEL, 1974, *Qui se nourrit de la famine en Afrique ? Le dossier politique de la faim au Sahel,* Paris, Maspero.

COUTY P., 1985, « Trente ans d'anthropologie économique chez les économistes de l'ORSTOM (1954-1984) », in P. COUTY *ET AL.* (dir.), *Approche anthropologique et recherche économique à l'ORSTOM,* Paris, ORSTOM : 11-20.

DESCHAMPS H., 1970, *Histoire générale de l'Afrique noire, de Madagascar et des archipels,* Paris, Puf.

DOZON J.-P., 2024, « Marc Augé. "*As time goes by*" », *Cahiers d'Études africaines,* LXIV (1), 253 : 9-21.

MARIE A., 1973, « Structures, pratiques et idéologie chez les Baoulé », *Cahiers d'Études africaines,* XIII (2), 50 : 363-376.

SANDERS A., 2023, *Situations de l'africanisme français de 1945 à 1980. Lieux, institutions et figures,* Thèse de doctorat, Paris, EHESS.

TERRAY E., 1995, *Une histoire du royaume abron du Gyaman. Des origines à la conquête coloniale,* Paris, Karthala.

RÉSUMÉ

Dédié à la mémoire de Jean-Louis Boutillier et en résonance avec les hommages rendus récemment dans les *Cahiers d'Études africaines* à Marc Augé et Emmanuel Terray, ce texte entend saluer la carrière d'un chercheur, menée principalement à l'ORSTOM (actuel IRD), qui a marqué à la fois discrètement et fortement l'histoire de l'africanisme français. Commencée avant l'indépendance en Côte d'Ivoire et au Sénégal comme socioéconomiste dans le cadre d'enquêtes pluridisciplinaires sur des projets d'aménagement, la carrière de Jean-Louis Boutillier, tout en se poursuivant en Haute-Volta (actuel Burkina Faso), a pris par la suite une orientation nettement ethnologique. Œuvrant, au cours des années 1960-1970, à une anthropologie économique alors en plein développement, il s'intéressa aussi bien aux structures de parenté et d'alliance qu'aux systèmes politiques précoloniaux et participa activement à l'essor de ces domaines en étant à l'initiative de cénacles auxquels participaient chercheurs français et africains.

Mots-clés : Côte d'Ivoire, Haute-Volta (Burkina Faso), Sénégal, africanisme français, anthropologie économique, enquêtes pluridisciplinaires, systèmes politiques précoloniaux.

ABSTRACT

Jean-Louis Boutillier (1926-2024). "A Distanced, Benevolent and Ironic Magisterium". — Dedicated to the memory of Jean-Louis Boutillier and echoing recent tributes in the *Cahiers d'Études africaines* to Marc Augé and Emmanuel Terray, this text pays homage to the career of a researcher who, while discreet, left a lasting impact on the history of French African studies, primarily through his work at ORSTOM (now IRD). Jean-Louis Boutillier's career began before independence in Côte d'Ivoire and Senegal as a socio-economist working on multidisciplinary surveys of development projects. During the 1960s and 1970s, he was involved in the rapidly developing field of economic anthropology, taking an interest in kinship and alliance structures as well as pre-colonial political systems, and played an active part in the development of these fields by initiating cenacles attended by French and African researchers.

Keywords: Côte d'Ivoire, Senegal, Upper Volta (Burkina Faso), economic anthropology, French African Studies, multidisciplinary studies, precolonial political systems.

Jean-Luc Martineau

Le parcours emblématique de Michael A. Ajasin (1908-1997)

Du *Free Education Scheme* à la défense de la démocratie nigériane dans l'espace yoruba

Introduction

Contextes et sources[1]

Six états[2] du sud-ouest du Nigéria couvrent aujourd'hui ce que l'on peut considérer comme l'espace ethno-linguistique yoruba avec ses 27,6 millions d'habitants selon le recensement de 2006[3]. Écologiquement divisé entre une zone nord de savane et une zone sud de forêt tropicale et de mangrove, cet espace n'a jamais connu d'unité politique mais une myriade de royaumes

1. Du fait des normes éditoriales des *Cahiers d'Études africaines,* les références des ouvrages et des documents utilisés comme des sources sont mêlées aux références bibliographiques au lieu de figurer en notes de bas de page, à quelques exceptions près. Je le regrette car la proximité de ces références et du texte renforçait la démonstration.
2. Dans cet article, le substantif « état » est écrit sans majuscule car il désigne le plus souvent les états fédérés nigérians ou les royaumes modernes yoruba en tant qu'espaces politico-administratifs. Seules les occurrences du terme « État » dans « coup d'État », « chef d'État » ou « appareil d'État fédéral » seront dotées du « É » majuscule, encore que je ne partage pas ce choix de l'essentialisation ou de la glorification de l'état, qui vient des sciences politiques. Il ne se justifie, à mes yeux, que pour désigner une forme constitutionnelle ou a-constitutionnelle spécifique d'état comme l'« État français » de Vichy, l'*Estado Novo* salazariste au Portugal dans sa traduction française ou l'État nouveau sous Franco. Souhaitant ne pas diviniser les indépendances, je ne mets pas de majuscule à ce terme sauf pour les cas du type « fêtes de l'Indépendance au … ». En revanche, nous suivrons la typographie officielle du gouvernement nigérian dans *The Nigerian Gazette,* journal officiel du pays, qui met un S majuscule à toutes les occurrences de « State » pour désigner les états fédérés comme l'Ondo State.
3. Selon le recensement de 2006, sans l'Edo State qui constituait anciennement la partie orientale non yorubaphone de la Western Region sous les noms successifs de Mid-Western State, Bendel State et Edo State (<http://2023census.gov.ng/> [consulté le 7/09/2024]).

et d'empires rivaux, plus ou moins vastes, depuis le IXe siècle[4]. Il a fallu attendre la période coloniale pour que les Britanniques lui donnent un semblant d'unité administrative en constituant un ensemble de six *Western Provinces* toutes gérées depuis Ibadan[5]. À partir de 1945-1947, un processus politique de construction identitaire ethno-régional conduisit à un glissement qui fit du champ administratif un espace politique dynamique autour d'une association yoruba à vocation culturelle, l'Egbé Ọmọ Odùduwà et, à partir de 1951, d'un parti politique moderne, l'Action Group (AG). À ses côtés pour la revendication de la modernité et, très vite, de l'indépendance, mais en opposition à sa vision ethno-régionale de la politique, le National Council of Nigeria and the Camerooun (NCNC) était aussi largement implanté dans l'ouest[6] avec des leaders locaux hostiles à l'ethnicisation de l'action politique, à l'hégémonie supposée des Oyos et des Ijebus au sein de l'AG, héritiers de grands états prospères jusqu'aux XVIIIe et XIXe siècles et, plus prosaïquement, au profil politique socialiste ou social-démocrate de l'AG et de son chef, Obafemi Awolowo.

En conséquence, au fil de l'élection des nouveaux conseils mis en place, une classe politique se structura autour de ces deux partis, au niveau des villes, des districts et des provinces dans la région. Si le nom d'Obafemi Awolowo domina très vite pour incarner le leadership régional, il n'en demeura pas moins que son entourage politique tout comme celui composé par les amis yorubas de N. Azikiwe constituèrent un vivier de compétences militantes croissant. R. Sklar, attentif observateur de la vie politique nigériane à cette époque, identifie plus de 250 patronymes de militants yorubas dans l'index de son ouvrage publié en 1963. C'est beaucoup d'inconnus eu égard à la dizaine de fondateurs de l'AG en 1951 ou aux 29 *« Action Groupers »* arrêtés en janvier 1966 par l'armée. Inversement, beaucoup de noms d'acteurs politiques locaux n'y figurent pas alors qu'ils sont cités par Bola Ige (1995 : 411-423) ou M. A. Ajasin (2003 : 515-523) dans les index de leurs ouvrages respectifs. En effet, au fil de la démocratisation des institutions nigérianes jusqu'en 1966, des élections locales, régionales et fédérales, ce nombre s'accrut avec les

4. Voir les bibliographies de ces ouvrages publiés entre 1969 et 2008 : SMITH (1969), BIOBAKU (1973), FALOLA & HEATON (2008).

5. Mais ces six provinces intègrent un espace non yorubaphone (edo et itsekiri principalement) dans sa partie orientale lequel deviendra la Mid-Western Region en juin 1963 (actuels Edo State et Delta State).

6. Nous ne mettons pas de majuscule à « ouest », « est », « nord » ou « sud » quand ils sont seulement utilisés pour localiser un phénomène afin de les distinguer des occurrences où ils font partie intégrante en anglais d'une désignation géopolitique « Western Region », « Western State », « Mid-Western Region » ou « Mid-Western State ». Nous avons fait le choix de renoncer à la traduction « Région Occidentale » utilisée dans des travaux antérieurs pour rester au plus près des réalités institutionnelles.

nouvelles vocations suscitées par le contexte. Les fidèles d'O. Awolowo le rejoignaient avec une clientèle locale ou étaient placés par lui pour gagner la faveur de leur ville natale, l'incontournable *ancestral city* donnant seule la légitimité (Laitin 1986). Tous s'enracinaient localement et, pour certains, gagnaient en autonomie au point de devenir d'incontournables notables politiques locaux promis à de beaux avenirs. À partir de 1952, ils ont été des acteurs clés de la marche vers l'indépendance d'une part puis de la gestion de la région d'autre part or, sauf exception, ils n'ont pas suscité l'intérêt des historiens du Nigéria au point de faire l'objet de biographies scientifiques[7]. Contrairement à une idée reçue, à quelques exceptions près, même les chefs d'État ou les personnalités d'envergure nationale au moment des indépendances n'ont pas tous fait l'objet de chapitres biographiques ou de biographies. C'est vrai aussi pour la période plus contemporaine[8]. À cet égard, il n'existe pas de biographie scientifique d'O. Awolowo ou de N. Azikiwe. Problème de sources ? Peur d'affronter des titans ? Sensibilité du sujet et des terrains concernés plus de cinquante ans après les indépendances ? Difficultés à saisir et à rendre compte de la vie privée et familiale, de l'histoire intellectuelle du sujet, de ses affiliations religieuses ou philosophiques[9] ? Ce sera d'ailleurs

7. L'article de M. Krieger (1987) visant à restaurer l'image du premier ministre de l'Éducation d'O. Awolowo sur la scène politique fait figure d'exception.
8. C'est le cas par exemple de Patrice Lumumba dont le nom est repris dans 39 titres de livres référencés par la BNF et 70 à la British Library sans qu'aucun ne soit un vrai récit sur sa vie (sites consultés le 15/09/2024). Jomo Kenyatta quant à lui a fait l'objet d'un chapitre biographique séminal (Lonsdale 2002) qui donne à voir un Kenyatta plus spirituel et kikuyu que tacticien et nationaliste, mais il ne s'agit que d'une contribution sur une facette négligée jusque-là et non d'un ouvrage englobant toute une vie comme c'est le cas pour le classique *Dupleix* de M. Vigié (1993). Pour les biographies d'ampleur de Kenyatta, il faut se tourner vers les journalistes (Archer 1969 ; Murray-Brown 1972 ; Arnold 1974 ; Wepman 1985). Si J. Lonsdale (2002) s'attache à une facette de Kenyatta, H. Maupeu (2005) pour sa part s'intéresse plutôt à une succession de moments choisis de la vie de Wangari Maathai. Il ne rédige pas réellement sa biographie mais il tente de saisir ce qui, dans sa vie, l'a conduit au prix Nobel. Ce faisant, il s'écarte du personnage pour évoquer les opérations et les activités de Green Belt, l'association qu'elle préside, qui lui ont permis de flirter avec le pouvoir. Il piste les (in)constances de son positionnement idéologique, voire ethnique qui lui ont permis de se construire, privilégiant ainsi la facette idéologico-spirituelle de la femme politique. D. Rooney (1990) choisit le rare grand format pour son ouvrage sur Kwame Nkrumah, quand S. Bouamama (2014) esquisse des portraits thématiques de *Figures de la révolution africaine. De Kenyatta à Sankara*. M. Katumanga (2003) consacre un article partiellement biographique plus classique qu'il centre sur une période — l'histoire d'une ascension et d'une chute de 1978 à 2002 — à Daniel arap Moi qui se veut, en vain, la démonstration que « Daniel n'a jamais été un professeur de politique, il fut seulement un petit prof égaré en politique ».
9. La bibliothèque de l'Ajasin Foundation n'est pas celle du pédagogue et politicien car elle a été dispersée en partie. Elle ne donne donc pas une idée de ce que furent ses lectures.

sans doute la faiblesse de notre tentative ici même, faute de pouvoir croiser les sources pour esquisser le portrait de l'homme privé[10]. Quoiqu'il en soit, les historiens s'attachent prioritairement aux pas de ces titans dans les histoires nationales ou panafricaines qu'ils produisent et ce sont bien ces quelques leaders nationaux qui occupent le devant de la scène et semblent seuls au cœur de l'action, occultant leurs entourages.

Sortir des marges, témoigner des continuités profondes

Les conseillers locaux, municipaux ou députés régionaux, les ministres régionaux ou fédéraux ou les gouverneurs de régions parfois très vastes, dans le cas du Nigéria, ne font en effet pas l'objet de la même attention. À cet égard, on pourrait rejoindre Anaïs Angelo (2021) qui décrit des « marges » réelles, longtemps ignorées des biographes historiens (femmes, travailleurs, hommes politiques radicaux…) mais elle semble ignorer ce faisant des travaux réalisés depuis les années 1970 sur les femmes politiques en Afrique ne serait-ce qu'au Nigéria[11], voire sur les radicaux en politique[12]. Il serait plus juste, toutes opinions confondues, d'évoquer dans ces marges ce marais d'hommes et de femmes, rouages plus modestes — car la mémoire historienne ou mémorielle[13] en a décidé ainsi — de la machinerie politique. Aussi, consacrer un article biographique à ce type de personnalité, est-ce précisément s'aventurer aux « marges » (Angelo 2021) de l'espace jusque-là balisé des biographies de leaders nationalistes et ajouter une autre modalité aux exercices déjà parus.

Il ne mentionne aucun livre marquant dans ses *Memoirs and Memories* (Ajasin 2003). La seule piste qu'il donne c'est sa lecture des journaux nationalistes, démocrates et libéraux de N. Azikiwe dès les années 1930. Sur le plan religieux, on le sait anglican, habitué des églises de la CMS. On ne sait rien de ses voyages sinon ceux au Royaume-Uni.

10. Que faire d'un propos communément entendu, sous couvert d'anonymat, lors de plusieurs entretiens, selon lequel la raison pour laquelle le puritain O. Awolowo l'aurait écarté du premier gouvernement découlerait d'une appréciation plus morale que politique sur sa vie privée ?
11. Les travaux de Bolanle Awe, Nina Emma Mba ou LaRay Denzer ont balisé le terrain.
12. Voir l'édition de 1974 de la biographie laudative du Nigérian Aminu Kano (Feinstein 1987 [1974]) qui souffre de la proximité personnelle de l'auteur avec son sujet mais qui prend cependant du recul dans les chapitres finaux introduits en 1987.
13. C'est un autre aspect mais citons l'exemple du retour en grâce monumental à Accra au Ghana à partir de 2001 des « Big Six » (Ako Adjei, Edward Akuffo-Addo, Emmanuel Obetsebi-Lamptey, Joseph B. Danquah, William Ofori Atta) sous la présidence de John Kufuor quand il s'est agi de nuancer dans la mémoire collective le rôle de K. Nkrumah (Akyeampong & de-Graft Aikins 2008 ; Akyeampong 2023 ; Lenz 2013 ; Lenz & Lowe 2018).

Certes, on doit prendre de la distance avec les modalités du récit biographique classique qui sont souvent sympathiques aux héros nationalistes — en ce qui concerne les principaux leaders — mais ne convient-il pas, comme y contribue le *Maitron Afrique*[14], de commencer par (re)découvrir ces vies oubliées des *sunlights* pour réviser les poids des héros jusque-là privilégiés dans l'invention de l'Afrique post-indépendance ? L'exercice de la biographie d'humbles-pas-si-humbles permet de donner une autre profondeur aux grands moments connus et il permet d'en révéler d'autres non moins décisifs.

Prenons le processus de fissiparité au Nigéria et la multiplication des états fédérés (36, plus le territoire fédéral d'Abuja) qui en est le produit. Il est toujours étudié, en science politique essentiellement, comme le résultat d'une décision du centre, or que serait-il sans l'intense lobbying associatif ou celui de personnalités locales ou nationales ? Le cas de la création de l'Ondo State en 1976 évoquée par des membres de son entourage et M. A. Ajasin lui-même (Ajasin 2003 : 160-165 ; Adeloye *et al.* 1992 : 83-84), celui de l'Osun State en 1991[15] ou de l'Ekiti State en 1996 sont emblématiques du rôle de ces acteurs[16]. Comment comprendre l'exigence des militaires d'un consensus entre acteurs locaux sur le choix d'une nouvelle capitale ou d'un nouveau site universitaire avant de décider de la création d'un nouvel état ? Assurément parce que la future paix civile dépend de ces acteurs locaux, du charisme de certains à un instant T, de l'accord des rois *(oba)* yorubas du futur état pour s'effacer au profit de l'un d'eux[17].

Enfin, la biographie historique peut contribuer — volontairement ou non — à donner des arguments à de nouvelles ambitions sécessionnistes.

---

14. Voir <https://maitron.fr/spip.php?article160245> (consulté le 26/08/2024).
15. Entretiens pour l'Osun State : Adebisi Akande (Ibadan, juillet 2005), Oladunni Ayendipo, (New Bodija, Ibadan, 19 août 2005), Adebayo Salami (Osogbo, 15 août 2005)
16. Entretiens pour l'Ekiti State : général retraité Otunba Adebayo (Ikeja, août 2005), *Alaaye* d'Oke-Ayedun, (Oke-Ayedun, Ekiti State, juillet 2005), *Prince* Julius Adelusi-Adeluyi (Ikeja, août 2005), 'Biodun Oyebangi (Ibadan, août 2005), Godwin Olu Adegunde (juillet 2005), *Oba* Ala (Ibadan, décembre 2010), Rév. E. (Ire-Ekiti, janvier 2011), Nisi Adebayo (Ikeja, août 2005), John Adedamola Ajakaiye, *Oluyin* d'Iyin-Ekiti (Iyin-Ekiti, janvier 2008), *Chief* Gabriel Falegan Ojo (Ise-Ekiti, janvier 2008), *Chief* G. Abiodun Ogundele (New Bodija, Ibadan, décembre 2007), *Chief Justice* Olatawura (Ikole-Ekiti, déc. 2007), *Ewi* Rufus Adeyemo Adejugbe Aladesanmi III (Ado-Ekiti, décembre 2007). L'économiste en chef du général Abacha, ex-conseiller économique d'O. Awolowo et de l'AG à partir de la fin des années 1950 alors qu'il enseigne à la nouvelle université d'Ife, Sam Aluko, né en 1929 à Ode-Ekiti est crédité par les personnes interrogées en 2005 et 2010-2012 d'un rôle important dans la décision.
17. Voir l'exemple de la création de l'Ondo State (1976) évoqué entre autres par J. S. ADELOYE, N. F. AINA & M. A. AJASIN (1992), mais aussi celle de l'Ekiti State qui en procède (1996). Entretiens : *Ewi* Rufus Adeyemo Adejugbe Aladesanmi III (Ado-Ekiti, décembre 2007). Voir également les ouvrages d'O. FASUAN (2002) et d'A. OYEBODE (2001).

Ayodeji Olokuju, professeur d'histoire à la Lagos University salue ainsi, dans sa préface, *The Merchant Prince and the Monarch, Oba Oladunni Oyewumi, The Soun of Ogbomosoland* (Osuntokun & Oduwobi 2011 : ix)[18] :

> Greater emphasis has been placed on social and economic history and on more contemporary topics. One theme that has become more pronounced is bibliographical studies while community history has also experienced a form of resurgence [...]. Its importance derives from the conflation of community history and biography with a touch of economic history.

Cette biographie sert ainsi l'actuel réseau citoyen du nord de l'Oyo State qui aspire à faire créer un Northern Oyo State correspondant à l'ancien district colonial d'Oyo. Dans l'analyse de ce jeu de lobbying, aucun des acteurs locaux ne devrait voir son rôle négligé au profit d'un supposé *deus ex-machina*. C'est sans doute la recherche d'une telle reconnaissance que souhaitent toutes les Nigérianes et tous les Nigérians qui entament la rédaction d'autobiographies ou de biographies de commande qu'il convient de distinguer nettement des ouvrages dont nous parlions jusque-là. Cependant, ce chantier autobiographie peut avoir d'autres finalités dans d'autres contextes que la création de nouveaux états. Nous y reviendrons.

Depuis les années 1980-2010, l'attention des historiennes et des historiens qui travaillent sur l'Afrique subsaharienne s'est portée sur les continuités sociales et politiques dans la moyenne durée pour dépasser la supposée rupture des années 1960 et des indépendances. Elles et ils ont cherché quels liens et quelles continuités pouvaient être à l'œuvre dans l'histoire médiévale, moderne et contemporaine de l'Afrique ouverte sur le monde puis colonisée et par-delà 1960 (Coquery-Vidrovitch 1985 ; Coquery-Vidrovitch, Goerg & Tenoux 1998 ; Cooper 2002, 2018) sans négliger les réelles ruptures. Ils et elles ont décrit l'intrication[19] constante des apports puis des legs coloniaux aux sociétés africaines et, simultanément, les modalités de digestion, de transgression, de rejet, en un mot, de réception de ces importations par les Afriques. Or, si l'on conçoit bien que cette réception passe nécessairement par un médiateur, le

18. Jide Osuntokun, originaire d'Ekiti, universitaire et ambassadeur, est lui-même l'auteur d'une autobiographie (Osuntokun 2006) et il fait l'objet d'une note biographique de Toyin Falola (<https://toyinfalolanetwork.org/professor-jide-osuntokun-a-life-of-service-and-legacy/>). Il est aussi l'auteur de plusieurs autres biographies de notables yorubas (Osuntokun 1984, 2013) ou non (Osuntokun 1986). Il est à noter qu'aucun des co-auteurs de la biographie du *Soun* d'Ogbomoso n'est originaire du nord de l'Oyo State, ce qui leur donne une indépendance intellectuelle et politique ; ainsi ne risquent-ils pas de menacer leur statut social quoiqu'ils écrivent. Pour sa part, Tunde Oduwobi (2003) a consacré son début de carrière à l'étude du royaume ijebu.

19. Les termes « *entanglement* » et « *enmeshment* » sont aussi utilisés par G. A. Musila (2021 : 7).

rôle des individus n'a pas immédiatement attiré l'attention des chercheur.e.s. Sans doute parce que les archives administratives et les divers écrits donnent plutôt à voir les groupes, les phénomènes ou les événements que les hommes et les femmes qui les initient ou y participent. Au hasard de l'analyse d'un événement, les acteurs apparaissent pour ce qu'ils font à un instant T puis s'éclipsent en faveur d'autres qui, à leur tour, quittent le récit. Il arrive que l'historien les retrouve des mois ou des années plus tard dans un autre contexte. C'est là que se pose la question de l'entre-deux, vite doublée d'une frustration concernant ce qui est arrivé à ces acteurs ou ce qu'ils ont fait. Dès lors, une perspective biographique semble s'imposer pour une meilleure compréhension des événements. En outre, les acteurs non seulement participent au déroulé des événements mais ils en sont aussi l'un des constituants.

FIG. 1. — ESPACE YORUBA DANS LES ANNÉES 1920 : LES CINQ WESTERN PROVINCES

Source : Carte réalisée par Jean-Luc Martineau, 2025.

Ainsi, la biographie du missionnaire écossais David Clement Scott, en poste au Malawi, par le socio-anthropologue Harri Englund (2022) est emblématique de cette intrication entre l'homme, ses idées et le déroulé des événements socio-politiques qui « tisse une riche tapisserie de thèmes dans la vie et l'époque d'un visionnaire peu connu » (*ibid.* : 3). C'est la raison pour laquelle l'histoire de la lutte pour la justice et « la façon dont David Clement Scott, fils d'une famille de la classe moyenne d'Édimbourg [...] en est venu à rechercher la justice épistémique en Afrique centrale mérite une étude des multiples courants historiques qui ont traversé cette époque turbulente » (*ibid.* : 5). La légitimité de la biographie de David Clement Scott tient au fait que « la vision de Scott n'était pas limitée par un égalitarisme aveugle [...]. Les hiérarchies persistent, mais elles révèlent une humanité commune, et non des différences raciales ou culturelles innées. Il s'agissait d'une humanité commune vue d'un point de vue particulier » (*ibid.* : 4) avec ce que cela eut pour conséquences dans la vie des implantations missionnaires qu'il dirigea au Malawi et au Kenya et son rapport aux pouvoirs du moment.

La preuve par la biographie : intrication de l'Histoire et des récits de vie

Si cette intrication entre l'histoire collective et celle des individus qui légitime l'exercice biographique ne fait aucun doute, l'historien.ne professionnel.le a mis un peu de temps avant de rapporter aux acteurs la question des continuités et de l'enracinement des engagements des hommes qui ont œuvré en un lieu et pendant une période donnés, contribuant par là même à ces événements, continuités ou ruptures. Pour la plupart des acteurs, même les plus illustres, les fragments de vie s'invitaient dans le récit historique collectif pour l'illustrer, expliquer les inflexions du cours des choses. Comment comprendre la participation d'un Guy Fawkes au « Complot des poudres » fomenté par Robert Catesby sans remonter le cours de leurs vies déchirées par le conflit religieux du moment et la centralisation croissante du pouvoir royal ? Cela dit, ne feignons pas de découvrir l'intérêt de l'exercice biographique en Afrique car il n'est pas nouveau mais il servait d'autres objectifs : inventer des modèles héroïques ou sacrifiés pour stimuler le financement de la découverte de l'intérieur et la mise en « civilisation » du continent en aiguisant la curiosité des sociétés savantes, des communautés de croyants, des banquiers et des politiques, par exemple.

Initialement, pour l'Afrique, il y eut les hagiographies ou les autobiographies de missionnaires (Hinderer 1873). Les travaux d'histoire vinrent plus tard avec

J. F. Ade Ajayi (1992). Les vies d'explorateurs, ou plutôt le récit de leurs voyages (Lander & Lander 1832 ; Lander 2011) jalonnèrent le siècle de la découverte du continent. Avec les indépendances, les chefs des nouveaux états ont, pour certains, plutôt rares (Hymans 1971 ; Vaillant 1990 ; Angelo 2020), eu droit à leurs biographies. Au Nigéria, le genre biographique semble s'être développé à l'initiative d'historiennes militantes œuvrant pour l'essor de l'histoire des femmes. Bolanle Awe à partir de 1977 et Nina Emma Mba à partir de 1982 écrivent au départ une histoire collective des femmes au travail ou en politique. Bolanle Awe en 1992 dirige *Nigerian Women. A Historical Perspective* qui réunit neuf courts portraits individuels et un portrait collectif des femmes en lutte dans les années 1920 dans les provinces d'Oweri et Calabar jusqu'au massacre d'Opobo en 1929 (Awe 1992). Cheryl Johnson-Odim et Nina Emma Mba (1997) et LaRay Denzer (2001) préfèrent l'angle biographique et de plus longs ouvrages pour s'attacher à deux types de personnalités : Folayegbe M. Akintunde-Ighodalo, une haut-fonctionnaire yoruba et Funmilayo Ransome-Kuti, une femme politique engagée de longue date dans le combat anticolonial[20]. Cependant, C. O. Taïwo (1975) les a précédées avec sa biographie d'un autre haut-fonctionnaire *Henry Carr, An African Contribution to Education*. L'historien du droit Akin Alao (2007) livre la biographie du premier *Chief Justice* de la Western Region puis de la Cour suprême fédérale, Adetokunbo Adeniyi Ademola (1939-1972), yoruba mais avant tout nigérian. Quant à la biographie du général Yakubu Gowon par le politiste J. Isawa Elaigwu (1986), elle est de la même veine. À cet égard, Lisa A. Lindsay (2017) n'a pas tort quant à l'objectif nationaliste ou ethno-régionaliste de ces biographies en Afrique. Cependant elle généralise abusivement, en 2017, sur l'inflation de ces biographies dans la production historiographique, tout comme elle réduit caricaturalement le projet des « biographies [qui] sont attrayantes parce qu'elles prennent la forme de récits et qu'elles créent un sentiment d'empathie entre les lecteurs et leurs sujets » et dont les auteurs cherchent « la quintessence de l'histoire des grands hommes, centrée sur un personnage remarquable afin de voir comment cet individu a façonné sa société ou son pays, ou parfois le sien. [Et ils] décrivent souvent leur sujet comme un génie singulier, qui se distingue indubitablement du reste de sa société ».

On retrouve une typologie voisine lorsqu'on examine les autobiographies ou les biographies de commande publiées au Nigéria, en particulier dans le sud-ouest yoruba. D'un côté, les hommes politiques[21] et les administrateurs militaires (Afowowe 1998 ; Laoye 2003) qui cherchent à des degrés divers la

20. Pour la comparaison avec le militantisme de son fils Femi Kuti, voir Simola (1999).
21. Voir les références suivantes : Awolowo (1960), Akintola (1982), Adebimpe (1992), Adegoke & Babatope (1995), Ladigbolu (2001), Ajasin (2003), Osundeyi (2006).

légitimation et la reconnaissance de leur action avec des ouvrages de qualité inégale, parfois seulement partiellement rédigés avec des photographies, des extraits de presse ou des textes juridiques censés appuyer le propos sur leur temps à la tête d'un état fédéré ou du pays. Tels les entretiens, les autobiographies et biographies s'imposent comme une de nos sources. D'ailleurs l'ancien gouverneur de Lagos, Lateef Jakande, ne nous a-t-il pas accueilli une première fois en janvier 2008 d'un « Read my book ! I have nothing else to say ! ». De l'autre, les hauts-fonctionnaires comme Timothy Simon Adebo (1984, 1988) ou les magistrats[22] et les universitaires[23] qui veulent laisser l'image de l'État impartial qu'ils disent avoir servi, les hommes ou femmes d'affaires[24] qui veulent immortaliser ou faire immortaliser par une plume stipendiée ce que leur doit la communauté, et inversement, car les ouvrages commencent toujours par une description élogieuse et détaillée de leur scolarité dans les établissements missionnaires puis de leurs séjours d'étude à l'étranger ou au University College d'Ibadan créé en 1948 pour leur plus grande fierté. Concernant les plus jeunes, si elles ou ils appartiennent à la génération scolarisée à partir de 1955 par le *Free Education Scheme,* la reconnaissance de la dette à O. Awolowo et à l'Action Group est de rigueur.

Quoiqu'il en soit de l'hétérogénéité du genre biographique au Nigéria comme ailleurs, on ne peut donc pas tomber dans le travers consistant à dire que « les historiens professionnels ont eu tendance à déprécier les biographies », il suffit de penser au *Louvois* d'André Corvisier dès 1984 ou au *Louis XIV* de François Bluche en 1986 pour savoir que des regards critiques existent depuis longtemps et qu'ils sont nombreux déjà. Lisa A. Lindsay (2017 : 13 [notes 3-5], 14 [notes 6-9]), elle-même, contredit ses excès en citant nombre de travaux remontant aux années 1980 qui ne sont ni hagiographiques, ni nationalistes, ce qui n'exclut pas qu'ils explicitent le rôle d'un individu complexe dans un processus de construction ethno-national comme pour *Ken Saro-Wiwa* (Doron & Falola 2016). Certes, elle reconnait (*ibid. :* 15) :

Comme ce fut le cas pour les anthropologues écrivant des histoires de vie et les historiens d'Europe et d'Amérique écrivant des microhistoires, les années 1980 et le début

---

Entre histoire et biographie, voir l'ouvrage d'Ige (1995) et l'hagiographique *Bola Ige, The Passage of a Modern Cicero* (Ayo *et al.* 2003).

22. Voir les ouvrages d'Aluko (1994) de Mabogunnje (2011) et de Maliki (2012).
23. Voir les ouvrages d'Aluko (1994), de Taïwo (1996), d'Olaopa (1997), d'Olusanya (2003). Dans un genre tout à fait différent car il a plus à voir avec *Ake, Les années d'enfance* de W. Soyinka (1981), impossible de ne pas citer *A Mouth Sweeter Than Salt, An African Memoir* de T. Falola (2004). Voir aussi « Review : A Mouth Sweeter Than Salt : An African Memoir by Toyin Falola » (Taylor 2006).
24. Voir les ouvrages d'Egbeyemi (1996), d'Ajayi (2005) et d'Akinyeye (2009).

des années 1990 ont été des années fertiles pour les historiens sociaux africanistes dont certains se sont concentrés sur les vies individuelles. Contrairement aux biographes traditionnels, ils cherchaient à comprendre comment les forces historiques étaient vécues, voire façonnées, par les gens ordinaires ; et comme leurs sujets ne laissaient pas beaucoup de traces écrites (ou même n'en laissaient pas du tout), ils s'appuyaient largement sur les témoignages oraux.

De surcroît, si au détour de travaux monographiques sur les décolonisations sur tel ou tel pays, on a pu esquisser les parcours individuels de leaders régionaux ou d'importants notables politiques, les chercheurs se sont encore rarement penchés sur leur devenir politique après les transitions autour des années d'indépendance. Pour rejoindre Lisa A. Lindsay (2017 : 23), il s'agirait donc :

> À côté des grands hommes — d'Afrique ou d'ailleurs — nous avons des gens ordinaires qui font de grandes choses, des gens qui vivent des circonstances extraordinaires, des gens qui se réinventent et des gens dont le point de vue nous fait voir les choses d'une nouvelle manière. Lire et écrire ce qui s'apparente à des « biographies », c'est apprendre à connaître des personnes dont la vie a façonné le monde, même si nous n'avons jamais entendu parler d'elles auparavant.

À cet égard, l'écriture de l'histoire de l'Afrique laisse inconnus nombre d'acteurs, de militants politiques et civiques qui ont pourtant contribué à la transition des colonies vers la souveraineté et parfois, plus tard, vers la démocratie. *Mutatis mudandis,* ils sont les invisibles. Certes, ils relèvent d'une élite mais une élite que le contexte rend difficilement appréhendable individuellement faute de sources écrites[25]. Nous n'en sommes pas là pour M. A. Ajasin. Nos sources sont multiples mais éparses. S'il est vrai que ses *Memoirs and Memories* sont une source inestimable, ils ont pu être confrontés à d'autres types de sources.

Sources multiples mais éparses pour une biographie emblématique d'une époque

Cependant, il faut bien avouer qu'en histoire de l'Afrique, souvent, un type de sources succède chronologiquement à un autre et qu'il est parfois difficile de superposer les propositions. La période coloniale a livré beaucoup d'archives

25. C'est précisément l'objet du *Maitron Afrique,* désormais en ligne, de tirer de l'oubli ces militantes et ces militants.

administratives et politiques comme les débats parlementaires[26] et de journaux bien conservés mais cela cesse avec les nouvelles priorités des appareils d'États post-indépendance. À partir de là, ce sont les témoignages oraux, la littérature grise, les publications officielles des gouvernements fédérés lors des célébrations, des journaux parfois mal conservés ou inégalement mis en ligne qui prennent le relai. Ainsi nous avons pu consulter des documents sur le parcours universitaire de M. A. Ajasin aux National Archives de Londres et à l'Institute of Education de l'Université de Londres. En janvier 2011, l'Ajasin Foundation à Owo nous a permis de consulter ce qu'elle laissait à l'abandon dans des sacs plastiques et des cartons : des dossiers « Imade College File 19, Vol. 51 », « Private Archives Imade College 1962-1968 », certains avec des titres plus vagues « Owo Affairs Files 9, Vol. 34 » ou « Personal Mails File 14, Vol. 41 » mais isolés, non classés, des *diaries* inégalement remplis des années 1950 aux années 1980 avec de grosses lacunes chronologiques, ou des coupures de presse peu ou pas référencées. La plus grosse masse de documents concernait la période 1979-1983 quand M. A. Ajasin était gouverneur et produisait une littérature de propagande (école, santé, transport, finances…) comme son voisin d'Oyo, Bola Ige qui célèbre aussi avec une brochure les *« 25 Years of UPE in Oyo State »*. Dans ses archives d'Owo, la famille conserve aussi des exemplaires esseulés de *The Western Region of Nigeria, Debates* ou *The Western Region of Nigeria, Original Laws*. Cependant, j'ai pu reconstituer à force de photocopies à droite ou à gauche, une collection presque complète des débats parlementaires de la Western Region (Western House of Chiefs et Western House of Assembly) pour la période 1952-1965, ce qui permet de suivre la participation de M. A. Ajasin au travail parlementaire quand il siège au niveau régional. *A contrario* d'autres notables, M. A. Ajasin (2003 : 126-138, 297-312) n'hésite pas à faire mention dans ses mémoires des conflits qui peuvent l'opposer à ses camarades de parti ou de gouvernement et les débats parlementaires le confirment. Il peut même se dire en désaccord avec O. Awolowo. Confronté à ce que l'on sait

26. Les débats parlementaires sont désormais accessibles sur <https://ir.nilds.gov.ng/handle/123456789/309> à partir des *Debates in the Federal House of Representatives* (janvier 1955, août 1955), puis des *Federation of Nigeria, House of Representatives Debates* (sept. 1957, 6-17 mars 1958, nov. 1958, volume II, Session 1958-1959) jusqu'à la dernière session de 1966 (*Parliamentary Debates, Second Parliament, First Session,* 1965-1966, vol. 19, 13-20 octobre 1965) dans les volumes de *House of Representative Debates Official Report, Federal House of Representatives of Nigeria,* Lagos, Federal Government Printer, 1959 à 1966. Les décisions et les textes sont disponibles sur <https://gazettes.africa/akn/ng/officialGazette/government-gazette/1954-12-23/67/eng@1954-12-23> et sur <https://nigeriareposit.nln.gov.ng/browse/dateissued?scope=246c6469-f257-4c57-8859-72d9002f2919> (consultés le 16/07/2024).

de la vie politique yoruba par l'expérience du terrain, les lectures ou les entretiens en particulier, on peut évaluer les « postures ». Pour le moment de démocratisation (1989-1993) et la difficile période NADECO sous la dictature de Sani Abacha (1993-1998), Internet offre des occasions de diversifier les sources mais les pages de journaux consultées peuvent s'avérer éphémères et disparaître à moyen terme.

Cet article tentera néanmoins d'esquisser la biographie emblématique d'un homme d'État yoruba et nigérian aux fortes racines locales qui a traversé le XXe siècle. Emblématique de sa génération et de ses paradoxes parfois, par sa formation d'enseignant occidentalisé, longtemps frustré dans ses ambitions universitaires par le système colonial, même si c'est aussi à lui qu'il a dû son émancipation. Emblématique par le lent chemin vers le leadership politique qu'il suit au fil des avancées démocratiques concédées par le colonisateur. Emblématique enfin d'une lente entrée sur la scène historiographique dont il a longtemps été éclipsé par la figure d'un chef national et/ou régional qui focalisait tous les regards. Cependant, M. A. Ajasin est devenu l'un des continuateurs de ce commandeur. Il a incarné son héritage démocratique par-delà les années de dictatures militaires, du milieu des années 1960 à la fin des années 1990, comme l'un des gouverneurs élus en 1979 au côté des Victor Olabisi Onabanjo (Ogun State), Bola Ige (Oyo State) ou Lateef Jakande (Lagos State). En d'autres termes, il est de ceux pour qui le passé laisse de fortes traces explicitant le présent, chez qui l'intrication du passé et du présent donne à voir la continuité entre situation coloniale et situation post-indépendance (Smout 2007) au Nigéria. La presse et Internet jouent par ailleurs un rôle important dans cette entrée dans l'histoire de ces personnalités négligées. En effet, les nécrologies, les anniversaires de décès, les cérémonies, colloques ou publications de mémoires organisés par les familles sont autant d'occasions d'hommages. Par-delà les ruptures de 1945 ou de 1960, par-delà celles entre sociétés coloniales et ex-colonisées, cet article radicalement biographique souhaite modestement illustrer comment un parcours de vie entamé au début du XXe siècle contribue à la construction de la figure d'un militant démocrate des années 1990 mais aussi à celle d'une époque. Il vise aussi à tirer d'un relatif oubli une personnalité yoruba importante dans l'histoire nigériane.

Mutatis mutandis, par sa carrière à de multiples postes à responsabilités et par la diversité de ses engagements mais, à un moment donné, caractérisées par son investissement en faveur des questions scolaires, il est l'équivalent d'un Jules Ferry ou d'un William Edward Forster avec les législations scolaires fondamentales dans les années 1867-1886 au Royaume-Uni et en France dont ils ont été « les parrains (plus à vrai dire que les pères) »

(Lemosse 1944 : 8). On verrait d'ailleurs M. A. Ajasin plutôt aux côtés d'un Ferdinand Buisson conseillant les ministres J. Simon et J. Ferry et préparant les textes-cadres. Par son souci de démocratisation de l'école, il s'apparente à un Herbert Fisher avec sa loi sur l'obligation scolaire entre 5 et 14 ans au Royaume-Uni en 1918, à un Jean Zay ou à un Léo Lagrange en 1936 ou à un Richard Austen Butler avec l'*Education Act* de 1944. Pourtant, si certains de ces Européens ont fait l'objet de biographies plus ou moins détaillées par des historiens (Loeffel 1999 ; Bouneau & Callède 2012 ; Prost & Ory 2015) ou des journalistes (Howard 1987 ; Guilhaume 1992), ce n'est pas le cas de nombre d'hommes politiques nigérians, pour ne pas dire africains. Au Nigéria, à de rares exceptions près nous l'avons vu[27], la biographie est généralement un travail de commande à vocation hagiographique, qui souffre d'« oublis » dans la chronologie. Certes, les sites Internet liés aux parlements, aux médias, à l'Académie française[28] ou aux missions permettent de brèves biographies mais elles se cantonnent à des généralités facilement accessibles[29] et, selon le site, sont parfois d'une partialité anti-historique redoutable comme la page consacrée à L. S. Senghor :

> [...] il est élu premier Président de la République du Sénégal, le 5 septembre 1960. Ses activités culturelles sont constantes : en 1966, se tient, à Dakar, le 1er Festival mondial des arts nègres. Réélu Président de la République en 1963, 1968, 1973, 1978, il se démet de ses fonctions le 31 décembre 1980[30].

On est loin du *Senghor* d'Elara Bertho (2023) lequel n'a rien d'une hagiographie nationaliste. M. A. Ajasin a eu, lui aussi, ses thurifères dont les ouvrages sont pour nous d'intéressantes sources quand on les confronte à son autobiographie ou à d'autres documents. En 1992, huit de ses proches,

27. L'ouvrage de C. O. Taïwo (1975) est le résultat d'une thèse d'histoire soutenue à l'Université de Londres sous la direction de L. J. Lewis, professeur à l'Institute of Education. La biographie de L. Denzer (2001) d'une haute-fonctionnaire et militante féministe s'inscrit dans le courant de lutte contre l'invisibilité des femmes dans l'histoire nationale au prisme d'un regard africain qu'elle initie avec Bolanle Awe.
28. Voir <https://www.academie-francaise.fr/les-immortels/leopold-sedar-senghor> (consulté le 14/04/2024) ou <https://www.assemblee-nationale.fr/histoire/senghor/biographie_LSS_sign%C3%A9e.pdf> pour la version autobiographique tapuscrite de l'Assemblée nationale française.
29. Voir Herbert Fisher, <https://spartacus-educational.com/EDfisher.htm>, <https://rowntree.exeter.ac.uk/items/show/606> (consulté le 29/10/2024) ; R. A. Butler, <https://api.parliament.uk/historic-hansard/people/mr-ra-butler/1944>, https://www.bbc.co.uk/history/historic_figures/butler_rab.shtml> (consultés le 29/10/2024) ; Léo Lagrange, <https://francearchives.gouv.fr/pages_histoire/39468> (consulté le 29/10/2024).
30. Voir <https://www.academie-francaise.fr/les-immortels/leopold-sedar-senghor> (consulté le 14/04/2024).

universitaires, magistrats ou politiciens, ont publié *Michael Adekunle Ajasin, The Story of a Legend* (Adeloye *et al.* 1992), du vivant de son sujet. L'un des objectifs de l'ouvrage était de donner à voir les liens entre M. A. Ajasin et O. Awolowo décédé en 1987 pour légitimer sa position d'héritier dans le contexte de retour à la démocratie initié par le général I. Babanguida en 1987-1993. La moitié de l'ouvrage est constituée d'essais-hommages et l'autre de discours et d'interventions parlementaires de M. A. Ajasin sur divers sujets mais dans lesquels l'éducation n'est jamais absente. En 1995, sous la dictature du général Abacha, deux anciens membres du secrétariat central du United Party of Nigeria (UPN), *Chief* Segun Adegoke et *Chief* Ebenezer Babatope ont publié *Michael Adekunle Ajasin, Triumph of Idealism* (Adegoke & Babatope 1995) plutôt centré sur l'époque du UPN (1976-1983) mais qui n'élude pas les crises auxquelles il a été mêlé jusqu'en 1993. Outre la flatterie, un autre biais de ces ouvrages néanmoins incontournables est la proximité des auteurs les uns avec les autres. Cela laisse penser que la trace de l'oralité véhiculée par les récits entre amis qui se sont retrouvés régulièrement, pendant des décennies, nourrit largement leur mémoire donc leurs écrits. Pour les écrits qui se succèdent, les emprunts de l'un à l'autre ne sont pas à exclure non plus, en particulier pour les dates et les listes d'acteurs évoqués. Les auteurs font aussi un travail d'archives ou de bibliographie pour reproduire des documents officiels ou des résultats électoraux. La difficulté d'une telle biographie réside donc dans le croisement des sources qui empruntent déjà peut-être les unes aux autres, à commencer par la presse souvent redondante d'un journal à l'autre où l'on devine la reprise d'un communiqué officiel.

Ce qui, enfin, peut étonner l'historien, c'est le degré de précision de certains récits en particulier, concernant des noms, comme s'ils reposaient sur des notes prises à l'époque des faits ou sur une mémoire extraordinaire. J'ai pu consulter quelques-uns des *diaries* de M. A. Ajasin à Owo pour les années 1950 et 1960 et aucun n'était aussi détaillé que les publications postérieures. Un *diary* de 1952 mentionne simplement la mort du roi George VI et le couronnement d'Elisabeth II sans autre commentaire mais peu de chose figure sur la vie politique yoruba. Il y a donc eu probablement d'autres *diaries* plus étoffés et exclus de longue date de la consultation (prêtés ? perdus ? détruits ?).

S'il fallait justifier l'intérêt porté à M. A. Ajasin, ce pourrait être au titre de son rôle dans l'élaboration de l'identité politique yoruba et dans la révision — à la baisse — du rôle d'O. Awolowo dans ce processus de rendre à César ce qui revient à César. En effet, même si le notable d'Owo a participé à la construction de l'identité ethno-régionale yoruba, le rôle clé est toujours attribué au chef de l'AG par ses hagiographes et la mémoire collective. Le biographe engagé (Ladigbolu 2001 : 38) d'un autre gouverneur yoruba, Lam Adesina (1999-2003) reprend ainsi les termes connus pour désigner les élèves comme les « *Awolowo children* » et les locaux comme des « *Awolowo Schools* » afin d'illustrer le lien entre le *Premier*[31] de la Western Region et sa politique scolaire aux yeux de la population yoruba et de la postérité[32]. Dans le seul ouvrage à synthétiser une histoire de l'éducation au Nigéria, A. Babs Fafunwa (2004 [1974] : 180-183), dans ses pages dédiées à la « révolution éducative »[33] ne mentionne que les noms d'O. Awolowo et de S. O. Awokoya, ministre de l'Éducation qui mit en œuvre le *Free Education Scheme*. Ce n'est pas anodin car, plus radicalement, les ennemis d'O. Awolowo tentèrent en vain de populariser dans la littérature et la presse l'expression « *Awokoya children* » lors du conflit qui les opposa à partir de 1959-1962. Cela était et reste téméraire. Depuis mes débuts sur le terrain yoruba en 1991, aucun des interlocuteurs que j'ai rencontrés pour des entretiens n'a fait l'impasse sur l'importance de l'éducation chez/pour les Yorubas et sur le rôle d'O. Awolowo dans cette cristallisation identitaire. Au mieux, l'un d'eux a concédé un jour que le mérite lui revenait, quel qu'ait été son rôle réel, car ce n'était pas démériter que de s'entourer des meilleurs conseillers. Le livret universitaire de M. A. Ajasin[34] prouve d'ailleurs qu'il fut un étudiant de très bon niveau qui sortait du lot aux yeux de ses enseignants.

Quoi qu'il en soit, la célébration en 1980 du projet de gratuité de l'école primaire de 1955 par un nouveau et très nombreux personnel politique a aussi réactivé le trinôme yoruba/école/Awolowo tout en mettant en avant une nouvelle catégorie d'acteurs. M. A. Ajasin, nouvellement élu gouverneur de l'Ondo State en a fait partie, toujours au côté d'O. Awolowo, comme tous les gouverneurs yorubas alors élus sous la bannière du UPN. De plus, la duplication de l'idée de gratuité pour le secondaire en 1979-1983 dans le seul sud-ouest et, depuis les années 2000, pour l'université publique a prolongé l'effet du *Free Education Scheme* (FES). La promesse par les gouverneurs ADN (Alliance

31. *Premier* est le titre constitutionnel en langue anglaise du chef de gouvernement des *Regions* dans l'ensemble proto-fédéral nigérian. Le titre de *Prime Minister* était réservé au chef du gouvernement central nigérian.
32. Dans le dictionnaire historique de FALOLA & GENOVA (2009 : 354), à la définition d'« *Universal Primary Education (UPE)* », on peut lire : « The idea of universal primary education was launched in 1955 by the Western Region's government. It calls for free primary education for all young Nigerians, to be funded by the government. The Action Group, under the leadership of Chief Obafemi Awolowo, took a particular interest in the scheme. In the Western Region, the system remained in place until 1976. »
33. Voir aussi l'ouvrage d'A. S. THAKUR & A.N. EZENNE (1980).
34. Archives, Institute of Education, Université de Londres, dossiers personnels (consultés en juillet 2018).

Fig. 2. — Brochures commémoratives des 25 ans du FES en 1980

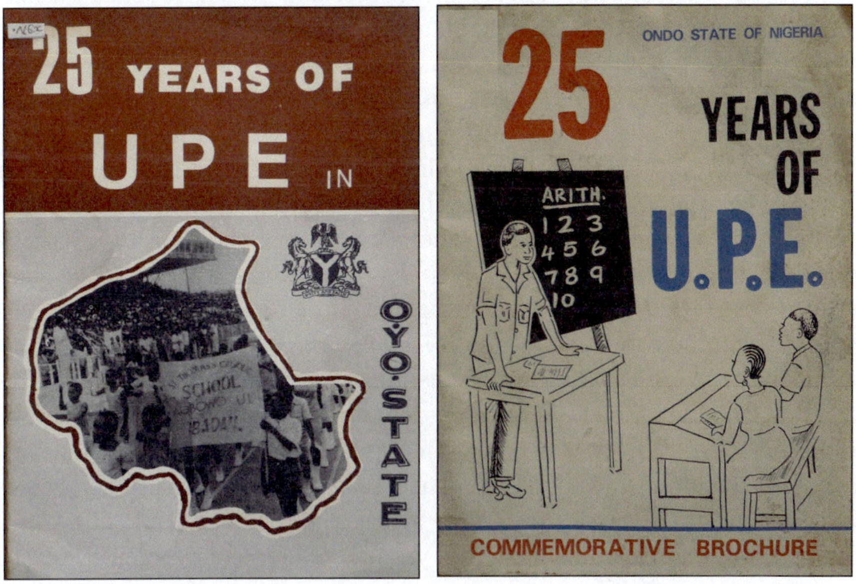

Source : Ajasin Foundation, Owo, Ondo State.

for Democraty, Nigeria) depuis 1999 d'améliorer l'encadrement primaire et secondaire, la démocratisation des programmes, le remplacement des *social studies* par l'enseignement de l'histoire dans l'état de Lagos puis, au niveau fédéral avec le président A. Tinubu ont eu les mêmes conséquences politico-identitaires. Ce n'est pas un hasard si le général yoruba O. Obasanjo, qui a succédé au général Gowon, a lancé en 1976 le *Universal Primary Education,* un programme d'école primaire gratuite à l'échelle fédérale. Tous les acteurs politiques yorubas, même libéraux, se doivent de parler d'école quand ils convoitent un poste électif.

Enseignant puis chef d'un établissement d'enseignement secondaire, M. A. Ajasin a été un militant indépendantiste nigérian d'origine owo-yoruba et un homme politique de premier plan dès les années 1950 même si *Chief* Bola Ige le décrit comme un « directeur d'école effacé » mais très bon connaisseur de la politique à Owo[35]. Il a alterné engagement pédagogique et engagement politique, les deux se rejoignant en 1951-1952 quand il rédigea l'*Action*

35. Un hommage en forme de coup de pied de l'âne (Ige 1995 : 23).

Group White Paper sur le *Free Education Scheme*[36] et, en 1979-1983, quand il fit adopter la gratuité pour l'enseignement secondaire dans les états yorubas gouvernés par le UPN, dont l'Ondo State où il était gouverneur. Profil emblématique d'une certaine élite formée à partir des années 1910 par les écoles missionnaires, dans son cas la CMS (Church Missionary Society), il s'engagea en politique au côté des nationalistes indépendantistes yorubas à son retour de Londres en 1947 à l'Egbé Ọmọ Odùduwà et, à partir de 1951, à l'Action Group. Il incarna une identité nationaliste et progressiste dont sa formation, son travail de principal lors de la création de l'Imade College en 1946 dans sa ville d'Owo, son temps comme gouverneur UPN de l'Ondo State avec le bilan qu'il a laissé (1979-1983) et son engagement à la tête de la NADECO (1993-1997) sont emblématiques. Dans ses *Memoirs and Memories,* publiées à titre posthume, M. A. Ajasin (2003) rendit hommage aux maîtres rencontrés tout au long d'un cursus complexe et méritant. Il fit de même à l'égard de son parrain en politique *Chief* O. Awolowo non sans expliciter clairement ce qu'il devait aussi à ses communautés d'appartenance, sa ville, son état, sa région et son pays. Il a eu soin d'inscrire son action à chacun des niveaux qui définissent, tous ensemble, son identité citoyenne, yoruba et nigériane. Quoiqu'il en soit, il a été un acteur politique majeur tout au long de sa vie. Sans que l'on soit certain de la véracité de cet épisode évoqué par Obafemi Awolowo (1960 : 221) car cela tient du propos apocryphe maintes fois rapporté, Ajasin aurait sauvé du découragement *« The Chief »* qui déplorait la faible participation aux réunions initiales de préfiguration de l'AG et s'apprêtait à renoncer à faire le bien de son peuple. Son parcours s'avère emblématique d'une réussite collective et générationnelle. Pour l'éducateur, il convient donc de détailler le parcours de formation et le parcours professionnel qui ont précédé une carrière politique qui prit fin avec sa mort le 3 octobre 1997 au University College Hospital d'Ibadan[37] en pleine dictature de Sani Abacha dont il fut l'un des adversaires les plus visibles mais encore négligé par l'historiographie (Diamond, Kirk-Greene & Oyediran 1997)[38].

36. Parmi de nombreux autres militants rencontrés en entretiens dans les années 1990-2013, B. IGE (1995 : 66, 85) le confirme sans ambiguïté.
37. S. Ayodela, « Adekunle Ajasin : If Only the Dead Could Rise », *The Nigerian Tribune,* 15 novembre 2022, <https://tribuneonlineng.com/adekunle-ajasin-if-only-the-dead-could-rise/> (consulté le 20/07/2023).
38. L. Diamond, auteur du « PostScript and Postmortem », ne mentionne qu'Anthony Enahoro quand il parle de la NADECO or M. A. Ajasin en est le co-fondateur avec Anthony Enahoro. Son nom n'est pas dans l'index non plus alors qu'Enahoro, pourtant identifié comme *« vice-chairman »,* fait l'objet de six mentions (DIAMOND, KIRK-GREENE & OYEDIRAN 1997 : 576).

Michael Adekunle Ajasin en situation coloniale

Premiers pas de sujet colonial

L'enfance de M. A. Ajasin et ses débuts dans la vie d'adulte rappellent de nombreuses biographies (Akin 2007) ou autobiographies (Awolowo 1960 ; Ige 1995) d'hommes politiques ou de notables nigérians et, au-delà, africains. Ils sont représentatifs du fonctionnement d'un groupe social économiquement hétérogène que les situations coloniales, rurales ou urbaines ont mis au contact d'une ou plusieurs formes de modernités européennes : les missions chrétiennes et leurs écoles, le monde du commerce colonial, l'agriculture spéculative et/ou les opportunités d'emplois tertiaires offertes par les colons. Cependant, les vies d'élèves restent encore peu étudiées y compris en Europe (Condette & Castagnet-Lars 2020 : 11-32). Pour sa part, M. A. Ajasin est né à Ujugbere le 28 novembre 1908, un gros hameau cacaoyer, au sud d'Owo, de parents originaires de la ville d'Owo, Deborah Adesa et Peter Ajasinmola. La famille revient à Owo (province d'Ondo, Western Provinces) pour les week-ends et les fêtes comme le festival Igogo célébré par l'*Olowo* d'Owo. Son père, Peter, converti à l'anglicanisme (CMS) entre 1892 et 1901 était fermier et pionnier de la culture du cacao à Owo (Howes 1946 : 153 ; Berry 1967, 1968, 1975 ; Chauveau 1995). À ce titre, c'était un exploitant agricole aisé. Il s'était converti à l'anglicanisme sous l'influence du père de sa future épouse, Pa Tenabe, lui-même converti en 1893 alors qu'il était réduit en esclavage à Ilesa. Il appartenait donc à une famille anglicane prosélyte, très active dans l'implantation de la CMS à Owo et à Ujugbere. Un profil type de famille qui se retrouve dans la plupart des cités yorubas de l'époque, produit de la réorientation des activités économiques vers les cultures d'exportation et d'intégration à de nouvelles routes de commerce, avant même la colonisation dans le dernier tiers du XIXe siècle.

Il était fils aîné d'une fratrie de cinq enfants et membre de la famille royale d'Owo par son arrière-grand-père paternel, l'*Oba* Adedipe Elewuokun (1781-1833) mais aussi par sa grand-mère paternelle. Double ascendance qu'il détaille dans *Memoirs and Memories* (Ajasin 2003). Il a passé ses cinq premières années à Ujugbere avant d'être scolarisé à Owo à partir de 1914, à 6 ans, à la Saint Paul School d'Owo, créée en 1913 par le *Chief* Elerewe dans les limites de sa concession. Il n'y avait que trois élèves dans sa classe. Son père, comme beaucoup d'autres parents, aurait préféré le voir travailler aux champs mais le catéchiste D. A. Fawehinmi le convainquit de l'inscrire. M. A. Ajasin vécut alors chez sa grand-mère paternelle avec huit autres petits-enfants de cette dernière. Ainsi, les modalités de la scolarisation à l'occidentale s'intriquaient avec les modalités anciennes, privilégiées par les familles africaines qui confiaient à un ou une membre de la famille, réputé.e compétent.e pour cela, la charge de l'encadrement des enfants en apprentissage ou, comme ici, scolarisés. Le jeune Ajasin participa aux activités des Scouts et était inscrit au club de football. Il acheva sa scolarité élémentaire en *Standard V* en juin 1921 car il fut dispensé de *Standard VI* par un inspecteur britannique en tournée, M. Yeates, qui le nomma immédiatement élève-instituteur dans son école à l'âge de 13 ans, selon une pratique de l'époque. Il devint donc titulaire d'un *School Leaving and Transfer Certificate* en 1922 et d'un *Pupil Teacher's Certificate* en 1923. Il ambitionnait alors de poursuivre dans l'une des Grammar Schools de Lagos mais le *Board of governors* lagosien de la CMS ne le lui permit pas. Il entra finalement sur concours à Saint Andrew's College, l'établissement phare de la CMS à Oyo en janvier 1924.

Comme pour beaucoup de ses condisciples et futurs collègues d'origine modeste, le parcours de formation professionnelle de M. A. Ajasin fut souvent conditionné par des décisions qui ne lui appartenaient pas, obstacles ou appuis bienvenus. Au Saint Andrew's College, il obtint le *Teachers' Third Class Certificate* à l'issue de quatre années. Il fut d'abord affecté deux ans à la St Andrew's Primary School à Warri. Il passa alors le *Pupil Teachers Examination* et obtint le *Teachers' Second Class Certificate*. À ce moment-là, il se fixa pour objectif de poursuivre sa formation à l'université afin d'être en mesure d'ouvrir un collège secondaire à Owo.

Il candidata donc pour devenir professeur à la CMS Grammar School de Lagos mais de nouveau les autorités religieuses lagosiennes de la CMS ne le lui permirent pas. Il dut prendre un poste d'*assistant teacher* à la Saint Luke's School à Sapele (avril 1930-juin 1931). Il en devint directeur par intérim la même année quand son directeur, M. Okhaiwere, en fut chassé pour avoir séduit une élève. En juillet 1931, il devint officiellement directeur de la Saint Luke's School sur intervention d'un inspecteur et il y resta douze ans jusqu'en septembre 1943. En 1933, il tenta de préparer par correspondance le *(London) University Matriculation Examination* pour entrer à l'université au Royaume-Uni grâce au University Tutorial College mais le programme incluait le latin qu'il n'avait jamais appris et des mathématiques à un niveau trop élevé par rapport à ce qu'il savait. Il échoua. Pendant cette période, il passa l'examen en deux parties lui permettant de devenir *Senior Certificate Teacher* sans attendre les huit ans d'expérience requis en théorie mais l'examen supposait d'attendre deux ans entre chaque épreuve (géographie en décembre 1933 et histoire en décembre 1936)[39].

39. *Assistant teacher* à Saint Andrew's CMS School, Warri, janvier 1928-mars 1930 ; *assistant teacher* à Saint Luke's CMS School, Sapele, avril 1930-juin 1931 ; directeur d'école à

FIG. 3. — MICHAEL ADEKUNLE AJASIN JEUNE
AU DÉBUT DE SA CARRIÈRE D'ENSEIGNANT

Source : Ajasin Foundation, Owo, Ondo State.

C'est aussi à cette époque de sa vie que se dessinèrent les contours d'un futur couple, lui aussi assez représentatif des binômes matrimoniaux et socio-religieux en politique au Nigéria. Ce fut pendant son séjour à Sapele que M. A. Ajasin se maria en 1939. En 1932, il avait rompu des négociations de mariage avec une famille qui ne voulait pas scolariser sa promise jusqu'en *Standard VI* puis au Queen's College de Lagos comme il le demandait. Après avoir envisagé plusieurs épouses possibles, il accepta en 1936 d'épouser Comfort Babafunke Tenabe, ancienne élève du United Missionary College d'Ibadan et institutrice à la Saint Patrick's School d'Owo. Elle fut plus tard recrutée par la CMS Saint Stephen's Primary School à Ondo pour ouvrir une classe de filles. Le mariage fut planifié dès août 1936 et le site de la future

Saint Luke's CMS School, Sapele, juillet 1931-septembre 1943.

maison du couple fut défriché dans le cadre de la construction de trois logements de fonction à Sapele[40]. Le 12 janvier 1939, la cérémonie eut lieu[41].

À Sapele, il était en territoire urhobo, hors de l'espace yoruba, mais il fut très impliqué dans la vie associative locale (African Recreation Club) et dans celle de la paroisse de la CMS. Il était alors un lecteur de l'*African Morning Post,* un quotidien du groupe de Ndamdi Azikiwe publié en Gold Coast et livré chaque semaine dans la ville portuaire qu'est Sapele. Il fut aussi secrétaire de la branche locale du Nigerian Youth Movement par lequel commença son engagement en politique. Il devint aussi à cette époque le secrétaire local de la Nigerian Union of Teachers, première organisation syndicale de la colonie, fondée en 1931 par le pasteur CMS, Israel Oludotun Ransome-Kuti, un des pionniers de l'enseignement et du nationalisme au Nigéria.

Formation professionnelle outre-mer (1943-1947)[42]

D'origine modeste financièrement mais remarqué par ses maîtres d'école, M. A. Ajasin a donc suivi toute sa scolarité et fait ses débuts d'enseignant dans le sud-ouest du Nigéria. Il ne prit le chemin du Fourah Bay College en Sierra Leone qu'en septembre 1943[43]. Il avait gardé en tête de créer le collège secondaire d'Owo que les notables d'Owo réclamaient depuis 1921 aux responsables

40. Le 12 janvier 1939, la cérémonie, présidée par le Réverend D. A. Fawehinmi, vicaire à Owo, commença en l'église Holy Trinity et se poursuivit au Holy Trinity Hall, à Idoani, village de la mariée. Le couple rejoignit ensuite Owo pour un *Thanksgiving Service* le dimanche 15 janvier à l'église Saint Andrew suivi d'une grande réception où tout « le *Who's who* de la division d'Owo » (AJASIN 2003 : 23) était présent. Le couple Ajasin fut également fêté lors du retour de l'enseignant à Sapele en présence de collègues, du pasteur, de nombreux fidèles et des *Girls'Guides*. Le couple était déjà notabilisé car la communauté scolaire de Sapele lui consacra un tournois de tennis, un concert et un *Parents' Book* au Sapele Recreation Club le mercredi 25 janvier 1939. Un premier fils, Modebola Adefolahan Oladapo Oluwafemi, naquit le 18 octobre 1939. Suivirent quatre autres enfants.
41. On retrouve l'ensemble de ces dates et de ces données dans l'ouvrage de J. S. ADELOYE & N. F. AINA (1992 : 17-24).
42. Un outre-mer qui inclut des territoires de l'empire colonial britannique et du Royaume-Uni.
43. Archives, Institute of Education, Université de Londres, « dossiers personnels » (consultées en juillet 2018). Le dossier d'Ajasin fait état de l'ensemble des formations suivies depuis les années 1930 jusqu'à son retour à Lagos. On y trouve des courriers échangés avec et entre ses mentors britanniques Margaret Read, Leonard John Lewis de l'Institute of Education, intervenant au University College of Gold Coast d'Achimota et correspondant du Fourah Bay College et divers administrateurs gérant sa scolarité. Il conservait dans ses archives des articles de Margery Perham dont les dix pages de « Britain response to the end of colonialism » publié dans *The Colonial Review,* en mars 1955 (Ajasin Foundation, *« Private Archives »,* Owo, Nigéria).

locaux de la CMS[44], mais il devait auparavant faire des études universitaires. Les sources narratives proposent une lecture téléologique de sa vie mais n'en informent pas moins sur les ambitions du jeune Yoruba, confirmées par les archives scolaires. Une annonce dans le *Daily Times* en mai 1943 proposa les bourses « Adebayo Agbebi » pour le Fourah Bay College. L'entrée était conditionnée par la réussite au *College's Matriculation Examination*. Il passa le concours (8-12 juin 1943) et le réussit. Si la bourse privée « Adebayo Agbebi » alla à son condisciple Emmanuel Oladipo Ajao Alayande, il obtint cependant une bourse des notables d'Owo qui sélectionnèrent son dossier parmi quatre. Le financement communautaire allait de pair avec la promesse qu'il créerait et dirigerait le futur collège. Il arriva en bateau à Freetown le 1er octobre 1943 après avoir démissionné de Sapele. Il passa sa scolarité sur le site provisoire du Fourah Bay College à Mabang. Parmi la promotion de quinze élèves, il était l'un des deux Nigérians et l'un des six non Sierra-Leonais. M. A. Ajasin obtint son *Bachelor of Arts* de l'Université de Durham (anglais, économie et histoire moderne) depuis le Fourah Bay College en juillet 1946.

Cette année 1946, au lendemain de la Seconde Guerre mondiale, illustre assez clairement les difficultés que rencontraient aussi bien les individus se destinant à l'enseignement que les institutions éducatives à cette époque. Malgré un contrôle croissant sur les structures existantes depuis les années 1920, le gouvernement colonial n'avait pas encore de politique éducative à mettre en œuvre. C'est sans doute aussi une année qui marque la fin d'une époque. Jusqu'à cette date, seule l'initiative privée missionnaire présidait vraiment à l'extension des structures de formation et, pour partie, au financement des candidats-étudiants ainsi que le parcours de M. A. Ajasin l'illustre. Pendant sa scolarité au Fourah Bay College, il conçut le dessein de poursuivre plus avant ses études à Londres pour obtenir un *Diploma of Education Course* mais il rencontra de nouveau un problème de financement. Les notables d'Owo qui faisaient avancer leur projet de collège secondaire avec l'appui des *District Superintendants* successifs de la CMS voulaient le voir à l'œuvre très vite. En effet, l'Imade College venait d'ouvrir le 18 février 1946 avec 18 élèves[45]. La communauté d'Owo se résolut à attendre un an de plus et ses études à Londres furent financées grâce à l'entremise de son oncle *Chief* Samuel Adeloye, président de l'Owo Cooperative Marketing Society, laquelle lui octroya le budget nécessaire pour son année à Londres.

---

44. Rév. C W. Jebb (1921-1933) et Rév. John G. Byrnell (juin 1933-1935), *District Superintendants* de la CMS et *Archdeacon* Dallimore, *District Superintendant* d'Ado-Ekiti, chargé d'Owo par intérim (1936-1943). En 1943, le Rév. I. O. S. Okusanya, principal du nouveau St John's Teacher Training College d'Owo cumule sa fonction avec celle de *District Superintendant* de la CMS pour Owo (1943-...).

45. Ajasin Foundation, *« Private Archives »*, Owo, Ondo State, Nigéria.

Il prit la mer le 2 août 1946 pour passer un an à l'Institute of Education (IOE) de l'Université de Londres en vue du diplôme visé avec trois spécialités (administration et gestion d'un établissement secondaire, enseignement de l'anglais et de l'histoire)[46]. Outre les soutiens financiers d'Owo, il reçut l'appui institutionnel du directeur des études du Fourah Bay College, H. E. Thomas, et du Dr Margaret Read de l'Institute of Education (IOE) à Londres. Il était logé, à titre payant, à Londres dans une des cités universitaires construites par le gouvernement britannique pour les étudiants d'Afrique de l'ouest.

Quand il évoque son engagement associatif ou politique, il insiste sur son ancrage africain et nigérian. À Londres, il n'a pas rencontré O. Awolowo, futur leader régionaliste, ni fréquenté les réunions socio-culturelles yorubas de l'Egbé Ọmọ Odùduwà. Ses seuls contacts militants au Royaume-Uni ont été ceux qu'il a eus avec les membres de la West African Students' Union (WASU) dont son vice-président, le Ghanéen Kojo Botsio, futur maître d'œuvre de l'*Accelerated Development Plan for Education* en Gold Coast en 1951 (Asante, Arhin, Essien, Bentil & Asibey 2024)[47]. L'un comme l'autre étant enseignants et anciens du Fourah Bay College pendant la guerre, il est difficile d'imaginer qu'ils n'ont pas échangé à propos de l'avenir des systèmes scolaires dans leurs pays respectifs. En outre, les objectifs des politiques qu'ils ont initiées ont été identiques. Courant 1947, M. A. Ajasin a fait partie des fondateurs de l'Union of Nigerian Students of Great Britain and Ireland avec les juristes Thompson Tanimowo Solaru, Dennis Chukwudebe Osadebay, Hyacinth Ugboma Kaine et l'enseignant Aminu Kano. Ce syndicat nigérian fut éphémère du fait de la dispersion de ses membres de retour au Nigéria vers des horizons variés. Lui-même quitta Londres pour le Nigéria le 12 septembre 1947.

46. Archives, Institute of Education, Université de Londres, dossiers personnels (consultées en juillet 2018).

47. Selon le témoignage de Geoffrey Winter, *Senior Education Officer* en Gold Coast entre 1948 et 1954, le texte de l'ADPE de 1951 était le résultat du travail de trois hommes : Kojo Botsio, ministre de l'Éducation, Tom Barton, l'ex-*Director of Education* devenu son *Permanent Secretary* et Sidney Hogben qui le remplaça comme *Director :* « The Director was charged with producing a plan to put this promise into immediate effect [...]. Sidney Hogben was responsible for the production of the Accelerated Development Plan for Education, 1951. It was produced chapter by chapter, each being submitted in turn for Kojo Botsio's approval [...]. I was charged with devising a new system of financing post-primary education and, of course, the administration of the enlarged building programme » (<https://www.britishempire.co.uk/article/educationgoldcoast.htm#google_vignette>).

Débuts militants mais surtout fondateur et principal de l'Imade College d'Owo

Il fut célébré par la communauté d'Owo comme le premier de ses membres à avoir voyagé outre-mer et à en revenir diplômé d'une université[48]. En revanche, on attendait de lui un retour sur investissement dans le cadre de l'Imade College dont il devint le principal comme convenu[49]. Au moment de son retour, un inspecteur britannique venait de refuser l'ouverture d'un niveau de classe supplémentaire, condamnant implicitement l'Imade College à la fermeture faute d'élèves[50] mais M. A. Ajasin reprit l'établissement en main. Il associa stratégiquement dans son *Board of governors* l'*Olowo* d'Owo, Olateru Olagbegi II, les principaux *chiefs,* des membres du *District Council* d'Owo ainsi que le *District Officer*[51] britannique qui le présidait[52]. Il resta à la direction jusqu'en 1962 en dépit de ses activités politiques parallèles.

En l'absence d'une politique éducative globale et ambitieuse, il fut confronté à de grandes difficultés de recrutement d'enseignants qualifiés car trop peu nombreux sur le marché faute d'un enseignement secondaire colonial suffisamment développé. Il recourut au débauchage d'anciens collègues, aux pré-recrutements assortis d'une bourse de formation, à l'embauche d'enseignants titulaires de *Higher Elementary Certificates* — et non de *Senior Certificates* requis dans le secondaire mais introuvables — et demanda à certains d'enseigner d'autres disciplines que leur spécialité. Il recruta en dehors de la communauté owo sauf pour les pré-contrats avec bourses à partir de 1952. Au bout de sept ans, l'Imade College comptait 161 inscrits dont 103 internes répartis entre les classes de *Form I* à *Form V*. En 1959, il put doubler chaque niveau de classe et inscrit 280 élèves dont 226 internes dans un contexte de très forte demande scolaire alors que la province d'Ondo n'offrait que cinq établissements secondaires dans les quatre principales villes dont deux établissements « historiques » créés en 1919 à Ondo et 1936 à Ado-Ekiti.

48. Ajasin Foundation, *« Imade College File 19, Vol. 51 »* et *« Private Archives Imade College »,* Owo, Nigéria.
49. F. K. Butler, Report, mars 1947 ; Ajasin Foundation, *« Imade College File 19, Vol. 51 »* et *« Private Archives Imade College »,* Owo, Nigéria.
50. L'établissement avait ouvert avec deux bâtiments en dur en son absence, en février 1946, dans des conditions sommaires avec 18 élèves et 2 enseignants trop peu qualifiés.
51. Les noms d'institutions locales en anglais seront en italiques *(Native Authority)* de même que les titres des fonctionnaires *(District Officer)* avec majuscule pour éviter les approximations de traduction surtout quand il n'existe pas d'équivalent en français (*Board of governors* pour un établissement scolaire privé).
52. Tous membres de nouvelles institutions du gouvernement local mises en place depuis peu par le colonisateur dans une perspective de *self-government* au niveau local.

Il laissa largement la gestion quotidienne à son adjoint car il s'impliqua surtout dans les travaux d'expansion du collège (1950-1956) et en politique.

Michael Adekunle Ajasin, militant de l'émancipation

En politique : de l'Egbé Ọmọ Odùduwà à l'Action Group

M. A. Ajasin commença à s'impliquer en politique à partir de 1950, une fois diplômé. Son engagement procédait de son intérêt « pour les affaires publiques et en particulier celles affectant directement la situation d'Owo, [s]a communauté » (Ajasin 2003 : 86), démarche classique dans l'espace yoruba. Ses premiers engagements associatifs avaient eu lieu dès 1921-1923 au sein de la Young Star Association qui regroupait les rares jeunes scolarisés ou instituteurs du moment gravitant autour de la paroisse CMS St Andrew d'Owo. L'envoi en exil de l'*oba* d'Owo, Olagbegi I, en avril-octobre 1924, par les Britanniques, le sensibilisa aux questions politiques à l'échelle de la colonie[53]. Dans le cadre de la politique coloniale d'ouverture des *Native Authorities* à des sujets « éduqués », il a été nommé en 1950 au conseil de l'*Owo Native Authority* dont il devint *chairman* au côté de l'*oba* et de quelques *chiefs*. Plus tard, il conforta cet ancrage local fondamental pour sa carrière politique régionale et nationale. À la suite de la *Local Government Law* de 1952, il fut élu conseiller de l'*Owo District Council* en 1953 et devint son premier *chairman* en 1954. Coopté par son *Native Authority Council,* il siégea aussi à l'*Owo Divisional Council*.

C'est à titre de notable, membre élu des conseils locaux et principal de l'Imade College qu'il assista en 1949 à la cérémonie de fondation de l'Egbé Ọmọ Odùduwà à Owo en compagnie du docteur Akinola Maja (Ige 1995 : 42)[54] et de H. O. Davies. Ce n'est que quelques mois plus tard, début 1950, qu'Obafemi Awolowo l'approcha explicitement avec son projet de créer un nouveau parti politique. C'est ainsi que M. A. Ajasin se retrouva au cœur du processus de création de l'Action Group, futur parti annoncé comme indépendantiste, ethno-nationaliste et progressiste. Il assista aux réunions qui se déroulèrent au domicile d'Obafemi Awolowo à Ibadan ou parfois au siège voisin de l'Egbé Ọmọ Odùduwà (E.O.O.)[55]. C'est cependant à son domicile

53. Il devint lecteur de journaux variés, rejoignit le Nigerian Youth Movement (NYM) et fonda la section de la Nigerian Union of Teachers (NUT) à Sapele.

54. Dans ses mémoires, Bola Ige prête pourtant à M. A. Ajasin et à Akinola Maja un rôle bien plus important dans la refondation au Nigéria de l'Egbé Ọmọ Odùduwà.

55. Plus précisement à Oke-Bola, le quartier ijebu d'Ibadan à partir du 4 juin 1950. Avec sa voiture, il achemina aux réunions des proches, comme E. A. Babalola ou E. O. Ogedengbe,

à Owo que se tint la première réunion fondatrice de l'Action Group et les premiers membres de la direction de l'Action Group furent élus lors de la conférence d'Owo les 28 et 29 avril 1951. Il faisait partie des *« Inaugural and Executive Members »* du 26 mars 1950 au 17 décembre 1953. Dans les archives du parti, il est identifié comme « Yoruba, Owo, chrétien et principal de collège »[56]. Quand la mobilisation sembla s'essouffler, M. A. Ajasin convainquit les participants qu'à ce stade il n'était pas besoin d'être nombreux (Awolowo 1960 : 221 ; Ajasin 2003 : 93). Le risque en renonçant aurait été de laisser les nationalistes yorubas plus conservateurs, *oba* et *chiefs,* juristes ou hommes d'affaires yorubas rejoindre le Central Council de l'E.O.O., assurément moins radical dans sa volonté d'indépendance et de progrès que la jeune garde socialisante en train de construire l'Action Group (Sklar 1963 : 104-105 ; Ajasin 2003 : 90-91)[57].

L'administrateur scolaire au service de la Western Region

Lorsqu'il fut acquis que la Constitution Macpherson doterait les trois régions d'un législatif bicaméral et d'un exécutif dès avant la fin 1951 et que le parti verrait le jour par décision du 12 novembre 1950, ses membres s'attelèrent à la rédaction d'un programme thématique constitué des Policy Papers.

Les membres fondateurs se partagèrent les dossiers. Les réformes du système scolaire et des Natives Authorities intéressaient M. A. Ajasin mais il laissa le second dossier à O. Awolowo[58]. Il partagea avec E. A. Babalola le dossier scolaire mais c'est M. A. Ajasin qui est crédité, y compris par O. Awolowo, de la paternité du *White Paper* de l'AG sur l'école. Bien entendu, c'est la thèse défendue dans *Memoirs and Memories,* publié en 2003 par son épouse, six ans après sa mort en 1997. Son compère n'ayant pas de projet spécifique à proposer, il se rallia à la copie de M. A. Ajasin qui fut soumise au Parti. L'éducateur et administrateur scolaire fusionnait avec le politique

enseignants comme lui à Owo ou Ikare.

56. Hon. Gaius Obaseki, *Chief* N. F. Mowarin, *Chief* M. A. Ajasin et *Chief* Arthur Prest furent élus *Vice-presidents* et Bode Thomas devint *General secretary*. Anthony Enahoro et S. O. Sonibare furent élus *Assistant secretaries,* S. O. Ighodaro, *Treasurer,* S. T. Oredein *Administrative secretary,* S. L. Akintola et M. E. R. Okorodudu, *Legal advisers* (*Daily Service,* 31 mars 1951). Cité par R. SKLAR (1963 : annexes, tabl. 1).

57. B. IGE (1995 : 65-67) n'évoque pas cette hésitation mais confirme la place centrale de M. A. Ajasin. Elle est confirmée par O. AWOLOWO (1960 : 221-222). Le passage est repris dans S. ADEGOKE & E. BABATOPE (1995 : 28).

58. Pour les structures de gouvernement local, tous étaient attachés à la démocratisation des conseils représentatifs à tous les niveaux et à la réforme du système de gouvernement local, et proposaient l'abandon des termes *Native Authority* au profit de *Local Government.*

pour suggérer la mise en œuvre d'un plan de scolarisation primaire, gratuit et universel, la création de *Modern Schools* pour susciter rapidement un vivier d'enseignant.e.s et la mise au point d'un plan d'urgence de formation d'instituteurs et d'institutrices avec les futurs *Grade III* Teacher Training College[59]. Les débats à Ibadan et les réunions qui suivirent la publication des *Policy Papers* révélèrent en tout cas les grandes directions de la future politique de l'Action Group ainsi que de nouvelles personnalités yorubas proches d'Obafemi Awolowo dont M. A. Ajasin, Stephen Oluwole Awokoya d'Ijebu ou Akinpelu Obisesan d'Ibadan.

Indépendantiste et progressiste

Lors de la préparation de la *General Conference* (constitutionnelle) d'Ibadan de 1950, dans la division d'Owo, M. A. Ajasin orienta les débats lors de la consultation des *Native Councils*. Avec d'autres futurs membres de l'AG, il fit adopter la nécessité rapide du *self-government* pour le Nigéria malgré des résistances. Il fut un des délégués pour l'Ouest yoruba à siéger à Ibadan. Avec Stephen O. Awokoya, futur ministre de l'Éducation de la région, il représenta aussi l'Ouest — et l'AG — à la Commission présidée par John Hicks et Sydney Phillipson en 1950-1951[60] qui garantit pour la première fois aux trois régions de pouvoir percevoir des revenus indépendants et créer des taxes régionales *ad hoc*. L'année 1951 fut intense pour M. A. Ajasin car, en mars 1951, le comité restreint annonça la date de la création de l'Action Group et son lancement les 25-29 avril 1951. Il devint l'un des quatre vice-présidents, représentant les Yorubas alors que les trois autres vice-présidents représentaient les minorités bini, urhobo et itsekeri du futur Mid-West.

L'AG remporta les élections régionales en novembre 1951[61] et forma le gouvernement régional. M. A. Ajasin, qui n'était pas élu à la *Western House of Assembly,* ne devint pas ministre de l'Éducation comme il aurait pu l'espérer. Le poste alla à Stephen O. Awokoya, autre enseignant, spécialiste des questions scolaires. Ce dernier est parfois crédité à tort (Abernethy 1969) de la conception

59. Son séjour au Royaume-Uni à la fin de la guerre lui avait permis d'observer comment le pays avait fait face en urgence aux besoins (formation des enseignants du primaire en deux ans au lieu de quatre avant la guerre, subvention massive des écoles primaires et gratuité, création des *Modern Schools* avec leurs cursus en trois ans pour ouvrir l'enseignement secondaire aux enfants des milieux défavorisés) et il s'en inspira.

60. J. Hicks & S. Phillipson, *Report of the Commission on Revenue Allocation,* Nigeria, Lagos, Government Publications Office, 1951, 185 p.

61. Scrutin indirect dans le cadre d'un collège électoral restreint, sur la base du poids démographique des divisions.

du *Free Education Scheme* même s'il a très largement contribué au succès spectaculaire de sa mise en œuvre entre 1952 et la rentrée de janvier 1955 grâce à un effort budgétaire inédit imposé par O. Awolowo à cette partie de la colonie britannique. Cela fut peut-être une chance pour M. A. Ajasin d'être tenu *de facto* à l'écart du dossier éducatif car il y gagna de pouvoir affirmer une stature politique plus généraliste, en acquérant, entre autres compétences, une expertise en économie et en finances publiques. Il continua à faire partie du petit groupe d'hommes de confiance[62] d'O. Awolowo qui siégeaient entre 1954 et 1957 au *Board of direction* du Western Region Production Development Board qui devint la Western Nigeria Development Corporation[63]. Il s'agissait pour cette structure de s'assurer de la mise en œuvre du programme économique du parti (Akinsanya 1981). Comme pour d'autres nationalistes africains, cette période de l'autonomie interne joua bien son rôle d'école des cadres de la future nation. La vie de M. A. Ajasin s'organisa donc entre Owo, Ibadan et bientôt Lagos. En effet, avec la mise en place de la Constitution Lyttleton le 1er octobre 1954, il devint l'élu AG d'Owo en 1954 à la Federal House of Representatives[64] et y siégea jusqu'en janvier 1966. Pendant cette période, il prit plusieurs fois la parole. On perçoit son tropisme pour l'éducation mais il se veut un parlementaire généraliste[65] et ne se cantonne pas à son sujet de

62. Pourtant M. A. Ajasin n'est pas cité par R. Sklar comme faisant partie du premier cercle en 1950-1951 et il n'est mentionné qu'une fois dans son texte (SKLAR 1963 : 104). Au *Board of direction* du Western Region Production Development Board, son directeur, A. O. Rewane (Warri) est entouré de M. A. Ajasin, Member of House of Representatives (MHR) (Owo), Rév. S. A. Adeyefa, Member of House of Assembly (MHA) (He), A. Akerele (Oyo), S. O. Lanlehin, MHA (Ibadan), M. S. Sowole (Remo), l'Olokpe d'Okpe (Sapele), M. A. Ogun (Lagos), S. O. Sonibare (Director of the Amalgamated Press), W. E. Mowarin (Urhobo), Rév. E. T. Latunde, *Chief* A. M. Adebule, *Prince* A. Adedoyin (Remo), S. Y. Eke (Benin), *Chief* J. O. Kashimawo (Abeokuta), L. Omole (Uesha), E. A. Sanda, J. O. Odunjo (Egbado) (*ibid. :* 275).
63. À distinguer du Western Region Marketing Board qui sera mis en cause dans le système de détournement de fonds dénoncé par la Commission présidée par le juge George Baptist Ayodola Coker en 1962 pour neutraliser O. Awolowo. Même si le directeur du Western Region Marketing Board, Alfred Ogbeyiwa Rewane (1916-1995), secrétaire politique d'O. Awolowo, était aussi un des quatre directeurs de la National Investment and Properties Company Limited mis en cause et qui fut acquitté les 7 et 11 septembre 1963.
64. Élu au suffrage universel direct uninominal à un tour par circonscription.
65. Plusieurs de ses discours ou extraits de discours au parlement fédéral à Lagos sont réunis dans l'ouvrage d'ADELOYE *ET AL.* (1992 : 186-201) mais, malheureusement, ils ne sont ni datés ni contextualisés. Sur <https://ir.nilds.gov.ng/handle/123456789/904> (consulté le 16/07/2024), il intervient aussi en opposant, en commission ou en plénière, sur les droits d'entrée et de séjour des étrangers *(Immigration [Amendment] Bill, Third Reading,* pp. 8-9), sur les aéroports pour sa région en 1955. Un débat sur l'électrification lui permet de défendre le développement du réseau de chemin de fer dans le sud-ouest yoruba en 1958 (*House of Representatives Debates,* Session 6-17 mars 1958, Volume II, p. 776). Une

prédilection[66]. Il pense « fédération » et non plus seulement « Western Region » avec une intervention défendant la complémentarité des systèmes éducatifs fédéraux (universités et instituts technologiques) et régionaux (enseignements primaire et secondaire). Contre le gouvernement et en vain, il se prononce en faveur de subventions à la Nigeria Football Association plutôt qu'à un prêt en 1955 au nom du devoir de l'État de former une jeunesse en bonne santé. Sa terre d'élection n'est cependant jamais loin car, la même année, il prend part au débat budgétaire pour défendre les ressources financières propres des trois *Regions* car elles financent leurs politiques sociales et industrielles et, en particulier, dans l'ouest yoruba, le *Free Education Scheme*. Il s'oppose donc à la taxation des *Production Boards* régionaux[67]. À plusieurs reprises, les sujets éducatifs le mobilisent cependant : il défend la nécessité de former le personnel fédéral pour doter le gouvernement de bons outils : des statisticiens pour le Department of Statistics en 1958, des géologues pour prendre la tête du Geological Survey Department toujours dirigé par quatre docteurs en géologie expatriés en 1958 car la nigérianisation ne peut se faire en promouvant des gens incompétents. Et de proposer des programmes de bourses pour des études à l'étranger et un renforcement du département d'économie du University College d'Ibadan pour y créer une vraie Faculty of Economics[68]. En 1962,

autre fois, il défend le développement du téléphone dans les zones rurales ou s'oppose aux certifications à obtenir pour ouvrir des droits de pêche (*Nigeria Gazette House of Representatives Debates,* 5-6 août 1959, p. 55), la gestion du *Lagos Executive Development Board,* le contrôle des finances publiques, le projet de pont sur le Niger, le financement et l'élargissement du recrutement des *Cadet Corps* dans les lycées privés et pas seulement dans les Government Colleges, l'uniformisation de la largeur des routes en villes et le goudronnage systématique dès l'ouverture des nouvelles voies en ville pour éviter la poussière (*House of Representatives Debates,* Session 6-17 mars 1958, Volume II, p. 734). Plus politique, en avril 1962, il demande aux ministres de préciser le contenu de leurs propositions financières. Il veut que le *Six Year Development Programme* annoncé repose sur une planification des projets et des résultats et les engagements précis d'un *White Paper.* Il s'arrête longuement sur le rôle de la nouvelle Central Bank of Nigeria et demande l'accélération de la décimalisation de la monnaie (*Federation of Nigeria, Parliamentary Debates, First Parliament, Third Session, 1962-1963, House of Representatives,* Volume II, 9 avril-29 mai 1962, p. 628-630).

66. Sur <https://ir.nilds.gov.ng/handle/123456789/904> (consulté le 16/07/2024), il est possible de télécharger les débats du 7 au 17 août 1959 (*Nigeria Gazette, House of Representatives Debates,* Session 1959-1960, pp. 358-361, § 2149-2151) où M. A. Ajasin intervient aussi sur les questions éducatives pour le territoire fédéral de Lagos et contre un texte restreignant selon lui l'autonomie de l'administration locale éducative lagosienne au profit du ministre fédéral. Il part du constat que Lagos a copié ce qu'a fait la Western Region sous la pression d'une demande sociale.

67. *Debates in the Federal House of Representatives* (août 1955), pp. 255, 271.

68. *Federation of Nigeria, House of Representatives Debates,* Official Report, Vol. II, session 1958-1959, 6-17 mars 1958, pp. 520, 568.

il soumet la question des salaires des enseignants à Lagos au ministre des Finances :

> Le ministre des Finances a également évoqué dans son discours la question de la fixation des salaires. C'est une bonne chose que les salaires soient fixés, mais il y a un groupe de travailleurs dont les salaires ne devraient pas être fixés à l'heure actuelle. Leurs salaires et leurs conditions de service devraient être revus. Il s'agit des enseignants. Les enseignants n'ont jamais été bien payés[69].

En mars 1965, alors que les tensions interrégionales sont très vives dans le pays, M. A. Ajasin s'interroge sur le financement fédéral des trois Inter-Regional Secondary Schools qui « promeuvent l'unité dans ce pays » mais qui n'ont pas d'équivalent dans la Western Region[70]. Ce passage par la House of Representatives fédérale à Lagos contribua à renforcer l'étoffe du personnage qui gagna en expertise et préparait son ascension future vers de plus vastes responsabilités. Il devint aussi membre du Federal Executive Council du parti (1957-1958). Son mandat à Lagos fut prolongé le 12 décembre 1959 quand il remporta les élections fédérales face à Richard A. Akinyemi, un puissant candidat NCNC. La venue d'O. Awolowo en hélicoptère à Owo avait convaincu la communauté ijebu de la ville de le soutenir, moyennant la promesse d'un arbitrage favorable à propos d'un titre de chefferie local.

Michael Adekunle Ajasin au pouvoir

M. A. Ajasin dans les crises de la Première République (1962-1963 et 1965-1966)

La crise interne à la Western Region et à l'AG qui commença avec le début de cette législature fédérale (janvier 1960-décembre 1964) conduisit à un long silence des sources sur les activités politiques de M. A. Ajasin pendant cette période. Bien que resté fidèle à O. Awolowo alors que ce dernier était emprisonné depuis juin 1962 et condamné depuis le 11 septembre 1963 à dix ans d'incarcération, M. A. Ajasin échappa aux procès et aux condamnations qui sont infligées à 27 membres influents de l'AG dont le Lagosien Lateef K. Jakande, Bisi Onabanjo, Michael Adedapo Omisade, Alfred Ogbeyiwa Rewane ou

69. *Federation of Nigeria, Parliamentary Debates, First Parliament, Third Session, 1962-1963, House of Representatives,* Volume II, 9 avril-29 mai 1962, p. 630.
70. *House of Representatives Debates,* First Session Volume 18 (a) 24 mars-9 avril 1965, p. 70.

Anthony Enahoro, extradé par le Royaume-Uni. Est-ce à dire qu'il était un personnage de second plan ?

Les « plus capables des dirigeants de l'AG » (Beckett & O'Connell 1978) étaient marginalisés et empêchés d'agir. Dans le conflit, M. A. Ajasin fut très clairement identifié au clan Awolowo mais cela ne se traduisit, pour lui, que par une crise parallèle à Owo autour de son poste de principal de l'Imade College et de son avenir d'entrepreneur éducatif dans sa ville. À ce stade de sa carrière, M. A. Ajasin souhaitait satisfaire son ambition, assez répandue chez ses pairs progressistes, de devenir unique propriétaire de son établissement d'enseignement secondaire. L'Imade College était un établissement communautaire dont l'*Olowo* d'Owo, J. T. Olateru Olagbegi, était le propriétaire nominal depuis 1951 comme chef de la communauté lorsque le *District Officer* britannique lui avait cédé la présidence du *Board of governors*. Le pédagogue militant et entrepreneur entendait devenir seul propriétaire d'un nouvel établissement. Il se heurta alors à l'*Olowo,* devenu son rival politique localement. Le conflit se construisit en plusieurs temps, se tissant simultanément aux échelles locales, régionale et nationale. Alors qu'il affichait son désir de se retirer sur son Aventin à Owo, il était pris dans les rets locaux de la crise politique régionale. Il y gagna cependant une notoriété infra-régionale utile pour l'avenir.

Lors des élections régionales de juillet 1960 pour la Western House of Assembly, deux candidats AG s'étaient opposés : le sortant soutenu par l'*Olowo* et un nouveau promu par la section locale de l'AG et M. A. Ajasin. L'Imade College devint le lieu de l'affrontement au prétexte que le choix des enseignants ne s'était pas porté sur le candidat de l'*Olowo* mais sur un tiers promu par M. A. Ajasin. Les tensions qui en résultèrent à Owo se mêlèrent à la confusion créée par la crise qui secoua la Western Region à partir du 19 mai 1962[71]. L'*Olowo* prit le parti de S. L. Akintola *a fortiori* à partir de

71. La crise est connue. La mise à l'écart de S. L. Akintola se joua d'abord au sein de l'AG présidé par O. Awolowo pour qui le parti était le seul lieu où était définie la politique à conduire. La Convention de Jos en avril 1962 se solda donc par l'expulsion du vice-président, S. L. Akintola, et du secrétaire général, *Chief* Ayo Rosiji. Le 19 mai 1962, le *Mid-West and West Executive Committee* les mit en minorité par 81 voix contre 29, puis ce fut le cas du *Federal Executive Committee* à l'unanimité des 59 voix dont celle de Michael Adekunle Ajasin. Le parti adopta une plateforme idéologique plus marquée à gauche que R. SKLAR (1963 : 231) qualifie de « sociale-démocrate » ou de « libéralisme encadré » caractérisé par « un égalitarisme démocratique » (*ibid.* : 281). Puis 65 députés AG écrivirent au gouverneur Aderemi Adesoji, *Ooni* d'Ife, pour demander la démission de S. L. Akintola et le 21 mai 1962, Alhaji Dauda Soroye Adegbenro, élu chef de la majorité parlementaire AG entre temps, prêta serment comme *Premier.* Lors de la première réunion de la Regional House of Assembly, le 25 mai 1962, face à une solide majorité awoist de 73 membres sur 120, quelques députés partisans de S. L. Akintola firent irruption dans la

janvier 1963 quand il redevint *Premier* (ministre régional) car M. A. Ajasin incarnait la fidélité à O. Awolowo. Bien qu'ils émargeassent l'un et l'autre à l'AG et bénéficiassent tous les deux du soutien d'O. Awolowo et de l'*Ooni* d'Ife, les tensions s'aggravèrent entre M. A. Ajasin et son *oba*. Au même moment, M. A. Ajasin fut désigné par O. Awolowo, alors en prison, pour le poste de président de l'Egbé Ọmọ Odùduwà en remplacement d'Akinola Maja qui avait rejoint S. L. Akintola. Un fragile retour au calme s'imposa à la mi-1963 sous les auspices du gouvernement United Peoples' Party (UPP) formé par S. L. Akintola.

Jusqu'aux élections du 30 décembre 1964 à la *Federal House of Representatives*[72], le parcours de M. A. Ajasin est difficile à établir mais, candidat AG-UPGA, il fut réélu pour la troisième fois par sa circonscription d'Owo dans un groupe awoist désormais très minoritaire. Pendant cette période de tension (1960-1964), malgré sa fidélité à O. Awolowo, il semble avoir bénéficié d'une relative protection de la part du camp fédéral et du gouvernement d'urgence à Ibadan. Selon William Olusala Olu-Aderounmu[73], c'est à une intervention de l'Administrateur[74] de la Western Region, Moses Adekoyejo Majekodunmi, qu'il dut de pouvoir s'imposer face à l'*Olowo*. Il est aussi possible qu'il ne l'ait dû aux treize années passées comme enseignant et directeur d'école populaire à Sapele, en territoire urhobo. En effet, le *Commissioner* pour l'Education de ce gouvernement, *Chief* Thompson Adogbeji Salubi, présidait depuis 1961 l'Urhobo Progress Union. En visite à Owo le 28 novembre 1962, et sur le rapport d'une fonctionnaire d'Ibadan et d'un expatrié d'Akure rédigé en septembre, il l'invita à quitter son poste de principal sans chercher à obtenir gain de cause face à l'*oba* mais lui

---

salle des débats, laquelle fut évacuée par la police avec des gaz lacrymogènes. Le Premier ministre fédéral convoqua le parlement fédéral en session extraordinaire, lequel vota l'état d'urgence du 29 mai au 31 décembre 1962 et désigna Moses Adekoyejo Majekodunmi, ministre d'État fédéral chargé de la Santé, comme « Administrateur » de la région avec pouvoir de nommer un gouvernement pour cette période. Le 19 juin 1962, O. Awolowo fut assigné à résidence à Ikenne, puis, le 22 septembre, dans sa maison d'Ikoyi, Lagos pour les besoins de l'enquête. S. L. Akintola fut aussi assigné à résidence à Lagos. Dix-neuf autres cadres awoist du parti furent arrêtés en septembre 1962 mais vingt-six étaient poursuivis. À l'issue de ces six mois, malgré deux recours perdus devant les tribunaux, S. L. Akintola reprit ses fonctions de *Premier* avec l'appui du pouvoir fédéral.

72. Les élections se sont tenues jusqu'au 18 mars 1965 du fait des boycotts décidés en décembre (Lagos, Mid-Western Region et Eastern Region). Le NNA, alliance conduite par le NPC, emporta 198 sur 312 sièges. L'UPGA, alliance autour de l'AG (21 sièges) et du NCNC (84 sièges) perdit largement.

73. Universitaire, originaire d'Akure, auteur d'un chapitre dans l'ouvrage d'ADELOYE *ET AL.* (1992 : 54).

74. *Administrator* en anglais est le terme utilisé pour désigner le gouverneur de la Western Region pendant l'état d'urgence du 29 mai au 31 décembre 1962.

télégraphia, dès le 29 novembre 1962, d'ouvrir sans tarder son collège privé pour la rentrée, le 18 janvier 1963[75]. Ses deux soutiens faisaient ainsi droit au projet de création et au titre de propriété foncière de M. A. Ajasin contre les prétentions de l'*oba,* déjà débouté par un juge, Danley Alexander.

Dans le contexte de l'époque où les partisans de S. L. Akintola avaient été libérés de prison au bout de deux mois (vers août 1962) alors que ceux d'O. Awolowo y restaient et étaient poursuivis pour trahison, cette mansuétude à l'égard du militant progressiste et vice-président de l'AG est notable. Elle « révèle » l'importance des relations interpersonnelles de M. A. Ajasin au-delà du cercle yoruba car l'heure était à la vengeance contre ce qui restait d'influence awoist dans la région. La victoire nationale de la NNA, le 30 décembre 1964 avec 198 sièges sur 312, a conforté S. L. Akintola dans la Western Region et il fit nommer l'*Olowo* d'Owo à la tête de la Western House of Chiefs à la place de l'*Ooni* d'Ife, fidèle à O. Awolwo. La campagne d'un mois pour les élections régionales convoquées le 11 octobre 1965 fut l'occasion de violences meurtrières inédites dans l'ouest yoruba[76]. M. A. Ajasin (2003) se prévaut dans ses *Memoirs...* d'avoir pu neutraliser l'agitation des militants AG de sa ville qui voulaient en découdre avec les militants NNDP-NNA du fait des fraudes organisées par le pouvoir régional grâce au concours de la commission électorale, de la radio WNBS, de la police et des hommes de mains de la NNA. Cependant, elles éclatèrent au lendemain du scrutin. Aux « vrais résultats » validés plus tard, S. L. Akintola, la Western Region Electoral Commission et la NNA opposèrent leur victoire par 73 sur 90 sièges (avec 4 sièges non pourvus à Ondo Central, Egba South, Mushin 1 et Mushin 2 pour cause de violences)[77]. Seize candidats NNA n'avaient pas d'adversaires car ils avaient été écartés arbitrairement de la course. S. L. Akintola fit emprisonner pendant une semaine (14-21 octobre 1965) D. S. Adegbenro et ses fidèles, en passe de former un gouvernement concurrent[78]. M. A. Ajasin, s'il écrit avoir pu encore

75. Ajasin Foundation, « *Imade College File 19, Vol. 51* » et « *Private Archives Imade College* », Owo, Nigéria.

76. The National Library, Londres, microfilms, *The Nigerian Tribune* et *West African Pilot (1er septembre 1965-15 février 1966).*

77. 68 sièges AG-UPGA sur 94 dont les trois élus d'Owo : chiffres mis en avant par le *Nigerian Tribune* fidèle à Awolowo, le *West African Pilot* de N. Azikiwe, Alhaji Dauda Soroye Adegbenro, le président par interim de l'AG et M. A. Ajasin (2003) qui dans ses mémoires évoque : 56 sièges AG-UPGA sur 94.

78. Les violences redoublèrent dès le lendemain (selon le gouvernement fédéral, 64 civils tués par des policiers et 91 tués par d'autres civils entre le 12 octobre 1965 et le 13 janvier 1966, soit 161 morts). Selon *The Nigerian Tribune* (03/01/1966) dont les locaux ont été incendiés, il y a eu 567 morts et plus de 1 000 blessés, chiffres repris par E. Oladipo Ojo (2012).

éviter les violences dans sa ville[79], ne put rien contre la répression policière ou la violence politique ailleurs[80].

Le retour à l'activité publique dans un Nigéria sous administration militaire (1966-1979)

Sur les conséquences des coups d'État de janvier et juillet 1966 sur sa vie militante, M. A. Ajasin ne livre rien sinon un récit convenu et factuel des événements comme la plupart des autres sources. Il semble avoir investi son temps entre la création de son Owo High School et le processus de création d'un nouvel état fédéré d'Ondo. En revanche, l'entrée en scène du colonel Yakubu Gowon, suivie par la remise en liberté d'O. Awolowo par le même Y. Gowon, le 3 août 1966, et son entrée au gouvernement, le *Federal Executive Council,* comme vice-président et *Federal Commissioner*[81] pour les Finances (17 mars 1967-1er juillet 1971) permirent à M. A. Ajasin un retour sur la scène à trois titres.

En effet, (1) le 11 août 1966, le lieutenant-colonel Adekinka Adebayo, nouvel administrateur militaire de la Western Region, réunit à Ibadan 36 délégués venus des 18 divisions de son état mais aussi les *Permanent Secretaries* de tous les ministères régionaux, des universitaires, des juristes et des hommes d'affaires. Il s'agissait de désigner les représentants de la Western Region à une *Ad-Hoc Conference on Constitutional Proposals for Nigeria* convoquée à Lagos par le général Yakubu Gowon. M. A. Ajasin avait été désigné pour la division d'Owo au côté de *Chief* R. A. Olusa[82]. Il ne fit pas partie des constituants désignés mais renoua avec les militants awoist de l'AG. Le matin du même jour (2) Gowon avait fait annoncer que 18 états seraient créés rapidement par son équipe. En conséquence, lors de l'interruption de midi, une douzaine de ces délégués, originaires de la province d'Ondo, avec à leur tête M. A. Ajasin et *Chief* Gilbert Benjamin Akinyemi Akinyede[83], tous favorables à la création d'un Ondo State, se réunirent à Ibadan pour s'entendre sur une

79. Ce qui semble confirmé par l'absence de mention de violence à Owo dans les deux journaux dépouillés.
80. Selon lui, la police est responsable de 18 morts et plusieurs blessés à Uso, une ville à 20 km au nord-ouest d'Owo, au prétexte que la population préparait une vengeance contre l'*Olowo* le 12 décembre 1965.
81. Sous les régimes militaires, les personnalités à la tête des ministères au niveau fédéral prennent aussi le nom de « *Federal Commissioners for...* » et non de « ministre » comme précédemment. Il s'agit de rompre avec la connotation politique du terme « ministre ».
82. Ancien élu AG à la Western House of Assembly avant 1966. Ancien élève du St. Andrew's College à Oyo.
83. Tous les deux élus AG à la House of Representatives (1964-1966).

stratégie. Ils décidèrent de porter la candidature de la province d'Ondo à la conférence constitutionelle. Enfin, (3) en octobre 1966[84], il fut désigné au côté de l'avocat ex-NCNC d'Ikorodu, *Chief* Suberu Adeniran Ogunsanya pour représenter l'ouest au *Federal Advisory Council* qui ne se réunit jamais à cause de la guerre du Biafra. La position de M. A. Ajasin fut aussi renforcée par la déposition de l'*Olowo* par l'administrateur militaire A. Adebayo, le 15 février 1968[85].

Bien qu'il soit revenu en politique à partir de la mi-1966, M. A. Ajasin poursuivait, en parallèle, à titre privé cette fois, une seconde carrière dans la sphère éducative (1963-1975). L'ouverture de l'Owo High School, établissement secondaire privé mixte, propriété exclusive de M. A. Ajasin[86] eut lieu le 18 janvier 1963 dans des locaux provisoires : le magasin Cocoa Produce Store à Okeogun, prêté par le Rév. Jide O. Fagboyegun.

Dès le départ, son fondateur souhaitait encourager la scolarisation des filles et il leur proposa des frais d'inscription moindres. En janvier 1964, l'école déménagea sur son emplacement permanent fourni par l'*Aboluwodi* d'Owo, *Chief* Samuel Adeloye, son oncle. L'Owo High School commença avec peu de personnel. Outre M. A. Ajasin, deux enseignants complétèrent l'équipe, J. O. Omogbeja et Theresa Bolaji Adetula, tandis que le propriétaire confiait la présidence du conseil d'administration à un notable lui aussi attaché à l'école et à Owo, le *Chief Sasere,* George Adetula. Un premier groupe de quatre élèves de l'école passa le *West African School Certificate Examination* (WASCE) en novembre-décembre 1967. M. A. Ajasin officiellement prit sa retraite de principal et se désengagea de l'Owo High School le 29 août 1975. Il en transféra alors la gestion au *Western State Schools' Board* dans un contexte favorable puisque c'était la volonté du gouvernement miliaire fédéral de transférer aux états fédérés la propriété de tous les établissements scolaires du pays. Pour autant, il ne se désintéressa pas des questions scolaires.

Les critères du progressisme au Nigéria, en particulier dans le sud, renvoient souvent à des universaux comme le désir de généraliser l'école gratuite

84. Éditorial, « The Men the Nation Wants », *The Morning Post,* 22 octobre 1966.

85. Une vaine réunion de conciliation avait été organisée le 13 février 1968 par l'*Ooni* d'Ife, lui-même revenu en grâce, et *chairman* du nouveau *Council of Obas,* dans le bureau même de *Chief* B. A. Ajayi, *Commissioner* pour le gouvernement local et les affaires de chefferie en présence de M. A. Ajasin à la tête de la délégation des adversaires de l'*oba* et de l'*Olowo* avec ses partisans.

86. Le logo de l'école, rouge pour « Lutter pour vaincre » et blanc pour la « Vérité », est résumé par la devise de l'école : « Truth is Supreme. » Sur cet établissement, l'Ajasin Foundation pas plus que l'Owo High School ne disposaient de dossiers d'archives lors de ma visite. Je n'en ai pas trouvé non plus dans les dossiers *« Inspectorate »* du ministère de l'Éducation de l'Oyo State à Bodija, Ibadan. Cette « série » réunie par mes soins dans des cartons regroupaient surtout les dossiers des *Teachers Training College.*

pour tous les enfants, filles et garçons, et à tous les niveaux, un fonctionnement démocratique des institutions, la justice ou la garantie de la santé primaire à l'ensemble de la population. Ils incluent aussi une dimension spécifique et ethno-régionaliste à plusieurs échelles — et compatibles entre elles — qui revient fréquemment dans les entretiens et les sources. Pour des politiques toujours critiques à l'égard du « tribalisme », il n'est pas disqualifiant de vouloir avant tout ce progrès pour les « leurs »[87]. Lors de la création de la Mid-Western Region en 1963, les notables de la province d'Ondo n'envisageaient pourtant pas encore la transformation de leur province en un état fédéré de plein exercice. Ils se voyaient Yorubas.

Il fallut attendre attendre août 1966 pour que leur lobbying s'organise. D'abord de façon informelle lors d'une réunion à Akure dont M. A. Ajasin assura la présidence (Akinyele 2001). Un Ondo Provincial Development Committee (OPDC) y fut créé le 5 juillet 1967. Il multiplia réunions, études de faisabilité et opérations de lobbying à destination du général Y. Gowon. Le sentiment d'être dans la lointaine périphérie du Western State fut conforté en 1969 par la publication de chiffres sur la répartition des financements venant d'Ibadan (14,8 %) rapportés au poids de la province d'Ondo dans les recettes agricoles régionales (bois 76,9 %, cacao 48,3 %, noix de palme 78,3 %) qui provoquèrent une crise et une prise de conscience qui restèrent sans suite.

En effet, suite à la démission d'O. Awolowo de la vice-présidence du gouvernement militaire fédéral, le 13 juin 1971, l'Ondo Provincial Development Committee comme toutes les associations de ce type furent interdites et cessèrent de se réunir — tout comme les partis en 1966. Lorsque le général Gowon relança le processus démocratique en novembre 1973, l'OPDC reprit ses activités, toujours sous la présidence de M. A. Ajasin (Adegoke & Babatope

87. Dans les entretiens, c'est la formule *« for my people »* qui revient. M. A. Ajasin n'échappe pas à cette tendance. Cela résulte du contexte des années 1950 où la marche vers l'autonomie interne puis l'indépendance devait s'accompagner d'une politique de progrès sociaux immédiats en rupture avec le (presque) *statu quo* colonial en matière sociale. Les responsables de la Northern Region freinaient ce double mouvement politique et social non sans l'assentiment d'une partie du personnel colonial en place. Il apparut donc aux élites yoruba et igbo qu'un fédéralisme permettant à chaque région d'aller vers le progrès « à son rythme » était la solution. Une fois acquis le principe de ce fédéralisme, la pesanteur des modalités de gouvernement dans la grande Western Region elle-même fit ressentir à certains groupes démographiques le besoin d'appliquer ce principe à une nouvelle échelle au nom d'un principe de subsidiarité qui voulait que la proximité du centre de pouvoir garantisse un ruissellement plus efficace des bienfaits de l'état fédéré en vertu d'un fonctionnement plus démocratique. À leur demande, et sans rencontrer d'opposition de la part des leaders yoruba satisfaits de voir leur Western Region s'ethno-yorubaïser, les minorités ethno-linguistiques non yoruba furent ainsi dotées d'une Mid-Western Region en 1963. Cette année-là, les notables de la province d'Ondo n'envisageaient pas encore la transformation de leur province en un état fédéré de plein exercice.

1996 : 8-10). Cependant, les dissensions subsistaient entre anciens AG ralliés à Akintola et fidèles awoist. En 1974, une tentative de sécession fit perdre à M. A. Ajasin son leadership. Le 14 janvier 1974, il présida, non sans remous, une réunion où les deux camps se retrouvèrent. Il y fut décidé la création d'un *Ondo State Movement* à direction collégiale et sans président. Cependant M. A. Ajasin garda la *chairmanship* d'une des six composantes, *The Elders Committee,* le plus prestigieux dans la société yoruba. Cette nouvelle structure poursuivit son lobbying sur le gouvernement fédéral jusqu'au renversement de Y. Gowon par le général Murtala Mohammed le 29 juillet 1975. Ce dernier relança le processus de fissiparité. L'Ondo State fut finalement créé le 3 février 1976. Son premier gouverneur militaire, un chef d'escadre, David Ita-Ikpeme, lorsqu'il composa son *Executive Council,* oublia de consulter l'*Ondo State Movement.* M. A. Ajasin lui en tint grief car cela donna le signe de dissolution du mouvement.

Cependant, M. A. Ajasin reprit très vite du service en politique. Dès le 1er octobre 1975, le général M. Mohammed avait confirmé son calendrier de restauration de la démocratie pour le 1er octobre 1979. Malgré l'assassinat du général M. Mohammed le 13 février 1976, des élections non partisanes pour désigner les conseils de *Local Government* se tinrent en décembre 1976. M. A. Ajasin, comme tous les ténors de la politique nigériane, s'y présenta et fut élu conseiller puis *chairman* de l'*Owo Local Government.* Il participa parallèlement à la reconstruction d'un parti héritier de l'AG autour d'O. Awolowo au sein d'un *Committee of Friends* informel plutôt marqué à gauche (Adegoke & Babatope 1996 : 50-52) jusqu'à la fin de l'interdiction des partis le 21 septembre 1978 où ils proclamèrent la naissance du United Party of Nigeria (UPN). Entre temps, il avait transformé un groupe d'une vingtaine d'amis awoist en *Ondo Wing* du *Committee of Friends*. Il eut, dès ce moment-là, l'intention de devenir gouverneur du nouvel état et engrangea « discrètement » (Ajasin 2003 : 170) les soutiens à commencer par celui d'O. Awolowo. Il dut affronter une primaire à trois dont il sortit vainqueur avec 32 votes contre 19 à *Chief* Ayo Fasanmi et aucun au Rév. Iluyomade. Après une campagne d'où trois noms émergèrent, il n'y eut qu'un seul candidat vice-gouverneur, proposé par O. Awolowo et qui s'était imposé en quelques semaines dans l'entourage de M. A. Ajasin, *Chief* Victor Akin Omoboriowo, administrateur à l'Université d'Ife.

Assez symptomatiquement d'une scène politique nigériane où les programmes allaient importer de moins en moins et la fabrique des carrières de plus en plus, aucun des récits de cette primaire n'évoque le moindre contenu programmatique. Cependant, O. Awolowo et le UPN avaient mandaté une équipe d'universitaires d'Ife pour élaborer un programme qui reprenait des thèmes bien connus dans la Western Region depuis l'AG : éducation gratuite à tous les niveaux désormais (primaire, secondaire et universitaire), services médicaux gratuits pour toute la population, développement rural intégré, plein emploi et salaire décent pour tous. Une fois scellée la défaite d'O. Awolowo à la présidentielle fédérale, il revint aux gouverneurs UPN élus de mettre en œuvre ce programme et de prouver sa faisabilité.

M. A. Ajasin à la tête de l'Ondo State (1979-1983)

M. A. Ajasin fut élu avec 94,78 % des suffrages le 28 juillet 1979, sous l'œil vigilant de l'armée et dans un climat de sérénité globale qui tranchait avec les souvenirs de 1965. Il prit ses fonctions le 1er octobre 1979 (Apter 1987). Il nomma douze ministres dont sept enseignants ou universitaires parmi lesquels le Dr Nathaniel Falaye Aina[88], *lecturer* en histoire de l'éducation à l'Université d'Ife, *Commissioner* pour l'Éducation[89], proche de son vice-gouverneur *(Deputy Governor)* et ancien supporter de son rival à la primaire, Ayo Fasanmi. Selon M. A. Ajasin (2003 : 181), il lui fait pourtant confiance bien qu'il le connaisse peu pour « the most critical ministry given the challenge ahead in implementing our programme of free education at all levels ». C'est le seul des douze *Commissioners* dont il justifia la nomination par l'importance du dossier qu'il lui confiait, même s'il avait aussi l'avantage de représenter Otun-Ekiti dans le savant équilibre entre les anciens districts de l'état. Au milieu des années 1970, Nathaniel Falaye Aina avait soutenu une thèse en sciences de l'éducation[90]. Il fut l'un des cinq *Commissioners* à rester en poste pendant tout le mandat, passant de l'éducation à l'agriculture en 1981, et fut reconduit en octobre 1983 après la réélection de M. A. Ajasin. Un enseignant de chimie, S. A. Asebiomo, se vit confier la présidence du stratégique *Central Schools Board.*

Cela ramène à l'importance des questions d'éducation qui caractérisent la biographie de M. A. Ajasin. Selon tous les chiffres qui sont repris d'articles de presse en hagiographies, de livres en articles scientifiques, le premier effort du gouvernement de M. A. Ajasin porta sur l'enseignement primaire. Tout comme cela avait été le cas entre 1953 et 1962. Après l'explosion des effectifs en 1955 et malgré la généralisation du UPE par le régime militaire

88. Futur co-auteur de plusieurs chapitres d'hommage dans *Michael Adekunle Ajasin, The Story of a Legend* avec J. S. Adeloye et d'autres (ADELOYE *ET AL.* 1992).
89. Un *Commissioner* est un ministre au niveau des états fédérés.
90. Thèse intitulée *An Historical Analysis of the Development of Teacher Education Programs in Five Nigerian Universities : With Special Emphasis on the Faculty of Education, University of Ife, Ile-Ife* (AINA 1975).

en 1975, les effectifs stagnaient et les conditions de scolarisation ne s'amélioraient pas. En revanche, entre l'année 1979-1980 et l'année 1981-1982, le nombre d'écoles primaires dans l'Ondo State passa de 1 477 à 1 627 et celui des élèves de 583 847[91] à 1 691 898. La règle était qu'aucune école ne devait se trouver à moins de 5 km à pied du domicile d'un enfant[92]. Non sans que cette décision ne suscite des résistances. Des parents d'élèves de deux écoles d'Akure qui se déclarent pourtant favorables au UPN, s'opposent à ce que des élèves de la périphérie rurale soient scolarisés dans les écoles privées de la ville pour répondre à l'exigence de distance. Le chassé-croisé d'élèves et le fonctionnement avec deux groupes d'élèves par demi-journée faute de locaux suffisants feraient perdre leur spécificité d'école purement anglophone et leur *« high standard quality »* à ces établissement payants[93]. Dans le secondaire[94], l'effet UPN fut plus marqué car il innovait plus radicalement avec l'idée de gratuité et d'ouverture à tous par le passage automatique du primaire au secondaire afin de rompre avec une barrière sociale ancrée de longue date dans un système profondément britannique. Un programme de rénovation et d'ouverture d'internats allait dans le même sens. Le gros effort porta sur le nombre de *Technical Colleges* qui passa de 4 à 11 et de 2 394 à 3 589 élèves. Comme en 1952-1955, la question de la formation des enseignants fut centrale et, sans créer de nouveaux *Teacher Training Colleges* (11 en 1979), le nombre de leurs étudiants passa de 9 533 à 12 042. Pour

---

91. Chiffres repris dans une brochure de douze pages retrouvée à l'Ajasin Foundation, Owo, *Ajasin, A Very Successful Governor*, non datée. Un peu moins, selon The National Archives, Londres, *Educational Statistics 1981/82*, Ministry of Education, Planning Division, Akure, 1983, avec 551 795 élèves en primaire en 1980-1981.

92. Selon l'ouvrage d'Olu-Aderounmu & Ojo (1990 : 6), pendant le mandat de M. A Ajasin, le nombre d'écoles primaires passa de 1 375 à 1 725 dans l'Ondo State. Un nombre ramené à 1 555 entre 1984 et 1988 par le régime militaire qui lui succéda. Dans le même temps, les écoles primaires payantes se développaient.

93. Texte curieusement rangé dans un dossier des années 1956-1958. Rome, Dossier SMA 14/811.02 Pref. Ep. Ibadan Mgr FINN 1956-58, *Petition by the Proprietors and the Parents' Teachers' Association of Private Primary Schools in Ondo State to the Governor of Ondo State Chief Michael Adekunle Ajasin,* rédigée entre le 7 et le 17 décembre 1979.

94. Le nombre des *secondary schools* passa de 251 à 501 et celui des élèves de 149 035 à 304 452 selon M. A. Ajasin (The National Archives, Londres, *Educational Statistics 1981/82,* Ministry of Education, Planning Division, Akure, 1983). Pour l'enseignement secondaire en Ondo State, le nombre de *secondary schools* passa de 4 (1950) à 39 (1960) à 98 (1975) et à 490 (1981). Selon la thèse d'Omoyeni (1982 : 173-180), le nombre de lycéens serait passé de 178 590 à 206 879 entre la rentrée 1980 et la rentrée 1981, soit une hausse de 15,8 % du fait de la gratuité. Données à rapprocher de celles de 2020 : « 1,248 Public Primary Schools, 815 approved Private Primary Schools, 304 Public Secondary Schools, 422 approved Private Secondary Schools, 5 Government Technical Colleges » (<https://www.mepbondostate.org/wp-content/uploads/2021/02/MTSS-EDUCATION-SECTOR-2021-2023.pdf>).

faire face à la demande, M. A. Ajasin encouragea la venue d'instituteurs et d'institutrices et de professeurs ghanéens attirés par les bons salaires malgré les affectations rurales. Sur le plan matériel, l'état fédéré fournit gratuitement les livres scolaires dans le primaire et le secondaire[95]. De plus, dans tous les grands discours qu'il prononça au cours de son mandat, M. A. Ajasin consacra toujours une place de choix aux questions scolaires (Adeloye *et al.* 1992 : 186-201, 230-236, 253-255, 263-266).

Depuis la création de l'Université d'Ife sous les gouvernements régionaux d'O. Awolowo puis de S. L. Akintola, l'université était aussi une préoccupation des awoist. En 1979, M. A. Ajasin décida la création du *Ondo State Bursary Scheme,* un fonds pour attribuer des bourses dans le supérieur — toutes formations confondues — au Nigéria ou à l'étranger. 6 502 étudiants d'Ondo au Nigéria en profitèrent entre octobre 1979 et décembre 1980 et 2 246 pour ceux à l'étranger. Pour 1980, l'enveloppe totale fut de 10 millions de nairas[96]. Deux établissements furent créés : l'Ondo State Polytechnic à Owo, déjà en projet, et l'Ondo State University à Ado-Ekiti dont M. A. Ajasin annonça la création le 6 novembre 1979 lors d'un discours à l'Ondo House of Assembly. L'annonce fut confirmée le 14 janvier 1981 lors du lancement du *Fourth National Development Plan.* Il s'agissait d'offrir très vite un débouché aux futurs élèves d'un secondaire massifié et de le penser sur plusieurs sites afin que tout l'état profite de cette plus-value éducative sans trop grever les finances fragiles de l'état. Il confia la réflexion sur la faisabilité du projet à O. O. Akinkugbe à la tête d'un comité de seize universitaires[97]. L'Ondo State Polytechnic ne se substitua pas au Government Technical College d'Owo comme le prévoyaient les militaires mais il s'y ajouta avec un budget de construction de 6 millions de nairas. Cela répondait à la demande des notables de la ville d'Owo et, selon M. A. Ajasin, cela faisait de l'ancien Government Technical College un vivier possible pour le nouvel établissement dont la première promotion compta 370 étudiants. Au total, plus de 46 millions de nairas furent investis dans l'éducation gratuite pendant la première année de

95. Pour rendre immédiatement concrète la mesure, les établissements secondaires reçurent des dotations pour rembourser les parents des frais de scolarité engagés pour la fin de l'année 1978-1979 et des achats de livres engagés pour l'année 1979-1980.

96. 1 naira vaut 1,85 dollar en janvier 1980.

97. Ado-Ekiti fut privilégiée comme site principal car M. A. Ajasin négociait parallèlement avec le gouvernement fédéral de Shehu Shagari l'installation à Akure de la Federal University of Technology. Le site d'Ado-Ekiti avait été initialement choisi car la nouvelle université aurait pu investir les locaux déjà existants du Divisional Teacher Training College (DTCC) sur Ikare Road. Les représentants de la communauté préférèrent un nouveau site au nord de la ville et conserver leur DTCC.

sa mandature et en moyenne 40 millions par an les années suivantes (Adeloye *et al.* 1992 : 60).

FIG. 4. — STATUE D'UN FERMIER YORUBA PRODUCTEUR DE CACAO À L'ENTRÉE D'AKURE

Photographie de Jean-Luc Martineau, 2011.

M. A. Ajasin commença son mandat de gouverneur exécutif de l'Ondo State le 5 octobre 1979 sans moyens financiers mais avec un programme social dense : outre l'éducation, le programme UPN avait promis un service médical gratuit, le plein emploi et l'intégration rurale dans un contexte de crise du monde rural et des cultures d'exportation dont celle du cacao au cœur de la vie agricole de l'Ondo State. Entre la prise de fonction en octobre 1979 et la fin du mandat, le nouveau gouverneur fut confronté aux fluctuations défavorables du prix du pétrole[98]. Cela entraîna la baisse des recettes de la fédération et celle des dotations fédérales et des ressources fiscales en Ondo State. En octobre 1981, elles n'atteignent que 206 millions de $ contre les 588 millions de $ programmées dans l'euphorie de l'année précédente.

98. Le prix du baril passa de 35 $ à 40 $ entre 1979 et 1982 mais il commença alors à baisser à 35,5 $ avant de passer en 1983 sous le seuil critique de 30 $. L'effondrement de la production (de 2,0 à 1,4 puis 0,6 et 0,8 millions de barils/jour entre décembre 1980, décembre 1981, fin janvier 1983 et fin mars 1983. Anonyme, « Le Nigéria s'inquiète des prix du pétrole de la mer du Nord », *Le Monde,* 30 mars 1983, <https://www.lemonde.fr/archives/article/1983/03/30/le-nigeria-s-inquiete-des-prix-du-petrole-de-la-mer-du-nord_2841009_1819218.html?random=1005286402 >.

En 1983, la production de cacao était tombée à un niveau historiquement bas de 100 000 tonnes ce qui vint au débit du gouverneur M. A. Ajasin dont les initiatives n'avaient pu améliorer le sort des producteurs de cacao d'Ondo dont c'était pourtant l'emblème.

Pour sauver sa politique scolaire et certains de ses programmes agricoles et d'équipement durables, l'Ondo State recourut à l'emprunt auprès de bailleurs étrangers et à la mobilisation des individus, des ONG et des communautés pour financer des « projets auto-financés [...] routes, ponts, écoles, palais d'oba, agences postales, centre de santé, marché, centres communautaires, électrification rurale [...] dons d'équipements à des écoles ou des hôpitaux, dons de mobilier, voire construction de bâtiments » (Ajasin 2003 : 197). Il réclama en vain au gouvernement fédéral de pouvoir créer des *Marketing Board* qui avaient permis de financer la politique de l'AG mais il obtint le droit de fonder l'Owena Bank (nov. 1981) et la Confidence Insurance Company (nov. 1980). Le volet « Santé gratuite pour tous » fit en partie les frais de la rigueur. S'il parvint à recruter du personnel à l'étranger jusqu'en 1982, les infrastructures se développèrent peu et il laissa prospérer un secteur médical commercial qui constituait l'un des rares secteurs d'activité privée qui pouvait tirer la croissance économique vers le haut et limiter le chômage dans ce secteur. Il fallut oublier les augmentations de salaire promises aux agents publics. Le gouverneur Ajasin laissa le souvenir d'un habile utilisateur des médias (radio et presse écrite) qui s'adressait régulièrement aux électeurs pour expliquer les raisons de la crise subie et solliciter leur compréhension.

Michael Adekunle Ajasin face aux crises de la démocratie nigériane

Crise électorale et violences dans l'Ondo State en 1982-1985

Sur le plan politique, la fin de son mandat fut aussi emblématique des comportements politiques individuels et collectifs au Nigéria. En effet, elle fut caractérisée par une forte rivalité entre individus, un recours à la violence d'un degré rare et l'irruption des déterminants ethno-linguistiques dans le conflit. De vives tensions opposèrent M. A. Ajasin à son vice-gouverneur, *Chief* Omoboriowo. Ce dernier fit très vite savoir qu'il souhaitait se faire élire à la place de gouverneur en août 1983 (Raji, Adedayo & Ibitoye 2023). Outre l'ambition et le goût du pouvoir du rival, ce conflit révéla les tensions entre populations ekiti et populations du sud de l'Ondo State, tensions instrumentalisées par plusieurs des politiciens ekiti dont *Chief* Omoboriowo. Les premières espéraient une rotation ekiti/ondo à la tête de l'état or M. A. Ajasin semblait bien en mesure et désireux de se représenter. La rivalité ekiti/ondo préfigura les revendications futures en faveur de la création d'un Ekiti State car la classe politique de l'Ondo State se divisa en grande partie selon ce critère ethno-régional. Derrière *Chief* Omoboriowo se rangeaient les ministres et députés régionaux et les élus fédéraux d'origine ekiti ; les autres se rangeaient derrière M. A. Ajasin. Il put cependant aussi se prévaloir du soutien de plusieurs notables ekiti dont N. F. Aina, son biographe (Ajasin 2003 : 345-347). Les 25-27 octobre 1982, une *National Conference* exceptionnelle du UPN à Lagos décida de ne pas reconduire automatiquement les gouverneurs sortants sous la pression des partisans des nombreux candidats dissidents possibles dans plusieurs états (Oyo, Ogun, Ondo, Osun). O. Awolowo se rangea à l'avis majoritaire malgré une opinion publique et une presse hostile à de telles divisions. Toutes les élections primaires eurent lieu au scrutin indirect entre le 9 et le 11 novembre 1982. Elles désignèrent les candidats UPN à la *Federal House of Representatives* et le candidat gouverneur M. A. Ajasin avec 707 voix contre 531 à *Chief* Omoboriowo et 94 au sénateur Banji Akintoye[99].

Les concessions réglementaires et électorales faites au camp Omoboriowo n'ayant pu assurer son succès, il contesta le résultat dès la fin novembre 1982. À deux reprises entre novembre et janvier, O. Awolowo arbitra officiellement et en vain des réunions de conciliation (Apter 1987). En janvier 1983, *Chief* Omoboriowo scella son ralliement au National Party of Nigeria (NPN) du président Shagari et se présenta contre M. A. Ajasin[100].

La fin de son mandat s'inscrivait dans le contexte confus de crise politique sur fonds de fraudes électorales massives, de violences électorales et post-électorales qui débouchèrent sur le coup d'État militaire du 31 décembre 1983. L'Ondo State fit partie des états où les tensions furent vives[101]. Au final,

99. Pour désigner les délégués locaux qui votaient, le mode de scrutin initialement prévu était uninominal à un tour *(« winner-takes-all system »)* mais il fut remplacé la veille du vote par un scrutin à la proportionnelle sous la pression du camp Omoboriowo.

100. La campagne fut émaillée d'intimidations, d'arrestations de militants UPN par la police fédérale et de violences allant jusqu'au meurtre de trois militants UPN d'Ado-Ekiti. Le 13 août 1983, la proclamation d'un résultat favorable à *Chief* Omoboriowo par un fonctionnaire de la *Federal Electoral Commission* sur l'antenne locale de *Radio Nigeria,* créée un mois avant l'élection pour les besoins de la campagne, déclencha une émeute dans les rues d'Akure et l'immeuble de la *Federal Electoral Commission* fut incendié. Les violences et les destructions durèrent trois jours. La maison de *Chief* Adegbonmire, un fidèle de M. A. Ajasin, fut incendiée par des militants NPN mais les incendies frappèrent surtout les partisans NPN du *Chief* Omoboriowo.

101. Les émeutes d'Ondo en 1983 restent un exemple repoussoir. Le 12 novembre 2024, à l'approche d'une nouvelle élection, Olufemi Aduwo rédigeait une tribune dans *Punch* « Avoiding a repeat of 1983 in Ondo », <https://punchng.com/avoiding-a-repeat-of-1983-in-ondo/> (consulté le 16/11/2024).

devant les 7 juges de la Cour suprême fédérale, *Chief* Omoboriowo perdit le 6 janvier 1984[102] alors même que le coup d'État avait invalidé toutes les élections de 1983 et remplacé tous les élus par des militaires nommés. Tout comme la violence et l'ethnicisation des conflits politiques, le recours quasi systémique aux tribunaux pour contester, annuler ou inverser des résultats électoraux fut aussi un des héritages de ce moment démocratique difficile. Sans attendre le verdict de la Cour suprême fédérale prévu en janvier 1984, M. A. Ajasin avait prêté serment comme gouverneur avec son nouveau vice-gouverneur, N. F. Aina, le fidèle originaire d'Otun-Ekiti, le 18 octobre 1983, dans la foulée du premier verdict. Pendant les deux mois et demi que dura sa seconde mandature avant le coup d'État, il eut le temps de former son nouveau cabinet dont il détaille la part donnée aux Ekiti (Ajasin 2003 : 400-404) et de concevoir un budget de crise où les dépenses en baisse n'étaient pas compensées par des recettes. En outre, cinq projets de loi furent préparés : deux portaient sur la création de la *Teaching Service Commission* pour l'Ondo State et la politique éducative, deux sur la création et l'élection de nouveaux *Local Government Councils* et un texte sur l'immatriculation des locaux hébergeant des sociétés pour les faire contribuer à l'impôt.

Coup d'État et emprisonnement (1984-1985)

Au lendemain du coup d'État militaire du 31 décembre 1983, entre le 1er janvier et le 4 janvier1984, M. A. Ajasin rentra chez lui à Owo, revint à Akure où il fit mine de répondre à l'injonction des militaires aux politiciens de se rendre dans un poste de police mais, selon lui, personne ne semblait être en charge du coup d'État dans l'Ondo State. Ce n'est que le 5 janvier 1984, très tôt le matin, qu'il fut arrêté avec trois autres politiciens notables dont *Chief* Omoboriowo et deux autres transfuges l'ayant suivi au NPN. Alors âgé de 75 ans, il fut conduit en jeep à la caserne d'Agodi à Ibadan où il fut rejoint par *Chief* Bola Ige, ex-gouverneur de l'Oyo State ayant échoué à sa réélection dans un climat de violences et de fraudes au profit de *Chief* Omololu Olunloyo, son vainqueur NPN[103]. Ils furent rassemblés à la caserne Eleyele d'Ibadan avec plusieurs dizaines d'autres anciens élus d'Oyo arrêtés avant d'être conduits en bus à Bonny Camp, la principale caserne de Lagos. À aucun moment M. A. Ajasin ne semble avoir craint pour sa vie et celles de ses compagnons

102. Omoboriowo V. Ajasin (1984), jugement délivré le 6 janvier 1984, <https://www.lawglobalhub.com/chief-akin-omoboriowo-ors-v-chief-michael-adekunle-ajasin-1984-lljr-sc/> (consulté le 12/03/2023).

103. Entretien avec *Chief* Omololu Olunloyo, Ibadan, juillet 1996.

d'infortune (*ibid.* : 421-425). Ils se partagèrent plusieurs cellules et il fut rejoint le lendemain, dans la sienne, par N. F. Aina, son vice-gouverneur. Après quelques jours, il fut conduit à la prison de haute sécurité de Kirikiri à Lagos. En dépit de conditions de détention acceptables selon son témoignage, il tomba malade au bout de trois mois et fut hospitalisé au Creek Military Hospital sur Ikoyi pendant trois nouveaux mois avant d'être interné à la prison d'Ikoyi, un établissement moins austère où étaient regroupés la plupart des anciens gouverneurs. Il sortit acquitté d'un premier procès pour suspicion de corruption par le Groupe Bouygues devant le Lagos Zonal Tribunal. Il fut néanmoins transféré à la prison d'Agodi à Ibadan pour un second procès devant l'Ibadan Zonal Tribunal. Il gagna ce nouveau procès et les charges de corruption furent annulées le 24 juillet 1985. Il resta cependant incarcéré au titre du *Decree 2* qui permettait une incarcération de six mois renouvelables sans procès. M. A. Ajasin, 75 ans, passa huit mois en détention (5 janvier-30 août 1983)[104].

Retour en politique de 1985 à la crise du 12 juin 1993 : progressiste et démocrate actif

À maints égards, la carrière de M. A. Ajasin ressemble à celle de tous ses collègues hommes et femmes politiques nigérians ou africains soumis à des alternances entre régimes militaires et civils, à l'arbitraire mais aussi à des opérations de séduction car, au fil des années, ils se sont constitués des clientèles qui possèdent de vraies capacités de nuire ou/et de générer de l'insécurité en milieu urbain (Fourchard 2018 : 169-181, 233-264). À ce titre, il est parfois nécessaire de les associer au pouvoir, tout comme les universitaires ou les souverains, comme ministres ou *Commissioners*. Suite au coup d'État du général Ibrahim Babangida le 27 août 1985, l'*Armed Forces Ruling Council* annonça la libération de M. A. Ajasin et celle de 86 autres détenus politiques de sa stature les 30-31 août 1985. Indirectement, par le biais de ses réseaux politique, technocratique ou universitaire, il garda assez longtemps à l'égard d'I. B. Babangida une forme de bienveillance mâtinée de doutes, eu égard au comportement changeant de ce dernier dans le processus de retour à un régime civil. Lors de la reprise de la vie démocratique, mise en œuvre par le régime d'I. Babanguida (1986-1992)[105], M. A. Ajasin reprit plus ou moins

104. Récit de Yinka Odumakin confirmant le déroulé des événements dans *The Nigerian Tribune* (titre pro-UPN), 16 avril 2019, <https://tribuneonlineng.com/ajasin-was-honourable-and-incorruptible/> (consulté le 23/03/2025).

105. À partir de la création du *Political Bureau* présidé par S. J. Cookey le 13 janvier 1886 (Odinkalu 2001).

discrètement ses activités politiques dans diverses structures. Son implication restait en effet limitée par l'interdiction des activités partisanes en vigueur depuis 1983. Cette interdiction fut aggravée par celle faite aux anciens politiciens de tous bords de participer activement au renouveau politique nigérian (*Decree 25* du 9 octobre 1989). Les services de sécurité voyaient donc d'un mauvais œil le défilé permanent chez lui[106] de ses amis et partisans. La mort d'O. Awolowo, le 9 mai 1987, sembla faire de lui le nouveau sage de la classe politique yoruba ; il avait alors 79 ans. Il n'était pas seul à briguer la place de successeur à la tête des « Progressistes » comme s'appellent les ex-UPN/AG et leurs alliés des autres régions. Il dut compter avec les anciens gouverneurs UPN Bola Ige, Bisi Onabanjo ou Lateef Jakande et avec la veuve H. I. D. Awolowo. À plusieurs reprises dans ses *Memoirs...* (Ajasin 2003 : 145), il ne cache pas avoir eu des désaccords organisationnels ou tactiques avec O. Awolowo qui ne l'a pas toujours soutenu dans l'adversité. Il n'assista pas à ses obsèques à Ikenne au prétexte d'une tradition yoruba qui prohibe d'assister aux funérailles d'un ancien plus jeune que soi. Néanmoins, il avait le profil pour succéder à O. Awolowo. Quelques réunions tendues se tinrent à Lagos (4 juillet 1987) ou à Ikenne (7 juillet 1988) dans la concession familiale d'O. Awolowo. Les récits croisés de l'intéressé et de ses biographes le confirment (Adegoke & Babatope 1995 : 144-149). Les politiciens yorubas aspirant au leadership se heurtèrent aux jeunes awoist qui se rangeaient derrière la veuve et, après plusieurs interventions d'H. I. D. Awolowo, le centre de gravité de l'espace politique yoruba glissa vers Owo à partir du 28 décembre 1988. Cela valida la décision du 4 juillet 1987 de faire de M. A. Ajasin le chef des « Progressistes » pour ne pas laisser se perdre l'héritage unitaire d'Awolowo. Il s'impose sans pratiquer le *godfatherism* ni user de la violence[107]. Les réunions commencèrent à se dérouler à son domicile (Nolte 2023). La reconnaissance unanime ne vint pas immédiatement mais le nouveau leader avait désormais comme priorité de faire entrer les héritiers dans le processus très contrôlé de retour à la démocratie lancé par I. B. Babangida le 1er juillet 1987.

Aussi longtemps qu'il le put, il s'investit activement dans la restructuration de la vie partisane nigériane jusqu'à l'annonce du 2 septembre 1987, confirmée par la publication du *Decree 25* du 9 octobre 1987, qui frappa le dispositif programmé en son cœur : une partie des anciens politiciens étaient bannis à vie de toute activité politique, une autre partie était disqualifiée pour dix ans. L'ambiguïté du décret concernant certaines catégories de citoyens moins engagés conduisit la *National Electoral Commission* à imposer à tous les candidats

106. D. Babarinsa, « Ajasin and our duty to remember », *The Guardian,* 11 octobre 2011.
107. Violence systémique à la manière d'un Lamidi Adedibu à Ibadan à partir de 1979 ou, après lui quoique différemment, d'Abdul Azeez Arisekola Alao (FOURCHARD 2018 : 250-257).

une demande d'autorisation à candidater, renforçant ainsi l'arbitraire[108]. Les réunions partisanes restaient interdites. En dépit, de son bannissement, sous couvert d'hommages successifs à O. Awolowo, M. A. Ajasin poursuivit son travail de rassemblement des progressistes et de préparation des élections non partisanes des *Local Government Councils*. Lors du premier anniversaire de la mort d'O. Awolowo, le 9 mai 1988, la mouvance des « Progressistes » se réunit à Ikeja (Lagos), dans la maison d'Adelekan Sijuwade, *Ooni* d'Ife. Après une messe d'hommage, M. A. Ajasin fut désigné *« convener »* et président des « Progressistes » du Nigéria à l'issue d'une nuit de discussions. Dans la perspective de la fin de l'interdiction des activités partisanes prévue au second trimestre 1989, il s'agissait pour M. A. Ajasin de répondre à l'obligation pour les « associations » candidates à la reconnaissance dans le système bipartisan prévu par la constitution de déposer un dossier à la Nigerian Electoral Commission (NEC). L'imposant cahier des charges de la NEC exigé des associations candidates pour être sélectionnées lui fit douter de la sincérité du régime à vouloir transférer le pouvoir aux civils.

Cependant, avec le People's Consultative Forum, constitué de ses alliés dans toute la fédération, M. A. Ajasin, depuis sa résidence d'Owo, présida à la création et à l'organisation d'un nouveau parti, le PSP (People's Solidarity Party), mais les arbitrages et les conflits d'investiture entre nouveaux venus fragilisèrent l'unité yoruba. Une valse-hésitation caractérisa aussi un pouvoir peu sûr de lui et de son objectif. La NEC appela bientôt les associations de préfiguration à fusionner entre elles pour présenter moins de dossiers mais le PSP, créé le 5 mai 1989 autour de M. A. Ajasin, et le PF (People Front of Nigeria) de Shehu Yar'Ardua[109] préférèrent attendre le verdict de la NEC tout en se promettant de fusionner. Aucun des 13 dossiers déposés n'ayant répondu précisément aux injonctions de la NEC, celle-ci recommanda seulement 6 partis-candidats au gouvernement Babangida. Classés au 1er et 3e rang, le PSP et le PF confirmèrent leur souhait de fusionner or, le 7 octobre 1989, I. B. Babangida annonça l'abandon de la procédure en cours et la création de deux partis *ex-nihilo* : le SPD (Social Democratic Party) conçu comme une entité sociale-démocrate de centre gauche, parèdre de la NRC (National Republican Convention) de centre droit dans le système bipartisan mis en place par lui

108. *Participation in Politics and Elections (Prohibition) Decree n° 25 of 1987*, Lagos, *Federal Republic of Nigeria, Official Gazette,* 9 octobre 1987, Vol. 74, n° 57.

109. Aux côtés duquel on trouvait Babagana Kingibe, Atiku Abubakar, Asiwaju Bola Ahmed Adekunle Tinubu, Magaji Abdullahi, Ango Abdullahi, Ahmadu Rufa'i, Yahaya Kwande, Abdullahi Aliyu Sumaila, Wada Abubakar, Babalola Borishade, Timothy Oguntuase Akinbode, Sabo Bakin Zuwo, Sunday Afolabi, Rabiu Musa Kwankwaso, Tony Anenih, Chuba Okadigbo et Abubakar Koko.

seul. Les deux partis devaient accepter la poursuite du Plan d'ajustement structurel, pourtant très défavorable aux populations pauvres.

FIG. 5. — M. A. AJASIN POSANT EN *AṢỌ ÒKÈ,* VÊTEMENT YORUBA LORS DE SES 80 ANS

Source : Ajasin Foundation, Owo, Ondo State.

Ce revirement conduisit M. A. Ajasin et Shehu Yar'Ardua à promouvoir l'adhésion individuelle ou collective au SPD des membres du PSP (People's Solidarity Party) au côté de ceux du très structuré PF (People Front of Nigeria). Les membres du petit NLP (Nigerian Labour Party) dirigé par Frederick Ìsiòtán Fáàséhùn (1935-2018), un médecin nouveau venu en politique et lié aux syndicats, les rejoignirent. M. A. Ajasin regretta le contrôle du gouvernement sur le fonctionnement des nouveaux partis et la corruption de leurs rouages par l'argent des militaires. Sa description (Ajasin 2003 : 479) du changement des règles et de la complexité des primaires imposés par les militaires laisse peu de doute sur son peu de confiance dans le processus en cours[110].

110. Ajasin Foundation Owo, Owo Affairs Files 9, vol. 34, Owo, Ondo, Nigeria. Quelques courriers ou notes et carnets de notes épars qu'il ne nous a pas été possible de photographier en attestent.

Le PF très organisé parvint à faire élire l'essentiel de ses membres aux postes de direction du SPD dont Babagana Kingibe à la présidence. Néanmoins, M. A. Ajasin présida aux investitures conflictuelles dans l'Ondo State pour l'élection des gouverneur et vice-gouverneur — il appuya le binôme Bamilede Isola Olumida (1940-2000), un fidèle depuis 1979 et Olusegun Kokumo Agagu (1948-2013) qui fut élu — et celles des législateurs. Il géra la division Ekiti/Ondo pour les investitures fédérales. Surtout, il commença à militer en faveur d'une candidature présidentielle de *Chief* Samuel Olufemi Falae, le conseiller économique yoruba d'I. Babangida, artisan de la mise en œuvre du PAS, puis son *Commissioner* pour les Finances (29 décembre 1989-29 août 1990) avant de tomber en disgrâce et d'être limogé.

Comme dans un retour aux origines de sa carrière militante, le 14 février 1991, M. A. Ajasin participa avec le général ekiti retraité, A. Adebayo, et l'historien awoist Saburi O. Biobaku à la création de l'Egbe Ilosiwaju Yoruba (Yoruba Progressive Union) pour désigner un candidat présidentiel de consensus chez les Yorubas. Puis, avec les représentants progressistes de l'Est et de la Middle Belt, il fit émerger le CUU (National Council for Unity and Understanding). Les deux structures avaient choisi *Chief* Falae comme candidat avant qu'il ne soit disqualifié par la NEC, or I. Babangida bouleversa le jeu d'une nouvelle manière, sans prévenir. En décembre 1991, il leva le bannissement des anciens politiciens, créant ainsi la confusion en les invitant implicitement à participer aux primaires. À l'issue des primaires dans les états, M. A. Ajasin qui avait soutenu en vain *Chief* Olu Ibukun[111] lors des primaires en Ondo State, reporta son vote sur M. K. O. Abiola qui avait fait le choix du SDP du fait de son ancrage yoruba (Ajasin 2003 : 481). Vote de raison au départ quand il lui apparut qu'Abiola avait été pressenti par I. Babangida lui-même et que cela donnait plus de chance au processus démocratique. Bien qu'Abiola n'appartienne pas à la famille politique de M. A. Ajasin, il lui accorda officiellement le soutien des Progressistes à l'issue d'une journée de réunion avec lui le 17 février 1993. Il mobilisa ses réseaux anciennement au service de *Chief* Falae avec N. F. Aina et Demola Ijabiyi. Abiola devint ainsi le candidat SDP lors de la Convention de Jos le 28 mars 1993[112].

Alors qu'il s'était plutôt mis en retrait depuis la désignation des candidats, M. A. Ajasin retrouva un rôle de premier plan au lendemain du 23 juin 1993.

111. Entretiens, *Chief* Lawrence Olu Ibukun, Victoria Estate, Lagos, août 1999, juillet 2005 et décembre 2007.

112. Par 2 683 voix contre 2 456 à son rival Baba Gana Kingibe dont il fait son candidat à la vice-présidence à la surprise, voire au grand déplaisir, de l'*Advisory Council of Elders* du candidat qui pensait avoir son mot à dire. M. A. Ajasin écrivit lui accorder le bénéfice du doute. Entretiens, *Chief* Lawrence Olu Ibukun, Victoria Estate, Lagos, août 1999, juillet 2005 et décembre 2007.

Dans l'analyse qu'il livre des semaines qui suivent l'annulation, le 23 juin 1993, de l'élection présidentielle du 12 juin, M. A. Ajasin ne dissimule pas les faux-pas d'Abiola, les raisons de douter de sa sincérité et les tensions qu'il instrumentalise entre les composantes du SDP venues du PF de Yar'Ardua et du SPS de M. A. Ajasin. Son scepticisme sur les prises de position changeantes de ses partenaires occupe une place notable (Ajasin 2003 : 488-497). Il regrette qu'Abiola ne soit pas aussi strictement attaché que les ex-PSP au *« June 12 or nothing »* défendu par *Chief* Falae et lui-même. De même, son exercice du pouvoir solidaire et son refus d'écouter les anciens exaspèrent M. A. Ajasin et ses pairs, compte tenu des manifestations pro-Abiola, sous l'égide du mouvement *Campaign for Democracy* dirigé par Beko Ransome-Kuti. Elles s'étendaient dans le pays, en particulier à Lagos dans le sud-ouest (5-8 juillet puis 12-14 août 1993) en dépit d'une violente répression militaire.

La mise en place de l'*Interim National Government* d'Ernest Shonekan (14 août 1993-17 novembre 1993) et la mise à l'écart d'I. Babangida n'assurèrent pas le retour à une politique claire à l'égard d'Abiola. Au cours de cet interrègne, M. A. Ajasin et ses amis participèrent en vain à des réunions de conciliation. C'est le coup d'État du général Sani Abacha le 17 novembre 1993 qui ouvrit une dernière phase dans la vie politique de M. A. Ajasin (1993-1998). Le pédagogue et politicien jamais retiré de la scène mit une dernière fois son nom et son histoire au service de la cause démocratique. M. A. Ajasin présidait depuis 1987 le mouvement culturel, et néanmoins politique, pan-yoruba, l'*Ẹgbẹ́ Afẹ́nifẹ́re*[113] et, en février 1993, il l'engagea dans un soutien fort aux résultats du 12 juin 1992 favorables à Abiola avant de faire de cette structure un des piliers fondateurs de la National Democratic Coalition (NADECO) le 15 mai 1994. M. A. Ajasin, à sa tête, et Anthony Enahoro, son concepteur (Ajasin 2003 : 501), réunirent une quarantaine de politiciens ou de militants régionalistes voire quelques militaires[114] dont Ken Saro-Wiwa, Arthur Nwankwo, Ayo Adebanjo, Ebitu Ukiwe, Abraham Adesanya, Alfred Rewane, T. Y. Danjuma, Dan Suleiman, Bola Ige ou Ndubuisi Godwin Kanu[115]. L'organisation pro-démocratie, malgré son interdiction immédiate (31 mai 1994), lutta contre la dictature de S. Abacha en réclamant sans discontinuer la reconnaissance du résultat électoral du 12 juin 1992. Le 11 juin 1994, Abiola se proclama président avant d'être arrêté le 22 juin 1994. Il est intéressant de noter que dans ses *Memoirs*... M. A. Ajasin passe du « je » au « nous » pour rapporter sur cette période de répression sauf quand il assume l'échec d'une réunion qu'il convoqua au Premier Hotel d'Ibadan le 31 août

113. Voir <https://www.refworld.org/docid/3ae6aaf354.html> (consulté le 20/07/2023).
114. Voir <https://www.refworld.org/docid/3ae6ab542c.html> (consulté le 15/07/2023).
115. Voir <https://www.thecable.ng/tinubus-house-of-war> (consulté le 16/07/2023).

1994 et dont le résultat fut dommageable car il révéla les fractures de la classe politique yoruba : aucun des notables yorubas appelés à démissionner de l'administration Abacha ne s'exécuta.

Contrairement à nombre de leaders de la NADECO[116], il échappa à la répression. Cependant, le 1er juin 1995, au lendemain du premier attentat de l'ère Abacha, le 31 mai 1995, dans le stade d'Ilorin accueillant un meeting en faveur des œuvres familiales de Maryam Abacha, M. A. Ajasin, 87 ans, fut une nouvelle fois arrêté par la police pendant 24 heures au prétexte qu'il avait participé à une réunion interdite de la NADECO[117]. Il devint membre fondateur du United Democratic Front of Nigeria (UDFN) créé en exil en mars 1996 par Wole Soyinka et par les adversaires les plus déterminés d'Abacha, membres de la NADECO. Président national de la NADECO (Nolde 2023 : 83-84)[118], il en est le représentant à Owo où il est très soutenu par l'évêque anglican Peter Awelewa Adebiyi qui défend la démocratie et le 12 juin dans ses sermons malgré les intimidations militaires[119]. Malgré son âge, le 13 décembre 1996, il est enjoint, sous peine d'arrestation, par Femi Idris, le « maire » nommé d'Owo, et par l'administrateur militaire, Anthony Onyerugbulem, de ne plus organiser chez lui de réunion de la NADECO. Selon la presse, sa réponse aurait été : « We have an association. This place is my house and people come to meet me here because I am the leader of the group, there is no law yet in this country saying that we should not hold any private meeting in one's house »[120]. Entre 1993 et sa mort le 3 octobre 1997, M. A. Ajasin s'opposa, parfois en vain, à la participation des progressistes de la NADECO à des discussions avec les militaires comme en août 1995 ou à une collaboration avec l'administration

116. Anthony Enahoro, C. O. Adebayo, Alani Akinrinade, Frank Kokori président du NUPENG. Les chefs des syndicats NLC, NUPENG et PENGASSAN furent démis de leur mandat.

117. Anonyme, « Nigeria Frees Politician », *The New York Times,* 3 juin 1995, <https://www.refworld.org/docid/3ae6aaf354.html> (consulté le 20 juillet 2023).

118. « While the group lost cohesion ahead of the planned return to civilian rule, Ajasin was able to rebuild it following the annulment of the presidential election of Moshood Abiola in 1993. Under his direction, the National Democratic Coalition (NADECO) channeled opposition to the military government under Sani Abacha. »

119. D. Babarinsa, « The Great Pilgrimage of Peter », *The Crest,* 17 février 2022, <https://thecrestng.com/2022/02/17/the-great-pilgrimage-of-peter-by-dare-babarinsa/> (consulté le 15/07/2023) ; D. Babarinsa, « Even in Nigeria, freedom is not a free commodity », <https://guardian.ng/opinion/even-in-nigeria-freedom-is-not-a-free-commodity/> (consulté le 23/03/2025).

120. A. Adegbamigbe, « Flashback : Adekunle Ajasin would have been 111 years old on 28 November », *The News,* 30 novembre 2019, <https://thenewsnigeria.com.ng/2019/11/30/flashback-adekunle-ajasin-would-have-been-111-years-old-on-28-november/> (consulté le 15/07/2023).

Abacha quand elle tenta d'organiser des élections sans partis (1994-1997)[121]. Il fut un des rares hommes politiques d'envergure à ne pas être parti en exil mais, l'année de sa mort, en 1997, il a fait l'objet d'une tentative d'assassinat non aboutie, contrairement à celle qui visa Abraham Adesanya, un autre pilier de l'AG puis de la NADECO, le 15 janvier 1997. M. A. Ajasin est décédé le 3 octobre 1997 au University College Hospital d'Ibadan. *The Guardian,* le quotidien de centre-gauche nigérian le salua en ces termes le 10 octobre 1997 : « He ran a very long race, neither did he fall nor stumble, when he has run his own part of the race and finished tops and we (Nigerians) would not do our part, he took the baton again and led the way. » Il a été inhumé dans la cathédrale anglicane Saint Andrew à Owo, sa ville natale, en présence du général Oladipo Diya, alors encore bras droit de S. Abacha. Lors de l'office, Abiodun Adetiloye, évêque d'Ado-Ekiti, autre proche de la NADECO, gratifia l'assistance d'un sermon sur le thème du bon gouvernement qui fit applaudir les membres de la NADECO présents.

Pour consensuel qu'il puisse paraître, il a bien été un homme de parti — en tant qu'outil de démocratie — voire localement de faction, avec ses partisans comme ses adversaires. Son mausolée dans la cathédrale fut ainsi détruit lors d'émeutes sanglantes (31 morts) à Owo entre deux factions rivales pour l'élection d'un nouvel *oba* en juin 2000. En dépit de son rôle central dans la vie politique yoruba, il peut paraître surprenant de voir que les médias yorubas et nigérians ne mentionnent que rarement son nom, hors contexte nécrologique pour son rôle entre 1993 et sa mort. De même, les index des ouvrages consultés lui font rarement une place. Cependant, un article dans *The Guardian* (11/10/2011) souligne son rôle dans la conception de la politique éducative de l'AG, ce qui est rarement mentionné. O. Awolowo l'a pourtant clairement crédité de ce travail lors du 25e anniversaire du FES à Akure, lors d'une cérémonie organisée[122] en 1980 par celui qui venait d'être élu gouverneur d'Ondo State.

❖

Comme c'est habituel dans le monde des notables yorubas, la famille de M. A. Ajasin a entrepris de pérenniser sa mémoire grâce à une fondation basée

121. Les militants NADECO, membres du United Democratic Front of Nigeria (UDFN), s'opposèrent alors à ceux du People's Progressive Party (PPP) qui espéraient maintenir pragmatiquement une représentation électorale pro-démocratie hostile à Abacha en occupant des sièges (MUSTAPHA 2001).

122. D. Babarinsa, « Ajasin and our duty to remember », *The Guardian,* 11 octobre 2011.

à Owo et qui finance les hommages orchestrés par sa veuve puis par sa plus jeune fille, Olajumoke Anifowoshe, depuis 1999[123]. Pérennisant la dynastie, cette dernière, avocate, ancienne *Attorney General* et *Commissioner* pour la justice de l'Ondo State s'est durablement impliquée dans la vie des partis AD puis ACN, héritiers du UPN-AG. Elle a déjà été à trois reprises, en vain, candidate pour reprendre le siège de gouverneur de son père[124]. En dépit du conflit qui l'opposa à sa section locale APC à la suite de son dernier échec en 2021, elle faisait partie du groupe « 774 Women for BAT-KASH » qui soutint la candidature d'A. B. Ahmed Tinubu (APC) à la présidence du Nigéria en 2023[125].

La biographie de M. A. Ajasin illustre un autre trait caractéristique de la vie et de la sociabilité politiques nigérianes dans l'espace yoruba. Ainsi, le 3 octobre 2017, tout le spectre de l'éventail politique, universitaires et militaires, assistait à l'hommage à « Chief Adekunle Ajasin : Leader with Exemplary Qualities ». Il avait été organisé par *Chief* Jumoke Anifowoshe avec son frère aîné, Modebola Ajasin, à l'Université d'Ibadan, en l'honneur du 20e anniversaire de sa mort sous les auspices de la Fondation Ajasin qu'elle présidait[126]. L'éducation était à l'honneur et l'un des universitaires y prononça une intervention intitulée « Chief M. A. Ajasin — A Teacher and Statesman ». Plus que le rassemblement — inévitablement quoique discrètement — clivé d'anciens awoist et d'anciens soutiens à S. L. Akintola, pour faire simple, c'est le monde politique et la société civile yoruba qui se donnaient à voir lors d'un évènement mondain à connotation ethno-régionaliste, avant de faire la une des journaux et des télévisions. Leur présence y est indispensable pour en assurer la couverture médiatique et pérenniser l'incarnation de la nation yoruba à travers l'homme qui avait pris la relève d'O. Awolowo et la collectivité qui l'honore. En 1966, le Nigéria est entré dans une longue ère de collaborations entre militaires en quête de légitimité, *oba,* émirs et chefs en quête d'influence, universitaires, hommes d'affaires, juristes et élites politiques démonétisées mais enracinées et clientélistes (Martineau 2003). Tous sollicitent ainsi l'aura de l'enceinte universitaire et la proximité du grand homme pour rehausser leur

123. Voir <https://ajasinfoundation.org/>.

124. R. Elesho, « Jumoke – Ajasin Anifowoshe : An Amazon's quest to govern Ondo », *The News,* 7 juin 2020, <https://thenewsnigeria.com.ng/2020/06/07/jumoke-anifowoshe-ajasin-an-amazons-quest-to-govern-ondo/> (consulté le 13/07/2025).

125. Anonyme, « 774 Women for BAT-KASH Launches Head Office in Abuja », *First Weekly,* 12 septembre 2022, <https://www.firstweeklymagazine.com/774-women-for-bat-kash-launches-head-office-in-abuja/> (consulté le 12/09/2022).

126. M. Adeyemi, « 20 years after Nigerians extol Michael Adekunle Ajasin's Virtues », *The Guardian,* 4 octobre 2017, <https://guardian.ng/news/20-years-after-nigerians-extol-michael-adekunle-ajasins-virtues/> (consulté le 02/08/2023) ; D. Olagunju, « Ajasin : Why is the best behind us », *The Nigerian Tribune,* 22 octobre 2017, <https://tribuneonlineng.com/ajasin-best-behind-us/> (consulté 30 octobre 2023).

image. Par-delà son décès, les modalités de la participation de M. A. Ajasin à la vie sociale et politique du Nigéria illustrent remarquablement cet entre-soi des dirigeants nigérians qui se pérennise malgré les crises passées parfois violentes. Tous se retrouvent régulièrement et fort civilement, au fil des décennies, lors d'événement sociaux conviviaux multiples : octrois de titre de *chieftancy,* mariages, funérailles, lancements de livres, cérémonies universitaires, hommages divers, anniversaires de décès ou inaugurations. Pourtant, le clivage politique infra-yoruba né en 1963-1966 ne disparaît pas et les réseaux politiques yorubas, même s'ils se complexifient, restent marqués par l'opposition Awolowo-Akintola, régulièrement réactivée (PDP *vs* ACN en 2024). Seul le tropisme pour certains thèmes de mobilisation comme le développement de l'éducation semble faire encore l'objet d'un consensus. Cependant, si la génération socialisante de M. A. Ajasin était convaincue de l'importance du rôle éducatif de l'état et de la gratuité, ses héritiers sociaux-démocrates APC laissent largement les acteurs financiers s'emparer de la sphère éducative de la *nursery school* à l'université. Depuis 1999, les états yorubas dirigés par l'ACN sont désormais les vitrines de ce libéralisme éducatif peu encadré.

Centre d'études en sciences sociales sur les mondes africains, américains et asiatiques (Cessma), Inalco, Paris, France.

BIBLIOGRAPHIE

ABERNETHY D. B, 1969, *The Political Dilemma of Popular Education : An African Case,* Stanford, Stanford University Press.

ADEBIMPE L. G., 2004, *I know Rashidi,* Ibadan, Latresa International Ltd.

ADEBO S. O., 1984, *Our Unforgettable Years,* Lagos, Macmillan Nigeria.

ADEBO S. O., 1988, *Our International Years*, Ibadan, Owerri, Zaria, Spectrum Books Ltd.

ADEGOKE S. & BABATOPE E., 1995, *Michael Adekunle Ajasin, Triumph of Idealism,* Ibadan, Spectrum Books Ltd.

ADELOYE J. S., AINA N. F., OGUNMOYELA K. & AJASIN M. A., 1992, *Michael Adekunle Ajasin, The Story of a Legend,* Akure, Ondo State, New Era Commercial Press Ltd.

Afowowe O., 1998, *Adebayo, Major General Robert Adeyinka, Onward Soldier Marches On,* Ibadan, Evans Brother (Nigeria Publishers) Ltd.

Aina N. F., 1975, *An Historical Analysis of the Development of Teacher Education Programs in Five Nigerian Universities : With Special Emphasis on the Faculty of Education, University of Ife, Ile-Ife, Nigeria,* Thèse de doctorat, Université du Wisconsin-Madison.

Akin A., 2007, *Statemanship on the Bench, The Judicial Career of Sir Adetokunbo Ademola 1939-1972,* Trenton (NJ), AWP.

Akinsanya A. A., 1981, « The Former Western Nigeria Development Corporation: A Framework for Performance Evaluation », *Public Administration and Development,* 1 (1) : 25-33.

Ajasin M. A., 2003, *Ajasin, Memoirs and Memories,* Lagos, Ajasin Foundation.

Ajayi J. F. A., 1992, *Patriot to the Core, Samuel Ajayi Crowther,* Ibadan, Anglican Diocese of Ibadan.

Ajayi J. F. A., 2005, *In Our Days, An Autobiography,* Lagos, West African Book Publishers Ltd.

Akin A., 2007, *Statemanship on the Bench, The Judicial Career of Sir Adetokunbo Ademola 1939-1972,* Trenton (NJ), AWP.

Akintola V. L., 1982, *Akintola, The Man and The Legend,* Enugu, Delta Publications.

Akinyele R. T., 2001, « The *Creation* of *Ondo State* and the Emergence of the New Minority », *Lagos Historical Review,* 1 : 16-32.

Akinyeye Y., 2009, *Olatunde Abudu : The Man with Mission,* Lagos, Diamond Publications Ltd.

Akyeampong E. K., 2023, *Independent Africa : The First Generation of Nation Builders,* Bloomington, Indiana University Press.

Akyeampong E. K. & de-Graft Aikins A., 2008, « Ghana at Fifty: Reflections on Independence and After », *Transition,* 98 : 24-34.

Aluko T. M., 1994, *My Years of Service,* Ikeja, Lagos, Nelson Publishers Ltd.

Angelo A., 2020, *Power and the Presidency in Kenya. The Jomo Kenyatta Years,* Cambridge, Cambridge University Press.

Angelo A. (ed.), 2021, *The Politics of Biography in Africa: Borders, Margins and Alternative Histories of Power,* Abington-New-York, Routledge (« African Studies Serie »).

APTER A., 1987, « Things Fell Apart ? Yoruba Responses to the 1983 Elections in Ondo State , Nigeria », *The Journal of Modern African Studies,* 25 (3) : 489-503.

ARCHER J., 1969, *African Firebrand: Kenyatta of Kenya,* New York, Julian Messner of New York.

ARNOLD G., 1974, *Kenyatta and the Politics of Kenya,* Londres, Dent.

ASANTE G., ARHIN D., ESSIEN N., BENTIL S. & ASIBEY G., « Implementation of the Standard-Based Curriculum : An Overview of Pre-Tertiary Curriculum in Ghana (1951-2019) », *Open Access Library Journal,* 11 (2), February 27, <https://www.scirp.org/reference/referencespapers?referenceid=3675107>.

AWE B., 1977, « The Iyalode in the Traditional Yoruba Political System », in A. SCHLEGEL (ed.), *Sexual Stratification : A Cross-Cultural View,* New-York, Columbia University Press : 144-159.

AWE B. (ED.), 1992, *Nigerian Women. A Historical Perspective,* Ibadan, Bookcraft Ltd.

AWOLOWO O., 1960, *Awo, The Autobiography of Chief Obafemi Awolowo,* Cambridge, Cambridge University Press.

AYO B., OKEDIRAN W., OLAYEBI B. & UMUKORO M. M. (EDS.), 2003, *Bola Ige, The Passage of a Modern Cicero,* Ibadan, Bookcraft.

BECKETT P. & O'CONNELL J., 1978, *Education and Power in Nigeria,* London, Hodder and Stoughton.

BERRY S. S., 1967, *Cocoa in Western Nigeria, 1890-1940 : A Study of an Innovation in a Developing Economy,* Thèse de doctorat, Université du Michigan.

BERRY S. S., 1968, « Christianity and the Rise of Cocoa-growing in Ibadan and Ondo », *Journal of the Historical Society of Nigeria,* 4 (3) : 439-451.

BERRY S. S., 1975, *Cocoa, Custom and Socio-Economic Change in Rural Western Nigeria,* Oxford, Clarendon Press.

BERTHO E., 2023, *Senghor,* Paris, PUF.

BIOBAKU S. O. (ED.), 1973, *Sources of Yoruba History,* Ibadan, University Press Ltd.

BIOBAKU S. O., 1992, *When We Were Young,* Ibadan, University Press PLC.

BOUAMAMA S., 2014, *Figures de la révolution africaine. De Kenyatta à Sankara,* Paris, La Découverte (« Zones »).

BOUNEAU C. & CALLÈDE J.-P., 2012, *Léo Lagrange : une perspective de renouvellement dans la construction des jeunes générations ?,* Bordeaux, Maison des sciences de l'Homme d'Aquitaine.

CHAUVEAU J.-P., 1995, « L'innovation cacaoyère : histoire comparée de la cacaoculture en Afrique de l'Ouest », in P. BYÉ & J. MUCHNIK (dir.), *Innovation et sociétés : quelles agricultures ? quelles innovations ? : 1. Dynamismes temporels de l'innovation,* Montpellier, CIRAD : 43-58.

CONDETTE J.-F. & CASTAGNET-LARS V. (DIR.), 2020, *Histoire des élèves en France*, vol. 1. *Parcours scolaires, genre et inégalités (XVIIe-XXe siècles),* Paris, Presses universitaires du Septentrion.

COQUERY-VIDROVITCH C., 1985, *Afrique noire, Permanences et ruptures,* Paris, Payot.

COQUERY-VIDROVITCH C., GOERG O. & TENOUX H., 1998, *Des historiens africains en Afrique. Logiques du passé et dynamiques actuelles,* Paris, L'Harmattan (« Cahier Groupe Afrique noire, 17-18 »).

COOPER F., 2002, *Africa since 1940 : The Past of the Present,* Cambridge, Cambridge University Press.

COOPER F., 2018, *Citizenship, Inequality, and Difference : Historical Perspectives,* Princeton (NJ), Princeton University Press.

DENZER L., 2001, *Folayegbe M. Akintunde-Ighodalo : A Public Life,* Ibadan, Sam Bookman Publishers.

DIAMOND L., KIRK-GREENE A. & OYEDIRAN O., 1997, *Transition Without End,* Ibadan, Vantage Publishers.

DORON R. & FALOLA T., 2016, *Ken Saro-Wiwa*, Athens, Ohio University Press.

EGBEYEMI O. O., 1996, *S. T. Ola Akande, Agent de Change, A Biography of Renowned Clergyman, Proficient Administrator ; Prolific Writer ; Erudite Scholar and Stateman,* Ibadan, G.L.J. Ltd.

ELAIGWU J. I., 1986, *Gowon,* Ibadan, West Books Publisher Ltd.

ENGLUND H., 2022, *Visions for Racial Equality. David Clement Scott and the Struggle for Justice in Nineteenth-Century Malawi,* Cambridge, Cambridge University Press.

FAFUNWA A. B., 2004 [1974], *History of Education in Nigeria,* Ibadan, NPS Educational Publishers Ltd.

FALOLA T., 2004, *A Mouth Sweeter Than Salt, An African Memoir,* Ann Arbor, The University of Michigan Press.

FALOLA T. & GENOVA A., 2009, *Historical Dictionary of Nigeria*, Lanham (Maryland)-Toronto-Plymouth (UK), The Scarecrow Press, Inc.

FALOLA T. & HEATON M. M., 2008, *A History of Nigeria,* Cambridge, Cambridge University Press.

FASUAN O., 2002, *Creation of Ekiti State. The Epic Struggle of a People,* Ado-Ekiti, Indistrial and Merchandise Nigeria Ltd.

FEINSTEIN A., 1987 [1974], *African Revolutionary : The Life and Times of Nigeria's Aminu Kano,* Boulder (Colorado), Lynne Rienner Publishers Inc.

FOURCHARD L., 2018, *Trier, exclure et policer. Vies urbaines en Afrique du Sud et au Nigeria,* Paris, Les Presses de Sciences Po.

GUILHAUME P., 1992, *Jules Ferry,* Paris, Albin Michel.

HICKS J. & PHILLIPSON S., 1951, *Report of the Commission on Revenue Allocation,* Nigeria, Lagos, Government Publications Office.

HINDERER A., 1873, *Seventeen Years* in the *Yoruba Country : Memorials of Anna Hinderer, Wife of the Rev. David Hinderer, C.M.S. Missionary in Western Africa, Gathered from Her Journals and Letters,* Londres, Seeley, Jackson & Halliday.

HOWARD A., 1987, *RAB: The Life of R. A. Butler,* Londres, Jonathan Cape.

HOWES F.N., 1946, « The Early Introduction of Cocoa to West Africa », *African Affairs,* 45 (180) : 152-153.

HYMANS J. L., 1971, *Léopold Sédar Senghor: An Intellectual Biography,* Édimbourg, Edinburgh University Press.

IGE B., 1991, *Kaduna Boy,* Ibadan, NPS Educational Publishers Ltd.

IGE B., 1995, *People, Politics and Politicians of Nigeria (1940-1979)*, Ibadan, Heinemann Educational Books (Nigeria) PLC.

JOHNSON-ODIM C. & MBA N. E., 1997, *For Women and the Nation: Funmilayo Ransome-Kuti of Nigeria,* Champaign, University of Illinois Press.

KATUMANGA M., 2003, « Moi, professeur de politique ou enseignant égaré en politique ? », *Politique africaine,* 90 (2) : 99-111.

KRIEGER M., 1987, « Education and Development in Western Nigeria : The Legacy of S. O. Awokoya, 1952-1985 », *International Journal of African Historical Studies,* 20 (4) : 647-667.

LADIGBOLU A. G. A., 2001, *The Era of Good Governance in Oyo State His Excellency Alh. Chief Dr Lamidi Onaolapo Adesina, Executive Governor of Oyo State Nigeria,* Ibadan, Al-Amin Communications Ltd.

LAOYE L., 2003, *The Unwrecked Sprit. Memoirs of a Retired One Star General,* Lagos, Visionlink Nigeria Ltd.

LAITIN D., 1986, *Hegemony and Culture. Politics and Religious Change Among the Yoruba,* Chicago, University of Chicago Press.

LANDER R., 2011, *Records of Captain Clapperton's Last Expedition to Africa : With the Subsequent Adventures of the Author,* Cambridge, Cambridge University Press.

LANDER R. & LANDER J., 1832, *Journal of an Expedition to Explore the Course and Termination of the Niger : With a Narrative of a Voyage Down that River to Its Termination,* vol. 1, Londres, L. Murray.

LEMOSSE M., 2000, *Le système éducatif anglais depuis 1944,* Paris, PUF.

LENZ C., 2013, « Ghana@50, Celebrating the Nation. Debating the Nation », *Cahiers d'Études africaines,* LIII (3), 211 : 519-546.

LENZ C. & LOWE D., 2018, *Remembering Independence,* Londres, Routledge.

LINDSAY L. A., 2017, « Biography in African History », *History in Africa,* 44 : 11-26.

LOEFFEL L., 1999, *Ferdinand Buisson, apôtre de la laïcité,* Paris, Hachette.

LONSDALE J., 2002, « Jomo Kenyatta, God and the Modern World », in P. PROBST, H. SCHMIDT, & J.-G. DEUTSCH (eds.), *African Modernities : Entangled Meanings in Current Debate,* Oxford, James Currey.

MABOGUNNJE A. L., 2011, *A Measure of Grace, The Autobiography of Akinlawon Ladipo Mabogunnje,* Ibadan, Book Builders Editions Africa.

MALIKI L., 2012, *The Pick of the Bunch, The Autobiography of a Nigerian Diplomat, Ambassador Lamidi Maliki,* Ibadan, Book Builders Editions Africa.

MARTINEAU J.-L., 2003, « Oba et universitaires yoruba sous les gouvernements militaires nigérians, Participation ambiguë et stratégie de survie sociale (1966-1992/93) », in C.-H. PERROT & F.-X. FAUVELLE-AYMAR (dir.), *Le retour des rois, les autorités traditionnelles et l'État en Afrique contemporaine,* Paris, Karthala : 177-212.

MAUPEU H., 2005, « Wangari Maathai, femme de paix ou contestataire de choc ? », *Politique africaine,* 99 (3) : 131-141.

MBA N. E., 1982, *Nigerian Women Mobilized : Women's Political Activity in Southern Nigeria, 1900-1965,* Berkeley, Institute of International Studies, University of California.

MURRAY-BROWN J., 1972, *Kenyatta,* Londres, George Allen & Unwin.

MUSILA G. A., 2021, préface « Fugitive Freedom », in A. ANGELO (ed.), *The Politics of Biography in Africa : Borders, Margins and Alternative Histories of Power,* Routledge (« African Studies Serie »).

MUSTAPHA A. R., 2001, « Civil Rights and Pro-democracy Groups in and outside Nigeria », in K. AMUWO, D. C. BACH & Y. LEBEAU (eds.), *Nigeria During the Abacha Years (1993-1998), The Domestic and International Politics of Democratization,* Ibadan, IFRA : 145-183, <https://books.openedition.org/ifra/638?lang=fr>.

Nolte I., 2023, « Obafemi Awolowo », *African History,* 24 mai, <https://doi.org/10.1093/acrefore/9780190277734.013.618>.

Odinkalu C. A., 2001, « The Management of Transition to Civil Rule by the Military in Nigeria (1966-1996) », in K. Amuwo, D. C. Bach & Y. Lebeau (eds.), *Nigeria During the Abacha Years (1993-1998), The Domestic and International Politics of Democratization,* Ibadan, IFRA : 57-99, <https://books.openedition.org/ifra/634>.

Oduwobi T., 2003, « Deposed Rulers under the Colonial Regime in Nigeria. The Careers of *Akarigbo* Oyebajo and Awujale Adenuga », *Cahiers d'Études africaines,* XLIII (3), 171 : 553-571, <https://doi.org/10.4000/etudesafricaines.215>.

Ojo E. O., 2012, « Leadership Crisis and Political Instability in Nigeria, 1964-1966 : The Personalities, the Parties and the Policies », *Global Advanced Research Journal of History, Political Science and International Relation,* 1 (1) : 6-17.

Olaopa T., 1997, *A Prophet is with Honour : The Life and Times of Ojetunji Aboyade,* Ibadan, Fountain Publication.

Olu-Aderounmu W. O., Duyilemi B. O. & Ojo O. A. (eds.), 1990, *History of Educational Development in Ondo State : A Multi-disciplinary Review,* Ikere-Ekiti, *Ondo State* College of *Education.*

Olusanya G. O., 2003, *Memoirs of a Disillusioned Patriot,* Ibadan-Lagos, SEFER Books Ltd.

Omoyeni S. A., 1982, *School Mapping as a Tool for Rationalization of Spatial Distribution of Secondary Schools in* Ondo State *of Nigeria,* Thèse de doctorat, Ibadan, Université d'Ibadan.

Osundeyi D. O., 2006, *From Valley to Hill Top, A Biography of Deacon (Chief) Samuel A. Sayomi (JP), The Asiwaju of Igosun Land,* Lagos, Dee-Sage Nigeria Ltd.

Osuntokun A. O. I., 1984, *Chief S.L.A. Akintola : His Life and Times,* Londres, Frank Cass.

Osuntokun A. O. I., 1986, *Power Broker : A Biography of Sir. Kashim Ibrahim,* Ibadan, Spectrum Books Ltd.

Osuntokun A. O. I., 2006, *Abidakun, An Autobiography,* Lagos, First Academic Publishers Ltd.

Osuntokun A. O. I., 2013, *A.B.O. Oyediran : A Life Lived for Others,* Ibadan, Book Builders.

Osuntokun A. O. I. & Oduwobi T., 2011, *The Merchant Prince and the Monarch, Oba Oladunni Oyewumi, The Soun of Ogbomosoland,* Ibadan, Book Builders Editions Africa.

Oyebode A. *et al.* (eds.), 2001, *Ekiti State. The Story of a Determined People,* Lagos, Fountain Newspapers & Publishing Comp. Ltd.

PERHAM M., 1955, « Britain Response to the End of Colonialism », *The Colonial Review*, mars : 4-14.

PROST A. & ORY P., 2015, *Jean Zay : Le ministre assassiné (1904-1944)*, Paris, Taillandier-Canopé.

RAJI A. B., ADEDAYO A. M. & IBITOYE M. O., 2023, « Youth, Political Parties, and Peace-Building Process in Nigeria », *Global Journal of Political Science and Administration*, 11 (3) : 31-42.

ROONEY D., 1990, *Nkrumah, l'homme qui croyait à l'Afrique*, Paris, JA Livres (*Kwame Nkrumah. Vision and Tragedy*, Accra, Sub-Saharan Publishers, 1988).

SIMOLA R., 1999 « The Construction of a Nigerian Nationalist and Feminist, Funmilayo Ransome-Kuti », *Nordic Journal of African Studies*, VIII (1), 21 : 94-114.

SKLAR R. L., 1963, *Nigerian Political Parties : Power in an Emergent African Nation*, Princeton (NJ), Princeton University Press.

SMITH R. S., 1969, *Kingdoms of the Yoruba*, Londres, Methuen & Co.

SMOUT M.-C. (DIR.), 2007, *La situation postcoloniale : les postcolonial studies dans le débat français*, Paris, Presses de la Fondation nationale des sciences politiques.

SOYINKA W., 1981, *Ake, Les années d'enfance*, Paris, Belfont.

TAÏWO C. O., 1975, *Henry Carr, An African Contribution to Education*, Ibadan, Oxford University Press.

TAÏWO C. O., 1996, *Learning Thrills. Memoirs of an Educationist*, Ibadan, Y-Books.

TAYLOR J. C., 2006, « Review : A Mouth Sweeter Than Salt : An African Memoir by Toyin Falola », *Journal of Third World Studies*, 23 (2) : 224-227.

THAKUR A. S. & EZENNE A. N., 1980, *A Short History of Education in Nigeria*, New-Delhi, National Publishing House.

VAILLANT J. G.,1990, *Black, French, and African: A Life of Léopold Sédar Senghor*, Cambridge (Mass.), Harvard University Press (*Vie de Léopold Sédar Senghor : noir, Français et Africain*, préface d'A. Diouf, postface de S. B. Diagne, Paris, Karthala, 2006).

VIGIÉ M., 1993, *Dupleix*, Paris, Fayard.

WEPMAN D., 1985, *Jomo Kenyatta : President of Kenya*, New York, Chelsea House Publishers.

RÉSUMÉ

Le sud-ouest yoruba du Nigéria, entre 1960 et 1996, a été le théâtre de la construction d'un ethno-régionalisme yoruba qui n'a pas exclu les processus de fissiparité, lesquels se doublaient de tensions entre factions au sein de l'Action Group et avec d'autres mouvements politiques comme le NCNC, alimentant la dynamique complexe du paysage politique nigérian. Dans ce contexte, la carrière, la vie et le parcours politique de Michael Adekunle Ajasin sont emblématiques de ces évolutions. Né d'une famille d'agriculteurs anglicans, M. A. Ajasin est une figure yoruba centrale du nationalisme nigérian. En effet, il a été, entre autres réalisations, l'inspirateur de la généralisation de l'enseignement primaire gratuit dans le sud-ouest yoruba au tournant des années 1951-1966, entre autonomie interne et indépendance. Or, l'école est un des marqueurs identitaires de l'ethno-régionalisme au point d'être devenue un passage obligé de tous les programmes des hommes politiques, voire des militaires, yorubas depuis les années 1960. De ce fait, M. A. Ajasin, toujours mu par sa vocation initiale d'enseignant, s'est imposé comme leader régional, puis gouverneur de l'Ondo State (1979-1983) et enfin militant pro-démocratie et héritier politique d'Obafemi Awolowo jusqu'à la fin de sa vie. L'article se propose de découvrir un leader peu connu dont la carrière est autant associée au développement de l'éducation ou à la construction d'un espace politique yoruba, et néanmoins nigérian, qu'à la lutte pour la démocratie sous les dictatures militaires successives, de Johnson Aguiyi-Ironsi à Sani Abacha.

Mots-clés : Nigéria, Yoruba, M. A. Ajasin, biographie, éducation, école primaire gratuite, démocratie, dictature militaire, indépendance.

ABSTRACT

From the Free Education Scheme to the Defence of Nigerian Democracy in the Yoruba Area, the Emblematic Path of Michael A. Ajasin (1908-1997). — Between 1960 and 1996, the south-western Yoruba region of Nigeria witnessed the construction of a Yoruba ethno-regionalism that did not exclude later fissiparous processes and that was coupled with tensions between factions within the Action Group and with other political movements such as the NCNC, fuelling the complex dynamics of the Nigerian political landscape. In this context, the career, life and political path of Michael Adekunle Ajasin are emblematic of these developments. Born into a family of Anglican farmers, M. A. Ajasin is a central Yoruba figure in Nigerian nationalism. Among other achievements, he was the driving force behind the widespread introduction of free primary education in south-west Yoruba region at the end of the colonial period (1951-1966), between the self-government period and the beginnings of independence. Education policy is one of the identity markers of ethno-regionalism, to the extent that it has become a compulsory part of all the platforms of Yoruba politicians, and even the military, since the 1960s. As a result, M. A. Ajasin, always driven by his initial vocation as an educationist, established himself as a regional leader, then governor of Ondo State (1979-1983) and finally pro-democracy activist and political heir to Obafemi Awolowo until the end of his life. This article looks at a little-known leader whose career is as much associated with the development of education and the construction of a Yoruba political space, albeit a Nigerian one, as with the fight for democracy under successive military dictatorships, from Johnson Aguiyi-Ironsi to Sani Abacha.

Keywords: Nigeria, Yoruba, M. A. Ajasin, biography, democracy, education, free primary education, independence, military dictatorship.

Philibert Gakwenzire

Écrire l'histoire de la propagande ethnique au niveau local au Rwanda

La commune de Gikomero à l'épreuve de la guerre de 1990

En octobre 1990, le Rwanda est entré en guerre suite à l'attaque du Front patriotique rwandais (FPR-Inkotanyi)[1], une formation politico-militaire composée d'exilés rwandais en majorité tutsi issus de différentes phases de départ depuis 1959[2]. Tout au long de ce conflit d'une durée de quatre ans, le gouvernement rwandais a alimenté des fantasmes stigmatisant les Tutsi qui n'avaient pas fui le pays en les prenant pour complices des agresseurs (Chrétien & Kabanda 2016 : 175). Cette guerre fut déclenchée au moment où le pays, alors à parti unique sous la houlette du Mouvement républicain national pour la démocratie (MRND)[3], était en mutation politique qui a abouti à une constitution multipartite. En même temps, la population rwandaise vivait un marasme dû à la précarité économique et au déséquilibre du marché

1. Dans les pages suivantes, je désigne cette formation politique par ces sigles usités : FPR. D'une façon péjorative et stigmatisante, les documents écrits par l'administration rwandaise de l'époque utilisaient le vocable « Inkotanyi », qui est en fait l'attribut du FPR, pour désigner toute personne considérée comme ayant un lien quelconque avec lui.
2. Le 3 novembre 1959, éclatèrent à Gitarama, au nord-ouest du Rwanda, de très violentes persécutions visant les Tutsi, conflits qui gagnèrent bientôt d'autres localités. Il en résulta des centaines de morts, de nombreuses habitations incendiées et un premier exil de milliers de Tutsi. À la fin des années 1960, environ 20 000 Tutsi avaient été assassinés et plus de 300 000 autres avaient été contraints de se réfugier à l'étranger (Des Forges *et al.* 1999 : 53 ; Sémelin 2005 : 91).
3. Le 5 juillet 1973, Habyarimana Juvénal, alors général major de l'armée rwandaise, chef d'état-major et ministre de la Défense, prit le pouvoir par coup d'État militaire. Il suspendit toutes les institutions y compris le MDR (Mouvement démocratique républicain), un parti politique de son prédécesseur, Grégoire Kayibanda, au pouvoir depuis le 26 octobre 1961. Le 5 juillet 1975, Habyarimana créa sa propre formation politique, le MRND (Mouvement révolutionnaire national pour le développement). Pour se conformer à l'adoption du multipartisme, en 1991, le parti changea de nom tout en gardant ses acronymes et devint Mouvement républicain national pour la démocratie (MRND).

Cahiers d'Études africaines, LXV (2), 258, pp. 407-431.

international (Reyntjens 1994 : 89-132). Cette triple réalité, à savoir la guerre, un réagencement partisan et la situation économique précaire, a généré une crise sociale évidente. Face à ces défis, le régime dont le slogan était pourtant la « paix, unité et développement » chercha la réponse en recommençant les persécutions contre les Tutsi qui avaient marqué la lutte pour l'indépendance du Rwanda dans les années 1960 (Chrétien 2016 : 172-173 ; Gakwenzire 2017 : 283-294).

En effet, à la veille du déclenchement de cette guerre, les Tutsi vivant au Rwanda subissaient des mesures discriminatoires officialisées par le régime d'Habyarimana mais les menaces physiques avaient été diminuées (Prunier 1999 : 97). Cette singularisation de la guerre et la criminalisation visant les Tutsi en accordant peu d'importance aux problèmes qui prévalaient sur les collines semblent marquer une rupture qui mérite une réflexion profonde. Pour comprendre cette discontinuité et ce retour aux persécutions anti-tutsi semblables à celles des années 1960, cet article s'appuie sur une documentation produite à l'échelon de la commune, une entité politique et administrative qui a été stratégique dans la direction du Rwanda dès son indépendance en 1962[4].

Cet article se limite à une entité spatiale précise, la commune de Gikomero, sans qu'il s'inscrive dans une démarche d'écriture d'une histoire locale en soi (Müller 2003). Sous cet angle, il a pour but d'approfondir son objet qu'est la propagande ethnique relayée par l'État dans tout le pays en s'appuyant sur sa structure administrative. En effet, dès le début de la guerre, les autorités ont prôné la préservation de la sécurité intérieure en usant d'un langage discriminant et belliqueux à l'égard des Tutsi. Le pays étant hiérarchisé, ses canaux de communication étaient efficaces, de sorte que cette rhétorique anti-tutsi s'est répandue dans toute la société, à tous les niveaux, c'est-à-dire du sommet de l'État au plus quotidien des rapports ordinaires entre Rwandais, dans les communes et jusqu'au cœur des familles.

Cette réflexion opère ici une articulation entre trois niveaux : l'échelle nationale, à laquelle se concevait cette propagande anti-tutsi et s'ordonnait sa diffusion ; l'échelle des autorités locales, qui se chargeaient de la mise en application de cette propagande ; et l'échelle de la population rwandaise paysanne, qui la vivait au quotidien. Je prends la commune de Gikomero[5] comme focale d'observation (Bertrand & Calafat 2018 : 5) tout en soulignant qu'elle n'a pas de particularité par rapport aux autres communes sur ces questions

4. Concernant la place de l'entité administrative dénommée « commune » dans l'évolution du Rwanda depuis sa marche vers l'indépendance, voir Gakwenzire (2024).

5. En 1990, Gikomero était l'une des 17 communes de la préfecture de Kigali se trouvant à la pointe nord-est (voir la carte 1).

de propagande ethnique[6]. Elle est considérée comme toute entité communale qui était le dernier maillon de la chaîne de l'administration rwandaise en charge de la transmission et de l'application au niveau local de ce qui était décidé au sommet de l'État. À cet effet, je peux affirmer avec R. Bertrand et G. Calafat (2018 : 10) que notre essai micro-historique correspond moins à un ensemble de thématiques qu'à une affinité des méthodes tournées vers l'expérimentation — qu'il s'agisse du détourage de l'objet observé à la loupe, de la remise en question des grands paradigmes explicatifs, d'un dialogue étroit noué avec les sciences sociales, d'inventivité narrative quant aux focales de l'analyse.

Dans cet article, j'exerce sur la commune une pratique universitaire de l'histoire dans ses rapports au local (Müller 2003 : 38). Ainsi, la commune, à travers celle de Gikomero, m'offre deux opportunités. D'une part, des synthèses intéressantes sur l'option d'une politique ethnique au Rwanda depuis la veille de son indépendance jusqu'au génocide des Tutsi ayant été proposées à l'échelle du pays (Sémelin 2005 ; Chrétien & Kabanda 2016), le niveau communal permet d'analyser d'une manière fouillée ce choix politique, de sa perception et de ses conséquences au sein de la population. D'autre part, grâce à sa position administrative, la commune produisait des documents et en recevait d'autres qu'elle a su bien conserver, ce qui en fait la propriétaire de données archivistiques importantes[7]. Dans cet article, je mets en usage des archives de la commune de Gikomero collectées lors de la rédaction de ma thèse de doctorat (2012-2016) (Gakwenzire 2017). Conservés dans l'ancien bureau communal à Gishaka lors de mes recherches, ces documents ont été mis en ordre avec l'aide d'un planton, puis scannés, ce qui m'a permis de conserver environ mille pages. J'ai identifié les passages qui intéressent cet article et les ai traduits du kinyarwanda au français afin qu'ils puissent être compris par les lecteurs non kinyarwandaphones.

6. J'ai déjà travaillé sur la commune de Gikomero pour mes recherches doctorales. Dans cet article, je ne reviens pas sur cette commune en tant que telle mais j'étudie l'appréhension du processus de construction de la propagande ethnique. Je pars de la démarche tirée du travail collectif, *Jeux d'échelles. La micro-analyse à l'expérience* (REVEL 1998), dans lequel les auteurs expliquent qu'aucune échelle ne jouit d'un privilège particulier, et que la question de la validité explicative d'une échelle donnée ne peut être posée que dans le champ de la pratique.
7. Une étude conduite en 2021 a identifié 59 dépôts d'archives de l'administration locale qui se trouvent partout dans le pays. On trouve dans ces dépôts des documents que les communes elles-mêmes ont produits et de la préfecture, des ministères ou des institutions partenaires. Un logiciel installé au moment de la recherche permet de les localiser.

CARTE 1— LOCALISATION DE LA COMMUNE DE GIKOMERO AU RWANDA

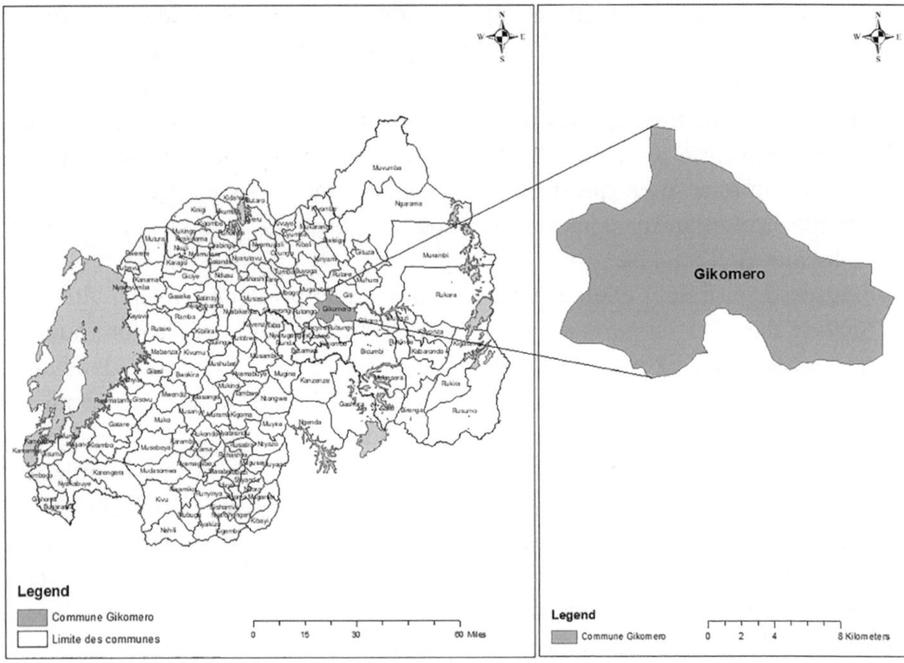

Source : Carte élaborée par Théodomir Barifashe, géographe, Centre for Geographic Information System-GIS, Université du Rwanda-Collège des Sciences et de la Technologie.

Tous les documents choisis constituent un corpus que j'ai croisé avec les témoignages oraux et à la littérature secondaire sur ce sujet. Les informations orales, recueillies sous forme d'entretiens, ont pour but de vérifier, compléter ou élargir celles livrées par les archives. L'immersion dans les archives communales m'a permis d'avoir le recul nécessaire pour mener une conversation dépassionnée avec mes interlocuteurs et d'avoir une idée sur la véracité de leurs témoignages. Les enquêtes ont été conduites auprès des personnes citées par les archives communales en tant que victimes de ces violences étatiques, acteurs ou observateurs. Concernant les sources secondaires, la question de violence ethnique dans le Rwanda contemporain a fait l'objet d'études avec une approche aussi bien analytique, synthétique que focalisée qui ont largement nourri cet article. Aussi, des lectures ciblées ont permis de cerner ma problématique et d'affiner des aspects épistémologiques de mon objet en fonction de son cadre spatial et chronologique.

Dans cet article, une chronologie courte est choisie à dessein (Bertrand & Calafat 2018 : 4), allant du déclenchement de la guerre en octobre 1990 à la veille du génocide des Tutsi en 1994. Certains auteurs affirment avec raison que cette période est souvent étudiée à l'aune de l'annihilation du groupe des Tutsi qui a suivi à partir de 1994 (Chrétien 2010 : 103). Ma réflexion singularise donc cette période étant donné qu'elle a été particulièrement marquée par une polarisation ethnique du conflit par les autorités alors que la société rwandaise vivait une situation politique et sociale irréductible à des questions ethniques. J'emprunte à Arlette Farge (2002 : 115-135) ce choix de faire abstraction de la suite de l'histoire pour scruter les archives et, dans mon cas, pour analyser les dynamiques de la propagande ethnique contre les Tutsi qui ont prévalu au cours de cette période.

Arlette Farge qualifie cette démarche d'« appel du possible » en s'insurgeant contre les historiens qui abordent les archives sachant toujours ce qu'il s'est passé après. J'ai déjà remarqué que le corpus archivistique que j'ai constitué resserre, en dehors des éléments de la politique ethnique caractéristique de cette période, des litiges, incertitudes et malentendus qu'il faut comprendre dans leur temps. Aussi, cette approche me pousse-t-elle à faire un exercice de prise de distance nécessaire pour analyser les faits selon leur période et ainsi éviter de prendre en compte ce que les différents acteurs cités par les sources sont devenus au cours du printemps 1994.

Cet article comporte deux parties principales. Dans un premier temps, il restitue le drame que des familles tutsi ont vécu dès que la nouvelle de l'attaque a retenti sur les collines de Gikomero et le rôle joué par les autorités et la population hutu dans cette tragédie. Les résultats des méthodes mises en œuvre pour traquer les supposés complices et infiltrés du FPR-Inkotanyi invitent à réfléchir sur la circulation du fantasme du Tutsi revanchard, le mythe de la cinquième colonne, la propagande professée par l'État et la façon dont celle-ci a été vécue au niveau local.

Dans un second temps, l'article réfléchit sur les questions d'ordre social qui minaient cette commune mais qui n'ont été traitées qu'accessoirement par les acteurs politiques et administratifs. L'article met en relation l'appel permanent à la vigilance à la question fictive « tutsi » et le peu de place accordé aux problèmes réels d'insécurité causés par les militaires gouvernementaux, la délinquance de la population et la compétition partisane. À travers des exemples précis, l'article interroge le lien entre le traitement de la « question tutsi » et l'attention apportée aux difficultés que la commune de Gikomero vivait pour comprendre l'emprise de l'idéologie politique ethnique et sa mise en œuvre au sein de la société rwandaise au cours de ces années.

Une mobilisation totale contre l'« ennemi » tutsi

Le déclenchement de la guerre en octobre 1990 a bouleversé les Rwandais car ils vivaient en paix depuis une vingtaine d'années. Les dernières confrontations armées dont les Inyenzi[8] avaient été auteurs dataient de la fin des années 1960 (Chrétien 2016 : 143-151). Le régime en place en 1990 associa la récente agression à ces anciennes attaques. Il fit appel à une mobilisation totale et pensée à long terme contre les Tutsi qui étaient au pays comme ceux en exil en les qualifiant tous d'ennemis. En 1991, lors du congrès du parti présidentiel, le chef de l'État, Juvénal Habyarimana affirma que par cette guerre, les Inyenzi ne voulaient rien d'autre que s'emparer du pouvoir et éliminer tous les Hutu et ajouta : « Aujourd'hui, les Rwandais sont préoccupés par cette triste guerre et se demandent comment nous devons y mettre fin à jamais, de façon à ce que nos descendants restent tranquilles [...]. L'ennemi sera partout vaincu jusqu'à le laisser étonné, médusé »[9]. Pourtant dans son discours, il affirmait à son audience que la guerre avait pris fin, que les suspects et les complices de l'ennemi, certes libérés par la « pitié » du « peuple majoritaire »[10], restaient étroitement surveillés par les autorités locales et leurs voisins. C'est ce qui se passa sur les collines de Gikomero comme ailleurs.

Traquer des complices

Consécutivement à des appels à la mobilisation du gouvernement contre l'« ennemi », les autorités locales ne tardèrent pas à entamer le travail. Selon un rapport de sécurité établi par le bourgmestre de la commune de

8. Selon l'explication généralement admise, Inyenzi est une abréviation kinyarwanda qui se traduit en français comme suit : « le combattant de la milice Ingangurarugo qui s'est donné pour objectif d'être le meilleur. » C'était un groupe armé, composé de Rwandais exilés dans les pays limitrophes à partir de 1959, qui était en résistance contre la démarche belge d'octroi de l'indépendance au territoire du Rwanda. Mal constitué, il lança des attaques sporadiques contre le jeune État rwandais jusqu'en 1968. Chaque attaque était suivie d'une répression sanglante contre les Tutsi restés au pays. Les massacres les plus importants furent ceux de 1963 après la défaite de cette milice à Bugesera, au sud-est du pays (Chrétien 2016 : 143-151). À partir de 1990, le terme Inyenzi fut un objet de propagande pour désigner lesTutsi.
9. Juvénal Habyarimana, Discours lors du Congrès extraordinaire du MRND du 27 au 28 avril 1991, archives de la commune de Gikomero.
10. « Peuple majoritaire » était une expression utilisée par le régime d'Habyarimana pour désigner les Hutu, en vertu de leur dominance démographique par opposition au peuple minoritaire, c'est-à-dire les Tutsi. Pour le pouvoir, cette qualité leur conférait de fait plus de droits qu'au reste de la population rwandaise.

Gikomero adressé à son préfet pour les deux premières semaines de la guerre, le samedi 6 octobre 1990, le conseiller du secteur de Bumbogo en commune de Gikomero, accompagné des membres des comités de cellules et des militaires du camp de Kami fouillèrent les maisons des familles de Rubangura et de leurs proches[11]. Le même rapport précise qu'une de leurs maisons ne put être ouverte. Elle fut bombardée par un avion de combat et ciblée par d'autres armes à feu[12]. Dans cette fouille, rien ne fut trouvé. Cependant, cela n'empêcha pas les militaires d'emmener une vingtaine de Tutsi pour les emprisonner à Kigali avant de les libérer peu de temps après[13]. Le même rapport bihebdomadaire communal mentionne aussi que des militaires avaient attaqué des familles tutsi du secteur de Gasabo, le 9 octobre, guidés par une liste préétablie par leurs voisins hutus, et indique que les fouilles avaient été infructueuses et que les personnes traquées n'étaient pas des complices des agresseurs du pays[14].

Une semaine après ces opérations, le conseil communal de Gikomero se réunit pour discuter de l'affaire de ces Tutsi et établit qu'ils étaient innocents et qu'aucun Inkotanyi ne se trouvait sur le sol de leur commune. Malgré ces constats, au cours de la même réunion, le président du conseil communal[15] insista sur le fait que l'administration locale devait rester vigilante. Qualifiant les Tutsi d'ennemis du Rwanda, la même autorité, en mobilisant des stéréotypes, affirma qu'ils étaient trop malins pour se faire débusquer et qu'en plus, ils étaient en connivence avec leurs semblables et mêlés avec le reste de la population[16].

Les maltraitances dont ces Tutsi furent victimes reflètent un des traits caractéristiques de la guerre, comme Michel Hastings (2002 : 45) l'explique : « Le processus conflictuel ne s'opère pas contre un autre lointain mais bien contre celui qui est à côté : le voisin. » Autrement dit, lorsque la propagande fait son œuvre, elle s'immisce au cœur des relations de proximité, transformant le voisin, l'ami, le conjoint en ennemi voire en tueur. Ainsi, la maison bombardée appartenait à l'abbé André Kibanguka, alors directeur du collège

11. Michel Rukubayihunga, Bourgmestre de la commune de Gikomero, *Rapport de sécurité du 01 au 17 octobre 1990,* Gikomero, le 18 octobre 1990.
12. *Ibid.*
13. *Ibid.*
14. *Ibid.*
15. Le bourgmestre de la commune était en même temps le président de son conseil.
16. Michel Rukubayihunga (bourgmestre), *Procès-verbal du conseil communal de développement,* Gikomero, le 17 novembre 1990, Archives de la Commune de Gikomero (puisque tous les procès-verbaux utilisés dans cet article ont été trouvés dans le bâtiment de cette commune, pour plus de commodité, je ne vais pas répéter le lieu de leur dépôt ni celui de tous les documents signés par le bourgmestre de Gikomero).

Saint André sis à Nyamirambo, l'un des quartiers connus de la capitale du pays. Il était aussi membre du conseil technique de Gikomero, un privilège dont la plupart des intellectuels bénéficiaient dans leurs communes natales. Son frère Augustin Munyampama qui résidait à quelques 5 km de son village natal était propriétaire d'une entreprise personnelle qui remportait quelquefois des marchés de construction des bâtiments communaux[17].

Leurs proches restés sur la colline de Gikomero menaient une vie de simples paysans qui ne les distinguait en rien des autres, sauf leur identité ethnique tutsi[18]. Le stigmate qui affectait cette famille aux yeux des autres était que leur père, Ngarukiyimfura, avait été assassiné en 1963 lors d'une répression similaire à celle que ses descendants étaient en train de subir[19]. L'abbé André Kibanguka affirme que ses frères et sœurs restés au village menaient une vie modeste, raison pour laquelle il avait construit une maison lui permettant de recevoir des amis de son rang et de lire des messes pour ses proches et ses voisins. Ce sont ces derniers qui ont fait appel aux autorités civiles et militaires en prétextant que des Inyenzi se cachaient dans sa maison. Selon le prêtre, un tel comportement de délation et d'accusations infondées était le résultat de la diabolisation des Tutsi menée depuis les années 1960 par l'État rwandais[20].

En conformité avec les ordres du chef de l'État, le bourgmestre continuait à organiser sa commune pour traquer et encercler des soi-disant complices et infiltrés. Les conseillers, les membres des comités des cellules[21] et la population étaient incités à dénoncer et à arrêter tous les suspects possibles et imaginés, de débroussailler les collines ou d'émonder les bananeraies pour empêcher les caches, ainsi que de contrôler et fouiller tous les passants. Les conseillers et les responsables des comités des cellules étaient sommés de faire un rapport à la fin de chaque opération[22].

Le pouvoir considérant les Tutsi comme étant la cinquième colonne du FPR, il est légitime de se demander quelles étaient les relations que cette formation avait à l'intérieur du pays attaqué. En effet, il s'avère que le FPR possédait des

17. Augustin Munyampama, Entrepreneur, Lettre à Monsieur le Bourgmestre de la Commune Gikomero Préfecture Kigali, objet : Demande de réception provisoire des travaux de Construction d'une maison Annexée au Centre de Santé de Kayanga, Kigali, le 24 juillet 1991.
18. Suite à l'institutionnalisation de la carte identifiant les composantes de la société rwandaise depuis 1930 et la politique visiblement ethniste mise en place après l'indépendance en 1962, les gens connaissaient l'identité ethnique des uns et des autres, au niveau local.
19. Pour ce genre de répressions récurrentes, voir l'explication donnée à la note 8.
20. Entretien avec l'abbé André Kibanguka, Orbais (Perwez), le 30 avril 2016.
21. Sur la structure communale, voir GAKWENZIRE (2024 : 19).
22. Michel Rukubayihunga, *Procès-verbal de la réunion du conseil communal,* Gikomero, le 22 octobre 1990.

relais au Rwanda, mais le régime, animé par une logique ethniciste, se trompait de cibles. D'après Gérard Prunier (1993 : 121-138), entre 1988 et 1990, cette formation politique avait créé 36 cellules éparpillées dans divers secteurs de la vie sociale et économique du pays. L'historien français explique que leurs membres étaient loin d'être tous des Tutsi et encore moins des paysans. Dans le même sens, dans son livre-témoignage, Philibert Muzima (2016 : 158-166), alors grand séminariste, autrement dit quelqu'un qui faisait partie des intellectuels de l'époque, raconte son adhésion au FPR d'une manière qui corrobore l'assertion de Prunier. De cet exemple qui reflète la réalité complexe des engagements partisans, on peut arguer que le discours officiel, faisant croire que la sympathie et l'adhésion au FPR étaient exclusivement le fait de Tutsi, relève d'une logique de propagande ethnique adossée à la stigmatisation et à la criminalisation des Tutsi.

CARTE 2. — LES SECTEURS OÙ LES AUTORITÉS ONT FAIT LA FOUILLE DES SUPPOSÉS COMPLICES DU FPR-INKOTANYI

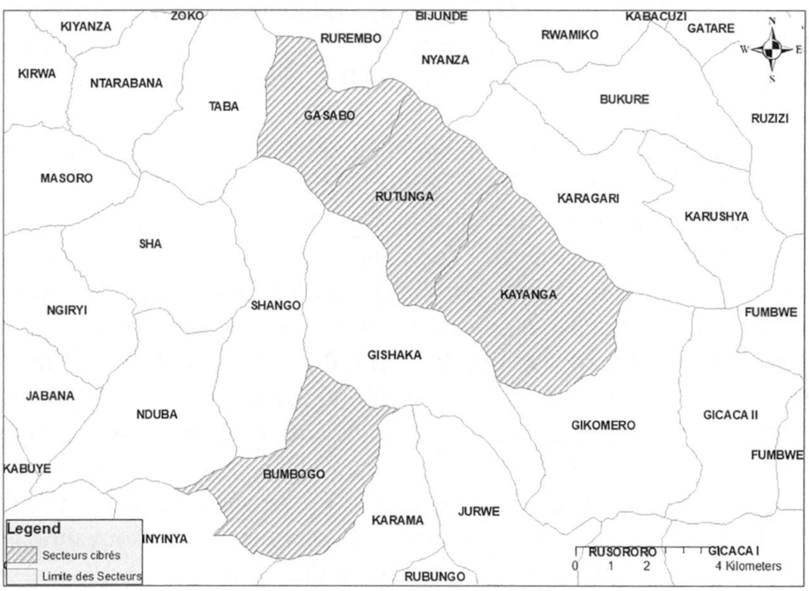

Source : Carte élaborée par Théodomir Barifashe, géographe, Centre for Geographic Information System-GIS, Université du Rwanda-Collège des Sciences et de la Technologie.

Démasquer des infiltrés

La vigilance était aussi engagée contre les soldats du FPR supposés avoir infiltré le pays. Le pouvoir et la population étaient convaincus que les Tutsi en exil étaient connectés à ceux restés au pays dans un projet nuisible aux Hutu alors désignés sous le vocable déjà connu de « peuple majoritaire ». Les fantasmes autour de cette perception étaient courants. Outre le fait que les combattants du FPR étaient considérés comme des guérilleros audacieux, une méchanceté inhumaine leur était aussi attribuée (Dumas 2014 : 117-119). Guidées par ces stéréotypes, des opérations de traque des infiltrés conduisaient à des résultats que les dirigeants eux-mêmes jugeaient insensés. Durant plus de trois ans, tous les efforts mis en œuvre se traduisaient par des rondes de sécurité, l'érection de barrières et le nettoyage de tout ce qui pouvait faire ombre sur les collines. À Gikomero, ce montage sécuritaire quasi systémique aboutit à trois cas de suspects sur lesquels on peut se poser des questions.

La première personne soupçonnée d'infiltrer la commune de Gikomero fut Ikobwa, fille de Balthazar Bagirishya qui habitait à Gicaca depuis des générations. Bien que la famille fût connue sur la colline, Ikobwa fut attrapée par la population sous la conduite du conseiller communal en secteur de Gicaca en octobre 1990[23]. En ce temps de guerre, les militaires stationnaient dans plusieurs endroits du pays. Pendant quelques jours, la suspecte fut gardée dans un détachement militaire avant de se présenter au conseil communal. Elle justifia qu'elle avait quitté une zone proche des combats pour se mettre à l'abri chez son père. Le conseil communal resta sceptique sur les raisons de son déplacement. L'officier de la police judiciaire en commune de Gikomero la remit au parquet de Kigali pour de plus amples investigations[24].

En fait, la suspecte avait quitté son toit natal en 1985 pour s'installer à Kageyo en commune de Mukarange en préfecture de Byumba qui devint la porte d'entrée de la guerre cinq ans plus tard. Cette situation l'obligea à se déplacer. Elle s'installa momentanément dans la commune de Rutonde en préfecture de Kibungo avant de se rendre chez son père. Les autorités la considérèrent alors comme une intruse. Le parquet ne lui trouvant pas de charge, elle fut libérée après quatre mois de détention[25].

Au même moment, la population attrapa un certain Fabien Ruzindana, un concubin de la suspecte précédente. D'après des renseignements à la disposition de la commune, Fabien Ruzindana avait quitté Mukarange, une commune de

23. Michel Rukubayihunga, Bourgmestre de la commune de Gikomero, *Rapport de sécurité du 01 au 17 octobre 1990,* Gikomero, le 18 octobre 1990.
24. Michel Rukubayihunga, *Procès-verbal du conseil communal du 20 janvier 1991.*
25. Entretien avec Ruterana, frère d'Ikobwa Gicaca, le 13 septembre 2019.

la préfecture de Byumba, proche des combats, le 1er octobre 1990, autrement dit le jour même du déclenchement de la guerre. Il fut incarcéré dans le cachot communal[26]. Un mois plus tard, le conseil communal constata que Ruzindana et deux autres prisonniers s'étaient évadés de la prison pourtant gardée par le policier Justin Kalinijabo. Cette faute provoqua le renvoi définitif de ce dernier. Au moment de la mise en application de cette sanction par le conseil communal, celui-ci prit le temps d'approfondir la gravité du manquement du policier et rebondit sur une discussion ainsi rapportée : « Les conseillers communaux ont réexaminé la faute lourde du policier Kalinijabo et ont remarqué qu'il a sciemment libéré trois prisonniers dont Ruzindana Fabien originaire de la commune de Mukarange, suspecté d'être Inkotanyi »[27].

Après avoir confirmé la sanction contre le policier, le conseil communal revint à la charge du suspect dans un discours reproduisant des fantasmes accolés aux Tutsi. Cet organe communal avança des éléments se contredisant les uns les autres :

> Avant de s'enfuir, cet homme partageait de la bière avec le policier dans un cabaret. Les habits qu'il portait montraient qu'il avait passé plusieurs nuits dans les brousses. Les conseillers communaux ont remarqué qu'il était sans doute Inkotanyi à cause de toutes les ruses qu'il a mises en œuvre jusqu'à ce qu'il a trompé le policier qui était chargé de le surveiller. Son départ a été remarqué lorsque les autorités communales procédaient à son transfert au parquet. Le policier Justin Kalinijabo n'avait rien dit[28].

Même si j'ai cherché en vain une autre source pour la confronter à ce procès-verbal communal, je remarque que les propos des conseillers communaux sont confus. D'une part, ils affirment que le policier Justin Kalinijabo avait volontairement libéré des détenus dont un suspect infiltré de l'armée des agresseurs. D'autre part, ils mobilisent des clichés du Tutsi rusé et déchargent ainsi le policier de ses manquements. En l'état actuel de nos connaissances, deux évidences dont l'une exclut l'autre se dégagent. D'un côté, le policier Justin Kalinijabo n'était pas strict dans son service car il accordait des libertés à ses prisonniers. De plus, il n'a pas signalé leur fuite jusqu'à ce que les autorités elles-mêmes découvrent leur absence ! Étant donné les défaillances du policier telles qu'exposées, il est, d'un autre côté, malaisé de comprendre les ruses attribuées au fugitif. En outre, il n'était pas le seul prisonnier évadé. Et pourtant, ces autres prisonniers échappés ne furent pas l'objet du débat au sein du conseil communal comme s'ils avaient le droit de s'enfuir ! En tout

26. Michel Rukubayihunga, *Rapport de sécurité du 06 au 13 janvier 1991.*
27. Michel Rukubayihunga, *Procès-verbal de la réunion du conseil communal du 8 février 1991.*
28. *Ibid.*

cas, le prisonnier suspecté d'être à la solde de l'ennemi et le policier qui était chargé de le garder n'auraient pas logiquement dû être incriminés tous les deux à la fois.

L'administration avait une hantise ethnique de la guerre et ne parvenait pas à discerner des contradictions dans ses propos. Au contraire, elle rappelait incessamment à la population de rester vigilante face aux ruses de l'ennemi. La nomenclature des termes déjà connus — tels que barrières, rondes de sécurité, attestations de résidence, autorisations de sortir de la commune, etc. — était mobilisée. Les techniques d'interrogatoire étaient proposées afin de savoir si la personne poursuivie était « un vrai Rwandais en bonnes conduites et mœurs. Si un Inyenzi-Inkotanyi est arrêté et qu'il résiste à la population, cette dernière a le droit de se défendre »[29].

Dans cette logique où un complice ou un allié d'Inkotanyi était vu partout (Chrétien & Kabanda 2016 : 178), un cas bouleversa le cadre communal en mai 1991. Il s'agissait d'un jeune homme du nom de Byumvuhore, originaire de Bumbogo, qui se vantait avoir combattu dans les rangs de l'ennemi. Sa déclaration fut prise au sérieux, et il fut attrapé et jeté au cachot. Quand son cas fut analysé, le conseil communal tomba d'accord sur cette conclusion : « Byumvuhore n'est qu'un vagabond qui ne connait rien des Inkotanyi. Ce qu'il dit n'a rien à voir avec la vérité. C'est de la pure idiotie »[30].

Ce jugement au rabais du conseil communal questionne sa qualité politique et administrative pourtant élevée. Le conseil communal était un organe institutionnel depuis 1960. Il était présidé par un bourgmestre qui en était le seul fonctionnaire permanent. Les autres membres jouaient le rôle de conciliateurs au sein de la population et assuraient un relais entre celle-ci et l'administration communale[31]. En 1975, les conseillers communaux devinrent des administrateurs d'une subdivision communale appelée secteur (Nyabutsitsi 1996 : 49). En 1990, la plupart des conseillers de la commune de Gikomero étaient en poste depuis 1960. Comme ils avaient participé au renversement du régime monarchique en 1961 (Kagame 1975 : 218), ils étaient attachés au nouveau pouvoir.

En octobre 1990, la commune de Gikomero était aussi administrée par un bourgmestre expérimenté, bien au fait des affaires qui préoccupaient le pays. Né en 1946, dans la commune qui lui était confiée, Michel Rukubayihunga a aussi été candidat aux élections législatives en décembre 1981. Il versa dans son dossier de candidature différents documents pour prouver qu'il

29. *Ibid.*
30. Michel Rukubayihunga, *Procès-verbal de la réunion du conseil communal du 31 mai 1991.*
31. Article 37 de la loi de novembre 1963 portant sur l'organisation communale.

était militant du parti au pouvoir et impliqué dans des activités au niveau communal[32]. À l'issue des élections, il obtint la place de député suppléant[33]. À partir de 1983, il fut nommé sous-préfet et mis à la tête de sa commune natale en septembre 1990[34]. Sa capacité intellectuelle, politique et administrative servit à la cause propagandiste et idéologique telle que définie par Tchakhotine (1992) aux dépens de la simple logique et de la réalité sociale du moment.

CARTE 3. — L'UN DES SECTEURS OÙ LES FAITS DE TRAQUE DES SUPPOSÉS INFILTRÉS DU FPR-INKOTANYI ONT EU LIEU

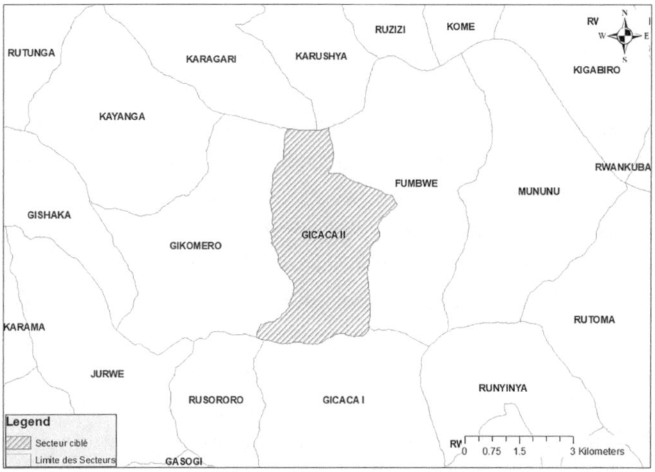

Source : Carte élaborée par Théodomir Barifashe, géographe, Centre for Geographic Information System-GIS, Université du Rwanda-Collège des Sciences et de la Technologie.

À la recherche de problèmes fantômes

La commune de Gikomero était loin de la zone de combat, mais les mesures de sécurité étaient restées en vigueur même si la population restait dubitative quant à leur exécution et, quelquefois, se comportait d'une façon qui se

32. Michel Rukubayihunga, Lettre à Monsieur le Préfet de la Préfecture et Président du MRND en Préfecture de Kigali, Kigali, le 07 Septembre 1981.
33. Claudien Habarushaka, Monsieur le Bourgmestre de la commune (Tous), objet : Liste des députés et leurs suppléants au Conseil National de Développement, Kigali, 08/01/1982.
34. Michel Rukubayihunga, Lettre à Monsieur l'Agent de Liaison de la Caisse Sociale du Rwanda, objet : Dossier de pension de vieillesse de Mulisa Célestin, Gikomero, le 30/10/1990.

moquait de la politique en cours. À cet égard, en mars 1991, dans la cellule de Kibungo, secteur de Nduba, la population était en ronde de nuit conduite par son responsable et les membres du comité de sa cellule. Ils arrêtèrent un certain Mubiligi en train de voler des bananes dans un champ. L'équipe de sécurité comptait des membres de sa famille. Immédiatement, ils changèrent de camp et défendirent le leur, bien qu'il était fautif. L'autorité communale trouva scandaleux que des administratifs s'allient au groupe du voleur !

L'exemple de cette volte-face permet de relever que les personnes chargées de veiller à la sécurité de leurs collines ne débusquaient aucun infiltré malgré les mesures mises en place. Autrement dit, les rondes s'occupaient d'un problème qui ne s'imposait pas, contrairement aux vols qui se remarquaient ici et là sur le territoire communal comme ailleurs dans le pays. Dès lors, on peut arguer que le fait de considérer les Tutsi comme une source d'insécurité relevait du fantasme politique, d'où une continuelle incompréhension de la part de la population qui était pourtant assignée à la tâche d'attraper ceux que les autorités considéraient comme saboteurs du pays.

Ce contraste entre les directives administratives et ce qui se passait réellement sur les collines était à l'origine du manque d'enthousiasme de la population face à cette exigence. Cette situation était regrettée de façon récurrente par les autorités communales. En mars 1991, le bourgmestre avoua que les rondes de nuit ne se faisaient pas régulièrement et que les barrières n'étaient pas non plus bien surveillées. Pourtant, les conseillers communaux, auxquels l'autorité communale s'adressait, étaient les premiers garants de ces obligations. Ils signalaient que malgré leurs efforts, la population n'obéissait pas à leurs ordres[35].

Malgré le discours axé sur la sécurité et la vigilance incessamment répété à la population, celle-ci restait donc laxiste. Le 21 juillet 1991, trois militaires de l'armée gouvernementale traversèrent la commune et pillèrent 53 900 frws à trois familles avant de disparaître tranquillement. Ayant pris connaissance de ce vol, le bourgmestre se plaignit que la population ne se préoccupait plus de sa propre sécurité. Pour les autorités communales, la question ne résidait pas dans ce banditisme ambiant. Au lieu de considérer les faits tels qu'ils s'étaient passés, le bourgmestre se plaçait dans une position d'éventualité en se demandant « si c'était des soldats d'Inkotanyi qui avaient investi la commune ! »[36]. Au moment où des problèmes fictifs étaient traités, la commune connaissait de multiples cas d'insécurité.

---

35. Michel Rukubayihunga, *Procès-verbal de la réunion du conseil communal du 27 mars 1991.*
36. *Ibid.*

Une commune confrontée à de vrais problèmes d'insécurité

Au moment où le gouvernement se mobilisait contre l'ennemi aux frontières et ses complices à l'intérieur, le pays connaissait aussi plusieurs défis sociaux et politiques. Même la solution arrêtée d'augmenter l'effectif des soldats produisit des effets déstabilisateurs majeurs. L'ouverture démocratique entraîna également des revers retentissants. En outre, la commune de Gikomero, comme ailleurs, souffrait de délinquance (Kimonyo 2008 : 99-101). Bien que les autorités s'inquiétèrent de ces troubles, après 1990, ce sont les Tutsi qui en payèrent le prix.

La terreur des soldats

À la veille du 1er octobre 1990, les forces armées rwandaises qui comptaient 5 500 soldats ont quadruplé en moins de deux ans. Cependant, un recrutement a été fait à la hâte, dans des milieux sociaux souvent défavorisés et avec des soldats formés en un temps record, ce qui causa des problèmes d'indiscipline (Prunier 1995 : 142-143). Les soldats pouvaient se laisser alors aller à des abus sur les civils. En décembre 1992, *Kinyamateka,* le journal bimensuel de l'Église catholique au Rwanda, affirma : « Les soldats sont la plus grande cause de l'insécurité. Lorsqu'ils ont bu, ils font n'importe quoi : ils tirent sur les civils, saccagent des maisons, violent les femmes, [...] »[37].

Cette trahison des soldats contre leur mission première était une réalité sur les collines de Gikomero. À la Saint Sylvestre 1991, Innocent Kayumba, un habitant de Kayanga, se plaignit au bourgmestre dans des termes similaires à ceux du périodique :

> Je m'adresse à vous pour vous mettre au courant des malheurs auxquels j'ai échappé de justesse en pleine route à Gasabo. En peu de mots : nous avons rencontré un militaire qui s'appelle Zibukira Philippe fils de Munyantwali Jean-Bosco de Gasabo qui se tenait au milieu de la route avec une grenade à la main. Il nous a insultés et il a failli nous lancer la grenade. Mais le chauffeur a fait semblant de l'écraser ce qui l'a contraint à dégager la route et nous avons accéléré la voiture. C'est comme ça que grâce à Dieu nous avons échappé à une mort certaine. Je vous mets au courant de ce qui nous est arrivé pour que vous preniez des mesures contre ces gens qui sont à la base d'insécurité alors qu'ils devaient la maintenir[38].

37. *Le journal Kinyamateka,* n° 1383, décembre 1992, p. 10.
38. Kayumba Innocent, Lettre à Monsieur le bourgmestre de Gikomero, Kayanga, le 31 décembre 1991.

À Gikomero, au cours des trois années qui ont précédé le génocide des Tutsi, la plus grande source d'insécurité était liée au comportement des militaires. Le premier groupe de ces soldats était constitué de nouvelles recrues originaires de Gikomero qui rentraient en congé. Arrivés chez eux, ils montraient abusivement qu'ils n'étaient plus comme des civils restés sur les collines. La deuxième catégorie était celle des déserteurs et des renvoyés pour cause d'indiscipline. Le troisième groupe était celui des soldats en détachement sur les collines militairement stratégiques. Le dernier groupe, aussi redoutable que le précédent, était celui des soldats du camp militaire de transit de Kami, situé au sud-ouest de la commune de Gikomero.

CARTE 4. — LOCALISATION DU CAMP MILITAIRE DE KAMI
ET LES SECTEURS AFFECTÉS PAR LA TERREUR DES MILITAIRES

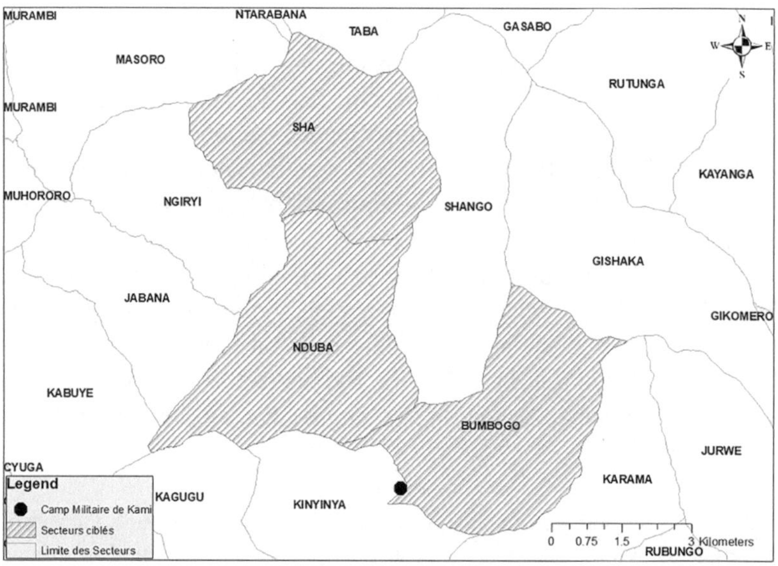

Source : Carte élaborée par Théodomir Barifashe, géographe, Centre for Geographic Information System-GIS, Université du Rwanda-Collège des Sciences et de la Technologie.

Les bavures commises par les militaires de Kami contre la population furent commentées par le conseil communal dès le début de la guerre. Les conseillers responsables des secteurs avoisinant le camp étaient étonnés de voir les soldats s'attaquer aux populations au cours des rondes alors que celles-ci les aidaient à débusquer des agresseurs ou à les contenir hors de leur commune. La population ne s'est pas intéressée aux mesures prises par les autorités pour la sécurité de sa commune pour deux raisons. D'une part, elle avançait que l'ennemi qu'elle cherchait depuis des mois n'était en réalité nulle part sur les collines. D'autre part, elle était choquée des agressions des soldats qu'elle était censée soutenir pour le soi-disant maintien de la sécurité. Le camp militaire de Kami accueillait des soldats qui revenaient du front en attendant de rentrer en congé ou d'être transférés ailleurs. Ce caractère de transit empêchait les commandants de leur imposer des mesures disciplinaires. Profitant de ce vide administratif et du calme qui régnait sur les collines, contrairement au discours permanent sur la conjonction entre l'ennemi intérieur et extérieur, certains militaires sortaient à la tombée de la nuit de leur caserne pour piller et violer des femmes[39].

Ce problème a persisté jusqu'en 1993 et s'est aggravé dans les secteurs de Nduba, Bumbogo et Sha. En raison des désordres, pillages et viols dont les soldats étaient les auteurs, certaines femmes durent quitter leur foyer[40]. Des accrochages entre les soldats et les civils des secteurs avoisinant le camp étaient très nombreux. Dans la nuit du 26 avril 1991, dans la cellule d'Uwaruraza en secteur de Bumbogo, le militaire Nsengiyumva tua deux civils et blessa gravement deux autres suite à une dispute relative à la facture de boissons alcoolisées qu'il refusait de régler. Autant les détachements militaires s'éparpillaient dans la commune de Gikomero, autant le calme sur les collines s'émoussait. Les filles et les femmes étaient souvent violées tandis que les hommes étaient victimes d'autres sortes d'humiliations. Un des rapports mentionne que c'était de la « terreur incarnée »[41]. Mais les militaires n'étaient pas les seuls qui allaient à l'encontre de leurs responsabilités en matière de maintien de la sécurité. Le chaos au sein de la population pourtant politiquement engagée était aussi manifeste.

Retour des partis, retour à la violence

Quant au renouveau politique concomitant à la guerre et à la crise socio-économique, le multipartisme a démarré avec la mise en place, le 24 septembre 1990, d'une commission chargée de mettre en œuvre une consultation populaire sur les changements à apporter au système politique rwandais (Munyarugerero 2003). Composée de 30 membres, la commission ne

39. Michel Rukubayihunga, *Procès-verbal de la réunion du conseil communal du 04 mars 1991.*
40. Télesphore Rutaganira, Bourgmestre, *Procès-verbal de la réunion du conseil communal du 23 mars 1993.*
41. Télésphore Rutaganira, *Procès-verbal de la réunion de sécurité du 18 juin 1993 entre la population de Gasabo et les militaires qui y sont détachés,* Gasabo-Gikomero.

put se rendre dans toutes les 145 communes du pays (Gakwenzire 2022 : 14). Toutefois, elle décida de se faire remplacer par les membres du conseil communal de développement formés à cet effet. Ce conseil reçut la mission d'appliquer la nouvelle orientation politique sur les collines. Lors des séances, les populations, aussi bien hutu que tutsi, qui avaient assisté aux troubles politiques des années 1960 se convainquaient que le retour au multipartisme signifiait la réapparition de la violence partisane. Comme les dés étaient jetés, les autorités locales incitèrent les hésitants à adhérer à cette décision nationale.

Au fur et à mesure que les activités politiques se développaient, les inquiétudes exprimées auparavant par la population concernant le retour du jeu politique à plusieurs partis se confirmaient. La Constitution de la République autorisant la création de plusieurs formations politiques à peine promulguée, le MRND recruta au sein de l'appareil administratif local. En juillet 1991, le parti présidentiel envoya ses émissaires partout dans le pays pour demander aux conseillers communaux de convaincre la population de rester au sein du MRND. Le parlementaire Grégoire Mushotsi à la tête d'une équipe de caciques locaux du parti coordonna cette action dans les communes de Gikomero et de Rubungo[42]. Depuis lors, des conseillers communaux distribuèrent des fiches d'enregistrement des futurs membres du MRND renouvelé en commençant par les membres des comités des cellules et des personnes influentes dans leurs localités. Jean-Paul Kimonyo fait mention de la même stratégie dans la préfecture de Kibuye, et l'on peut estimer qu'elle était généralisée dans tout le pays (Kimonyo 2008 : 380).

Bien que moins systématique que le MRND dans ce recrutement, le MDR[43] en commune de Gikomero bénéficiait de l'expérience d'Anastase Gasana pour bloquer les plans des leaders locaux du parti présidentiel. Éminente personnalité politique, Gasana était docteur en linguistique et enseignait à l'Université nationale du Rwanda avant d'entrer activement en politique en 1989. Il fut nommé au poste de conseiller aux affaires politiques au secrétariat permanent du MRND, alors la seule formation politique qui gérait le pays depuis deux décennies. En 1991, il resta dans le même parti et fut même membre de l'équipe d'encadrement de ses futurs militants en commune de Gikomero[44]. Au niveau national, il était chargé d'étudier des stratégies de l'ancien parti

42. Valens Rurenganganizi, *Procès-verbal de la réunion du conseil communal du 13 juin 1991*, pp. 7-8, Rubungo, le 13 juin 1991, Archives de la préfecture de Kigali.
43. Le Mouvement démocratique rwandais (MDR) est une formation politique de Kayibanda Grégoire, président de la première République. Il fut dissout en 1973 par le coup d'État militaire du général-major Habyarimana Juvénal. Le MDR réapparut en 1991 et devint un véritable parti d'opposition au MRND.
44. Valens Rurenganganizi, *Procès-verbal de la réunion du conseil communal du 13 juin 1991,* pp. 7-8, Rubungo, le 13 juin 1991, Archives de la préfecture de Kigali.

unique dans le nouvel élan politique. L'un des résultats de son labeur fut la création de la milice Interahamwe[45]. Malgré son zèle, Anastase Gasana perdit son poste jugé prestigieux de conseiller politique. D'après son homonyme James K. Gasana, voyant que l'opposition gagnait du terrain avec son entrée dans le gouvernement et que, de fait, les postes convoités allaient être redistribués, il adhéra début 1992 au MDR afin de maintenir ses chances. Après son admission, il représenta ce parti dans sa commune natale de Gikomero avec la mission de casser l'hégémonie du parti présidentiel[46].

Des premiers heurts entre les deux factions apparurent mi-1992. Avant que la situation ne s'aggrave, les autorités préfectorales et communales avaient organisé une réunion avec tous les leaders des partis locaux pour les inviter à travailler dans la complémentarité et la tolérance[47]. Dans la même optique, en août 1992, une autre réunion eut lieu mais l'on y remarqua que le MRND et le MDR n'avaient cessé de se confronter. L'on pria leurs représentants de chercher des solutions aux différends qui les opposaient et de privilégier un compromis. Trois mois après, un conseil préfectoral de sécurité se rendit compte que la situation s'était plutôt détériorée et précisa que les partisans du MRND et du MDR s'étaient fait remarquer par « des combats et des injures graves »[48].

Au niveau communal, de telles réunions entre le bourgmestre et les représentants locaux des partis politiques s'organisèrent également. À Rutunga, selon le conseiller de ce secteur, l'insécurité avait commencé avec le meeting tenu une semaine plus tôt par Anastase Gasana, à la fois leader national président communal du MDR au cours duquel il proclama son co-partisan Charles Mvunabandi comme nouveau conseiller communal. Depuis lors, celui-ci exigeait que le conseiller élu par la population n'envoyât aucun rapport au bourgmestre sans son accord, et se substituait aux autorités des cellules en tranchant des conflits qui survenaient au sein de la population. En plus, il diffusait des calomnies envers les autres partis.

45. Interahamwe était une organisation paramilitaire mise en place en 1990 en tant que formation de jeunes gens du MRND (voir la note 3). Elle fut le fer de lance du génocide des Tutsi et des massacres qui l'ont précédé.

46. Dr Anasitazi Gasana, Manifeste des partisans du MDR sur le développement de la commune de Gikomero. Le document est envoyé au préfet de Kigali dans le cadre du Conseil communal de développement (14/08/1992), Fait à Gishaka en commune de Gikomero par les membres le 13 août 1992, Archives de la commune de Gikomero.

47. Emmanuel Bagambiki, Préfet de Kigali, Décisions de la réunion des autorités préfectorales et communales avec les représentants des partis politiques du 27 mai 1992, Kigali, le 27 mai 1992, p. 5, Archives de la Préfecture de Kigali.

48. Côme Bizimungu, Préfet de Kigali, Décisions de la réunion des autorités préfectorales et communales avec les représentants des partis politiques du 7 août 1992, Kigali, le 7 août 1992, p. 2, Archives de la Préfecture de Kigali.

En fait, le MRND avait plus de partisans que le MDR en commune de Gikomero. La quasi-totalité des fonctionnaires et techniciens locaux agissaient à sa guise et/ou plaidaient en sa faveur. De surcroît, le MRND avait une milice Interahamwe très présente partout dans le pays et bien organisée depuis mi-1992. Le MDR, quant à lui, en étant aussi agressif, ne comptait que sur quelques hommes téméraires, manipulables et capables d'être entraînés dans une bataille dont ils ne maîtrisaient pas l'issue pour défier la mouvance présidentielle au niveau local. C'est le cas de Charles Mvunabandi que le politicien Anastase Gasana avait choisi pour faire du tapage dans le secteur de Rutunga. De ce fait, il était reproché à Gasana de se faire aider d'hommes de main pour marquer la présence de son parti dans la commune de Gikomero[49].

La haine anti-tutsi : dénominateur commun du MRND et du MDR

À partir de 1990, le mouvement multipartite en quête d'hégémonie au niveau local opposait des partisans de formations politiques réputées être hutu et leurs membres s'entendaient pour exercer des actions violentes contre les Tutsi. En avril 1992, dans la cellule de Kadahe, secteur de Sha, des jeunes du MDR armés de machettes se sont approprié des terres de Pascal Mugabowakigeri au motif qu'il était Tutsi[50]. Seuls les policiers communaux parvinrent à les en empêcher mais ils restèrent impunis.

Au cours de ces années, la violence contre les Tutsi était dans l'air du temps. Pour n'importe quel motif, leurs voisins hutu pouvaient s'en prendre à eux. Le 14 octobre 1990, c'est-à-dire deux semaines après le début de la guerre, le même Mugabowakigeri fut molesté par Jean Népomuscène Muvuzankwaya à cause de son nom. En effet, Mugabo-wa-Kigeri est un nom composé dont la dernière partie, Kigeri, est le nom dynastique du monarque rwandais, Kigeri Ndahindurwa, déchu en 1961 dans un contexte de violence. Mugabo-wa-Kigeri veut donc dire « l'homme ou le sujet de Kigeri ». Alors qu'il vivait en exil depuis trente ans, la propagande extrémiste hutu l'associait à l'organisation de l'attaque du Rwanda par les soldats du FPR. L'agression dont Mugabowakigeri fut victime devint tellement grave et publique que même le conseiller de secteur qui essaya de s'interposer fut aussi pris à partie. Muvuzankwaya fut détenu au cachot communal mais libéré sans jugement[51].

49. Mathias Rubanguka, Trésorier du MRND en commune de Gikomero, objet : Question de sécurité, Gikomero, le 15 décembre 1992.
50. Pascal Mugabowakigeri, objet : demande de protection, lettre adressée au bourgmestre de la commune de Gikomero, Shango, le 5 septembre 1992.
51. Michel Rukubayihunga, *Rapport de sécurité du 01 au 17 octobre 1990.*

L'intolérance ethnique ne distinguait pas les catégories d'âge. En mars 1991, un certain Nzabamwita qui habitait dans le secteur de Gasabo rencontra de passage un garçon qui ne pouvait être identifié qu'à son père Munyabaranga et le battit en pleine route du fait qu'il était de descendance tutsi. Conscientes de la gravité de cet agissement, les autorités communales chargèrent le conseiller de ce secteur de s'occuper de cette question pour sanctionner éventuellement Nzabamwita mais les poursuites n'aboutirent pas.

Cependant tous les Hutu de Gikomero ne jouirent pas des fruits de « l'arbre vénéneux de la propagande » (Sémelin 2005 : 102) ethnique. Il y eut des exceptions pour confirmer la règle. À la même période, un procès-verbal du conseiller communal de Gikomero rapporte que deux jeunes de Nyagasambu dans le secteur de Gishaka administrèrent des coups à leur camarade Rurangwa en le sommant de cesser ses bonnes relations avec les Tutsi[52]. Il était l'un des « mauvais Hutu » auxquels les propagandistes de l'idéologie du « Hutu-power » s'attaquaient (Chrétien 1995 ; Jason Todd 2013).

❖

En définitive, il s'avère que l'idéologie politique ethnique anti-tutsi a été le centre de gravité au Rwanda de l'indépendance au génocide des Tutsi en 1994. Elle avait été revigorée d'octobre 1990 à avril 1994. En toute logique, cette période a donc été étudiée en fonction du génocide sur lequel elle débouche. Cet article analyse, d'une façon aussi horizontale que verticale, une vision contradictoire par rapport à ce schéma. Il met en évidence la réalité d'une politique ciblant les Tutsi, conçue au niveau supérieur et mise en application par l'administration locale, devenue donc un modèle de gouvernance auprès de la population.

Mais, comme il a été remarqué dans d'autres études consacrées au niveau local (Rutayisire 2014 : 48), notre enquête sur la commune de Gikomero révèle une situation sociale et politique plus complexe, au moins jusqu'en 1993. De ce point de vue, Gikomero ne présente pas de particularismes spécifiques, eu égard à ce qu'il s'est passé sur le reste du territoire national. Or, compte tenu de sa place dans la gestion du pays, le niveau de la commune constitue un cadre d'analyse à privilégier pour comprendre les réalités vécues dans le Rwanda postcolonial. En outre, le riche patrimoine archivistique que j'ai mis au jour a pu alimenter cette réflexion.

52. Michel Rukubayihunga, *Procès-verbal de la réunion du conseil communal du 04 mars 1991.*

Cet article s'éloigne exprès du jeu de relations de cause à effet entre la propagande ethnique au cours de la guerre et le génocide contre les Tutsi exécuté au printemps 1994 sans ignorer qu'elles sont indéniables. L'accès et la lecture analytique des renseignements complexes que renferment les archives communales ont inspiré ce choix méthodologique. Enfin, cette approche permet de mettre en évidence l'option délibérée du pouvoir au Rwanda d'ethnisation de la guerre déclenchée par le FPR-Inkotanyi en octobre 1990 (Chrétien & Kabanda 2016 : 203-233). Les hésitations manifestées par la population à l'adhésion à cette propagande ethnique réfutent la thèse du conflit atavique entre les Hutu et les Tutsi et montre plutôt le rôle de l'État et des autorités locales dans la mise en place des mécanismes qui ont facilité le génocide des Tutsi.

Centre de résolution des conflits, Université du Rwanda, Kigali, Rwanda.

BIBLIOGRAPHIE

AGOSTINI N., 2006, *La pensée politique des génocidaires hutus,* Paris, L'Harmattan.

CHRÉTIEN J.-P, 1992, « La crise politique rwandaise », *Genève-Afrique,* XXX (2) : 121-140.

CHRÉTIEN J.-P, 1995, *Rwanda : les médias du génocide,* Paris, Karthala.

CHRÉTIEN J.-P, 2001, « Le génocide du Rwanda : l'adhésion populaire à la violence extrême, dimensions politique et culturelle », *Studia africana,* 12 : 53-68.

CHRÉTIEN J.-P, 2010, « Les aventures de la conscience historique au Rwanda », *Esprit,* 5 : 103-121.

CHRÉTIEN J.-P & KABANDA M., 2016, *Rwanda. Racisme et génocide : L'idéologie hamitique,* Paris, Belin.

COCHET F., 2005, *Les violences de la guerre à l'égard des civils : Axiomatiques, pratiques et mémoires,* Metz, Centre de recherche histoire et civilisation de l'Université Paul Verlaine.

DES FORGES *ET AL.*, 1999, *Aucun témoin ne doit survivre. Le génocide au Rwanda,* Paris, Karthala.

DUMAS H., 2014, *Le Génocide au village. Le massacre des Tutsi au Rwanda,* Paris, Éditions du Seuil.

GAKWENZIRE P., 2017, *Les politiques de discrimination, persécutions et génocide des Tutsi en commune de Rubungo et de Gikomero (1960-1994)*, Thèse de doctorat, Bruxelles, Université libre de Bruxelles.

GAKWENZIRE P. (DIR.), 2022, *Rwandan Local Administration Archives and Its Structure from 1962 to 2020,* Kigali, Rwanda Cultural Heritage Academy.

GAKWENZIRE P., 2024, « Les archives de la “commune” du Rwanda et les études du génocide des Tutsi », *Matériaux pour l'histoire de notre temps,* 151-152 (1) : 17-24.

HASTINGS M., 2002, « Imaginaire des conflits et conflits d'imaginaires », in E. FÉRON & M. HASTINGS (dir.), *L'imaginaire des conflits communautaires,* Paris, L'Harmattan : 41-62.

HATZFELD J., 2003, *Une saison de machettes,* Paris, Éditions du Seuil.

JASON TODD M., 2013, *Mbwirabumva (« I Speak to Those Who Understand ») : Three Songs by Simon Bikindi and The War and Genocide in Rwanda,* Electronic Theses, Treatises and Dissertations, Paper 7498, <https://kb.osu.edu/server/api/core/bitstreams/3fb0beff-c5f6-4f38-b278-226ce3b6bc1b/content>.

KABWETE C. M., 2010, *A Space for Genocide: Local authorities, Local Population and Local Histories in Gishamvu and Kibayi (Rwanda)*, Th. D., Western Cape, University of the Western Cape.

KAGAME A., 1975, *Un abrégé de l'histoire du Rwanda de 1853 à 1972,* 2e t., Butare, Éditions universitaires du Rwanda.

KIMONYO J.-P., 2008, *Rwanda. Un génocide populaire,* Paris, Karthala.

M'BOKOLO E. & AMSELLE J.-L., 1999, *Au cœur de l'ethnie. Ethnie, tribalisme et État en Afrique,* Paris, La Découverte.

MÜLLER B., 2003, « Écrire l'histoire locale : le genre monographique », *Revue d'histoire des sciences humaines,* 9 : 37-51, <https://doi.org/10.3917/rhsh.009.0037>.

MUNYARUGERERO F. X., 2003, *Réseaux, pouvoirs, oppositions. La compétition politique au Rwanda,* Paris, L'Harmattan.

MUZIMA P., 2016, *Imbibé de leur sang, gravé de leurs noms. Témoignage d'un survivant du génocide des Tutsi du Rwanda,* Paris-Kigali, Izuba Éditions.

NYABUTSITSI G., 1996, *L'importance des conseillers de secteurs dans le fonctionnement de l'administration. Cas de la sous-préfecture Rwamagana,* Mémoire de Licence, Butare, Université nationale du Rwanda.

PRUNIER G., 1993, « Éléments pour une histoire du Front patriote rwandais », *Politique africaine,* 51 : 142-143.

REYNTJENS F., 1994, « Au Rwanda, la crise d'octobre 1990 », in F. REYNTJENS (dir.), *L'Afrique des grands lacs en crise : Rwanda, Burundi, 1988-1994,* Paris, Karthala : 89-132.

RUTAYISIRE P., 2014, « Approche locale du génocide : La région de Nyarubuye », *Vingtième Siècle, Revue d'histoire,* 122 : 37-49.

RUTEMBESA F. & SEMUJANGA J., 2010, « De l'idéologie Parmehutu au génocide des Tutsi », in J. SEMUJANGA (dir.), *Le Manifeste des Bahutu et la diffusion de l'idéologie de la haine au Rwanda (1957-2007),* Butare, Éditions de l'Université nationale du Rwanda : 85-125.

SAUR L., 2014, « "Hutu" et "Tutsi" » : des mots pour quoi dire ? », *Histoire, monde et cultures religieuses,* 30 : 119-138.

SEMELIN J., 2005, *Purifier et détruire. Usages politiques des massacres et génocides,* Paris, Éditions du Seuil.

TCHAKHOTINE S., 1992, *Le viol des foules par la propagande politique,* Paris, Gallimard (« Tel, 217 »).

VIDAL C. & LE PAPE M. (DIR.), 1995, numéro thématique « Les politiques de la haine : Rwanda, Burundi, 1994-1995 », *Les Temps modernes,* 583.

Résumé

D'octobre 1990 à l'aube du génocide des Tutsi d'avril 1994, le Rwanda est en proie à un conflit armé qui oppose l'État rwandais au Front patriotique rwandais, aussi dit FPR-Inkotanyi. Constitué d'exilés en majorité tutsi, cette formation politico-militaire réclame l'instauration d'un État de droit, l'abolition de la politique de discrimination ethnique et régionale en place, le droit au retour des réfugiés et un développement social et économique inclusif. En réponse, le gouvernement rwandais s'en prend aux Tutsi du Rwanda, arguant de leur soutien indéfectible au FPR-Inkotanyi, alors qu'au même moment, le pays fait face à des difficultés économiques, sociales et politiques internes considérables. Au lieu de se servir d'un appareil administratif centralisé efficace pour affronter ces problèmes, les autorités publiques diffusent et s'enferment dans un discours propagandiste stigmatisant les Tutsi de façon de plus en plus véhémente et essentialisante. Cet article analyse cette contradiction pour essayer de comprendre ce qu'elle signifie.

Mots-clés : Rwanda, Gikomero, commune, ethnie, génocide, guerre, multipartisme, propagande.

Abstract

Writing the History of Ethnic Propaganda at Local Level in Rwanda. The Commune of Gikomero and the 1990 War. — From October 1990 to the dawn of the Tutsi genocide in April 1994, Rwanda was plagued by an armed conflict between the Rwandan state and the Rwandan Patriotic Front, also known as the RPF-Inkotanyi. Made up of exiles, the majority of whom were Tutsi, this politico-military group was demanding the establishment of the rule of law, the abolition of the existing policy of ethnic and regional discrimination, the right of return for refugees, and inclusive social and economic development. In response, the Rwandan government attacked the Tutsi settled in Rwanda, claiming their unwavering support for the RPF-Inkotanyi, while at the same time the country was facing considerable internal economic, social, and political difficulties. Instead of using an effective centralized administrative apparatus to tackle these problems, public authorities disseminated and confined themselves to a propagandist discourse that stigmatized the Tutsi in an increasingly vehement and essentializing manner. This article analyses this contradiction in an attempt to understand its meaning.

Keywords: Rwanda, Gikomero, ethnicity, commune, genocide, propaganda, multiparty system, war.

Monique Bertrand

Les mots des maux

Conflictualité foncière et subjectivation politique au Mali

Ce texte explore la fabrique discursive des opinions sous un angle quantitatif, en prenant pour argument la « mauvaise gestion du foncier » au Mali. Les études consacrées aux conflits qui en découlent en ont fait de longue date un sujet de société (Bourdarias 1999 ; Benjaminsen & Ba 2009 ; Becker 2013). Mais leur approche ethnographique ne s'emploie pas à en peser les mots au-delà du format monographique. À l'échelle nationale, la perception de tensions peut être abordée par entretiens (Blundo & Oliver de Sardan 2001) ou en confrontant paroles d'experts et résultats de sondages de gouvernance, de type afro-baromètres (Razafindrakoto & Roubaud 2010). Il s'agit ici d'analyser les représentations populaires par médias interposés, en tenant compte du rôle joué aujourd'hui par le numérique et la téléphonie mobile dans une société où l'oralité prédomine.

Des changements massifs d'usage des sols, de fortes concurrences pour l'allocation de titres provisoires ou définitifs de propriété, des droits contestés ou superposés invitent à analyser ces conflits en nombre croissant, rarement soldés, et leurs références discursives. Ce texte s'attache aux lexiques mobilisés dans ces cas de dépossession et d'empiètements. Il montre comment ces disputes, dont les catégories sont ici rapportées entre guillemets, irriguent plus généralement l'expression politique malienne au moment où celle-ci ne dépend plus guère de scrutins électoraux.

Les violences économiques, physiques et symboliques dont le pays est la scène depuis les années 2000 bousculent en effet l'ordre moral lié à la terre. De petites frictions à de retentissantes confrontations, d'une juridiction de base à la Cour suprême, les protagonistes se montrent sous le jour d'une « crise » qui dépasse le simple moment critique et est dite multidimensionnelle au fil des renversements du pouvoir républicain. En situer les ressentis nous permet d'aborder ici des consciences politiques plus individuées que dans la génération précédente, prenant leur distance avec les discours dominants ou des vérités surplombantes pour parler des limites de leur État ou tenter de le réenchanter.

Cahiers d'Études africaines, LXV (2), 258, pp. 433-457.

L'impact des conflits dépasse pourtant l'idée d'un « État failli », comme le qualifie la communauté internationale en 2012 en dépit de politiques foncières révisées à plusieurs reprises selon des normes cadastrales (Bertrand 2019). Il s'agit de considérer aussi les frustrations d'une société dont la sensibilité à l'injustice trouve des échos inédits sur la toile. Les termes de la dénonciation agitent diverses bannières politiques et font diverger les opinions sur les responsabilités en jeu. Dans tous les cas, la banalisation de plaintes et de complaintes foncières débouche sur des processus de subjectivation (van Overbeeka & Tamás 2020) et en fait jouer le spectre entre assujettissement et émancipation (Cornu 2014), entre illégalisme et droit (Xifaras 2015).

Deux ruptures politico-institutionnelles bornent ces nouveaux matériaux textuels dans le temps : au seuil des années 2010, l'essor de plateformes numériques rassemblant les articles de journaux ou se substituant à leur format papier coïncide avec la première des trois interventions militaires ayant prétendu évincer un « ancien régime » et fonder une nouvelle « transition malienne ». Peu avant ce putsch de mars 2012, qui a renversé le président Amadou Toumani Touré et entraîné l'installation du terrorisme dans le nord du pays, les médias en ligne commencent à élargir le spectre des expressions politiques et de commentaires personnels : les uns relayant les éléments de langage du pouvoir ; les autres s'en démarquant de manière vindicative, jusqu'aux blogs outranciers que stimulent ces textes.

Dix ans plus tard, après le renversement du président Ibrahim Boubacar Keita en août 2020, puis la mainmise militaire sur l'exécutif, en mai 2021, ces plateformes web relaient de plus en plus de contenu vidéo vers des comptes Facebook et des chaînes YouTube. Si l'écrit est surveillé par le pouvoir en place, il conserve une certaine latitude pour désigner les maux du foncier dans le pays : les violences communautaires, qui exposent au terrorisme d'autres régions que celles du Nord, et la corruption continuent de faire sujet.

Avec une telle continuité d'audience, le foncier entretient la métaphore de l'« explosion ». Il met en exergue des « coups de colère » caractérisant tant les années de coups d'État qu'un ordinaire sociétal. La « bombe du foncier » se montre en effet « à fragmentation » dans de nombreuses localités et la morale dominante ne suffit plus pour l'analyser. Il convient désormais de prendre en compte des points de vue ouvertement contradictoires, autant de subjectivités pour apprécier l'impact de la marchandisation des terres, les tribunes dont chacun s'enquiert, dans l'adversité, pour commenter à la fois la mauvaise gestion du Mali et le devenir politique du pays.

Comment l'attention portée à ces conflits retravaille-t-elle les registres plus anciens reliant des autochtones et des étrangers, des nantis et des démunis

(Bertrand 1994) ? Comment passer de « mafias », manœuvrant dans « la jungle du foncier », à la « perte de repères » que subirait toute la société malienne par la faute de la démocratie autant que du libéralisme économique ? Pour éclairer ces questions, ce texte mobilise d'abord une analyse statistique textuelle présentant les matériaux utilisés (1) et le continuum discursif qu'il établit entre victimes de problèmes dans le territoire malien, écrits journalistiques, et commentaires partagés à la lecture de ces textes (2). On extraira enfin de ce bilan trois paradigmes irriguant plus particulièrement la conflictualité foncière (3) : les doubles jeux et leur lot de « trahisons », la « loi du plus fort » et la brutalisation des rapports sociaux qui s'ensuit aujourd'hui, la quête de « guide » traversant plus généralement les entreprises politiques au Mali.

Narratifs fonciers au sein des médias numériques maliens

Par leur nombre, les conflits fonciers n'échappent pas au contexte d'un pays en guerre contre lui-même depuis la dernière rébellion touarègue, et contre un terrorisme transnational. Du Nord au Sud, des zones rurales aux quartiers urbains, les actes de gouvernance qui sont exposés dans la presse ne calment pas durablement le jeu. Plusieurs réformes foncières conduisent au contraire aux mêmes limites du droit positif, et à rendre vaines les déterminations à lutter contre la corruption venant de pouvoirs militaires ou civils. Les tensions imposent de se déporter vers la parole proclamée « citoyenne » que soulèvent des légitimités foncières plurielles, diverses transgressions des normes juridiques, pour comprendre comment le sentiment d'injustice monte en puissance et est mis en mots.

Le problème n'est plus celui de la non-reconnaissance des droits communautaires, toujours dits « coutumiers » malgré des usages fragmentés, puisque le Code domanial et foncier du Mali leur confère une juridicité depuis 2000. Il porte davantage sur l'inégale défense de ces droits devant les juridictions du pays et face à la pression marchande pesant sur ces terres. De là découle la banalisation du terme de « spoliation ». Les scènes de gouvernance se sont multipliées sur ce problème : un forum national en 2009, des médiations annuelles, un décret-loi adopté *in fine* en 2021 pour autoriser ces droits à « aller directement au titre définitif ». Aborder la conflictualité, c'est donc se placer moins du point de vue des politiques publiques que des ressentis qu'elles provoquent en restant peu suivies d'effets. En cela, l'aptitude à se conformer ou à contester, à biaiser ou à contourner les règles en vigueur, constitue un sujet politique.

Les corpus…

Le problème de méthode posé ici est celui du saut quantitatif que demandent les exemples collectés jusqu'en 2022, qui profitent de supports prompts à surexposer émotions et protagonistes dans un constant entremêlement d'arguments locaux, nationaux et internationaux. L'étude s'appuie en effet sur les articles de presse présentés et archivés sur les principales plateformes numériques du pays dont les sites, depuis les années 2010, permettant aux lecteurs de réagir en ligne[1]. Ce matériau ne prétend pas découvrir la dimension politique des conflits, fondée sur l'attribution clientéliste de droits de tenure dans les communautés locales et sur le domaine privé de l'État ; mais son abondance peut vite submerger l'analyse.

TABLEAU 1. — QUATRE PLATEFORMES ET LEURS FILTRES DE SÉLECTION DES ARTICLES

Plateforme	Clé de sélection	Dates des corpus	Articles apurés	Mots pour l'AST
aBamako	mot « foncier »	2012-2022	107	62 514
Malijet	mot « foncier »	2018-2022	295	244 445
Maliweb	rubrique « Parcelles/ Habitations »	2006-2022	895	616 678
Bamada.Net	mot « foncier » dans le titre	2012-2022	1 255	781 685
	mot « foncier » dans le texte	2012-2022	5 104	Sélection 2012-2016 + 2022 : 1 030 669

Les articles sont retenus sur la base d'au moins une occurrence du mot « foncier » dans les titres (plus de 1 200 articles) et les contenus (plus de 6 000 autres). Avec le recul de plus d'une décennie, ce corpus s'enrichit de quelques 400 textes publiés en moyenne chaque année, et l'année 2022 compte encore 452 textes relatifs au foncier parmi les parutions récentes. Avec les tensions politiques conduisant au deuxième coup d'État, l'année 2020 a certes montré un fléchissement de parution sur ce thème. Mais la reprise est forte dès l'année suivante, quand le régime militaire s'installe, contrairement à 2012, sur la durée. Ce volume pointe une problématique aussi chaude sur la toile que dans les groupes de discussion de rue, les préoccupations quotidiennes de

1. <http://news.abamako.com>, <https://malijet.com>, <https://www.maliweb.net>, <http://bamada.net>.

familles ou de collectivités locales. Des outils de lemmatisation du vocabulaire et d'analyse statistique textuelle (AST) sont donc nécessaires pour mettre en évidence la variété des registres discursifs ou orienter le traitement vers les litiges marquant certains lieux sensibles, comme l'arrière-pays de la capitale malienne (Bertrand 2024).

Plusieurs raisons poussent à considérer les manières de parler mises en avant par ces textes comme des matériaux d'opinion, redevables d'un continuum d'expression entre plaignants, rédacteurs et lecteurs plus que de l'exigence d'une stricte distance des médias. Les articles sont souvent consultés au sein de *grins*[2], commentés lors de pauses professionnelles ou d'échanges de nouvelles entre voisins. Parmi plus de 150 sources indexées pour l'analyse, une quinzaine de titres de journaux concentre la moitié des articles sans montrer d'écarts de langage significatifs[3]. Rares sont pourtant ceux qui affichent un parti pris de neutralité.

Avec son irrégularité de parution, cette presse est d'une qualité rédactionnelle limitée, plus proche de ce qui est discuté sur les réseaux sociaux[4] que de techniques d'investigation et d'écriture professionnellement certifiées. La plupart des articles sont cousus de morale, et se réfèrent aux personnes[5] pour vilipender ou encenser. Certains sont rédigés à l'invitation de protagonistes, sans recoupement d'information, ou sur commande de ceux qui ont intérêt à afficher une position de victime et à monnayer toute sympathie de propos. Beaucoup sont placés sur plusieurs journaux à la fois, de légers changements de titre et d'accroche suffisant à justifier des rémunérations distinctes. La palme revient à cette présentation qu'un même auteur reprend, mot pour mot à trois et cinq ans d'intervalle, pour trois localités situées à l'opposé l'une de l'autre de Bamako :

2. Groupes de personnes régulièrement rassemblées autour du thé pour discuter ou jouer.
3. La relecture complète de tous les articles a d'abord éliminé les textes hors sujet et corrigé les coquilles typographiques pouvant altérer la compréhension des mots. À l'aide de mots étoilés, la préparation du corpus a ensuite posé trois variables pour l'AST : la source de l'article (titre du journal), l'année-mois de publication et le type de localité concernée parmi trois options (Bamako, périurbain et région). De fait, seule cette catégorisation géographique s'est montrée discriminante.
4. Des fils de discussion de comptes Facebook s'ajoutent à notre suivi quand les animateurs se posent en chroniqueurs avisés voire « journalistes d'investigation » pour relayer le quotidien national *L'Essor,* jugé trop peu critique, ou des journaux surveillés par les pouvoirs en place. Leurs contenus audio et vidéo attirent un public peu prompt à lire en dehors de téléphones connectés. Avec ces blogs et posts d'humeur, on touche à une expression foisonnante, dont l'intégration à l'AST poserait cependant trop de problèmes : écriture phonétique, glissement du français au bambara, abréviations, émoticônes se substituant aux mots, emboîtement des réponses, injures, texte parasite, etc.
5. Leurs noms seront réduits aux initiales dans les extraits retenus ici.

Le village de Kognini[6] /de Nouhoumbougou[7] /de Wadougou Sikoro[8] est devenu depuis quelques années la cible des voraces spéculateurs fonciers, avec l'aval de certains habitants du village et sur la base des faux documents ; ils sont entrain *[sic]* de semer la terreur au sein de ce village jadis paisible[9] qui aujourd'hui est une véritable poudrière, et risque d'exploser si les autorités compétentes ne désamorcent pas à temps, la bombe foncière dans les entrailles du village.

… et leur traitement

L'ambition des auteurs à édifier les esprits signe ainsi un journalisme proche de lecteurs peu scolarisés. Dans ce cas, l'AST menée sous licence Alceste[10] permet d'apprécier non seulement l'occurrence des mots mais aussi leurs associations à l'échelle des unités contextuelles que constituent phrases et paragraphes. Cette proximité fonde l'identification de classes lexicales, après analyse syntaxique, mesure des mots significativement présents et absents, distances aux mots barycentres, test statistique d'adéquation, analyse factorielle des correspondances et classifications hiérarchiques. Chaque corpus est donc découpé et réparti entre plusieurs polarités discursives, plus ou moins policées ou accusatrices, différents vocabulaires du foncier selon ses dimensions institutionnelles ou personnelles, nationales ou locales, morales ou judiciaires.

Le sujet se montre surtout au cœur de nombreux contentieux. Mais le fait d'appliquer l'AST aux différentes plateformes fait varier le nombre de classes et leur bilan sémantique. Les 1 153 unités textuelles classées d'abord dans le corpus aBamako se distribuent ainsi en trois classes, révélant des géographies bien différenciées (fig. 1) : celle du monde rural est abordée sous l'angle des politiques de soutien à la modernisation de l'agriculture (classe 1) ; un vocabulaire spécifique à la capitale se concentre sur les droits de propriété et la préservation d'espaces publics (classe 3), tandis qu'un nombre considérable de localités périurbaines fait ressortir des transactions déjà litigieuses (classe 2) :

6. Commune de Baguinéda (source : *Le Républicain,* 10/2017).
7. Commune du Mandé (source : *Le Républicain,* 01/2020).
8. Commune de Kambila (source : *Le Républicain,* 12/2022).
9. Sous la même plume, cette séquence de mots qualifie encore le « quartier de Djélibougou, situé en Commune I du district de Bamako » (06/2021) et celui de Baco-Djicoroni au sud de la capitale (04/2022).
10. « Analyse des lexèmes cooccurrents dans un ensemble de segmentations du texte étudié ». Pour une présentation de la méthode, visant à considérer le texte comme un « discours possible » et ses segments comme moments d'une activité d'énonciation, voir M. REINERT (2007).

FIG. 1 — RÉSEAUX DE MOTS DES CLASSES LEXICALES RÉSULTANT DE L'AST MENÉE SUR ABAMAKO.COM ENTRE 2012 ET 2021

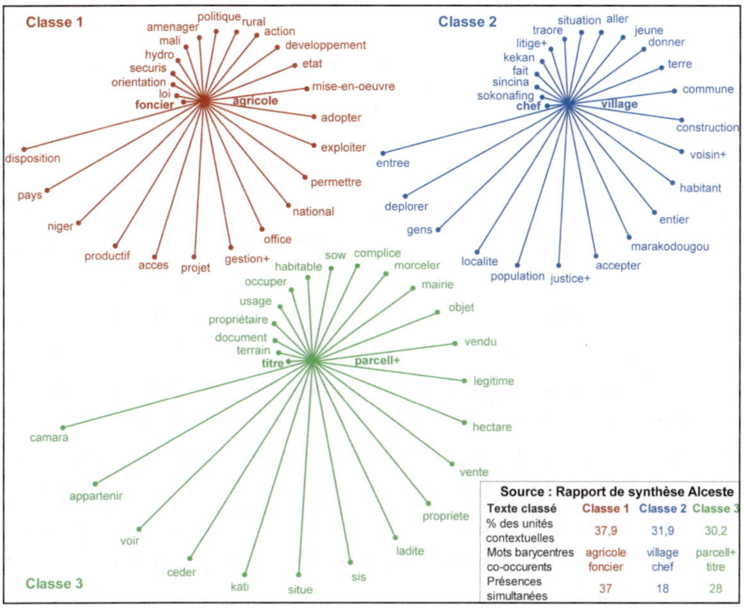

FIG. 2 — NUAGES DE MOTS RÉSULTANT DE L'AST MENÉE SUR MALIJET.COM ENTRE 2018 ET 2021

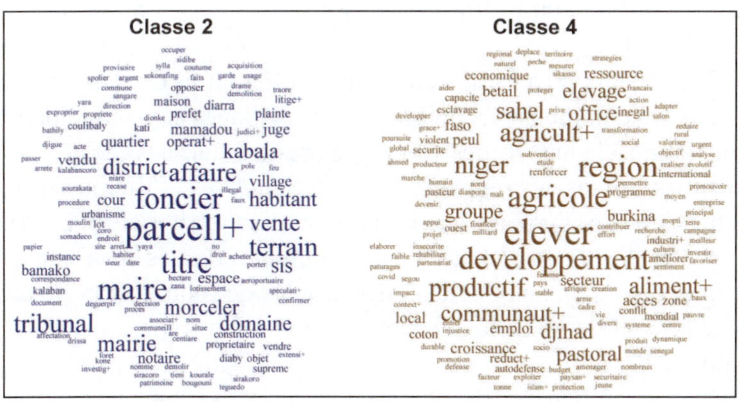

Les quatre classes révélées par Malijet entre 2018 et 2021 (fig. 2) précisent la donne de ces nouveaux parcellements ouverts à la spéculation urbaine, décrits dans la classe la plus importante (« morceler », « propriétaire », « titre », « vente », « affaire », « maire », « association », « habitants »…), tandis qu'un autre registre, centré sur l'« accès » aux « ressources pastorales » et la question du « djihad » qui agite la frontière avec le Burkina Faso, reconstitue les conflits impliquant des « groupes peul » et d'« autodéfense » parmi les « communautés » de la région Office du Niger.

Bamada.Net fait ressortir six classes, dont l'une désigne la responsabilité d'élus locaux et la charge politicienne des problèmes fonciers, de la base à la tête de l'État. Et parmi les sept classes ressortant de Maliweb, l'une se focalise sur la justice (« plainte », « tribunal », « instance », « juge », « procès » et « appel », « dossiers », « verdicts », « débouter », « expulsion » et « démolition »), l'autre désigne en contrepoint un accaparement « speculatif », les protagonistes et « complice » (« pouvoir », « autorité ») de nombreux cas d'« expropriation » pesant sur la « pauvre » « population ». Enfin, les articles rassemblés pour la seule année 2022 confirment ces registres, le plus étoffé se référant encore au cercle administratif de Kati bordier de la capitale. S'y ajoutent des contenus explicitement politiques : plaçant le foncier parmi les nécessités à réussir la « transition » en assainissant la gouvernance du pays, ou rappelant le contexte d'insécurité et les rapports de force internationaux auxquels tout sujet est désormais soumis.

Sur les marges foncières de la capitale : au cœur du pluralisme juridique

Les conflits et leurs recours se déplacent en effet au fil des ans : de lignées influentes à des communautés plus larges, des villages aux municipalités, de l'administration à la justice, des arbitrages présidentiels à la rue. Ces affaires soulignent les limites des régulations institutionnelles et l'importance prise par des tiers-lieux périurbains que l'administration territoriale peine à caractériser en s'en tenant à sa dichotomie de communes rurales ou urbaines. Cela n'en permet que mieux aux auteurs des articles de relier le sort de citadins « dépossédés » et de villageois « spoliés » aux mêmes mécanismes de prédation foncière.

Les échanges officieux de services autour de lots à bâtir et leurs documents ne constituent certes pas un fait nouveau au sein du district de Bamako. Mais ils ont vite gagné les communes voisines qui accueillent l'expansion de la capitale depuis les années 2000. La course aux parcelles qui s'ensuit a fait bondir le « cadastre » de manière spectaculaire, celui de Kati représentant aujourd'hui plus des deux tiers des titres fonciers enregistrés au Mali. De fait, bon nombre de ces droits dits inattaquables relèvent d'immatriculations opaques et de passe-droits donnés à des opérateurs qui n'ont d'immobiliers que le nom.

Aux côtés de régions radicalisées sous différentes mouvances terroristes, ce pourtour périurbain offre ainsi l'une des principales scènes de frustration du pays. Beaucoup d'articles en dressent la chronique chaotique au fil de plaintes et de démolitions. Sur ce plan, la rupture est claire par rapport au temps où Bamako contenait ses habitants — un million en 1998 — dans les six communes de son district : quatre millions sont aujourd'hui attribués à une aire urbaine qui a depuis doublé de superficie. L'image d'une conflictualité généralisée s'articule à l'idée, couramment véhiculée, que « le foncier représente 90 % des litiges examinés par les juridictions maliennes ». L'interface urbain/rural fait surtout irruption sur une scène foncière déjà chargée en tensions agraires. En se déplaçant vers des questions de spéculation et de corruption, elle fait diverger les opinions et bouscule le consensus de « l'attachement des Maliens à la propriété ». C'est même tout l'imaginaire du « jadis paisible », précédemment cité, qui se voit repris pour parler de droits bafoués au présent.

Une fois les classes lexicales définies, l'AST laisse un dictionnaire de formes propres à chacune d'entre elles. Cette collection d'exemples permet de revenir plus finement vers les situations locales les plus emblématiques des « doutes et espoirs » vécus par le Mali dans les dernières décennies (Konaté 2013). Après deux dégagements présidentiels, la société civile promue par la transition démocratique de 1991 (Thiriot 2002) entre en sourdine, mais les médias numériques maintiennent une parole critique sur le foncier, récit d'autres incertitudes institutionnelles. Ils invitent à lire le sous-texte politique attaché aux affaires de terre.

Ressentiments fonciers d'une « transition » politique à l'autre : du sens commun…

Les dénonciations qui irriguent la presse en ligne imposent de mettre la notion de transition entre guillemets. Chacun à leur manière, les nouveaux gouvernants de 2012 et de 2013, puis ceux de 2020-2021, prétendent en organiser une pour tourner la page de « désillusions » vécues après la transition démocratique de 1991-1992. En réalité, aucun des objectifs de rétablissement de l'intégrité territoriale et de la souveraineté du pays, de refondation de sa gouvernance, de redressement de l'État et de moralisation de ses élites, n'apparaît réalisé ni susceptible d'envisager une sortie de crise. On assiste davantage au glissement du terrorisme du Septentrion malien vers le reste du territoire, en particulier le Centre, au défilé de gouvernements instables, au spectacle de communautés locales partout abîmées. En 2022, la reprise de publication montre encore le pays en grandes difficultés ; la revendication de sécurité sur le sujet foncier continue de faire conscience politique.

Surjouer la crise : poudrières, bombes et brûlot

De 2012 à 2021, le corpus Bamada.Net montre plus de 200 occurrences de trois termes explicitement articulés au risque, menace brandie ou crainte redoutée, d'explosion sociale. Dans les seuls titres des articles, 82 indiquent sans détour : « la situation est grave ! » et son ressenti vient du double registre de l'effondrement des pouvoirs et des valeurs de cohésion sociale. Les liens entre foncier et politique sont ainsi retravaillés selon les images de foyers de tension prêts à « ravager » la société, de « menaces » imminentes, d'une « gangrène incurable » et finalement tout un pays « assis sur une poudrière ». Ainsi mise en mots, « la bombe du foncier » multiplie les exemples de « maux » et « fléaux », ceux d'une gouvernance marquée par la prévarication dans l'allocation des ressources domaniales, l'impunité au cœur de l'État et un régime de faveurs à tous les niveaux de l'administration territoriale.

> Le foncier ? N'en parlons pas car c'est une bombe sociale à retardement. Une mafia adossée à de hauts placés du défunt régime ne faisait qu'exproprier des Maliens de leurs terres qu'ils occupaient ou exploitaient depuis parfois plus de 50 ans (abamako.com, 08/2020).

Depuis qu'elle s'inscrit dans la ligne de libéralisation et de décentralisation que l'avènement de la démocratie a impulsée dans les années 1990, la gestion des terres se montre en effet plus disruptive que coordonnée dans les localités, les communes et les régions. Malgré l'annonce de réformes et l'adoption de textes législatifs, l'exécutif du pays est discrédité par les complicités et responsabilités directes de ses agents à la captation de ressources naturelles : des titres fonciers sont créés sans plus de garantie d'investissement privé que d'aménagement public, ce qui affecte la survie économique des plus vulnérables et déstabilise le contrôle coutumier des terres. Des articles vont jusqu'à évoquer des dommages « pires que la crise sécuritaire ». Ici il est question d'un « jeu de ping-pong » auquel se livrent maires, sous-préfets, chefs de village, « et leurs acolytes » ; ailleurs la défense de moyens de subsistance devient

« une question de vie ou de mort ». Qu'il s'agisse de notables ou de paysans réunis en collectifs, de hauts fonctionnaires ou d'éphémères personnalités politiques, d'invisibles ou de leaders associatifs, tous sont dits « remontés contre les spéculateurs fonciers » et ne pouvant « plus croiser les bras » face à la dégradation du climat social.

L'inversion des termes de la métaphore

La centralité du foncier est telle dans ce délitement général que se multiplient les occasions d'énoncer non plus le sujet comme explosif, mais de décrire tout abus de pouvoir sur le territoire, tout accaparement d'une institution malienne ou d'une fonction politique, en référence au titre foncier : la propriété juridiquement dominante, associée à une forte arrogance sociale. Nombre d'invectives désignent ainsi les élites à la présidence ou la tête du parti présidentiel, mais aussi le « jeu français » et « l'orgueil de la communauté internationale qui se croit et se prend propriétaire du Mali ! » (*Le Pays,* 05/2022).

> Après les pourparlers de Ouaga, a-t-on procédé au désarmement et au cantonnement comme promis ? A-t-on donné à notre insu les titres fonciers de Kidal, de Menaka et autres ? (*L'Indépendant,* 05/2015).

> [...] la démesure d'un homme [le principal instigateur du putsch de 2012] qui se prenait pour un être à part et considérait le Mali comme un titre foncier (*Le Reporter,* 12/2013).

> Nous pensions que à l'ère actuelle chaque militant et chaque militante doit savoir définitivement que le parti RPM n'est et ne saura être le TF [titre foncier] de personne et qu'il n'est là que pour le bonheur de tous les Maliens (*Zénith Balé,* 12/2016).

Économie morale et troubles du rapport à la terre

En revenant au cœur narratif des affaires foncières, force est de noter que leur charge morale ne s'est pas perdue à l'écrit dans le passage du bambara au français. Ce sens commun est suffisamment ancré dans les esprits pour que les articles se réfèrent aux désordres que subissent les normes sociales plus souvent qu'au non-respect de textes juridiques.

Deux paradigmes structurent en effet la compréhension des choses en se référant aux conduites à tenir ou à réprimander. « Nantis » et « démunis » constituent d'abord les termes d'une complémentarité inhérente à l'ordre social. Pour la préserver sur le modèle de la famille, plutôt que la voir dériver en antagonisme irréductible et déconnexion morale d'une société de classes, « l'honneur » et « la trahison » désignent ensuite les deux faces, positive et négative, du déroulement des conflits. Chacun de ces quatre mots trouve sa place dans les va-et-vient entre les registres lignager et républicain que les récits du foncier organisent pour tout groupe de discussion ou de joute politique.

Depuis l'oralité, *faama* et *faantan* résument en effet les deux polarités du capital social : celui qui en est doté (suffixe *ma* en bambara), versus celui qui en est privé *(ntan)*. Construit sur le même radical (*fanga* contracté en *faa*), les deux mots relient l'argument de l'influence politique et celui de la richesse économique dans une commune référence à la force, au pouvoir. Les puissants bénéficient de cette double capacité de contrôle, « l'argent et l'entregent », tandis que les pauvres en sont dépourvus. Aux nantis revient également un devoir d'attention et de redistribution à l'égard des « petits ». Si l'ajustement structurel de l'économie malienne a mis les solidarités sociales à l'épreuve de contraintes accrues depuis les années 1980, des personnes et leurs familles continuent d'en « solliciter » d'autres, et celles-ci à avoir « pitié » de celles-là ; le même code de l'honneur oblige les seconds, redevables des premiers, à reconnaître leur dette sociale (Vuarin 1994).

Dans cet échange asymétrique, la protection des cadets et des « faibles » est donc normalisée en vertu de leur soumission à l'ordre établi. Leur dignité se mesure en référence à celle des tenants de l'autorité : « je travaille pour ton nom, je vote pour toi »/« je donne un boulot à ton enfant, je te trouve un terrain ou son papier ». Avec l'avènement de la Troisième République malienne en 1992, la recomposition du clientélisme dans un régime politique multipartiste a même accru la circulation de parcelles à bâtir, selon les positions de pouvoir gagnées dans les municipalités urbaines puis les communes rurales nées des réformes de décentralisation.

La marchandisation des terres ne change pas complètement la donne puisque toute transaction continue de demander que des garanties de nom — lignée coutumière, « gouverneur de l'époque », ministre impliqué — soient données aux ventes. Les inégalités d'accès aux ressources ont beau s'accroître, elles ne font pas oublier le canon du « respect de l'autorité ». L'essentiel est que soit rappelé aux gens d'influence qu'ils ne peuvent s'enrichir sans considération pour les démunis, et qu'aucune gestion foncière moderne n'échappe à l'impératif de médiation sociale. Les liens distendus entre pauvres et riches préservent ainsi une grille de lecture interpersonnelle des conflits, dans le registre de la trahison qu'il convient alors de purger en en appelant, comme le font les politiques publiques, à « la moralisation du foncier». Les bonnes médiations s'apprécient alors dans leurs capacités à invoquer la tempérance et la clémence : tant que les protagonistes se refuseront à une adversité frontale, en se souvenant d'une mythique paix d'autrefois, leur honneur restera sauf.

Le conflit s'installe cependant comme menace politique quand le contrat social de redistribution des puissants à l'égard des pauvres est rompu, ce qui vaut aujourd'hui « déshonneur de tout un pays ». C'est précisément ce qui se passe quand des opérateurs immobiliers ou des élus politiques abusent de la corruption pour s'enrichir, que leurs jeux d'influence ne laissent aux démunis plus aucune part des terres qu'ils ont immatriculées, des parcelles qu'ils ont produites. Si l'échange clientéliste se maintient, entre ces seuls riches pour gagner des titres fonciers ou des procédures judiciaires, le bénéfice acquis se montre désormais « sans pitié ».

De « souffrances » isolées au durcissement « éhonté » des rapports sociaux, c'est la « trahison du Mali entier » qui est désormais désignée. Ce pouvoir « perverti » dévoile son matérialisme « égoïste », au mépris de la paix. Le « Dieu en a décidé ainsi » ne contient plus l'émotion de « victimes » des inégalités. Le choc ressenti lors du putsch de mars 2012 participait de cette perception : les élites, ces « enfants du pays », ont « oublié leurs parents ». Mais le coup d'État de 2020 la généralise au vu de pans entiers du territoire national lâchés par la capitale, de villageois mettant fin aux prêts que leurs ancêtres avaient octroyés à des gens de caste et préférant vendre leurs terres, de « richissimes » hypothéquant auprès des banques le futur de jeunes villageois.

En 2008, le Bernard Madoff malien sous les fourches caudines de sa mafia foncière a spolié des pauvres de leurs parcelles avec des papiers qu'il a établis au nom des morts avant de revendre leurs terrains à des nantis. Ce cas en Commune I est assez révélateur et est au centre d'audiences interminables au tribunal de ladite commune (*Le Combat,* 04/2013).

Diviser pour mieux régner, c'est la démarche adoptée par le maire du district de Bamako dans l'affaire de dédommagement des déguerpis de Niamakoro et Diallobougou. Contre toute attente, il s'est rapproché d'une poignée de personnes exclues pour morceler la parcelle affectée à nous après la grande opération de déguerpissement de 1995. C'est une trahison (*L'Indicateur du Renouveau,* 07/2017).

Avec ces références empruntées jusqu'à l'étranger, les conflits fonciers engagent donc un lien croissant entre intrigues locales et responsabilité de la crise nationale. Ils nous donnent l'occasion de dépasser le découpage statistique des corpus en classes lexicales et de rendre compte du lexique structurant les plus forts émois.

… Aux figures plurielles de la subjectivation politique

Au fil des mandats municipaux et des changements de gouvernement des années 2009-2022, le sens commun n'apparaît plus aussi univoque. Selon les articles, la spéculation désigne tantôt des petits « malins », tantôt des « prédateurs », voire de véritables « apatrides ». De fait, l'économie politique du foncier génère aujourd'hui plus d'un schème discursif. Le sujet façonne des consciences plurielles, mais les range sous des bannières toujours incarnées, des personnalités « guides » s'exprimant depuis leurs partis, mouvements ou médias pour interpréter les désordres contemporains. Soucieuse de la mauvaise gestion foncière du pays et de sa mauvaise gouvernance, cette parole politique présente trois variantes.

Magouilles et embrouilles, les as de la ruse

La première va dans le sens de la « résilience malienne » à laquelle le sujet foncier ne cesse de contribuer avec ses multiples « combines », « doubles jeux » et « courts-circuits » réglementaires, avec ses « champions de la débrouille », ses rois du « petit arrangement » et de « l'embobinage », ses exemples de rouerie toujours plus édifiants les uns que les autres. Le thème de la « duplicité » inspire de nombreuses chroniques. Il explique autant la cause des conflits que les solutions bricolées localement et leurs effets en cascade.

À quelques kilomètres à l'est de Bamako, c'est le cas à Kognini dont l'affaire fait le buzz en octobre 2017. Pas moins de sept longs articles de journaux différents en donnent un éclairage sans valeur juridique, notamment *Le Soft* à l'appui de « titres de propriétés délivrés soit par les villageois, soit par la Mairie de Baguinéda ou par la Préfecture de Kati ». Les journalistes sont invités à une assemblée générale que les premiers organisent pour faire entendre leur position de victime de la société immobilière qui convoite leurs terres en menaçant de détruire 6 000 maisons. Tous cèdent à la sympathie pour ce village qui révèle petit à petit son propre louvoiement tactique, en interne et dans ses relations avec les domaines fonciers voisins — un vaste périmètre irrigué, le village concurrent de Niamana —, face à la demande grandissante de lots à bâtir sur ses terres.

Dans cette histoire, il est donc question : d'une promesse d'aménagement faite à la communauté pour 16 milliards de FCFA, « projet bidon » en réalité ; de « lettres de vente » qualifiées de titres, tous plus abusifs les uns que les autres ; d'un chef de village qui vend des parcelles puis « demande pardon » aux acquéreurs pour les avoir mis sous la menace d'un déguerpissement ;

d'un ministre qui se solidarise aux cris des « dupés », puis se désolidarise ; d'un conseiller villageois qui a « feint » la solidarité avec les autres… Bref : un feuilleton judiciaire tout en « embrouilles », dont chacun des motifs de plainte vient des précédents épisodes mais se révèle irrecevable. À l'origine de ces « magouilles », les ressortissants du village ont surtout cherché, comme beaucoup d'autres des environs de la capitale, à « tirer leur épingle du jeu » de la pression foncière : en morcelant directement leurs terres et en vendant les mêmes parcelles, comme ailleurs également, à plus d'un acheteur à la fois. On est donc loin de la grande cause « anti-accaparement » et de ses caravanes de militants mobilisés dans la sous-région, loin du plaidoyer vertueux des « droits coutumiers » si ardemment défendu dans le continent : maintenir une activité agricole vitale pour les pays, préserver les exploitations familiales, prévenir les risques de délinquance d'une jeunesse réduite au chômage.

Sur le fond, ces tribulations de vendeurs de parcelles relèvent plus de ruses d'« experts en braconnage » (Merklen 2009) et des « arts de faire » décrits par Michel de Certeau (1990), que des « illégalismes » pensés par Michel Foucault (1975) comme productions répressives du pouvoir pour refouler et discipliner, pénaliser les déviances et criminaliser les marginalités. Certains y verront des micro-compétences déployées localement pour « manœuvrer » dans les jeux d'intérêt du foncier, la première d'entre elles consistant à dissimuler un profit personnel et tout acte de « mangement » dans la « politique du ventre » (Bayart 1989) que vit aussi le « Malien moyen ». D'autres verront le texte caché de situations de domination, l'insoumission inavouée de subalternes à l'égard d'un État qui ne les protège plus (Scott 2009).

Dans ces explications décomplexées, comment ne pas retrouver aussi la figure d'un Wangrin donnant suite au XXIe siècle à une longue histoire de ruses ? Dans le contexte colonial décrit par Amadou Hampaté Bâ (1973), le savoureux personnage du commis-interprète incarne ces capacités à détourner les savoir-faire de nouveaux maîtres pour prendre l'avantage sur ses rivaux. Et bien avant ce Soudan français, les traditions orales des mêmes terroirs ne renvoient-elles pas à d'autres stratagèmes de chasseurs pour narrer comment des cadets sociaux, échappant au contrôle de leurs aînés, sont parvenus à fonder de nouveaux sites de peuplement et à s'épanouir à leur tour comme maîtres de la terre ?

Ainsi faut-il comprendre les doubles ventes : comme une parade aux convoitises extérieures, de discrètes réinterprétations de la loi ou la négociation de ceux qui ne cherchent qu'à se rendre « plus malins que les autres ». Tout comme le chasseur habile à suivre son gibier force l'admiration, le lecteur finit par adhérer aux combines des villageois de Kognini, car elles rappellent à tous qu'il faut lutter pour ne pas « perdre la face » et rester pragmatique pour survivre. Le récit les transforme, à l'instar de Wangrin, en « coquins » hauts en couleurs entre bonne et mauvaise fortune, jouant sur des propositions de pure opportunité mais cherchant eux aussi à se jouer de leurs concurrents en spéculation foncière.

Ensauvagement : prédateurs et déprédateurs

La réaction est tout autre à la lecture de confrontations sociales frontales :

Un jeune d'une trentaine d'années a assassiné son grand frère le samedi dernier à Lanfiala dans la commune de Loulouni, cercle de Kadiolo. Selon des sources locales, un conflit foncier serait à l'origine de cette agression meurtrière (Studio Tamani, 06/2017).

Au moins plus 80 personnes sont mortes ce lundi 19 juin dans des heurts entre éleveurs peuls et cultivateurs dogons dans le village de Dioungani, cercle de Koro et région de Mopti. Un problème foncier à l'origine d'affrontements, a expliqué un témoin sur place (Malijet, 19/06/2017).

Le lecteur cède ici à la sidération face à « la cruauté qui vient périodiquement supplanter la grâce qui, d'habitude, semble être l'expression naturelle de la sensibilité sahélienne ». Ainsi Mohomodou Houssouba (2013 : 109) conclut-il en des termes proches la revue d'œuvres de fiction qu'il a rassemblées pour parler d'un pays « dans le gouffre » et décrire « l'irruption de l'ensauvagement dans une vie collective apparemment bien rangée ». Entre dystopie prétexte pour affronter le présent, et réalité cynique que l'on se refuse à voir, c'est le récit d'une crise « inexorable et inextricable », de « proies impuissantes » face à la « banqueroute morale manifeste de l'élite politique » (*ibid.* : 97).

Si cette montée de violence est comprise comme une incapacité à réguler les emportements familiaux et identitaires dans les moments de crise, elle ne caractérise pas seulement la « gouvernementalité rurale » (Poudiougou & Zanoletti 2020). L'ensauvagement est également lié, dans la presse, à une menace venue de la ville : celle d'opérateurs fonciers « voraces », et de « politiciens-vampires avides » à sucer la ressource coutumière des « pauvres Maliens ». Les fables mettant en scène la « loi du plus fort » ne suffisent plus à expliquer ces exactions. Des quartiers urbains et des localités périurbaines s'embrasent devant des « prédateurs », voire des « déprédateurs », faisant lien narratif du foncier au politique :

Selon certaines sources, les populations de Kabalabougou sont déjà sur le pied de guerre et attendent fermement ceux qui oseraient venir démolir leurs maisons (*Le Prétoire,* 11/2012).

M. F. jure de casser les maisons sur son domaine. L'huissier muni d'un acte de justice, d'un bulldozer et de policiers pour sa sécurité a réveillé deux familles de Tièkènina. Leurs effets ont été jetés dehors et une première maison a été cassée. La tension est aussitôt montée (*L'Indicateur du Renouveau,* 11/2017).

Le jeudi 8 avril 2021, les habitants de deux villages, N'Teguedo Niare et Siracoro Niare, dans le cercle de Kati, se sont affrontés à propos d'un litige foncier. Bilan : plus d'une dizaine de blessés (*Le Républicain,* 04/2021).

La recherche obsessionnelle de parcelles à bâtir témoigne en effet des besoins urbains de reconnaissance sociale et d'exercice d'une citoyenneté locale. Elle rejoint d'autres drames de la frustration dessinant une « sociologie des passions » en Afrique : guerres ethniques au Burundi, guerre des sexes à Abidjan, conflits de générations, les occasions ne manquent pas d'illustrer ces dérèglements dont « le pouvoir et l'argent sont les générateurs » (Vidal 1991). La sauvagerie foncière qui marque les années 2010 se mesure alors au nombre de blessés et de dégâts matériels aux portes de Bamako : des jeunes décidés à en découdre, des rixes sanglantes y font écho aux affrontements intra- et intercommunautaires qui ont glissé du nord du Mali, premier terrain du contrôle djihadiste en 2012, vers le centre, terrain d'action des katibas depuis 2015.

Que dire surtout si la justice n'est pas là pour prévenir ces violences ou exercer le monopole de la violence légitime ? Comment démarquer des « casses » censées redresser des torts et celles qui sont facteurs d'injustice ? Que penser de jugements non exécutés du fait de leur coût d'application ? Avec ses multiples scènes de crispation identitaire et d'affaiblissement des solidarités sociales, le sujet foncier se fait l'argument d'une triple « brutalisation » : la privation de ressources dans une économie libéralisée ; un espace politique chamboulé par la guerre et le risque qu'elle devienne, comme au XXe siècle, matrice de totalitarismes (Mosse 1999) ; un ordre mondial incapable de mettre fin aux violences privées (Laroche 2012), auquel le Mali n'échappe pas avec des normes de gouvernance importées, une question sécuritaire internationalisée, des replis de terrorisme. Les troubles du foncier ne viennent-ils pas de termes de référence recyclés de l'étranger pour promouvoir le cadastre ? Ne confirment-ils pas la « perte de souveraineté » qui pèse aujourd'hui sur « les moindres recoins du pays » et est devenue « une évidence pour tous les Maliens » ?

Ces sensibilités n'ont pas renoncé à faire jouer une interprétation religieuse des comportements locaux, eux aussi brutalisés par l'irruption du diable sous la plume des commentateurs : une société immobilière détient ainsi, à elle seule, « le titre foncier diabolique de 737 hectares » (*Le Pays,* 10/2017). Ainsi s'expriment de petites victimes de manœuvres machiavéliques : « Vraiment notre Mali est maudit ou quoi, les autorités n'aiment pas les pauvres » (*MalinewsTV,* 01/2020), mais aussi des représentants de la mouvance présidentielle qui s'insultent au sommet de l'État :

> Le deuxième vice-président de l'Assemblée nationale, membre de la majorité parlementaire traite le ministre de l'urbanisme, de l'habitat et des affaires foncières de démon qui n'a honte de mentir sur les personnes crédibles et respectables. Largement cité dans le foncier comme un spéculateur foncier, l'honorable H. N. s'est défendu de la façon la plus ferme et acharnée en dénonçant plutôt ses détracteurs de manquer d'amour pour le Mali (mali24.info, 06/2017).

Avec ces échanges sur une spéculation « démoniaque », on comprend que de plus en plus d'articles consacrés au foncier finissent par la même prière : « Dieu sauve le Mali ! »

Populismes : guides et patriotes

Le nationalisme constitue ainsi la première caractéristique de voix qui se revendiquent toutes de leur « amour pour le pays ». En se chargeant d'appels au sursaut patriotique, cette parole jurée au nom du peuple malien enfle à l'approche du retour des militaires au pouvoir, mais apparaît déjà diversement portée. Elle demande encore de marquer le pluriel d'une quête mouvante de leaders, qui tient sans doute aux repères politiques instables, voire versatiles, d'une population jeune : 47 % des Maliens recensés en 2022 ont moins de 15 ans.

En témoignent les commentaires adressés à l'activiste Mohamed Youssouf Bathily pour l'émission hebdomadaire « Grands Dossiers » qu'il anime jusqu'en mars 2023 sur la chaîne d'information Renouveau fm. Alors que son propre père est ministre des Domaines de l'État, « le guide Ras Bath[11] » adresse à la présidence des critiques répétées sur le sujet de l'accaparement foncier :

11. Contraction de rastafari et de Bathily.

En arrêtant la démolition [de maisons impunément construites sur le dos des pauvres], le gouvernement a encore raté l'occasion d'être un gouvernement rassurant et responsable. C'est un gouvernement peureux et irresponsable, a affirmé Ras Bath (Bamada.Net, 08/2015).

Mais au soutien que lui apporte la jeunesse depuis une première arrestation en 2016 : « Merci Ras Bath d'avoir édifié le peuple, le Rasta est incontournable… Courage et Bonne continuation pour l'éveil des consciences du peuple », succède une franche désapprobation après 2021 : « Grand dossier est devenu petit dossier pas crédible que du pipo *[sic]* ! », « Tu nous fatigues vraiment, tu n'es plus écouté rasta. Lève-toi et va travailler dignement pour gagner ta vie » (facebook.com/RasBath/).

Il en va de même du député Oumar Mariko. Leader estudiantin sous la transition de 1991, devenu chef de parti et figure de l'opposition aux mêmes gouvernements, il donne le ton d'un patriotisme anti-libéral et anti-impérialiste, avant de sortir des indulgences du pouvoir :

Ainsi, il appelle le peuple souverain du Mali à prendre conscience de l'exploitation rampante de nos terres par des prétendus opérateurs économiques nationaux, véritables chevaux de Troie du capital financier international (Bamada.Net, 06/2017).

De communs énoncés relient ainsi diverses personnalités médiatiques et politiques reconnues quelques temps comme « seules à dire la vérité », avant d'être déclarées *« maliden jugu »* sur les réseaux sociaux, ces « mauvais fils du Mali », arrêtés pour « atteinte au crédit de l'État » ou offense à son chef.

Dénonçant une démocratie de « klepotocrates », une deuxième figure de style des discours populistes vient du registre non moins galvanisant du « tous pourris » sous la Troisième République :

Au moment où le ministre de la Justice, Garde des Sceaux demande l'inculpation du maire central du district de Bamako pour raison de spéculation foncière, le président de l'Assemblée nationale ne saurait offrir l'immunité à un autre spéculateur foncier. Dans quel pays sommes-nous alors ? Dès lors, on comprend aisément le refus des hommes politiques corrompus et gavés à tenir une concertation nationale (*Inter De Bamako,* 02/2014).

Sachant bien qu'ils n'en sont pas propriétaires, ces prédateurs fonciers, comptant sur leurs poches dans l'administration, se mettent directement à construire sur les parcelles d'autrui. Parce qu'ils détiennent le nerf de la guerre, l'argent, le tais-toi pour corrompre certains maires qui sont impliqués dans le problème foncier jusqu'au cou (*Démocrate-Mali,* 08/2022).

Ces « spéculateurs aux dents longues » tiennent une place croissante dans les expressions politiques africaines, selon lesquelles la libéralisation des marchés fonciers et immobiliers a multiplié les connivences entre milieux d'affaires et classe politique et réactivé l'évidence du « ventre bouffi ». Après 2012, et de nouveau en 2021, les articles consacrés au sujet relaient un besoin de justice qui semble inentendu, mais qu'amplifient de nouvelles invocations : « Maliba » puis « Malikoura » — un Mali grand/nouveau — en appellent à refonder le récit national sur le rêve d'un État fort. De quoi restaurer la fierté d'être Malien, comme le revendiquent depuis 2021 les contenus d'une chaîne Youtube éponyme.

La polarisation du débat qui se profile, entre « apatrides sans foi ni loi » et vrais « patriotes », permet au foncier de rester en ligne un sujet prolixe, toujours capable d'égratigner une décentralisation décidée « pour plaire aux bailleurs », quand d'autres critiques ne peuvent plus s'exprimer. L'antinomie devient clé de dénonciation des malversations commises par des fonctionnaires, des opérateurs économiques et des élus, « une bande d'apatrides qui veut certainement continuer à s'enrichir sur le dos des pauvres contribuables Maliens » :

> Cette décision apatride du Syntade n'engage qu'eux[12]. Le Syntade est composé par des administrateurs qui malgré qu'ils sont *[sic]* entièrement pris en charge en matière de logement d'électricité de téléphone et avec des primes faramineuses sont les maux de ce pays et ils sont à la base de tous les contentieux fonciers avec les élus communaux (*Le Démocrate,* 07/2017).

> Des maisons sont construites jusque dans le lit des rails, passage autrefois de la fameuse machine du Dakar-Niger. À qui la faute ? Certes de certaines autorités communales apatrides qui se livrent au su et au vu de tout le monde à cette ignoble activité de vente illicite de terrain (*L'Agora,* 12/2018).

> Ce projet qui sera réalisé sur son site de 37 hectares de Dialakorobougou, est destiné aux fonctionnaires de police de la République du Mali avec le concours du grand patriote et opérateur immobilier O. D. (*Le 22 Septembre,* 03/2022).

> Est-ce encore elle [La France] qui rédige les programmes de société de nos présidents apatrides et corrompus ? […] Au Mali, la corruption, la délinquance financière, les tripatouillages fonciers, la crise de l'emploi des jeunes, la faillite de l'école, la précarité de la santé, la pauvreté extrême, l'enrichissement illicite sont-ils des actes posés par la France ? (*Le Soft,* 10/2022).

12. Le Syndicat national des travailleurs de l'Administration d'État s'oppose alors au vote de la loi sur l'enrichissement illicite.

Enfin, la catégorie politique « des jeunes » devient la figure de proue d'un peuple qui bascule de la loyauté à la démocratie à son désaveu (Karambé 2014). Vent debout contre des « malfrats fonciers » durant deux décennies, entre autonomisation et instrumentalisation, ils sont en 2020 la caution donnée par la rue au nouveau coup d'État :

> Déterminés pour l'annulation des titres fonciers attribués à certaines agences immobilières sur leurs terres de manière illégale, les jeunes de 45 villages du cercle de Kati ont marché ce jeudi à Kati ville pour interpeller les autorités à s'impliquer pour que leurs parcelles leur soient restituées (*Le Pays,* 10/2017).

À son tour, le nouveau chef de l'exécutif est pris à témoin par cette jeunesse impliquée qui prétend porter un réveil collectif d'une génération à l'autre (Banégas *et al.* 2012), l'espoir que le pouvoir en finira une fois pour toutes avec la corruption :

> En attendant, les populations sont sur le qui-vive. Elle s'organise *[sic]*. D'ores et déjà, elle a envoyée *[sic]* des correspondances à qui de droit. Des jeunes, des femmes et des chefs de famille jurent la main sur le cœur qu'ils se battront pour que leur espace reste dans le giron de la communauté (*Arc en Ciel,* 10/2022).

> M. T., vice-président de la Jeunesse de Sabalibougoucourani-Dougourakoro dénonce la menace qui plane sur les espaces publics : Les 26 sites sont menacés. Nous demandons aux autorités de nous aider à sécuriser nos espaces publics (*Le Challenger,* 12/2022).

❖

Chronique de fieffés coquins, émergence de nouveaux activismes, fatalité d'un pays qui se déchire et que seul Dieu pourrait encore sauver : sous l'épaisseur du sujet foncier, et malgré le biais de collecte de paroles sur les conflits dans une presse restant d'expression française, la construction de sujets politiques est une hypothèse bien vérifiée depuis les années 2000. Au fil de ressentiments personnels et de compréhensions partagées de la spéculation, les textes en ligne dévoilent des opinions plus instables que consolidées sur la durée. En témoigne le dernier mot donné fréquemment aux articles : « Affaire à suivre », qui fait sens tant les crises nationales d'aujourd'hui, comme les disputes communautaires d'autrefois, ne cessent de rebondir.

Nourrie par un palimpseste de récits codifiés, la subjectivation à l'œuvre va au-delà de la problématique de la domination que soulevait l'éveil des sociétés civiles dans les années 1990 (Poncelet & Pirotte 2007). Elle entremêle divers repères normatifs, chacun affaibli mais pouvant s'ouvrir encore à de nouvelles interprétations. Parce qu'on ne sait jamais précisément quand un conflit a commencé, et que l'on sait encore moins quand il finira, le sujet foncier apparaît donc sans fin : jetant des ponts entre classes sociales, entre les mondes ruraux et urbains, reprenant les commentaires de générations précédentes, recyclant des arguments d'un recours à l'autre. Et pour l'analyse, la mention « à suivre » pousse à se demander si le pouvoir issu du coup militaire de 2020 se montrera en matière foncière plus vertueux ou plus efficient que ses prédécesseurs de 1968 et 2012.

Mais pour les protagonistes, chroniqueurs et commentateurs des conflits, dont les liens ont fait énoncés sur le sujet, la providence divine reste incantatoire en renvoyant aux désenchantements politiques vécus en une génération par de simples citoyens. Leur quête de protection découle de frustrations qui ne s'exprimaient pas autant dans la transition démocratique de 1991. Désormais couchés sur la toile, ces mots des maux pourraient démentir le musellement des paroles politiques prêté aux régimes autoritaires.

Centre d'études en sciences sociales sur les mondes africains, américains et asiatiques, Université de Paris, IRD, INALCO, France.

BIBLIOGRAPHIE

BÂ A. H., 1973, *L'étrange destin de Wangrin,* Paris, 10/18.

BANÉGAS R., BRISSET-FOUCAULT F., CUTOLO A. (DIR.), 2012, « Espaces publics de la parole et pratiques de la citoyenneté en Afrique. Introduction au thème », *Politique africaine,* 127 : 5-20.

BAYART J.-F., 1989, *L'État en Afrique. La politique du ventre,* Paris, Fayard.

BECKER L. C., 2013, « Land Sales and the Transformation of Social Relations and Landscape in Peri-urban Mali », *Geoforum,* 46 : 113-123.

BENJAMINSEN T. A. & BA B., 2009, « Farmer-herder Conflicts, Pastoral Marginalization and Corruption : A Case Study from the Inland Niger Delta of Mali », *Geographical Journal,* 175 (1) : 71-81.

BERTRAND M., 1994, *La question foncière dans les villes du Mali. Marchés et patrimoines,* Paris, Karthala-ORSTOM.

BERTRAND M., 2019, « A Cadastre for Mali ? The Production of Land Titles and the Challenge of Property Data on the Periphery of Bamako", *Land Use Policy,* 81 : 371-381.

BERTRAND M., 2024, « Emerging Peri-urban Voices in Africa : Bamako Through the Lens of Land Conflicts in Online Media », *Articulo. Journal of Urban Research,* 24, <http://journals.openedition.org/articulo/5665>.

BLUNDO G. & OLIVIER DE SARDAN J.-P., 2001, « Sémiologie populaire de la corruption », *Politique africaine,* 83 (3) : 98-114.

BOURDARIAS F., 1999, « La ville mange la terre. Désordres fonciers aux confins de Bamako », *Journal des anthropologues,* 77-78 : 141-160.

DE CERTEAU M., 1990, *L'Invention du quotidien, t. 1. Arts de faire,* Paris, Gallimard.

CORNU L., 2014, « Subjectivation, émancipation, élaboration », *Tumultes,* 43 (2) : 17-31.

FOUCAULT M., 1975, *Surveiller et punir. Naissance de la prison,* Paris, Gallimard.

HOUSSOUBA M., 2013, « Signes et récits de guerre », in D. KONATÉ (dir.), *Le Mali entre doutes et espoirs. Réflexions sur la Nation à l'épreuve de la crise du Nord,* Bamako, Éditions Tombouctou : 93-109.

KARAMBÉ Y., 2014, « Les facettes de l'aînesse dans la participation politique locale des jeunes au Mali », in J. BRUNET-JAILLY, J. CHARMES & D. KONATÉ (dir.), *Le Mali contemporain,* Bamako, Éditions Tombouctou, IRD : 479-510.

Konaté D. (dir.), 2013, *Le Mali entre doutes et espoirs : réflexions sur la nation à l'épreuve de la crise du Nord,* Bamako, Éditions Tombouctou.

Laroche J., 2012, *La brutalisation du monde, Du retrait des États à la décivilisation,* Montréal, Éditions Liber.

Merklen D., 2009, *Quartiers populaires, quartiers politiques,* Paris, La Dispute.

Mosse G. (trad.), 1999, *De la Grande Guerre au totalitarisme : la brutalisation des sociétés européennes,* Paris, Hachette littératures.

van Overbeeka F. & Tamás P. A., 2020, « Claim-making Through Subjectivation : A Governmentality Analysis of Associational Performance to Claim Land in the Hybridity of Peri-urban Bukavu », *Geoforum,* 109 :152-161.

Poncelet M. & Pirotte G., 2007, « L'invention africaine des sociétés civiles : déni théorique, figure imposée, prolifération empirique », *Mondes en développement,* 139 (3) : 9-23.

Poudiougou I & Zanoletti G., 2020, « Fabriquer l'identité à la pointe de la kalache. Violence et question foncière au Mali », *Revue internationale des études du développement,* 243 : 37-65.

Razafindrakoto M. & Roubaud F., 2010, « Are International Databases on Corruption Reliable ? A Comparison of Expert Opinion Surveys and Household Surveys in Sub-Saharan Africa », *World Development,* 38 (8) : 1057-1069.

Reinert M., 2007, « Postures énonciatives et mondes lexicaux stabilisés en analyse statistique de discours », *Langage et société,* 121-122 (3-4) : 189-202.

Scott J. C., 2009, *La domination et les arts de la résistance. Fragments du discours subalterne,* Paris, Éditions Amsterdam.

Thiriot C., 2002, « Rôle de la société civile dans la transition et la consolidation démocratique en Afrique : éléments de réflexion à partir du cas du Mali », *Revue internationale de politique comparée,* 9 (2) : 277-295.

Vidal C., 1991, *Sociologie des passions (Côte-d'Ivoire, Rwanda),* Paris Karthala.

Vuarin R., 1994, « L'argent et l'entregent », *Cahiers des sciences humaines,* 30 (1-2) : 255-273.

Xifaras M., 2015, « Illégalismes et droit de la société marchande, de Foucault à Marx », *Multitudes,* 59 (2) : 142-151.

Résumé

Cet article explore la fabrique discursive des opinions liées aux affaires foncières au Mali. Il prend pour objet les productions discursives liées aux conflits fonciers que rapporte en grand nombre une presse en ligne proche du sens commun au Mali. Au-delà de l'étude des causes et des limites de régulation de ces tensions, rurales et urbaines, l'approche quantitative permet de se concentrer sur le ressenti d'affaires décrites comme une poudrière pour le pays. Auteurs, lecteurs et commentaires rappellent l'ordre moral censé fonder la compréhension des choses, mais offrent différentes versions de cette « bombe du foncier ». L'article interroge les subjectivités politiques nées de l'exposé des plaintes et de l'expression des ressentiments. Du dégagement présidentiel de 2012 à la nouvelle « transition » de 2020, il analyse ce que ces frustrations disent de la gouvernance du Mali.

Mots-clés : Mali, foncier, conflits, expression politique, médias numériques, subjectivités.

Abstract

Naming Evils: Land Conflicts and Political Subjectivation in Mali. — This article explores the discursive productions linked to numerous land disputes reported by digital media, close to the common sense in Mali. Beyond these trouble causes and limits of regulation in rural and urban contexts, quantitative approach enables us to focus on the feeling of affairs described as a powder keg for the whole country. With their comments, authors and readers recall the moral order that underpins their understanding of things but offer different versions of this "land bomb". The article examines the political subjectivities arising from the airing of complaints and the expression of resentments. From the 2012 President eviction, to the 2020 new "transition," it analyses what these frustrations say about Mali's governance.

Keywords: Mali, land, conflicts, digital media, subjectivity, political expression.

Abdoul Karim Saidou

Élections à tout prix

Partis politiques et crise sanitaire au Burkina Faso

« L'agenda électoral s'impose comme la priorité des priorités. Alors, la patrie ou la mort, nous voterons ! Tel semble être le credo de la société politique burkinabè, quasi-unanimement d'accord pour tenir impérativement les élections à la date convenue » (Ouédraogo 2020 : 1)[1]. L'économiste Ra-sablga Seydou Ouédraogo critiquait ainsi le consensus au sein des partis politiques au Burkina Faso quant au maintien de la date des élections de 2020, malgré la double crise sanitaire et sécuritaire que traversait le pays. Ses propos attirent l'attention sur les implications politiques de la crise sanitaire du Covid-19, qui a secoué le monde entre 2020 et 2022 et qui a été depuis largement étudiée (Kobiané *et al.* 2020 ; Chevalier 2021 ; Mao 2021). Les politistes se sont intéressés aux aspects politiques de la crise dans les arènes domestiques et internationales (Badie 2020 ; Boniface 2020)[2]. C'est ainsi que cette pandémie a été abordée dans ses articulations avec la démocratie. Sa régulation politique a mis au jour un dilemme, à savoir comment concilier les libertés démocratiques avec la sécurité sanitaire des citoyens (Maltosa 2021). Les travaux tels que ceux réalisés sur les élections de 2020 au Burundi ont établi un lien entre crise sanitaire et recul de la démocratie (Ayandele *et al.* 2021). Dans plusieurs autres pays comme l'Algérie et la Côte d'Ivoire, les mesures anti-Covid ont servi de prétexte pour interdire les manifestations politiques (IDEA 2020). La crise sanitaire a relancé d'autres chantiers de recherche sur la politique africaine tels que celui des élections. Dans cette perspective,

1. La formule « la patrie ou la mort, nous voterons » est inspirée de la devise du Burkina Faso sous le régime de Thomas Sankara dans les années 1980 (« La patrie ou la mort, nous vaincrons »). Cette devise, supprimée en 1997, a été restaurée récemment, le 29 octobre 2024, lors d'une révision de la Constitution. Notons que R. S. OUÉDRAOGO (2020) ne remettait pas en cause l'utilité des élections, mais critiquait la priorité donnée à celles-ci au détriment de la sécurité et de la santé des Burkinabè.
2. À titre d'exemple, on peut citer les numéros spéciaux consacrés à cette crise par *International Political Science Review* (D. STOCKEMER & T. REIDY 2021), *Perspectives on Politics* (J. LYNCH, M. BERNHARD & D. O'NEILL 2022) et *Global Africa* (F. LE MARCIS, J. TANTCHOU & N. TOUSIGNANT 2022).

Cahiers d'Études africaines, LXV (2), 258, pp. 459-479.

certains auteurs ont étudié les liens entre crise sanitaire et comportements électoraux en focalisant l'attention sur les modalités de vote et les résultats électoraux (Fernandez-Navia *et al.* 2021).

Figurent également dans l'agenda de la recherche en science politique, les effets des élections sur la propagation de la maladie (Bertoli *et al.* 2020 ; Cassan & Sangnier 2020 ; Palguta *et al.* 2021). Landman et Di Gennaro Splendore (2021) par exemple se sont penchés sur les risques que présente la pandémie dans les séquences du cycle électoral. Ces risques concernent aussi bien la santé humaine que l'intégrité des élections. La crise sanitaire a bouleversé les agendas et processus électoraux (IDEA 2020). Si certains pays ont apporté quelques modifications au jeu électoral, surtout pour tenir compte des mesures barrières, d'autres ont vu leurs partis politiques adapter jusqu'à leurs stratégies de campagne. Cependant, dans certains pays africains, comme au Burkina Faso, la crise n'a bouleversé ni l'agenda électoral ni les stratégies de campagne ou encore les règles du jeu électoral (Bisson *et al.* 2020 ; Ouédraogo & Ouédraogo 2020). Ces exemples qui s'écartent de la tendance générale dans le monde ont été très peu étudiés. Pourtant, l'absence d'effet de la crise sur le calendrier électoral ne signifie pas qu'elle ait été sans conséquences politiques. Cet article tente de combler cette lacune dans la littérature en analysant l'appropriation politique de la crise par les partis politiques avant et pendant la campagne électorale. Il s'appuie pour cela sur le cas du Burkina Faso où un scrutin couplé (présidentielle et législatives) s'est tenu le 22 novembre 2020. Si le pays a connu ses premières élections à la fin des années 1940, c'est à partir de 1991 sous la présidence de Blaise Compaoré qu'elles sont devenues habituelles sur la longue durée (Loada 2010). Sous ce régime semi-autoritaire, les élections étaient peu ouvertes du fait de l'hégémonie du parti au pouvoir, le Congrès pour la démocratie et le progrès (CDP) (Loada 2020 ; Bertrand 2021). Après vingt-sept ans de pouvoir, le président Compaoré a été contraint à la démission en 2014 suite à une insurrection populaire (Hagberg *et al.* 2017).

À l'issue d'une transition d'une année, Roch Marc Christian Kaboré du Mouvement pour le peuple et le progrès (MPP) est porté au pouvoir lors des élections de novembre 2015 (Saidou 2020). Réélu le 22 novembre 2020, il est renversé le 24 janvier 2022 par le lieutenant-colonel Paul Henri Sandaogo Damiba, qui est à son tour écarté du pouvoir par le capitaine Ibrahim Traoré le 30 septembre 2022 (Englebert & Liammouri 2022 ; Bertrand & Dipama 2024 ; Saidou 2024). Ce dernier dirige depuis lors un régime de transition dont la priorité officielle est la lutte contre le terrorisme (Ouédraogo 2024). Les élections du 22 novembre 2020 qui ont conduit à la réélection de Kaboré s'étaient ainsi tenues dans un contexte de double crise, sécuritaire et sanitaire. Le débat sur le calendrier électoral et la loi électorale était plutôt focalisé sur le terrorisme (Saidou 2020 ; Rouamba-Ouédraogo 2021). Dès l'enregistrement des premiers cas de Covid-19 dans le pays en mars 2020, les autorités ont pris des mesures fermes telles que le confinement de la ville de Ouagadougou, l'obligation du port de masque dans les lieux publics, la fermeture des bars et restaurants, le couvre-feu, etc.[3] Alors que certaines de ces mesures étaient en vigueur lorsque la campagne électorale a débuté le 31 octobre 2020, ni la loi électorale ni les stratégies de campagne n'ont changé. L'article questionne cette concomitance entre crise sanitaire et processus électoral. Sur le plan théorique, il est inspiré du concept de règles pragmatiques du jeu politique chez Bailey (1971 : 18). Cet auteur montre le double visage des règles du jeu politique en distinguant les règles normatives et les règles pragmatiques. Alors que les règles normatives se rapportent à l'éthique ou au droit, les règles pragmatiques sont « des instructions pratiques quant à la manière de gagner » (*ibid :* 19). Comment les partis politiques se sont-ils appropriés la crise sanitaire à des fins électorales ? Telle est la question centrale qui sert de fil conducteur à cette recherche.

L'objectif de cet article n'est pas d'analyser l'effet du Covid-19 sur la participation électorale, sur la santé humaine ou les programmes politiques. Il met plutôt la focale sur l'appropriation politique de la crise par les partis avant et pendant la campagne électorale de 2020. Son intérêt théorique réside dans le renouvellement des grilles d'analyse sur la crise sanitaire en science politique en orientant l'attention sur l'appropriation de la pandémie par les partis politiques en vue de maximiser leurs succès électoraux. Dans le contexte burkinabè, voire africain en général, il importe de contextualiser la notion de crise lorsqu'on se réfère aux perceptions locales sur le Covid-19 (Éboko & Schlimmer 2020). Qualifié dans certains pays de « maladie de l'Occident » (Rouamba *et al.* 2022), le Covid-19 a été perçu par les « gens d'en bas » comme un instrument de domination des pays occidentaux et de leurs alliés locaux. Les résistances contre les mesures sanitaires édictées face à la pandémie illustrent cette défiance comme le montre le cas ivoirien (Boka 2023). La notion de crise dans ces contextes renvoie davantage aux perturbations entraînées par les mesures de prévention prises par les autorités (couvre-feu, fermeture des bars et restaurants, etc.) qu'à l'intensité de la menace sanitaire elle-même.

Sur le plan méthodologique, les données sont issues de deux sources. D'abord, des entretiens semi-structurés ont été réalisés avec 23 acteurs issus des partis politiques, de la Commission électorale nationale indépendante (CENI) et des associations de la société civile. Au niveau des partis

3. Voir le décret 2020-0271 du 15 mars 2020 portant sur la restriction temporaire des libertés au titre des mesures spéciales de réduction de la propagation du Covid-19.

politiques, l'échantillon était composé des partis les plus représentatifs tels que le Mouvement du peuple pour le progrès (MPP) et des partis de taille plus modeste tels que le Mouvement pour la renaissance du Burkina Faso (MRB)[4]. Ont été ciblés non seulement des leaders des partis mais aussi des militants, notamment des jeunes chargés du travail de terrain lors des activités politiques. S'agissant de la société civile, les personnes enquêtées étaient des leaders du Centre pour la gouvernance démocratique (CGD) et de la Convention des organisations de la société civile pour l'observation domestique des élections (CODEL). Concernant la CENI, les entretiens ont été réalisés avec deux commissaires et un agent technique. Les entretiens se sont déroulés principalement à Ouagadougou entre novembre 2020 et décembre 2021 à l'aide d'un guide d'entretien qui a été adapté selon le profil des enquêtés. Ensuite, une revue de la littérature a été réalisée à partir d'articles de presse, de publications scientifiques et de documents divers portant sur la crise sanitaire et les élections (reportages télévisuels de meetings de campagne, images des activités électorales tels que le dépôt des candidatures, le vote, les meetings de campagne, etc.). Les données concernent deux séquences du cycle électoral, à savoir la pré-campagne (enrôlement des électeurs, dépôt des candidatures, congrès d'investiture) et la campagne électorale.

L'analyse montre que l'appropriation politique de la crise par les partis politiques s'est faite selon une double démarche. Dans le registre cognitif, les partis ont exercé une violence symbolique (Bourdieu 1992) sur la société en décidant de maintenir le calendrier électoral malgré la crise sanitaire. Si cette décision a été formellement prise par le gouvernement, elle n'était qu'une ratification du consensus politique entre les partis de la majorité et ceux de l'opposition. Sur le terrain, les partis ont fait preuve d'ingéniosité en adaptant leurs techniques de campagne à la crise. Celle-ci a été dès lors un moment d'affirmation de l'emprise des partis sur le champ politique. Leur capacité à domestiquer la pandémie s'est concrétisée d'une part, en période de pré-campagne, par les usages électoralistes du Covid-19, et d'autre part, en période de campagne, par la mise entre parenthèses de la crise.

4. Il s'agit du Mouvement du peuple pour le progrès (MPP), de l'Union pour le progrès et le changement (UPC), l'Union pour la renaissance/parti sankariste (UNIR-PS), du Soleil d'Avenir, de l'Alliance pour la démocratie et la fédération/Rassemblement démocratique africain (ADF-RDA), de l'Organisation des peuples africains (OPA-BF), du Mouvement pour la renaissance du Burkina Faso (MRB) et du Congrès pour la démocratie et le progrès (CDP).

Une crise sanitaire érigée en ressource politique

La crise sanitaire a été une ressource politique pour les partis pendant la séquence de la pré-campagne. Décrit au plan mondial comme une menace sécuritaire grave, le Covid-19 a fait l'objet d'une appropriation par les partis qui l'ont abordé dans une logique pragmatique. Intégrée dans le registre ordinaire des pratiques électorales, la crise a été utilisée comme opportunité pour des actions de pré-campagne déguisée et comme terrain d'affrontements entre partis concurrents.

La crise comme opportunité de redistribution

La crise sanitaire n'a pas été un moment de pause pour les partis politiques dans la période de pré-campagne en vue des élections de 2020. Malgré les mesures sanitaires prises par le gouvernement telles que le couvre-feu et le port obligatoire de masques, les partis n'ont pas arrêté leurs activités de mobilisation. Ils ont plutôt élaboré de nouvelles stratégies pour s'adapter à la situation et en tirer profit sur le plan électoral. La crise sanitaire a été transformée en une ressource politique, c'est-à-dire un levier d'action pour exercer une influence dans le champ politique (Braud 2020 : 122-128). Faute de pouvoir mener des activités politiques ordinaires, les partis ont réorienté leurs pratiques électorales vers des opérations de séduction en s'engageant dans la lutte contre la pandémie. Nombreux sont les partis qui ont fait des dons en nature ou en espèces à leurs militants ou à des groupes vulnérables. C'est ce que constate le Réseau national de lutte anti-corruption (REN-LAC) : « la période d'avant les élections a été marquée par une charité et une générosité abondante de la part des futurs candidats aux élections. On note principalement la distribution des vivres et les dons entrant dans le cadre de la lutte contre le Covid-19. Certains de ces dons étaient estampillés des logos ou signes du parti, voire du candidat » (REN-LAC 2021 : 21). Selon un militant de l'Union pour le progrès et le changement (UPC), les dons de masques étaient appréciés des citoyens car même si tous ne croyaient pas en la gravité de la maladie, ils étaient contraints de porter les masques pour accéder à certains services publics[5].

Ces dons en nature étaient constitués de gels hydroalcooliques, de masques, de savons et autres dispositifs de protection contre le coronavirus. Un militant du Congrès pour la démocratie et le progrès (CDP) témoigne : « Dans la région des Hauts-bassins, notre parti a sillonné tous les départements de la région pour distribuer des kits de protection contre le Covid-19 aux militants ; on ne

5. Entretien à Ouagadougou, le 10 décembre 2021.

pouvait pas les laisser comme ça alors que ce sont nos militants »[6]. L'objectif était de garder le contact avec les militants sur le terrain, d'entretenir leur fidélité dans la perspective des élections de novembre 2020. Le 6 avril 2020, l'UPC a offert les mêmes kits sanitaires d'une valeur estimée à 3 millions de francs CFA à l'hôpital Saint-Camille de Ouagadougou. De tels actes sont médiatisés en vue d'entretenir l'image du parti dans l'espace public. Certains acteurs ont usé de leurs positions institutionnelles pour tirer profit de la crise. C'est l'exemple de l'initiative « Coronathon » lancée le 9 avril 2020 par Alassane Bala Sakandé du MPP et président de l'Assemblée nationale. Cette collecte de fonds en vue d'aider les autorités sanitaires dans la lutte contre le Covid-19 a permis de récolter 450 millions de francs CFA[7]. D'autres partis avaient conçu des masques de protection à leurs couleurs. C'est ce que nous avons observé directement à Ouagadougou le 30 mai 2020 lors du congrès extraordinaire de l'Union pour la renaissance/parti sankariste (UNIR-PS)[8]. L'exemple de ce parti qui se définit comme « progressiste » et qui se réclame des idées de l'ancien président Thomas Sankara (1983-1987) montre que ces pratiques d'instrumentalisation de la crise sanitaire ne sont pas l'apanage des grands partis de gouvernement tels que le CDP et le MPP.

La crise sanitaire a donné l'opportunité de contourner la disposition de la loi électorale interdisant les gadgets à caractère politique. Ces usages clientélistes de la crise qui relèvent d'une campagne électorale déguisée reproduisent les inégalités entre partis concurrents dans la compétition électorale. Le RENLAC (2021) a recensé pendant la période de pré-campagne et de campagne 438 cas de corruption électorale et a établi le lien entre cette corruption et les résultats des élections :

> En considérant l'ensemble des 439 cas de corruption observés, le MPP vient largement en tête en totalisant à lui seul 46,92 % des cas de corruption électorale. Il est suivi du CDP (10,25 %), de l'UPC (7,29 %), du RPI (5,49 %), de l'AGIR Ensemble (5,47 %), du NTD (3,19 %), etc. Les six premiers partis qui ont le plus utilisé les mauvaises pratiques au cours de la pré-campagne et de la campagne sont aussi ceux qui ont eu le plus de voix lors des scrutins. La corruption et la fraude ont donc joué un rôle dans ce vote du 22 novembre 2020.

Par ailleurs, dans la ville de Ouagadougou, la plupart des leaders des partis ont sollicité et obtenu des laissez-passer auprès des autorités afin de pouvoir

6. Entretien à Niamey, le 4 décembre 2021.
7. B. R. Nébié, « Coronathon : plus de 450 millions collectés », *Sidwaya,* 7 juin 2020, <https://www.sidwaya.info/coronathon-plus-de-450-millions-f-cfa-collectes/> (consulté le 13/01/2022).
8. Le parti nous avait invités à présenter une communication lors de ce congrès.

circuler librement pendant les heures de couvre-feu. L'objectif était de continuer la pré-campagne malgré les restrictions des libertés mises en place. Les députés ont bénéficié des laissez-passer afin de circuler entre Ouagadougou et leur province d'origine pendant la période de mise en quarantaine de la capitale. Cette mobilité en contexte de crise révèle non seulement une volonté de s'adapter à celle-ci, mais aussi l'importance stratégique des élections. Pendant les premiers mois qui ont précédé l'adoption des mesures de restrictions, la plupart des partis se sont efforcés de respecter les mesures barrières lors de certaines activités politiques telles que l'investiture des candidats à l'élection présidentielle, l'organisation des congrès, les réunions des instances des partis, etc. Pendant la période de l'enrôlement, les partis ont sensibilisé leurs militants au respect des mesures sanitaires prises par la CENI.

Bien avant l'ouverture de la campagne électorale, plusieurs partis ont formulé des propositions pour aider les autorités à réguler la crise. Cette capacité des partis à domestiquer la crise ne s'est cependant pas traduite par l'amorce d'un travail programmatique profond sur les politiques de santé. Aucun des partis étudiés dans cette recherche n'a fait du secteur de la santé un élément emblématique de son programme électoral alors que le terrorisme a dominé les programmes et les discours de la campagne de 2020 (Saidou & Bertrand 2022). Les partis n'ont donc pas tiré de leçons des faiblesses des politiques sanitaires révélées au grand jour par la gestion du Covid-19. Leurs décisions montrent leur capacité à exister et à fonctionner en temps de crise. Les partis se sont montrés créatifs en insérant le Covid-19 dans le registre de leurs pratiques d'animation politique. Si la crise a restreint leur liberté d'action, elle a été utilisée comme une ressource politique pour maintenir, voire accroître leur assise sociale. Cette appropriation politique de la crise a également pris la forme d'une confrontation entre partis de l'opposition et ceux de la majorité.

La crise comme terrain d'affrontements partisans

La gestion de la crise sanitaire a été politisée par les partis concurrents qui l'ont transformée en sujet d'affrontement. Là encore, les actions des partis ont été motivées par des logiques pragmatiques, c'est-à-dire la volonté de maximiser leurs chances électorales. En effet, au fil des semaines, les partis en compétition pour les élections ont puisé dans la crise des ressources pour s'affronter dans l'espace public. Dans la concurrence partisane au Burkina Faso, la santé reste un étendard *(valence issue)* sur lequel il n'existe pas de clivages profonds (Bleck & Van de Walle 2018 : 188). Tous les partis s'accordent sur les grandes réformes à opérer en cherchant à convaincre les électeurs quant à leurs compétences dans ce secteur d'intervention publique. Le débat sur le Covid-19 a confirmé cette tendance. Les débats entre partis ne reflétaient pas des clivages idéologiques mais plutôt des divergences sur les stratégies de riposte contre la pandémie. Les partis de la majorité et ceux de l'opposition se sont affrontés sur la gestion de la crise par communiqués interposés[9]. L'opposition a formulé des critiques contre le parti au pouvoir (MPP) et ses alliés. C'est dans ce sens que le CDP a critiqué dans une déclaration ce qu'il considère comme une « inertie » et un « manque d'anticipation » du gouvernement face à la crise sanitaire[10]. Dans une déclaration publiée le 14 avril 2020, les partis affiliés au chef de file de l'opposition (CFOP)[11] ont rejeté le plan de riposte adopté par le gouvernement. Selon ces partis d'opposition, le budget adopté ainsi que les actions envisagées seraient une stratégie pour « distribuer des milliards à un groupe d'amis au pouvoir »[12].

Les partis de la majorité se sont quant à eux mobilisés pour riposter et défendre le gouvernement. Ils se sont servis de la crise comme prétexte pour tenter de restreindre les libertés publiques comme le montre l'appel du MPP dans sa déclaration du 15 mars :

> Le MPP déplore l'entêtement de certains responsables syndicaux à descendre dans la rue malgré les consignes des autorités de santé, et les appelle à la responsabilité et au souci du bien commun. La pandémie liée au Covid-19 ne connaît pas de couleur politique ou idéologique et les mêmes mesures de sécurité sanitaire ont été prises ailleurs pour éviter la propagation à échelle de la maladie[13].

On peut observer que la gestion du Covid-19 n'a pas conduit à une « union sacrée » autour du gouvernement pour lutter contre la pandémie. Au contraire, elle a accentué les tensions entre partis dans la perspective des élections.

9. Dans une déclaration du 17 mars 2020, le CDP critique la gestion de la crise par le gouvernement qu'il accuse de ne pas assez équiper les centres de santé. Pour sa part, le parti au pouvoir, le MPP, dans une déclaration publiée le 15 mars 2020, apporte son soutien au gouvernement et condamne les velléités de certains syndicats à organiser des manifestations.
10. Voir la déclaration du 14 mars 2020, <https://lefaso.net/spip.php?article95477> (consulté le 20/04/2022).
11. Le chef de file de l'opposition est le chef du parti de l'opposition disposant du plus grand nombre de sièges au parlement. Selon la loi, il est porte-parole des partis de l'opposition politique.
12. Voir la déclaration du CFOP du 14 avril 2020, <https://lefaso.net/spip.php?article96238> (consulté le 27/02/2022).
13. Voir la déclaration du MPP du 15 mars 2020, <https://lefaso.net/?page=impression&id_article=95489> (consulté le 14/07/2022).

Pour les partis d'opposition, la crise sanitaire couplée à la crise sécuritaire était une opportunité pour mettre à nu les faiblesses de la coalition dirigeante en vue de l'affaiblir sur le plan électoral. Pour les partis de la majorité, l'enjeu était de maintenir leur position dominante à travers une gestion acceptable de la crise sanitaire tout en utilisant cette performance pour contrer les critiques de l'opposition.

L'adoption de textes restreignant les libertés dans le cadre de la lutte contre le Covid-19 en mars et avril 2020 a été, à l'instar des pays comme l'Algérie, une opportunité pour les dirigeants de limiter les libertés publiques[14]. Paradoxalement, si les premiers mois de gestion de la crise sanitaire ont suscité des controverses entre majorité et opposition, ce sujet a été presque absent des débats lors de la campagne électorale lancée en octobre 2020. Cela s'explique par le fait que tous les partis, indépendamment de leur taille ou de leur orientation politique, ont exclu dans leur stratégie de campagne le respect des gestes barrières ; pour cause, le Covid-19 n'était pas un sujet brûlant chez les électeurs. Même les partis qui l'avaient accessoirement intégré dans leurs programmes électoraux l'ont peu abordé pendant la campagne, malgré la hausse des contaminations. En effet, au mois de novembre, pendant lequel était prévu le scrutin couplé, une hausse de 24 % des contaminations a été enregistrée par rapport au mois d'octobre[15]. Les régions les plus concernées par cette hausse étaient celles du Centre et des Hauts-Bassins qui abritent les deux grandes villes du pays, Ouagadougou et Bobo-Dioulasso. Il importe de remarquer comment la nature du régime politique façonne la capacité des partis à politiser les crises. Alors que sous le régime Kaboré, globalement libéral, ces partis s'étaient engagés dans une controverse sur la gestion du terrorisme et du Covid-19, depuis l'arrivée au pouvoir du capitaine Ibrahim Traoré en septembre 2022, les libertés démocratiques sont restreintes et très peu de voix dissidentes s'expriment. Si la crise sanitaire de 2020 a été largement évoquée par les partis pendant la phase de pré-campagne, elle a été paradoxalement ignorée pendant la campagne électorale.

---

14. Un premier arrêté a été pris le 23 mars 2020 avant d'être abrogé par un décret adopté le 15 avril 2020. Les restrictions consistaient en la fermeture des frontières aériennes et terrestres, en l'interdiction des rassemblements regroupant plus de 50 personnes, en la suspension des opérations d'enrôlement des électeurs, etc.
15. USAID, « Burkina Faso : iMMAP/DFS COVID-19 : Analyse de la situation, novembre 2020 », 7/01/2021, <https://reliefweb.int/report/burkina-faso/burkina-faso-immapdfs-covid-19-analyse-de-la-situation-novembre-2020> (consulté le 25/01/2022).

Une crise sanitaire mise entre parenthèses

La séquence de la campagne électorale a été un moment de pause dans la gestion de la crise. Face à l'enjeu électoral et selon une logique pragmatique, les partis ont choisi d'ignorer la crise à travers deux décisions stratégiques. Il s'agit d'une part du maintien du calendrier électoral, et de l'autre, du refus d'inclure les mesures sanitaires dans la loi électorale. Ces décisions attestent de la capacité des partis à imposer leur conception de l'intérêt général sur la société, exerçant de ce fait une violence symbolique.

L'impossible report des élections

Après de longs débats, les partis de la majorité et de l'opposition se sont mis d'accord pour maintenir les élections couplées dans les délais légaux, le 22 novembre 2020. Cette décision a été entérinée le 10 juillet 2020 lors de la réunion du comité de suivi du Dialogue politique, une instance réunissant les partis de la majorité et ceux de l'opposition. Ce choix politique a été l'aboutissement de plusieurs mois de débats sur l'opportunité ou non de tenir ces élections dans un contexte de crise sécuritaire. Le débat était focalisé, non pas sur le Covid-19, mais sur le terrorisme, dont l'intensité a contribué à rendre moins pressante la crise sanitaire. Plus globalement, toute idée de trouver une alternative aux élections était absente du débat (Saidou 2024 : 145). Alors qu'ils font partie des modalités démocratiques dans la théorie politique (Reybrouck 2014), des outils tels que le consensus et le tirage au sort sont ignorés dans les pratiques constitutionnelles en Afrique de l'Ouest. Cet attachement au calendrier électoral a conduit à réduire le débat à deux choix, le respect strict du calendrier électoral ou le report des élections[16]. Il faut souligner qu'au Burkina Faso, la Constitution empêche toute prorogation du mandat présidentiel, mais permet de proroger le mandat des députés en cas de difficulté à organiser l'élection législative[17]. Comme le soulignent S. M. Ouédraogo et D. Ouédraogo (2020 : 3), « dans les régimes politiques marqués par la figure tutélaire du président de la République, l'élection présidentielle cristallise toutes les attentions ». Ces élections présentaient donc un enjeu stratégique pour les principaux partis. Pour le CDP et toute la famille politique de Compaoré, l'enjeu était de revenir aux affaires, après six années

16. L'Assemblée nationale avait proposé une solution intermédiaire consistant à maintenir l'élection présidentielle mais à reporter l'élection législative.
17. Voir les articles 37 et 81 de la Constitution du Burkina Faso. Sur les débats juridiques sur le report des élections, voir S. M. Ouédraogo et D. Ouédraogo (2020 : 12-15).

dans l'opposition. Pour le MPP et ses alliés, l'enjeu était aussi vital car perdre le pouvoir était perçu comme un scénario catastrophique[18]. Pour l'UPC, dont le candidat Zéphirin Diabré a été le principal challenger de Kaboré en 2015, c'était l'occasion de prendre sa revanche, d'autant plus que ce parti se positionnait comme une alternative aux deux autres poids lourds de la vie politique, le MPP et le CDP. Ceci explique pourquoi ces trois partis, que Diabré a décrits comme les « trois baobabs »[19], n'ont pas eu du mal à s'accorder sur la tenue des élections en dépit de la double crise sanitaire et sécuritaire.

Ce compromis a été renforcé par la position de la plus grande coalition de la société civile spécialisée sur l'observation électorale, la Convention des organisations de la société civile pour l'observation domestique des élections (CODEL). Selon l'un de ses leaders, « la tenue des élections selon le calendrier normal est un signe de résilience et de maturité de la démocratie burkinabè ; et un report serait un précédent dangereux pour l'avenir »[20]. Selon un chercheur spécialiste des élections, « l'option ne pas tenir les élections peut porter un discrédit sur la démocratie elle-même dans un contexte où déjà de nombreuses critiques sont formulées par les citoyens contre les partis politiques »[21]. Au-delà de la résilience démocratique, l'attachement des organisations de la société civile aux élections pouvait s'expliquer par leur dépendance financière vis-à-vis de leurs partenaires occidentaux tels que la Suède, la Suisse ou l'Union européenne. L'observation des élections a toujours été un moment privilégié de mobilisation de ressources pour offrir des rétributions financières à des centaines de personnes (observateurs, experts, prestataires de service, etc.).

Plus globalement, la décision de maintenir le calendrier électoral dans un contexte de crise sanitaire est révélatrice de la sacralité des élections dans la vie des partis politiques et montre la primauté de la politique sur le social. Au moment où s'ouvrait la campagne électorale le 31 octobre 2020 et jusqu'à la fin du cycle électoral, certaines mesures de restrictions adoptées contre le Covid-19 étaient toujours en vigueur. Les frontières terrestres étaient fermées dans l'espace ouest-africain, le port du masque et la distanciation sociale

18. Stanislas B. Sankara, président de l'UNIR-PS, un des principaux alliés du MPP, déclare lors d'une conférence le 30 juillet 2020 : « Si le CDP prend le pouvoir, moi je rentre où ? » ; Radio Omega, « Me Bénéwendé Sankara : si le CDP prend le pouvoir, moi je rentre où ? », 31/07/2020, <https://netafrique.net/me-benewende-sankara-si-le-cdp-prend-le-pouvoir-moi-je-rentre-ou/> (consulté le 12/02/ 2022).
19. Z. Diabré s'exprimait en ces termes pour indiquer que le CDP, le MPP et son parti l'UPC étaient les principaux partis au Burkina Faso. Il a fait cette déclaration au congrès du CDP à Ouagadougou le 5/07/2018. Voir N. Ouédraogo, « VIIème Congrès ordinaire du CDP : Sous le signe de la cohésion, le CDP veut aller très loin », *Lefaso.net,* 6/05/2018, <https://lefaso.net/spip.php?article83282> (consulté le 27/07/2024).
20. Entretien à Ouagadougou, le 24 octobre 2020.
21. Entretien à Ouagadougou, le 18 janvier 2021.

étaient toujours obligatoires dans les lieux publics. Pourtant, le moment de la campagne électorale a été un moment de pause dans le respect des consignes de sécurité sanitaire. Autrement dit, les acteurs engagés dans la campagne avaient suspendu le respect des mesures sanitaires alors que celles-ci étaient toujours en vigueur officiellement. Toutefois, dès la fin des élections, la notion de crise sanitaire a refait son apparition dans les discours et les acteurs politiques ont renoué avec le respect des mesures barrières. Du reste, une hausse des contaminations au Covid-19 a été observée après les élections[22], conduisant certains à imputer la responsabilité aux partis qui n'ont pas donné le bon exemple pendant la campagne électorale.

Étant les principaux intéressés par les élections, ceux-ci ont préféré prendre le risque d'aggraver la situation sanitaire plutôt que de reporter le scrutin[23]. La fermeture des frontières terrestres pendant plus d'une année n'a jamais été au cœur d'une controverse entre majorité et opposition. Ce fut plutôt la société civile qui avait pris la défense des « gens d'en bas » en réclamant la réouverture des frontières[24]. Ce qui peut paraître comme une incohérence de la part des partis est à saisir comme l'expression de leur attachement aux règles pragmatiques. Avec l'avènement du régime Traoré, le poids des partis s'est considérablement réduit et les élections ne sont plus érigées en priorité par les autorités. Alors que sous le régime Kaboré, la double crise sécuritaire et sanitaire n'a pas conduit au report des élections, avec le régime Traoré, les élections sont devenues un sujet presque tabou. Après plus de deux ans au pouvoir, le capitaine Traoré n'a pas annoncé de calendrier électoral. Initialement prévue pour se terminer en juillet 2024 selon le calendrier convenu avec la Communauté économique des États de l'Afrique de l'ouest (CEDEAO), la transition a été prolongée de cinq ans à l'issue des « Assises nationales » tenues le 25 mai 2024, en l'absence des principaux partis. Autant le report des élections maintient la position politique du capitaine Traoré, autant dans le contexte de 2020, l'organisation des élections dans les délais légaux malgré la crise consolidait les partis politiques dont la survie est tributaire de la démocratie. En effet, la décision d'organiser les élections de 2020 était l'expression de la domination des partis sur la société comme le souligne le chercheur en économie Ra-Sablga Seydou Ouédraogo (2020 : 1). Il souligne

22. Voir Lefaso.net, « Covid-19 au Burkina : 292 nouveaux cas confirmés et 17 villes touchées à la date du 23 décembre 2020. Des records ! », *Lefaso.net,* 24/12/2020, <https://lefaso.net/spip.php?article101608> (consulté le 23/07/2022).

23. C'est un des risques que représente l'élection en temps de crise sanitaire sur lequel insistent certains auteurs (Landman & Splendore 2021).

24. Voir la déclaration de l'association Balai citoyen du 16 février 2021, <https://lebalaicitoyen.fr/declaration-liminaire-de-la-conference-de-presse-du-balai-citoyen-du-16-fevrier-2021/> (consulté le 30/12/2021).

la capacité des partis à prioriser l'organisation des élections au détriment de la santé publique et de l'insécurité qui sont au cœur des préoccupations des citoyens ordinaires. Cette logique explique la décision de laisser les règles électorales intactes malgré la crise sanitaire.

L'impossible vote sous surveillance sanitaire

Au moment où s'ouvre la campagne électorale, la plupart des mesures adoptées face au Covid-19 sont levées. Le couvre-feu est supprimé en juin 2020. Le déconfinement des villes ayant enregistré des cas de Covid-19 a lieu le 4 mai 2020. Les écoles sont réouvertes le 1er octobre 2020 mais avec l'obligation de porter un masque pour les élèves et les enseignants. Les mesures relatives au port du masque, à la distanciation sociale et à l'interdiction de tout rassemblement de plus 50 personnes sont toujours en vigueur pendant la période de campagne électorale[25]. L'option de tenir les élections sous surveillance est écartée. Cette stratégie devait notamment consister à reproduire les expériences menées notamment en Israël et en Corée du Sud (Lee 2021) où des élections ont été organisées dans le respect des gestes barrières. L'Union africaine avait recommandé aux États de miser sur des campagnes par les médias, sans meetings et de veiller au respect des gestes barrières contre le Covid-19 dans les bureaux de vote (Cessouma 2020)[26]. Or, un vote sous haute surveillance sanitaire était impossible à envisager au Burkina Faso au regard du coût exorbitant qu'il impliquait, alors que le budget des élections était déjà jugé élevé. Pour les partis, le respect des gestes barrières tels que le port du masque, l'usage du gel hydroalcoolique et la distanciation sociale induisait des coûts. Ces coûts étaient d'abord d'ordre social car dans le contexte burkinabè, la campagne électorale est une activité de proximité (Bleck & Van de Walle 2018 : 166-170) ; d'où le recours à des « grands électeurs »[27] locaux pour capter les suffrages des citoyens. Sur le terrain, lors des visites chez les notables ou les familles, le fait de se serrer la main ou de faire des accolades est extrêmement courant.

25. Voir le décret 2020-0271 du 15 mars 2020 portant sur la restriction temporaire des libertés au titre des mesures spéciales de réduction de la propagation du Covid-19. Ce décret a été abrogé par décision du Conseil des ministres du 7 juin 2023.

26. La Fédération internationale des droits de l'Homme (FIDH) dans sa déclaration du 14 mai 2020 a recommandé aux États d'accorder une attention particulière à la santé tout au long du cycle électoral (FIDH 2020).

27. Ceux-ci, désignés en anglais comme « Brokers », sont des leaders d'opinion ou des personnalités ayant une assise sociale chargées de mobiliser les électeurs au profit des partis (Bleck & Van de Walle 2019 : 162).

Les consignes sanitaires étaient en conflit avec ces règles pragmatiques du jeu électoral. Comme le souligne une candidate à l'élection législative de l'ADF-RDA, « pour nous, il faut savoir que le fait de respecter la distanciation sociale risquait d'être vu comme un manque de respect ou de courtoisie de la part des populations et cela pouvait nous coûter des voix aux élections ». Qui plus est, la plupart des nouveaux candidats à l'élection présidentielle avait opté pour une campagne de proximité, en faisant du porte-à-porte ou en sillonnant les marchés. Ce fut le cas des candidats Abdoulaye Soma du Soleil d'Avenir et Yéli Monique Kam du Mouvement pour la renaissance du Burkina Faso (MRB) qui participaient pour la première fois à une élection présidentielle. Une attitude contraire aurait été incompatible avec leur stratégie visant à se présenter comme des candidats de rupture et proches des gens ordinaires. Il était clair que « si la campagne devait se tenir devant moins de cinquante personnes, elle perdrait tout son sens et son intérêt » (Ouédraogo & Ouédraogo 2020 : 7). Les coûts induits par l'adoption d'un protocole sanitaire représentent une charge financière importante pour les partis. Par exemple, bien qu'interdit par la loi électorale, le transport des électeurs pendant la campagne est une pratique courante. Les partis affrètent des bus pour conduire les militants sur les lieux des meetings. « Si la distanciation doit être respectée, il faudra alors que les bus assurent plusieurs tours entre les quartiers et le lieu des manifestations, occasionnant plus de ressources en carburant et moins de gain de temps », confie un dirigeant du CDP[28].

En plus, la mise en place d'un dispositif de lavage des mains induit d'autres coûts financiers pour les partis. Or, selon les acteurs rompus aux campagnes électorales, l'argent utilisé pour le dispositif sanitaire aurait été plus « utile » s'il était affecté à l'animation artistique par exemple[29]. La campagne électorale a toujours eu un côté ludique peu compatible avec le respect des gestes barrières. Pour les grands partis, le nombre de personnes mobilisées lors de la campagne était le signe de leur capacité électorale et de leur légitimité. Dès lors, comme l'explique un dirigeant du MPP[30], « le respect de la distanciation diminue la force de frappe des partis politiques ». Par « force de frappe », il faut entendre la légitimité des partis au sein de l'électorat. Ces faits corroborent l'argument selon lequel « l'existence de respect des mesures de restriction semble incompatible avec la tenue des campagnes électorales » (Ouédraogo & Ouédraogo 2020 : 7). Du reste, de tels comportements révèlent à quel point les partis burkinabè sont prisonniers des stratégies de campagne clientélistes.

---

28. Entretien à Ouagadougou, le 20 décembre 2021.
29. Par exemple, lors de son meeting du 27 décembre 2020, le MPP a fait appel à des artistes nationaux comme Floby et à un artiste de renommée mondiale, le Nigérian Davido.
30. Entretien à Ouagadougou, le 10 décembre 2021.

La rétribution matérielle est une pratique constante pendant les moments électoraux (Kramon 2019). Qu'il s'agisse de billets de banque, de carburant ou d'autres dons en nature, ces moments sont ponctués de gestes de « générosité » envers les électeurs comme l'a confirmé l'enquête du REN-LAC (2021).

Malgré ces contraintes pragmatiques, la référence au Covid-19 n'a pas totalement disparu sur le terrain. Lors des rencontres entre les candidats et certains leaders locaux (gouverneurs, chefs traditionnels, etc.), les gestes barrières étaient bien respectés. En outre, lors des grands meetings tels que celui organisé par le MPP à Ouagadougou le 27 décembre 2020, du gel hydroalcoolique était à disposition à l'entrée de la tribune officielle. Même lorsqu'aucun dispositif n'était prévu, la référence au Covid-19 était présente dans les discours. Un jeune militant de l'UPC faisant office de « maître de cérémonie » lors d'un meeting à Ouagadougou témoigne : « Chaque fois que je prends la parole, je rappelle combien il est important de respecter les gestes barrières, alors même que nous-mêmes nous n'avons rien prévu de concret dans ce sens »[31]. Pendant la phase d'enrôlement et le jour du vote, la CENI a pris des dispositions pour que les membres de ses équipes portent le masque, mais comme le souligne un membre de l'institution, ces consignes étaient peu respectées[32]. Au niveau des électeurs, la situation n'était pas meilleure. Ce qui pouvait être perçu comme une anomalie n'a pas été considéré comme telle même par les observateurs internationaux, y compris ceux de l'Union africaine (2020).

❖

Au Burkina Faso, la crise sanitaire entraînée par la pandémie du Covid-19 a certes été à ses débuts un moment de psychose, mais elle n'a pas affecté de façon substantielle le cycle électoral. Les partis politiques se sont approprié la crise en ajustant leurs pratiques électorales. Sur la base de leurs intérêts et de leurs stratégies pragmatiques, ils ont instrumentalisé ou ignoré la crise selon les temporalités politiques. En découpant l'élection par séquences, il est possible d'isoler deux démarches d'adaptation adoptées par les partis face à la pandémie. Dans la phase pré-électorale, ils ont intégré le Covid-19 dans leurs pratiques ordinaires de séduction politique à visée électorale à travers des actions de distribution de protections sanitaires. Dans la phase électorale, malgré la persistance de la crise, ils ont choisi de mettre la lutte contre la pandémie entre parenthèses plutôt que de reporter les élections ou de les tenir dans le

31. Entretien à Niamey, le 4 décembre 2020.
32. Entretien à Ouagadougou, le 23 octobre 2021.

respect des consignes sanitaires. Pourtant, des événements culturels comme le Festival panafricain du cinéma et de la télévision de Ouagadougou (FESPACO) et le Salon international de l'artisanat africain de Ouagadougou (SIAO) ont été reportés à cause de la crise. L'exemple burkinabè montre la capacité des partis à utiliser la crise à des fins électorales et, plus globalement, à se servir de celle-ci pour conforter leur position dominante dans la société.

L'enjeu de ces élections était considéré comme stratégique pour les principaux partis. Leurs stratégies ont révélé leur aptitude à conférer aux élections une dimension quasi sacrée. Cet exemple atteste de la suprématie de la politique dans la société, malgré la montée en puissance des questions sociales telles que la santé (Badie 2020). En effet, si avec la crise sanitaire, la santé publique a été érigée en problème brûlant, à la fois dans les arènes nationales et internationales, elle n'a cependant pas déclassé la politique électorale. Autrement dit, comme le montre l'expérience burkinabè, la lutte pour le pouvoir reste prioritaire face à la santé publique. Ce pouvoir des partis de prioriser la politique électorale et de marginaliser des sujets plus importants aux yeux des citoyens ordinaires s'apparente à une violence symbolique. Il est révélateur certes de l'attachement à la démocratie et à son rituel électoral, mais aussi de la dépendance des partis aux stratégies clientélistes et de leur emprise sur le champ social. Ce triomphe de la politique sur le social est un indicateur éloquent de l'ancrage des partis dans la société et de leur quasi-monopole sur la définition de l'intérêt général. Sur le long terme, ces pratiques ne sont pas sans implications sur la démocratie et la santé publique. D'une part, elles pourraient fragiliser la légitimité des partis et de la démocratie en général aux yeux des citoyens. Dans un contexte où ces partis font déjà l'objet de critiques acerbes (Bertrand & Dipama 2024), leur stratégie face à la crise sanitaire pourrait renforcer les perceptions selon lesquelles ils seraient plus préoccupés par la quête du pouvoir que par les problèmes concrets des citoyens. D'autre part, les pratiques des partis face à la crise sont susceptibles de creuser le fossé entre les citoyens et l'État face à l'incapacité de ce dernier à répondre efficacement aux problèmes de santé publique. En effet, la crise sanitaire a révélé les faiblesses du système sanitaire burkinabè et le peu d'engagement de l'État dans le financement de la recherche dans ce domaine. De tels faits alimentent l'idée d'un État peu soucieux des problèmes des gens ordinaires et priorisant les intérêts des élites politiques.

Depuis le coup d'État du 30 septembre 2022 qui a porté au pouvoir le capitaine Ibrahim Traoré, cette hégémonie sociale des partis est remise en question. En effet, depuis lors, les activités des partis politiques sont suspendues. Alors qu'ils espéraient une réouverture du jeu démocratique avec l'organisation d'élections, les « Assises nationales », organisées le 25 mai

2024 par les autorités, ont prolongé de cinq ans la durée de la transition. Les autorités invoquent les impératifs sécuritaires pour justifier cette décision. Si les mesures adoptées face au Covid-19 en 2020 n'avaient pas bouleversé leur fonctionnement, les partis politiques font face avec le régime Traoré aux restrictions les plus dures depuis le retour à la démocratie en 1991 (Loada 2024). L'expérience du Covid-19 permet de formuler l'hypothèse d'une capacité des partis à s'adapter à la nouvelle situation semi-autoritaire qui n'est d'ailleurs pas inédite dans l'histoire du pays. Une recherche sur les adaptations stratégiques des partis politiques dans cette nouvelle configuration politique prolongerait la réflexion sur leur capacité et celle de la démocratie plus globalement à résister aux crises.

Laboratoire de droit et de science politique, Université Thomas Sankara, Ouagadougou, Burkina Faso.

BIBLIOGRAPHIE

AYANDELE O. *ET AL.*, 2021, « Democracy and Elections amid the COVID-19 Pandemic : The Case of Burundi », *African Security,* 14 : 391-409, <https://doi.org/10.1080/19392206.2021.2009655>.

BADIE B., 2020, *Inter-socialités : le monde n'est plus géopolitique,* Paris, CNRS Éditions.

BAILEY G., 1971, *Les règles du jeu politique,* Paris, Puf.

BERTOLI S. *ET AL.*, 2020, « Turnout in the Municipal Elections of March 2020 and Excess Mortality the COVID-19 Epidemic in France», *IZA Discussion paper,* 13335 : 1-23.

BERTRAND E., 2021, « Opposition in a Hybrid Regime : The Functions of Opposition Parties in Uganda and Burkina Faso », *African affairs,* 120 (481) : 591-610, <https://doi.org/10.1093/afraf/adab023>.

BERTRAND E. & DIPAMA S., 2024, « Coup d'état et réactions populaires au Burkina Faso : l'échec de la consolidation démocratique ? », *Politique africaine,* 173 (1) : 199-218, <https://doi.org/10.3917/polaf.173.019>.

BISSON L. *ET AL.*, 2020, *The Politics of COVID-19 in the Sahel,* Wassenaar, Clingendael.

Bleck J. & Van de Walle N., 2018, *Electoral Politics in Africa Since 1990. Continuity in Change,* Cambridge, Cambridge University Press.

Boka M., 2023, « Covid-19 et réactance : les logiques socio-discursives de l'anticonfinement à Abidjan », *Vénégré : La revue africaine des sciences administrative, juridique et politique,* mars 2023 : 1-26.

Boniface P., 2020, *Géopolitique du Covid-19 : ce que nous révèle la crise du coronavirus,* Paris, Éditions Eyrolles.

Bourdieu P. & Wacquant L., 1992, *Réponses. Pour une anthropologie réflexive,* Paris, Éditions du Seuil.

Braud P., 2020, *Sociologie politique,* Paris, LGDJ.

Cassan G. & Sangnier M., 2020, « Liberté, Égalité, Fraternité, contaminé ? Estimating the Impact of French Municipal Elections on COVID-19 Spread in France », <https://shs.hal.science/halshs-02877917v1>.

Cessouma M. S., 2020, « Impact de la pandémie du Covid-19 sur les élections en Afrique », *Présentation devant le Comité des représentants permanents de l'Union africaine,* Addis-Abeba, Union africaine.

Chevalier J., 2021, « L'État à l'épreuve du coronavirus », *Pouvoirs,* 177 : 109-120.

Éboko F. & Schlimmer S., 2020, « Covid-19 : l'Afrique face à une crise mondiale », *Politique étrangère,* 4 : 123-134, <https://doi.org/10.3917/pe.204.0123>.

Englebert P. & Liammouri R., 2022, *Sahel : Moving towards Military Containment,* Policy Report, Atlantic Council's Africa Center.

Fernandez-Navia T. *et al.,* 2021, « Too Afraid to Vote ? The Effects of COVID-19 on Voting Behaviour », *European Journal of Political Economy,* 69 : 1-21, <https://doi.org/10.1016/j.ejpoleco.2021.102012>.

fidh, 2020, *Covid-19 et élections en Afrique subsaharienne : quels risques pour la démocratie et les droits humains ?,* 14 mai 2020, <https://www.fidh.org/fr/regions/afrique/covid-19-et-elections-en-afrique-subsaharienne-quels-risques-pour-la>.

Hagberg S. *et al.*, 2017, *Transformations sociopolitiques burkinabè de 2014 à 2016,* Uppsala, Uppsala Universitet.

idea, 2020, *L'impact de la pandémie de Covid-19 sur le constitutionnalisme et l'État de droit dans les pays d'Afrique du Nord. Rapport analytique du webinaire, 30 juin 2020,* Stockholm, International Institute for Democracy and Electoral Assistance.

Kobiané J. F. *et al.*, 2020, *Les inégalités au Burkina Faso à l'aune de la pandémie de la Covid-19 : quelques réflexions prospectives,* Paris, AFD Éditions.

Kramon E., 2019, « Ethnic Group Institutions and Electoral Clientelism », *Party Politics,* 25 (3) : 435-444, <https://doi.org/10.1177/1354068817728212>.

Landman T. & Di Gennaro Splendore L., 2020, « Pandemic Democracy : Elections and COVID-19 », *Journal of Risk Research,* 23 (7-8) : 1060-1066, <https://doi.org/10.1080/13669877.2020.1765003>.

Lee E., 2021, « The Impact of the COVID-19 Crisis on the 21st General Election in Korea », *The Journal of Industrial Distribution and Business,* 12 (12) : 25-33.

Le Marcis F. *et al.,* 2022, « Numéro spécial : l'Afrique et le monde à l'heure virale », *Global Africa,* 2.

Loada A., 2010, « Contrôler l'opposition dans un régime semi-autoritaire : Le cas du Burkina Faso de Blaise Compaoré », in M. Hilgers & J. Mazzacchetti (dir.), *Révoltes et oppositions dans un régime semi-autoritaire : Le cas du Burkina Faso,* Paris, Karthala : 269-294.

Loada A., 2020, « Democratic Struggle and State Building in Burkina Faso: Between Manipulation and Resilience of Institutions », in L. Villalon & R. Idrissa (eds.), *Democratic Struggle, Institutional Reforms and State Resilience in the Sahel,* Maryland, Lexington Books : 105-136.

Loada A., 2024, « Le souverainisme de l'État sahélien à l'épreuve du défi sécuritaire : le cas du Burkina Faso », *Afrique contemporaine*, 278 : 209-226, <https://doi.org/10.3917/afco1.278.0209>.

Lynch L. *et al.,* 2022, « Special issue: Pandemic politics », *Perspectives on Politics,* (20) 2.

Maltosa K., 2021, « Elections in Africa during COVID-19 Crisis : The Tenuous Balance between Democracy and Human Security», *Politikon,* 48 (2) : 159-173.

Mao Y., 2021, « Political Institutions, State Capacity and Crisis Management : A Comparison of China and South Korea », *International Political Science Review,* 4 (3) : 316-332.

Ouedraogo D., 2024, « La démocratie menacée par le terrorisme dans les États du Sahel », *Afrique contemporaine,* 277 : 315-333, <https://doi.org/10.3917/afco1.277.0315>.

Ouedraogo R. S., 2020, « Le défi des sociétés sahéliennes », *L'Humanité,* 22 juin 2020, consulté le 25 janvier 2024, <https://www.humanite.fr/le-defi-des-societes-saheliennes-690646>.

Ouedraogo S. M. & Ouedraogo D., 2020, « Les élections présidentielles et législatives à l'épreuve du Covid-19 : une mise en lumière en Afrique de l'ouest francophone », *Afrilex :* 1-23.

Palguta J. *et al.*, 2021, « Do Elections Accelerate the COVID-19 Pandemic ? Evidence from a Natural Experiment », *Journal of Population Economics,* 35 (1) : 197-240.

REN-LAC, 2021, *Rapport de l'observation de la fraude et de la corruption électorales lors des élections couplées du 22 novembre 2020,* Ouagadougou.

REYBROUCK V. D., 2014, *Contre les élections,* Arles, Actes Sud.

ROUAMBA G. *ET AL.,* 2022, « Les acteurs économiques du marché de la capitale du Burkina Faso à l'épreuve de la Covid-19 : discours et pratiques face aux mesures de barrières », *Global Africa,* 2 : 71-85.

ROUAMBA-OUEDRAOGO V. (DIR.), 2021, *Crise sécuritaire dans les pays du G5 Sahel : comprendre pour agir,* Paris, L'Harmattan.

SAIDOU A. K., 2020, « L'après Compaoré au concret : transition politique et réformes des politiques de sécurité au Burkina Faso », *Politique et sociétés,* 39 (2) : 81-110, <https://doi.org/10.7202/1070040ar>.

SAIDOU A. K., 2024, « Démocratie et insécurité au Sahel : une cohabitation impossible ? », *Global Africa,* 5 : 138-152.

SAIDOU A. K. & BERTRAND E., 2022, « Security as a Campaign Issue : Programmatic Mobilization in Burkina Faso's 2020 Elections », *Democratization,* 29 (8) : 1-20, <https://doi.org/10.1080/13510347.2022.2066652>.

STOCKEMER D. *ET AL.,* 2021, « Special Issue: The Political Ramifications of COVID-19 », *International Political Science Review,* (42) 2.

UNION AFRICAINE (UA), 2020, *Rapport de la mission d'observation électorale de l'Union africaine pour les élections présidentielles et législatives du 22 novembre 2020,* Ouagadougou.

RÉSUMÉ

Cet article porte sur l'appropriation de la crise sanitaire du Covid-19 par les partis politiques au Burkina Faso. Si cette crise a été largement analysée sous l'angle de ses effets sur la pratique démocratique, les modalités du vote ou les comportements et les résultats électoraux, son appropriation par les partis politiques à des fins électorales avant et pendant la campagne électorale a été peu explorée. Cet article contribue à pallier cette faiblesse en montrant comment, au Burkina Faso, les partis politiques ont instrumentalisé la crise à des fins électorales, témoignant ainsi de leur capacité d'adaptation. Tout d'abord, pendant la phase pré-électorale, ils ont intégré le Covid-19 dans leurs pratiques électorales ordinaires. Puis, pendant la phase électorale, ils ont choisi de mettre la lutte contre la pandémie entre parenthèses, faisant valoir la primauté de la politique sur la santé publique.

Mots-clés : Burkina Faso, Covid-19, crise sanitaire, élections, partis politiques.

ABSTRACT

Elections at Any Price: Political Parties and the Health Crisis in Burkina Faso. — This article focuses on the appropriation of the Covid-19 health crisis by political parties in Burkina Faso. While this crisis has been widely analyzed in terms of its effects on democratic practice, voting patterns or electoral behavior and results, its appropriation by political parties for electoral purposes before and during the election campaign has been little explored. This article contributes to fill this gap from the case of Burkina Faso by showing how political parties have exploited the crisis for electoral purposes. Parties have distinguished themselves by their ability to adapt to the crisis. Firstly, during the pre-election phase, they integrated Covid-19 into their ordinary electoral practices. Then, during the electoral phase, they chose to push the fight against the pandemic into the background, thus demonstrating the primacy of politics over public health.

Keywords: Burkina Faso, Covid-19, elections, health crisis, political parties.

Raymond Mbebi Ndema

Saisir la démocratie intra-partisane au Cameroun*

L'exemple des pratiques d'investiture des candidats aux élections locales

Les travaux de sociologie électorale se sont récemment focalisés sur une lecture séquencée du processus électoral prenant en compte l'avant et l'après-élection en analysant les pratiques de campagnes, de soutien aux candidats et de contestations des résultats (Hilgers & Jacob 2008 ; Connan & Josse-Durand 2017 ; Manga 2018 ; Bombela 2022). Si ces contributions décrivent le quotidien et la banalité des processus électoraux, elles s'intéressent peu aux interactions stratégiques au sein desquelles les expériences de (re)positionnements politiques des acteurs prennent corps. Une attention à de telles interactions permet pourtant de déceler, au sein des partis politiques, les dynamiques qui informent sur leur vie démocratique interne. La présente étude vise à combler ce déficit en analysant la manière dont les pratiques d'investiture des candidats au sein des formations politiques affectent leurs performances électorales. Pratiquée dans la majorité des systèmes démocratiques, l'investiture désigne le processus par lequel un parti politique choisit, parmi ses membres légalement éligibles à une fonction publique élective, celui ou ceux qui figureront sur le bulletin de vote et seront présentés, dans les communications électorales, comme ses candidats officiels soutenus et recommandés. L'investiture est donc une opération interne qui renseigne sur la démocratie intra-partisane (Duverger 1954 : 354 ; Ranney 1981 : 75 ; Hazan & Rahat 2010 : 4).

La démocratie intra-partisane se définit par la participation des membres du parti au processus décisionnel, notamment dans la sélection et la nomination des candidats et des responsables, ainsi que, dans une moindre mesure, dans la définition de certaines orientations politiques. Ce concept reflète une

*. Je remercie les évaluateurs anonymes qui m'ont permis d'enrichir ce texte, ainsi que Nadège Chabloz qui a œuvré pour sa publication. Je remercie également Ibrahim Mouiche et Gérard Amougou pour leur soutien.

évolution où la sélection des candidats et des dirigeants, autrefois confinée à des négociations en cercle restreint ou à des procédures internes complexes, s'ouvre désormais directement aux membres, voire, dans certains cas, à un public élargi de sympathisants. Une dynamique similaire, bien que marginale, s'observe avec l'utilisation de référendums pour consulter les membres sur des questions ou des politiques spécifiques (Ignazi 2020 : 11). La démocratie intra-partisane repose sur quatre piliers fondamentaux : l'inclusion, par la participation directe des membres aux décisions ; le pluralisme, par la garantie des droits des minorités internes ; la délibération, grâce à un processus interne de réflexion collective sur les politiques du parti ; et la diffusion du pouvoir, à la fois horizontalement et verticalement, entre les différentes strates et acteurs du parti. En résumé, inclusion, pluralisme, délibération et diffusion constituent les éléments clés de la démocratie intra-partisane (Ignazi 2020 : 14). Des réflexions proposent d'ailleurs un indice intégrant plusieurs variables de démocratie intra-partisane, telles que la participation, la concurrence, la représentation, la réactivité et la transparence (Rahat & Shapira 2017). Ainsi, au Cameroun, avec plus de 300 partis politiques légalisés, la mise en œuvre de la démocratie intra-partisane reste un véritable défi.

Deux approches théoriques discutent de l'impact des investitures sur les résultats des partis politiques aux compétitions électorales. La première soutient que les investitures confèrent une légitimité et une onction démocratique aux candidats lors des élections et renforcent le consensus et la cohésion entre les leaders du parti ou de la coalition (Carey & Polga-Hecimovich 2006 ; Snyder & Ting 2011). La seconde approche quant à elle montre que les investitures peuvent avoir un impact négatif en favorisant les conflits internes et la démission des membres, entraînant une défaite aux élections (Gallagher 1988 : 3 ; Ichino & Nathan 2012). Ainsi, il n'est guère étonnant que les conflits factionnels les plus déterminants et les plus controversés au sein d'un parti soient ceux liés à la sélection de ses candidats. En effet, l'enjeu de ces luttes, bien compris par les camps adverses, réside dans le contrôle de l'essence même des orientations et des actions que le parti porte et défend (Ranney 1981 : 103). C'est dans cette veine que les pratiques de fraude observées lors des primaires entachent la légitimité des candidats désignés et intensifient les conflits souvent à l'origine de la défaite du parti (Kenney & Rice 1987).

S'inscrivant dans la perspective théorique de la seconde approche, notre étude s'intéresse aux investitures dans le parti politique actuellement au pouvoir au Cameroun, le Rassemblement démocratique du peuple camerounais (RDPC), dont le président national est Paul Biya. L'étude se focalise sur les élections municipales de 2013 et 2020 à Yabassi, une commune chef-lieu du département du Nkam dans la région du Littoral. Cette étude de cas illustre comment des candidats évincés lors de l'investiture au sein de leur formation politique rejoignent un parti d'opposition dépourvu d'ancrage local, afin de constituer une coalition pré-électorale opportuniste visant à vaincre leur parti d'origine lors des élections. Il met également en lumière la nécessité de repenser les frontières entre les partis politiques, qui se révèlent de plus en plus poreuses. Cette porosité facilite les circulations entre les formations, témoignant d'une faiblesse idéologique marquée. Elle offre aux acteurs politiques la possibilité de transiter d'un parti à un autre sans qu'il en résulte de contradictions majeures. Notre problématique s'articule autour des interrogations suivantes : comment le processus d'investiture au sein du RDPC a-t-il conduit à un conflit entre les élites et les militants ? Quels ont été les mécanismes par lesquels ce conflit a contribué à la défaite du RDPC lors des élections municipales de 2013 ? Enfin, comment le parti s'est-il réorganisé pour reconquérir le pouvoir lors des municipales de 2020 ? L'analyse décrit les rivalités entre les groupes sociaux qui irriguent les investitures en contexte camerounais afin de saisir la démocratie intra-partisane. Il s'agit *in fine* de mettre en lumière les pratiques qui font l'investiture, la performance électorale et le renouvellement des élites dans les arènes politiques locales.

Les données mobilisées proviennent des documents émis par les responsables du RDPC, de l'Union pour la fraternité et la prospérité (UFP)[1] et de l'Alliance républicaine (AR), notamment les décisions, tracts, circulaires, affiches, profession de foi et lettres mis à notre disposition pour exploitation. D'autres données sont issues des entretiens semi-directifs conduits à Yabassi de 2013 à 2022 où nous avons rencontré des militants, des leaders politiques, des autorités administratives et des chefs traditionnels. Les entretiens complémentaires ont été menés à Yaoundé en 2022 avec des figures politiques telles que Pascal Messanga Nyamding, chef traditionnel de Yabassi-centre et acteur majeur du RDPC, Olivier Bilé, président national de l'UFP et Mirabeau Eba, homme politique et opérateur économique. Enfin, nous avons exploité les supports iconographiques pour saisir les moments politiques importants du RDPC, de l'UFP et de l'AR tels que les manifestations, les meetings, les réunions politiques et la campagne électorale. Après avoir présenté l'ancrage politique du RDPC et la cartographie communautaire des élites, l'article se focalise sur la contestation de l'investiture des candidats et la formation d'une coalition de circonstance contre le RDPC. La dissolution de cette coalition de circonstance et la recomposition de l'électorat du RDPC ont été déterminantes pour son retour au pouvoir lors des élections municipales de 2020.

1. Devenue Les libérateurs en 2021.

Le RDPC, un parti politique dominant à Yabassi

Un ancrage politique historique

L'histoire politique de Yabassi est marquée depuis les années 1950 par l'implantation de l'Union des populations du Cameroun (UPC) dirigée par le nationaliste Ruben Um Nyobe dont l'influence avait été affaiblie par les régimes successifs d'Ahmadou Ahidjo (1960-1982) et de Paul Biya au pouvoir depuis 1982. Avec la vague de démocratisation des années 1990, la carte politique de cette ville a cessé d'être monolithique. Le RDPC qui s'y est implanté côtoie d'autres partis tels que l'UPC, le Mouvement pour la démocratie et le progrès (MDP) et le Social Democratic Front (SDF)[2]. Son ancrage politique dans ce territoire s'est renforcé au fil du temps au point de devenir un bastion[3]. En effet, l'ancrage territorial d'une organisation partisane se traduit par des pratiques facilitant les soutiens militants, l'entretien d'allégeances, l'action locale du parti, et, de ce fait, permet la construction de la légitimité politique et l'obtention de rétributions électorales. Il se donne à voir à la fois comme une implantation sociale et électorale d'une organisation politique incarnée par des figures mayorales, mais aussi en retour comme un système de contrôle et d'encadrement des populations (Briquet & Godmer 2022 : 6-7). L'enracinement du RDPC l'érige en « parti dominant » qui surclasse nettement ses rivaux aux élections sur l'ensemble d'une période (Schwartzenberg 1998 : 494). Les résultats des élections montrent que depuis l'organisation des premières élections municipales pluralistes en 1996 jusqu'en 2007, le RDPC a toujours battu ses concurrents en obtenant chaque fois la majorité absolue des suffrages[4].

Les élections en Afrique sont largement associées à des distributions massives d'argent prenant souvent la forme d'« achats de votes » et à des manœuvres et trucages divers de toutes parts. La corruption fait partie des stratégies mises en œuvre pour gagner les élections. Elle consiste en des pratiques d'évergétisme où les élites[5] donnent des « cadeaux anticipateurs »

---

2. L'appellation en français Front social démocrate (FSD) est moins connue des populations.
3. L'on peut distinguer le bastion du fief car le bastion relève principalement de logiques « horizontales » (réseaux affinitaires locaux, échanges politiques personnalisés) et le fief de logiques « verticales » (importance des ressources partisanes idéologiques et matérielles, relations institutionnalisées avec des groupes collectifs catégoriels, etc.). Autrement dit, le bastion est un dispositif dans lequel la place relative du parti est primordiale, alors que la figure du fief repose en général davantage sur un entrepreneur politique individuel (Briquet & Godmer 2022 : 6).
4. L'UPC qui comptait encore quelques militants a perdu le terrain après la sortie du gouvernement de son leader local Massoua II Bernard en 1994.
5. Il s'agit des individus qui ont la capacité d'influencer les décisions politiques (Putnam 1976).

aux citoyens-électeurs, qui permettent de leur créer une dette, au moins symbolique, envers leurs « bienfaiteurs ». De telles pratiques fonctionnent souvent sur ce modèle, suscitant auprès de ceux qui en bénéficient une obligation de reconnaissance, ou encore un « droit » de récupération pour le donateur (Blundo & Sardan 2001 : 17). Au Cameroun, les meetings électoraux du RDPC sont aussi des fêtes populaires à l'occasion desquelles sont offerts des biens matériels (pagnes, t-shirts, chapeaux, stylos à bille, porte-clés, clés USB, écharpes, nourritures et boissons) et financiers en échange de promesses de suffrages (Tsana Nguegang 2019 : 89). L'autre outil que les partis dominants utilisent pour obtenir les suffrages est la répression, qui peut être dirigée contre les électeurs sous forme de contraintes physiques ou de menaces de sanctions économiques (Greene 2007 : 43). Le RDPC s'est approprié cette technique pour convertir en sa faveur les populations acquises à l'opposition, même si cette conversion partisane est superficielle. Un fonctionnaire met ainsi en lumière les stratégies adoptées par certains militants qui naviguent entre différents partis à l'occasion d'événements politiques, dans le but de tirer parti des opportunités de redistribution offertes par chaque camp :

> Lors des manifestations de la fête de la jeunesse le 11 février et de la célébration de l'unité nationale le 20 mai, certains militants du RDPC qui ont effectué un premier passage pour le compte du parti retournent constituer les rangs des autres partis politiques pour démontrer leur présence dans la commune. Il n'est pas rare de voir les membres des partis de l'opposition arborer la tenue du RDPC pour éviter les ennuis[6].

Malgré les réformes adoptées au début des années 1990, de nombreux régimes politiques africains sont dominés par des partis qui raflent une vaste majorité lors des différentes élections. La singularité de l'Afrique réside donc dans la fréquence élevée de ce type de phénomène. Dans bien des cas, le parti ayant remporté les élections de la transition ou les élections fondatrices a réussi à se maintenir au pouvoir lors des élections subséquentes (Carbone 2006). L'élection apparaît alors comme la continuation de l'entreprise de monopolisation par les moyens du suffrage universel pouvant être détourné ou orienté (Sindjoun 1997). Sans être un parti autoritaire, le RDPC, qui a hérité des infrastructures et de la majorité des adhérents du parti unique UNC[7], tend souvent à monopoliser le jeu politique dans un environnement qui demeure marqué par des « routines autoritaires » (Pommerolle 2007). Dans la commune de Yabassi, la configuration des positions politico-administratives met en

6. Entretien avec Ballong G., agent de l'État à Yabassi, octobre 2015.
7. Union nationale camerounaise, parti politique créé en 1966 par Ahmadou Ahidjo.

évidence les rapports de pouvoir entre deux blocs ethniques historiquement moulés dans le régime de l'ethnicité (Nkot 2018).

Comprendre la cartographie des élites locales de Yabassi

Deux groupes sociaux composent la commune de Yabassi. D'un côté, les Sawa constitués des Ewodi et des Bodiman tous installés dans la vallée du Nkam, près de l'embouchure Wouri-Nkam. Plus loin, les Bassa-Bandem composés des Bassa, Bandem, Banya, Banen, Yabassi, Dibeng, Bonkeng et Nyamtam qui sont disséminés sur la terre ferme aux alentours du centre-ville. Sur le plan démographique, les Bassa-Bandem représentent environ 80 % de la population, alors que les Sawa n'en constituent que 20 %. Les Bassa-Bandem possèdent un avantage socioéconomique considérable marqué par la présence de nombreux opérateurs économiques comme Martin Nyamsi Fomi et Mirabeau Eba. Mais sur le plan socio-éducatif, les Sawa comptent plusieurs élites intellectuelles et académiques tels que Ebenezer Njoh Mouellé, Pierre Moukoko Mbonjo, Maurice Aurélien Sosso et Narcisse Kombi Mouellé. Du côté des Bassa-Bandem, on retrouve l'universitaire Pascal Messanga Nyamding considéré comme la plus grande élite intellectuelle. Ces élites, toutes membres du RDPC, gouvernent l'action collective de leur communauté ethnique par l'identification des intérêts, la définition des stratégies et la mobilisation des ressources (Breton 1983 : 26).

Au Cameroun, les lignes du pouvoir sont dessinées par la politique de l'équilibre régional adoptée depuis l'accession à l'indépendance. Cette politique oriente officiellement l'allocation des postes de pouvoir en assurant la représentation politico-administrative des différentes composantes sociales dans l'appareil de l'État. Elle soutient que tous les groupes sociaux doivent participer à la gestion des affaires publiques aussi bien aux niveaux local, régional que national (Ngayap 1983 : 80-83). Ce type de gouvernance est une solution politique de préservation de la paix et de construction du développement (Helly *et al.* 2003 : 20-21). Cependant, le principe de l'équilibre régional s'est souvent révélé être un artifice servant principalement les intérêts des groupes dominants. Cela dit, il convient de reconnaître que certaines minorités ont bénéficié d'un statut privilégié leur garantissant des positions stratégiques dans le cadre de cette politique. C'est notamment le cas des Sawa de Yabassi, dont sont issus plusieurs membres influents du gouvernement, tels qu'Ebenezer Njoh Mouellé, Pierre Moukoko Mbonjo et Narcisse Kombi Mouellé. Les Bassa-Bandem ne comptent à ce jour que deux élites gouvernementales, Bernard Massoua II et Essaie Toko Mangan, qui sont restés moins de deux ans au gouvernement. Ils sont absents du gouvernement depuis 1997 alors que les Sawa y sont toujours représentés. Les disparités observées dans l'application de la politique de l'équilibre régional révèlent que l'allocation des postes de pouvoir brille par son arbitraire, en organisant la domination et la répression de certains groupes sur d'autres. Pendant que certains groupes sociaux sont fortement représentés dans les structures de pouvoir, d'autres en sont quasiment absents (Mouiche 2012).

Dans les instances décisionnelles du RDPC, on observe également que les Sawa ont une position dominante. Ebenezer Njoh Mouellé a occupé le poste de secrétaire général du comité central au début des années 1990. Il perd ce poste après la défaite du RDPC aux élections législatives dans le Nkam en 1992. La liste qu'il conduisait s'était pliée devant celle de Bernard Massoua II de l'UPC. Il remporte plus tard les élections législatives de 1997, ce qui a contribué à asseoir la légitimité du RDPC et l'hégémonie politique des Sawa. À la fin de son mandat de député en 2002, Pierre Moukoko Mbonjo le remplace comme patron politique du Nkam. Ce dernier avait pris le contrôle de la désignation des responsables du parti, de l'investiture des candidats aux élections et du choix des maires. Concernant le poste de maire, il a toujours été l'apanage des Bassa-Bandem[8]. On peut comprendre ce monopole comme la traduction politique de leur poids démographique, mais aussi la compensation de l'hégémonie politico-administrative des Sawa. Cette hégémonie est mal perçue par les Bassa-Bandem qui, pour s'assurer une représentation conséquente au gouvernement, exercent un contre-poids politique à l'intérieur du parti.

Élections municipales de 2013 et étude d'une défaite

L'émergence d'un conflit d'investiture

L'investiture des candidats du RDPC aux élections municipales du 30 septembre 2013 a dégénéré en un conflit entre les barons politiques locaux. Ce conflit opposait alors deux grandes élites communautaires, Pierre Moukoko Mbonjo, ministre des Relations extérieures et Pascal Messanga Nyamding, professeur d'université. L'enjeu était le contrôle de l'investiture et le choix de la tête de liste, futur maire en cas de victoire selon les usages propres au parti. Deux listes de candidats aux ressources spécifiques étaient en lice pour l'investiture : l'une conduite par Samuel Kwedi Bataké et l'autre par Martin Nyamsi Fomi. Qui sont ces protagonistes et quelles sont leurs ressources politiques ?

8. Les trois maires qui ont géré la commune de Yabassi sont Daniel Émile Beleck (1996-2002), Jean Édouard Benga (2002-2007) et Samuel Kwedi Bataké (2007-2013).

Samuel Kwedi Bataké est un inspecteur des douanes des Bonkeng, un groupe ultra-minoritaire d'environ 4 000 personnes rattaché aux Bassa-Bandem. Sur le plan politique, il entretient de bonnes relations avec Pierre Moukoko Mbonjo, dont il est le protégé. Grâce à ce dernier, il avait été élu président de la section du parti et maire de la commune de Yabassi. Il était rassuré pour les élections municipales de 2013 car son mentor était non seulement membre du gouvernement, membre du comité central, mais aussi patron politique local. Ce capital politique lui conférait le pouvoir d'influencer la sélection des candidats aux niveaux local et national. Martin Nyamsi Fomi, quant à lui, est un opérateur économique, fondateur de la société Interface spécialisée dans les services informatiques. Il est Bandem de Nkondjock, une commune voisine de Yabassi. Pendant les investitures pour les élections municipales de 2007, sa liste avait perdu les primaires face à celle de Samuel Kwedi Bataké. Pour les élections municipales de 2013, il était soutenu par Pascal Messanga Nyamding, chef traditionnel de Yabassi et membre du comité central. Son aisance financière et sa légitimité populaire étaient les principales ressources politiques à son actif.

L'investiture se présente sous plusieurs formes parmi lesquelles le congrès, la convention des délégués, la réunion de masse, la cabale et les primaires (Hazan & Rahat 2010 : 8). Le RDPC pratique généralement trois méthodes d'investiture, à savoir l'imposition des candidats, les primaires et le consensus. La circulaire du président national avait prescrit en 2013 le consensus dont l'avantage réside dans sa capacité à contenir les contradictions et à apaiser les conflits entre les listes concurrentes. Dans un contexte électoral marqué par des rivalités et des tensions entre les candidats concurrents, le consensus devient un mécanisme par lequel aucune figure hégémonique ne perd la face lors de la constitution des listes à investir (Bombela 2022 : 14). La liste consensuelle était formée à partir de la liste de Samuel Kwedi Bataké[9] à laquelle Martin Nyamsi Fomi avait été ajouté. Cette liste était en majorité constituée de ses conseillers municipaux, et y figurait aussi Ngallé Mbonjo, le frère aîné de Pierre Moukoko Mbonjo. Jacques Maboula, qui était connu comme étant le protégé de Martin Nyamsi et qui occupait la première place dans sa liste, était exclu de la liste consensuelle. Le rejet de la liste de Martin Nyamsi et l'éviction de Jacques Maboula ont suscité la colère des populations bassa-bandem sous l'instigation de Pascal Messanga Nyamding. Celles-ci voyaient la main de Pierre Moukoko Mbonjo derrière cette manœuvre. Au final, la liste investie n'était pas le fruit d'un mécanisme démocratique, mais celui des arrangements et négociations plus ou moins opaques et clientélaires de l'élite dominante, ignorant les choix des militants qui forment la base du parti.

9. En raison de sa position de maire sortant et président de la section du parti.

La présence de Ngallé Mbonjo dans la liste retenue a été perçue par les Bassa-Bandem comme un moyen de l'installer au poste de maire. La crainte de voir cette position leur échapper au profit des Sawa a contribué de manière significative à raviver le conflit entre les deux communautés au sein du RDPC. En dehors de cette crainte, l'arrogance de Pierre Moukoko Mbonjo était pointée du doigt :

C'est quand les élections approchent qu'il se souvient des populations. Et lorsqu'il vient, il nous fait savoir qu'il a le sort de Yabassi entre ses mains, que nous devons exécuter ce qu'il dit. Il n'a pas manqué de nous appeler « rats », « jardiniers », « illettrés » lors d'un meeting. Comme il est un grand professeur d'université à Yaoundé, c'est lui qui dicte ce qu'on doit faire ; nous ne pouvons rien proposer. Il nous a dit qu'il y aura les grincements de dents parce qu'on ne le soutient pas. Il dit que c'est Paul Biya qui l'a envoyé nous commander. C'est à cause de lui que Yabassi est divisée entre les élites qui se déchirent. Qu'il sache que personne ne mange chez lui. Comme il est professeur des amphis, nous autres sommes professeurs du terrain et on verra bien[10].

Ces propos rappellent que l'organisation des élections pluralistes en Afrique a plus que jamais inauguré la notion de responsabilité chez les citoyens qui évaluent désormais le bilan de l'élite pendant l'exercice de ses fonctions. Le bilan se résume souvent à la question de savoir quels avantages telle élite a accordés aux siens depuis qu'elle est aux affaires (Mouiche 2004 : 417). Quant à la gestion de Samuel Kwedi en tant que maire, elle a nourri des sentiments mitigés concernant l'absence des projets de développement :

Le maire ne s'est pas attaqué aux vrais problèmes que les populations rencontrent. Je prends le cas du quartier Banya que j'habite où on trouve les marécages partout parce que les drains ne sont pas faits. Il y a des endroits qui nécessitent des buses. L'eau circule partout, ce qui nous empêche de nous déplacer aisément. Il n'y a pas de routes, chacun se fraie son chemin comme il peut. Je dois aussi souligner les problèmes d'électricité, d'approvisionnement en eau potable et d'éclairage public qui sont de véritables freins au développement[11].

L'une des raisons évoquées pour expliquer le retard du développement de la ville était l'absence du maire qui résidait à Douala : « Il y gère ses affaires personnelles, Yabassi et ses populations ne l'intéressent pas. Son investiture n'est pas la bienvenue parce que rien ne sera fait »[12].

10. Entretien avec Jean M., agent de l'État à Yabassi, octobre 2015.
11. Entretien avec Martin, agriculteur à Yabassi, octobre 2015.
12. Entretien à Georges K., conducteur de moto à Yabassi, octobre 2015.

En somme, l'investiture de la liste du RDPC aux élections municipales de 2013 a créé de nombreux affrontements, conflits et frustrations internes. Les désaccords sont nés entre les élites concurrentes, et le groupe de personnes qui avait la légitimité populaire mais impuissant au sein du parti était dans une situation inconfortable. Ce groupe dénonçait les pratiques de clientélisme, de corruption, d'intimidation et de tribalisme qui avaient prévalu lors de l'investiture. Impuissants en raison de leur position marginale dans le parti, les candidats malheureux ont décidé de se retirer et de former une coalition avec un parti inconnu de la plupart des populations. L'opacité du processus décisionnel a entraîné une déconnection entre les dirigeants et certains militants mécontents qui se sont tournés vers d'autres options (Ignazi 2020 : 11-14). Trois conduites possibles existent pour manifester un mécontentement : la défection *(exit)* qui se manifeste par la démission, la prise de parole *(voice)* consistant en la dénonciation des dysfonctionnements à l'intérieur de l'organisation, et la loyauté *(loyalty)* qui traduit la fidélité vis-à-vis de l'institution (Hirschman 1970). Les candidats malheureux du RDPC ont choisi de faire défection en rejoignant un autre parti pour concrétiser leur projet. Ils justifient leur départ en invoquant des « grandeurs civiques », telles que leur opposition au manque de transparence et à l'absence de pratiques démocratiques au sein du parti. Ces justifications s'inscrivent dans une démarche critique par laquelle des acteurs expriment leur désaccord sans recourir à la violence, tout en élaborant, affichant et concluant des accords plus ou moins durables (Boltanski & Thévenot 2022).

La formation d'une coalition pré-électorale entre dissidents

Une coalition pré-électorale est un accord conclu entre plusieurs candidats de partis politiques avant les élections, de façon à obtenir des avantages plus grands (Lemieux 1997 : 15 ; Le Breton & Van der Straeten 2017 : 22). Certaines coalitions sont éphémères et inorganisées, d'autres sont durables et solides (Duverger 1954). Pour comprendre le choix de l'UFP comme parti de coalition, il convient de présenter son identité. En effet, ce parti est créé en 2010 par Olivier Bilé, natif d'Abong-Mbang dans la région de l'Est au Cameroun. Il est professeur d'université, spécialiste de la communication qu'il enseigne à l'ESSTIC[13]. L'idéologie du parti repose sur le « foyisme politique », une conception selon laquelle tout vient de dieu. Sa devise est « foi, intégrité, liberté, bonheur ». Pour son président, « les hommes ne sont que de simples

13. École supérieure des sciences et techniques de l'information et de la communication, basée à Yaoundé au Cameroun.

instruments au service de la volonté divine »[14]. Avant les élections municipales de 2013, aucun organe de base n'était installé à Yabassi, encore moins un représentant connu. Aux élections présidentielles de 2011, il avait obtenu dans cette circonscription 14 voix sur 6 981 suffrages valablement exprimés[15]. Ces résultats montrent qu'il ne bénéficiait pas du capital sympathie des électeurs qui le découvraient pour la première fois. Toutefois, ces suffrages sont une claire indication du niveau d'affection et d'acceptation que le parti a auprès des populations (Osei 2006).

Revenant sur les circonstances de la formation de la coalition avec les dissidents du RDPC, Olivier Bilé raconte :

> Je suis approché par un groupe de personnes constitué de Messanga Nyamding qui était le représentant à Yaoundé, Charles Ateba Eyéné qui était très proche de lui, Martin Nyamsi et certains chefs traditionnels. Nous avons eu une réunion au cours de laquelle ils m'ont dit qu'ils sont intéressés par mon parti. C'est vrai que j'avais déjà signalé dans les médias que l'UFP est prête à collaborer avec tous les acteurs politiques camerounais qui aimeraient se distancer de leur parti habituel ; nous voulions leur donner l'opportunité de pouvoir s'exprimer à travers nos couleurs. Alors je leur ai demandé : « Pourquoi nous ? » Il y a d'autres partis à Yabassi. Ils me disent : « Non ! Nous pensons que la plupart de ces partis sont capables de trahir les engagements pris. Le seul parti que nous avons identifié comme n'étant pas en mesure de trahir ce que nous voulons faire c'est le vôtre. » C'est la réponse qui m'a été donnée par tous ces acteurs. Et c'est ce qui s'est exactement passé[16].

L'UFP était l'option la moins risquée dans la stratégie de coalition des dissidents du RDPC.

Former une coalition avec les adversaires traditionnels comme le SDF, le MDP ou encore l'UPC leur aurait permis de renforcer leur assise locale et de réduire l'influence politique du RDPC. Il ne s'agissait pas d'affaiblir le RDPC en installant une opposition radicale, mais de montrer au comité central que Pierre Moukoko Mbonjo ne contrôlait pas le terrain politique[17].

Sur la base de l'accord donné par le président de l'UFP, une liste de candidats a été constituée par les dissidents du RDPC. Elle était conduite par Jacques Maboula, un Bandem de Yabassi, opérateur économique bien connu des populations. On y retrouvait les militants délaissés du RDPC, de l'UPC, du SDF et du Front pour le salut national du Cameroun (FSNC) issus

14. Entretien avec Olivier Bilé, à Yaoundé, 19 novembre 2022.
15. Elections Cameroon (ELECAM), Rapport général sur le déroulement de l'élection présidentielle du 9 octobre 2011, <https://www.elecam.cm/sites/default/files/rapport_ELECAM_presi_2011_fr.pdf> (consulté le 28 janvier 2025).
16. Entretien avec Olivier Bilé, à Yaoundé, le 19 novembre 2022.
17. Entretien avec Pascal Charlemagne Messanga Nyamding, à Yaoundé, 14 juin 2016.

des ensembles sociologiques sawa, bassa, bandem, haoussa et bamiléké. Jacques Maboula affirme que « lors de la constitution des dossiers de candidature, ses colistiers et lui ont reçu des menaces et intimidations des proches de Pierre Moukoko Mbonjo pour qu'ils se désistent. Ils sont allés jusqu'à rencontrer les autorités administratives et les responsables de l'organe en charge des élections (Elections Cameroon)[18] pour invalider leur candidature »[19]. Les fonds nécessaires pour la constitution des dossiers de candidature et l'organisation de la campagne électorale étaient débloqués par Martin Nyamsi qui était toujours candidat dans la liste du RDPC. Le déroulement de la campagne électorale était marqué par des violences verbales et autres intrigues nourries par les partisans de Pierre Moukoko Mbonjo et ceux de Pascal Messanga Nyamding. Au terme du scrutin, la liste de l'UFP a remporté la majorité absolue des suffrages, soit 56,33 % contre 43,67 % pour le RDPC.

Les résultats de l'élection ne marquent pas la fin de la compétition électorale, mais plutôt une transformation de son cadre et de ses formes. Comme l'observe Luc Sindjoun (1997 : 113), il s'agit d'une poursuite de la quête du pouvoir, cette fois par le biais des voies judiciaires. À cet égard, le RDPC a saisi le juge électoral pour demander l'annulation des résultats, invoquant la non-inscription de Jacques Maboula sur la liste électorale. Après examen, le juge a confirmé les résultats, clôturant ainsi définitivement l'élection. La victoire de l'UFP soulève néanmoins la question de l'ambivalence de l'ancrage politique. L'écart observé entre les performances électorales élevées de certains mouvements et la faiblesse de leur implantation territoriale — qu'il s'agisse de leur base militante, de leur structuration organisationnelle ou de leurs interactions avec des réseaux sociaux capables de prolonger leur influence dans les territoires — met en évidence une dissociation partielle entre les comportements électoraux et les dispositifs locaux de mobilisation. Cela révèle que ces comportements sont partiellement orientés par des dynamiques déterritorialisées (Briquet & Godmer 2022 : 3). Par ailleurs, la défaite du parti au pouvoir, le RDPC, dans son propre bastion qui plus est, relativise les thèses des « élections truquées » ou de la « démocratie contrôlée » en Afrique (Gazibo 2010). Le continent recèle en effet d'authentiques réussites démocratiques, où des élections indiscutablement transparentes et pacifiques aboutissent de manière régulière à des résultats légitimes et reconnus par la grande majorité des élites politiques et des citoyens (Darracq & Magnani 2011).

18. Elections Cameroon (ELECAM) est un organisme indépendant chargé de l'organisation, de la gestion et de la supervision de l'ensemble du processus électoral et référendaire au Cameroun.
19. Entretien avec Jacques Maboula, à Yabassi, le 14 octobre 2016.

La recomposition de l'électorat et la victoire du RDPC aux municipales de 2020

La dissolution de la coalition et la création de l'Alliance républicaine

Les coalitions n'étant pas des alliances durables, une règle implicite de leur fonctionnement veut qu'un participant peut s'en retirer librement s'il n'y trouve plus d'avantages (Lemieux 1997 : 15 ; Bué & Desage 2009 : 31). Soulignons qu'une coalition reste avant tout un espace de concurrence, même si le cadre de cette concurrence change (Bué & Desage 2009 : 34). La coalition entre les dissidents du RDPC et de l'UFP n'a pas résisté à l'épreuve du temps. Cinq mois après l'élection, Olivier Bilé percevait déjà les signes de rupture :

Les relations se sont dégradées quand je vais à Yabassi pour encourager mes troupes, me réjouir avec eux à l'occasion de la fête de la jeunesse le 11 février 2014. J'ai avec moi les t-shirts, chapeaux et d'autres gadgets du parti pour la parade civile. Nous arrivons à l'hôtel de Martin Nyamsi situé au centre-ville, je vois Jacques Maboula avec une sorte de gandoura à l'effigie de Paul Biya. Il n'est pas seul à arborer cette tenue ! Les conseillers municipaux de mon parti sont également vêtus de cette tenue de Paul Biya. C'est inqualifiable ! Je suis dégoûté, tellement dégoûté. Et quand je leur pose la question de savoir ce qui se passe, ils disent qu'ils ne portent pas la tenue du RDPC, mais celle de Paul Biya. Ils prétendent ne pas se distancier de Paul Biya. Ce discours est de Pascal Messanga Nyamding, c'est de lui que vient cette théorie. Quand le groupe de l'UFP défile, ça fait une cacophonie parce que certains sont habillés en RDPC, d'autres en Paul Biya et d'autres en UFP. On était dans une grande confusion. Et ce comportement n'a pas changé, il a continué pendant les élections sénatoriales de 2018 lorsqu'ils ont voté pour le RDPC sans me consulter. C'est là que je comprends que ces gens se sont associés à nous pour des calculs politiques. Et pour moi ça été une leçon extraordinaire[20].

Dépourvu d'ancrage politique conséquent, Olivier Bilé était coupé des réalités de son parti, ce qui laissait libre cours à l'action de Jacques Maboula pour qui :

L'élection locale n'a rien à voir avec l'appartenance à un parti politique. C'est le rapport de l'élite avec la population qui compte. Quelle que soit la couleur du parti, la population suivra son élite et soutiendra son action. Les militants respectent la consigne de vote de l'élite qu'ils reconnaissent. Notre priorité est le développement local et le bien-être des populations. C'est le mandat que nous avons reçu lors de l'élection. L'installation et l'animation des organes de base de l'UFP ne sont pas plus importantes que le travail

20. Entretien avec Olivier Bilé, à Yaoundé, le 19 novembre 2022.

que nous faisons pour la communauté. Cela exige des ressources financière, matérielle et humaine que nous n'avons pas[21].

En mettant l'accent sur le développement local et les priorités des populations tout en délaissant le fonctionnement du parti qui l'a investi, l'intention de rompre la coalition était clairement affichée. Quelques temps après la déconvenue du 11 février, il creuse davantage le fossé en s'alliant à Akéré Muna, un avocat de profession, ancien vice-président de l'ONG Transparency International. Ce dernier avait créé un mouvement politique dénommé « NOW » pour présenter sa candidature à l'élection présidentielle de 2018. Mais ne remplissant pas les conditions prévues dans la loi électorale, il a engagé des tractations politiques de ralliement. C'est dans cette logique qu'il s'est rapproché de Jacques Maboula, qui l'a soutenu contre l'avis d'Olivier Bilé :

En 2018, Maboula reprend son aventure d'indiscipline en soutenant Akéré Muna aux élections présidentielles. Au départ, ce dernier voulait avoir l'investiture de l'UFP parce que le code électoral exige que le parti politique qui investit un candidat doit avoir au moins un élu. C'est ainsi que Maboula s'est engagé dans cette transaction sans que je sois au courant. Il paraît que Akéré Muna lui avait promis en retour son soutien aux élections municipales de 2020. Voilà comment la rupture est consommée entre nous. Il n'a jamais déposé une lettre de démission formelle à notre niveau, mais il n'était plus avec nous. Je ne sais pas ce qu'il est allé raconter derrière aux conseillers municipaux, j'ai seulement appris plus tard qu'il s'est allié à Akéré Muna qui visiblement avait trouvé un parti pour porter sa candidature. Par la suite, les choses se sont mal passées entre eux et il a créé son parti politique « Alliance républicaine (AR) » pour briguer un nouveau mandat à Yabassi[22].

Bien que Jacques Maboula n'ait pas formellement démissionné de l'UFP, la création de son parti politique marque une rupture de fait de la coalition. La coalition entre dissidents-RDPC et UFP reposait sur les élites plutôt que sur les militants qu'ils mobilisaient, avec des implications néfastes sur le fonctionnement des deux partis traversés par des crises internes. La déconnexion des arrangements noués au sommet entre les élites et les populations expliquent pourquoi au lendemain de la fin de la coalition, le nouveau parti créé, l'Alliance républicaine, échoue à s'imposer politiquement sur le terrain. Sa création ne reposait sur aucune base militante solide. En tout état de cause, la rupture de la coalition a profité au RDPC dans sa stratégie de reprise du pouvoir.

21. Entretien avec Jacques Maboula, à Yabassi, le 14 octobre 2016.
22. Entretien avec Olivier Bilé, à Yaoundé, le 19 novembre 2022.

Le retour victorieux du RDPC à Yabassi

Dans les démocraties, la prise en compte de la variable électorale affecte la composition du gouvernement (Sindjoun 1997 : 107). À la suite de sa défaite aux élections municipales de 2013, le RDPC a procédé à un renouvellement des élites locales. Certaines ont perdu leur position de pouvoir tandis que d'autres ont été promues à des postes à responsabilités. Pierre Moukoko Mbonjo est remplacé en 2015 au gouvernement par Narcisse Mouellé Kombi nommé ministre des Arts et de la Culture. Il perd aussi la direction politique du parti au profit de ce dernier. Pascal Messanga Nyamding et Martin Nyamsi, quant à eux, ont été traduits devant le conseil de discipline du parti et frappés d'une exclusion temporaire pour avoir orchestré la défaite électorale. Ils ont été plus tard définitivement exclus du parti pour indiscipline. Toutes ces mesures visaient l'apaisement des tensions entre les élites et les militants pour renforcer la cohésion du groupe et affronter les échéances électorales de 2020 en rang serré. En général, qu'il soit réel ou symbolique, parcimonieux ou de grande envergure, le renouvellement des élites a toujours été une arme d'apaisement des tensions politiques au Cameroun. Il participe d'une stratégie de pacification du champ politique, bien que ce changement soit dans la continuité parce que la structure de fond demeure inchangée (Eboko 1999 : 102).

Le RDPC s'est attelé à recomposer son électorat, pendant que la gestion de Jacques Maboula était critiquée par ses propres conseillers municipaux et les populations.

> Certes, il a initié quelques projets de développement tels que l'éclairage public, l'approvisionnement en eau potable, l'aménagement de la voirie, la promotion de l'auto-emploi par la formation des jeunes en agriculture, maçonnerie et menuiserie. Malgré ces actions, les populations sont restées insatisfaites et se posaient les questions sur la destination des recettes issues de l'exploitation des forêts communautaires. Sa gestion financière n'était pas transparente et les mouvements de fonds de la commune n'étaient pas soumis au conseil municipal pour examen et adoption. Déçus par cette gestion, certains conseillers municipaux ont vite fait de rejoindre le RDPC[23].

Ces retours au parti d'origine montrent le caractère artificiel de l'ancrage de l'UFP dont l'impact sur la configuration politique est limité sur le long terme. Malgré sa victoire aux élections municipales de 2013, il n'a pas pu mobiliser les ressources pour s'ancrer dans le terroir de manière durable, d'où son abstention à se présenter aux élections municipales de 2020 auxquelles ont pris part le RDPC, l'AR et le Parti camerounais pour la réconciliation nationale (PCRN).

23. Entretien réalisé en 2020 avec Eyango, agent communal à Yabassi.

Les pratiques d'investiture au sein du RDPC ont connu une évolution notable, passant des primaires en 2007 à l'adoption d'une liste consensuelle en 2013. À la suite des tensions liées aux investitures ayant conduit à un échec électoral, le parti a, en 2020, mis en place un mécanisme de répartition des candidatures entre les organes politiques de base et les groupes sociaux. Ainsi, 17 candidatures étaient réservées aux sous-sections et 8 aux chefs de canton, dans le but de mobiliser les populations locales en les associant au processus de sélection des candidats. Sous la coordination de Félicien Ntone Enyime, président de la commission communale d'investiture, et de Narcisse Mouelle Kombi, président de la commission départementale d'investiture, une liste « composite » conduite par Eba Mirabeau a finalement été validée. Ce dernier, qui avait été élu député suppléant en 2007, bénéficiait d'un capital social et de sympathie auprès des militants et des populations. La recomposition de l'électorat par le renouvellement des élites et l'investiture d'une liste de candidats soutenue par les militants a permis au RDPC de remporter les élections municipales de 2020 avec 63 % contre 24 % pour le PCRN et 13 % pour l'AR. Les changements effectués par le RDPC font partie des réactions des partis politiques face à l'action des partis rivaux. En situation de concurrence, les partis démocratiques sont plus susceptibles de répondre rapidement à l'action des partis adverses que les partis non démocratiques. Cela est dû aux ajustements apportés, après débats et délibérations, à toutes les strates du parti, en prenant en compte l'opinion des membres. Il est alors plus probable que les influences extérieures telles que les positions des partis rivaux fassent partie du discours délibératif d'un parti et finissent par affecter sa stratégie (Lehrer *et al.* 2017 : 1027).

❖

Cette étude sur la démocratie intra-partisane au Cameroun met en lumière les limites de la participation des militants au processus décisionnel des partis politiques. Les élites locales, soucieuses de préserver leur pouvoir et leur influence, privilégient les membres de leur réseau au détriment des choix émanant de la base militante. Cette dynamique accentue les disparités entre les décisions prises au sommet des partis et leur mise en œuvre sur le terrain, souvent modulée par la position dominante des élites. Face à ce « diktat » des barons politiques locaux, les militants, loin de rester passifs, adoptent des stratégies parfois radicales, comme la défection et la formation d'alliances pré-électorales, dans le but d'organiser l'échec de leur parti d'origine. Après les scrutins, ces dissidents optent soit pour un retour au parti initial, soit pour la confirmation de l'adhésion à une autre formation, ou encore pour la création de nouveaux partis. Ces mouvements traduisent la porosité idéologique des partis politiques, où les logiques d'appartenance reposent davantage sur des considérations matérielles que sur des engagements programmatiques. Dans ce contexte, les partis tentent d'ajuster leur fonctionnement en recourant à des instruments juridico-politiques pour atténuer les contradictions engendrées par les pratiques d'investiture. Tout en recommandant des mécanismes démocratiques de sélection des candidats, ils maintiennent un contrôle étroit sur ce processus, validant les listes à différentes étapes au gré des arbitrages jugés nécessaires. Cette analyse révèle ainsi les défis complexes liés à la démocratisation interne des partis politiques dans un système marqué par des tensions entre idéaux démocratiques et logiques de pouvoir.

Département de science politique, Université de Yaoundé II-SOA, Cameroun.

BIBLIOGRAPHIE

BLUNDO G. & OLIVIER DE SARDAN J.-P., 2001, « La corruption quotidienne en Afrique de l'Ouest », *Politique africaine,* 83 (3) : 8-37.

BOLTANSKI L. & THÉVENOT L., 2022, *De la justification. Les économies de la grandeur,* Paris, Gallimard.

BOMBELA J. D., 2022, « La déclaration de candidature et constitution des listes aux élections municipales : Pratiques, enjeux et stratégies d'accès à la sélection politique locale au Cameroun », *Canadian Journal of African Studies/Revue canadienne des études africaines,* 57 (1) : 51-69.

BRETON R., 1983, « La communauté ethnique, communauté politique », *Sociologie et sociétés,* 15 (2) : 23-38.

BRIQUET J.-L. & GODMER L. (DIR.), 2022, *L'ancrage politique,* Villeneuve-d'Ascq, Presses universitaires du Septentrion.

BUÉ N. & DESAGE F., 2009, « Le "monde réel" des coalitions. L'étude des alliances partisanes de gouvernement à la croisée des méthodes », *Politix,* 88 : 7-37.

CARBONE G. M., 2006, « Comprendre les partis et les systèmes de partis africains. Entre modèles et recherches empiriques », *Politique africaine,* 104 : 18-37.

CAREY J. M. & POLGA-HECIMOVICH J., 2006, « Primary Elections and Candidate Strength in Latin America », *Journal of Politics,* 68 (3) : 530-543.

CONNAN D. & JOSSE-DURAND C., 2017 « Le pays du miel et du lait. Ethnographie de la campagne électorale d'un *professional* au Kenya », *Cahiers d'Études africaines,* LVII (1), 225 : 89-119.

DARRACQ V. & MAGNANI V., 2011, « Les élections en Afrique : un mirage démocratique ? », *Politique étrangère,* 4 : 839-850.

DUVERGER M., 1954, *Political Parties : Their Organization and Activity in the Modern State,* London, Methuen.

EBOKO F., 1999, « Les élites politiques au Cameroun, le renouvellement sans renouveau ? », in J.-P. DALOZ (dir.), *Le (non)-renouvellement des élites en Afrique subsaharienne,* Bordeaux, Centre d'étude d'Afrique noire : 99-133.

GALLAGHER M., 1988, « Introduction », in M. GALLAGHER & M. MARSH (dir.), *Candidate Selection in Comparative Perspective : The Secret Garden of Politics,* London, Sage.

GAZIBO M., 2010, *Introduction à la politique africaine,* Montréal, Presses de l'Université de Montréal.

GREENE K., 2007, *Why Dominant Parties Lose. Mexico's Democratization in Comparative Perspective,* New York, Cambridge University Press.

HAZAN R. & RAHAT G., 2010, *Democracy within Parties. Candidate Selection Methods and Their Political Consequences,* Oxford, Oxford University Press.

HELLY D. *ET AL.,* 2003, « Social Cohesion and Cultural Plurality », *Canadian Journal of Sociology,* 28 (1) : 19-42.

HILGERS M. & JACOB J.-P., 2008, « Anthropologie de la candidature électorale au Burkina Faso », *Afrique contemporaine,* 4 : 171-190.

HIRSCHMAN A. O., 1970, *Exit, Voice and Loyalty. Responses to Decline in Firms, Organizations, and States,* Cambridge MA, Harvard University Press.

ICHINO N. & NATHAN N. N., 2013, « Do Primaries Improve Electoral Performance ? Clientelism and Intra-Party Conflict in Ghana », *American Journal of Political Science,* 57 (2) : 428-441.

IGNAZI P., 2020, « The Four Knights of Intra-Party Democracy : A Rescue for Party Delegitimation », *Party Politics,* 26 (1) : 9-20.

KENNEY P. & RICE T. W., 1987, « The Relationship between Divisive Primaries and General Election Outcomes », *American Journal of Political Science,* 31 (1) : 31-44.

LE BRETON M. & VAN DER STRAETEN K., 2017, *Alliances électorales et gouvernementales : la contribution de la théorie des jeux coopératifs à la science politique,* Working papers, Toulouse School of Economics.

LEHRER R. *ET AL.*, 2017, « Intraparty Democracy and Responsiveness to Rival Parties' Policies », *Social Science Quarterly,* 98 (3) : 1026-1044.

LEMIEUX V., 1997, « Réseaux et coalitions », *L'Année sociologique,* 47 (1) : 351-370.

MANGA J.-M., 2018, « Appels et contre-appels du "peuple" à la candidature de Paul Biya : affrontement préélectoral, tensions hégémoniques et lutte pour l'alternance politique au Cameroun », *Politique africaine,* 150 : 139-160.

MOUICHE I., 2004, « Processus de démocratisation et rotation locale des élites au Cameroun », *Law and Politics in Africa, Asia and Latin America,* 4 : 401-432.

MOUICHE I., 2012, *Démocratisation et intégration sociopolitique des minorités ethniques au Cameroun. Entre dogmatisme du principe majoritaire et centralité des partis politiques,* Dakar, Codesria.

NGAYAP P. F., 1983, *Cameroun, qui gouverne ? De Ahidjo à Biya : l'héritage et l'enjeu,* Paris, L'Harmattan.

NKOT F., 2018, « Gestion étatique de la question ethnique et instrumentalisation politique de l'ethnicité », *Revue africaine d'Études politiques et stratégiques,* numéro spécial : 15-33.

OSEI A., 2006, « La connexion entre les partis et les électeurs en Afrique : le cas du Ghana », *Politique africaine,* 104 : 38-60.

POMMEROLLE M.-E., 2007, « Routines autoritaires et innovations militants. Le cas d'un mouvement étudiant au Cameroun », *Politique africaine,* 108 : 155-172.

PUTNAM R. D., 1976, *The Comparative Study of Political Elites*, New Jersey, Prentice Hall.

RAHAT G. & SHAPIRA A., 2017, « An Intra-Party Democracy Index : Theory, Design and a Demonstration », *Parliamentary Affairs,* 70 (1) : 84-110.

RANNEY A., 1981, « Candidate Selection », in D. BUTLER, H. R. PENNIMAN & A. RANNEY (dir.), *Democracy at the Polls,* Washington DC, American Enterprise Institute.

SCHWARTZENBERG R.-G., 1998, *Sociologie politique,* Paris, Montchrestien.

SINDJOUN L., 1997, « Élections et politiques au Cameroun : concurrence déloyale, coalitions de stabilité hégémonique et politique d'affection », *African Journal of Political Science,* 2 (1) : 89-121.

SNYDER J. M. & TING M. M., 2011, « Electoral Selection with Parties and Primaries », *American Journal of Political Science,* 55 (4) : 781-795.

TSANA NGUEGANG R., 2019, « Démocratisation, échange et leadership politique local au Cameroun », *African Journal of Democracy and Governance,* 6 (1) : 73-96.

Résumé

L'investiture des candidats est une opération politique interne par laquelle les partis politiques présentent un candidat ou une liste de candidats à une élection. Lors des élections municipales de 2013 à Yabassi, au Cameroun, l'investiture des candidats du RDCP (Rassemblement démocratique du peuple camerounais), le parti au pouvoir, a donné lieu à des rivalités politico-communautaires et de vives tensions entre les barons politiques locaux. Cette crise interne a entraîné la défection de certains militants mécontents qui ont formé une coalition de circonstance avec l'UFP (Union pour la fraternité et la prospérité), un parti sans véritable ancrage politique local, sorti vainqueur de ces élections. Tirant les leçons de cette défaite électorale dans son bastion, le RPDC a procédé au renouvellement de l'élite gouvernementale et à la recomposition de son électorat. Ces mesures ont permis son retour aux commandes lors des élections municipales de 2020. L'article examine la démocratie intra-partisane et rend compte des pratiques d'acteurs qui façonnent la sélection des candidats aux élections et irriguent la cartographie des élites locales.

Mots-clés : Cameroun, Yabassi, alternance politique locale, coalition, démocratie intra-partisane, élections municipales, investiture des candidats.

Abstract

Capturing Intra-Party Democracy in Cameroon. The Example of Candidate Nomination Practices in Local Elections. — The nomination of candidates is an exercise carried out within the ranks of political parties whereby they submit a candidate or list of candidates for an election. In this respect, the nomination of candidates in the CPDM (Cameroon People's Democratic Movement), the ruling party in Cameroon, for the 2013 municipal elections in Yabassi, fuelled politico-community rivalries and sharp tensions between local political barons. Such endogenous crisis pushed certain disgruntled militants to abandon the party and form a coalition for the occasion with UFP (Union for fraternity and prosperity), a party that had no real local political roots but nonetheless victorious in the said elections. Drawing lessons from its defeat in its stronghold, CPDM opted to renew governmental elites and recompose its electorate. These measures contributed to the party's return to pole position during the 2020 municipal elections. This paper examines such intra-party democracy and relates practices employed by stakeholders who influence the choice of candidates for elections and give impetus to the mapping of local elites.

Keywords: Cameroon, Yabassi, coalition, nomination of candidates, intra-party democracy, local political change, municipal elections.

Suzie Guth

De la jeunesse congolaise gardienne de la Révolution à la jeunesse milicienne (1965-2007)

Dès les premières élections législatives en 1952 et les municipales en 1956, la jeunesse du Moyen Congo va devenir le fer de lance des élections, en manifestant près des bureaux de vote pour peser sur les choix électoraux, et en s'en prenant tant aux bâtiments privés qu'aux hommes politiques. Les hommes politiques du Moyen Congo utilisent la jeunesse pour mener à bien leurs actions à grande échelle. Ce fut le cas lors des journées révolutionnaires, place de la gare à Brazzaville, le 13 août 1963, et le souvenir de ce moment restera longtemps dans les mémoires, en devenant en quelque sorte l'événement phare de la révolution congolaise. Nous voyons se dérouler ici un schème d'action politique, qui sera repris lors de la plupart des manifestations et des crises. La foule se dirige vers la maison d'arrêt dont elle cherche à forcer les portes, se cache dans l'immeuble Air France ou en face ou dans le ravin du Tchad, avant de se frayer un chemin à l'intérieur de l'édifice. Elle se dirige ensuite vers les bâtiments abritant la radio nationale mais ne parvient pas à y pénétrer en raison de la présence de l'armée française. À partir des archives coloniales de l'armée, Héloïse Kiriakou (2022 : 103-122) montre que les petits groupes des différents candidats étaient très mobiles et se réunissaient pour se disperser ensuite rapidement. Leur but était de viser les candidats desquels émanait une forme de puissance politique tel Jean Biyoudi, membre de l'Union démocratique de défense des intérêts africains (UDDIA) et excellent orateur, dont la maison à Bacongo devint la cible de la défiance populaire[1].

Dans l'ouvrage de Florence Bernault (1996), qui mêle avec bonheur histoire et anthropologie, nous retrouvons bien des éléments de ces clivages qui deviendront à l'époque des milices, sous la présidence de Pascal Lissouba, de véritables « institutions » au sens goffmanien du terme, tels les barrages pour séparer les hommes et les femmes de Brazzaville (Bernault 1996 : 287-289).

1. Jean Biyoudi a été notre élève-inspecteur.

Cahiers d'Études africaines, LXV (2), 258, pp. 501-518.

Le clivage le plus manifeste porte sur la langue parlée (munukutuba, kikongo, lari ou lingala), les uns sont supposés être des habitants de Bacongo, les autres de Poto Poto et de ses alentours : on sépare ainsi les individus du Sud de ceux du Nord. Ce type de barrage, où l'on filtre les habitants selon leur origine, sera repris ultérieurement dans une grande partie du Congo trente ans plus tard lors de la guerre des milices sous la présidence de Pascal Lissouba[2].

La jeunesse afflue à Brazzaville, l'une des rares villes à disposer d'un lycée, de collèges et surtout d'internats. Mais le faible rendement de l'enseignement primaire et secondaire, la difficulté du certificat d'études primaires, l'étranglement que constitue l'examen d'entrée en sixième, la surcharge des classes du cours préparatoire de première année dans les quartiers populaires, tous ces éléments contribuent à amplifier le groupe de redoublants et de déscolarisés, de jeunes gens laissés-pour-compte qui ne veulent plus retourner au village, mais qui ne peuvent poursuivre leurs études au cœur de la capitale congolaise. Ils forment des groupes de jeunes disponibles et oisifs, dont seuls certains arrivent à subsister en pratiquant de petits métiers au marché[3].

Ainsi, Florence Bernault (1996 : 308) indique qu'en 1956, on comptait 3 380 demandes d'emploi pour 374 offres. Bien des organismes cherchent à encadrer cette jeunesse (Jeunesse ouvrière chrétienne, Jeunesse étudiante chrétienne, Scouts, Enfants de Marie), un service civil est mis en place en avril 1959, et se crééeront ultérieurement des organismes qui vont devenir les soutiens des partis politiques tels la Jeunesse du mouvement national de la révolution (JMNR)[4], par exemple, ou la Défense Civile[5] dont nous allons évoquer le devenir plus loin. Les hommes politiques, « les grands », vont faire usage de cette jeunesse scolarisée et déscolarisée et profiter des « petits », une main-d'œuvre toute trouvée pour les tâches électorales et autres tâches politiques. Rappelons que la relation aîné-cadet est l'une des grandes catégories fondatrices de la société congolaise. Cette disposition amorcée sous Fulbert Youlou avec la jeunesse va se poursuivre sous la présidence de Massemba-Débat et prendre une ampleur sans égale sous la direction du Premier ministre Pascal Lissouba, premier universitaire diplômé à occuper un tel poste. Nous disposons aujourd'hui d'un document à caractère biographique de première importance, celui de Jean-José Maboungou, qui décrit

2. Le barrage le plus mentionné est celui du Centre culturel français de Brazzaville.
3. Pour qu'un élève soit diplômé en 1967, il faut 27,9 années, soit quatre fois plus que le temps nécessaire sans redoublement (Guth 1973).
4. La JMNR est affiliée au Mouvement national de la Révolution (MNR).
5. La Défense Civile désigne un groupe armé de jeunes ayant reçu une formation militaire et qui occupent des tâches de sécurité et de vigilance dans la ville. Issu de l'UGEEC, ce groupe est sollicité par les pouvoirs politiques.

sa participation à la Défense Civile, un mouvement politique de jeunesse encadré par Ange Diawara, et dont le destin tragique sera évoqué plus loin. Il s'agit cette fois-ci de jeunes, dont certains effectuent des études plus longues, et qui sont encadrés par les mouvements révolutionnaires de la JMNR, de l'Union générale des élèves et étudiants congolais (UGEEC)[6] et de la Défense Civile.

Lors de la guerre civile congolaise de la fin du XXe siècle, les sociologues congolais et les historiens ont cherché à comprendre ces nouvelles formations sociales qu'étaient les milices urbaines. La genèse de ces dernières appartient à celle du politique du Congo, où l'on devient le cadet social d'une personnalité en vue, dont on espère tirer des bénéfices politiques et matériels. Si la « milicianisation » de la société a surpris les intellectuels congolais qui ont entrepris d'en faire l'étude, elle s'inscrit malgré tout dans une histoire longue, où les jeunes sont le vecteur de la puissance politique et un enjeu du pouvoir (Maboungou 2016). La société toute entière devient la proie des milices, qui, telles des hydres, continuent à s'étendre. Sur le chemin de l'exil, ce sont les milices que l'on craint le plus (Guth 2003).

Dans les pages qui suivent, nous retraçons l'évolution de la jeunesse sous la présidence de Massemba-Débat et celle de Marien Nouabi, en suivant l'autobiographie de Jean-José Maboungou. Nous nous focaliserons pour finir sur la milice Nsilulu du pasteur Ntoumi, qui plonge ses racines dans l'évocation de l'ancien Royaume Kongo *(Kongo dia Ntotila)* et dans le néopentecôtisme.

Les objectifs de ces mouvements

La jeunesse révolutionnaire de l'UGEEC, de la JMNR, comme celle de la Défense Civile visent à entretenir la révolution par des barrages sur les routes pour maintenir son élan : selon la phraséologie révolutionnaire, l'esprit de revanche des impérialistes n'est jamais très loin et la « cinquième colonne » peut se manifester à tout moment. Cette dernière est représentée principalement par les gens du Pool[7] ayant des fonctions dans les ministères, ainsi que par l'impérialisme français. L'indépendance du pays est alors récente et nombre de Français occupaient encore des postes de conseillers, de directeurs, de doyens et de recteurs, ou enseignaient dans les lycées et collèges de la République,

6. L'UGEEC est affiliée au Parti congolais du travail (PCT).
7. Le Pool est la région autour de Brazzaville ainsi désignée en raison de l'élargissement du fleuve Congo qui forme un pool de plusieurs kilomètres de large.

ainsi qu'au Centre d'enseignement supérieur de Brazzaville (CESB)[8] et dans les établissements de formation. La bourgeoisie congolaise était composée d'un très petit nombre de personnes, parmi lesquelles certaines avaient accédé à de hautes fonctions telles que procureur, président de la Cour suprême, directeur de l'École normale supérieure, directrice des écoles, ministre et enseignant et qui, dans leur majorité, étaient issus des régions du sud du Congo en raison de la présence d'écoles publiques et confessionnelles, due à une christianisation plus précoce de ces régions comparées à celles du nord du pays. C'est d'ailleurs à cette combinaison d'institutions laïques et confessionnelles que le Moyen-Congo et la République populaire du Congo doivent leur haut taux de scolarisation.

Nous allons suivre l'autobiographie de Jean-José Maboungou (2016) pour savoir comment il est devenu membre de la Défense Civile. Il était sans doute destiné à entrer dans cette institution puisque sa famille appartenait au groupe de Mpila[9], considéré comme l'initiateur de la révolution congolaise, et il avait eu l'occasion de croiser chez lui toutes les personnalités politiques du Congo. Dans son autobiographie, il retrace son itinéraire en évoquant sa timidité. Il est métis et, comme le remarque Aimée Mambou Gnali (2001), la société matrilinéaire congolaise peut intégrer ceux qui sont étrangers, mais jamais les métis. Jean-José Maboungou, alors jeune adolescent, commence à prendre confiance en lui au moment de son intégration à la Défense Civile et y trouve immédiatement un modèle : Che Guevara. Ce dernier vint effectivement à Brazzaville en 1965 et le chef de section de Jean-José Maboungou, Ange Diawara, l'avait rencontré à cette époque. L'autobiographie évoque longuement l'éthique du révolutionnaire, faite de sacrifices, sa soif d'absolu, sa volonté de changer la société pour la rendre meilleure. Jean-José Maboungou veut suivre l'exemple de cette figure christique qu'était devenu Ernesto Che Guevara, du moins tel qu'il apparaît dans son opus congolais (Guevara 2000). L'idéologie révolutionnaire de cette époque s'attaque surtout à « l'appareil d'État » : selon elle, il faut le détruire, et avec lui, tous ceux qui le servent, qu'il s'agisse de l'armée où se trouvent des anciens de la « coloniale », la gendarmerie, la police, ou encore les écoles confessionnelles. Ces écoles, qui représentent près de la moitié des établissements scolaires du pays, sont nationalisées en 1965. Les prêtres et les religieuses, qui assuraient jusqu'alors les enseignements, vont

8. Le CESB fait partie de la Fondation de l'enseignement supérieur en Afrique centrale (FESAC).
9. Le groupe de Mpila désigne un cercle de leaders politiques se réunissant à Mpila à partir de 1963 chez Jean-José Maboungou. Ce groupe devint l'instigateur des choix politiques socialistes.

se voir remplacer par des coopérants français et des volontaires au service national actif (VSNA). Les internats qui jouaient un grand rôle en offrant le gîte, le couvert et l'électricité vont malheureusement disparaître. Le corps national de la Défense Civile[10] sert en fin de compte de milice et supplée aux tâches de la police, de la gendarmerie et de l'armée, qui paraissent suspectes en raison de leur ancienne appartenance aux institutions coloniales. La Défense Civile permet donc de contourner les institutions officielles qui rappellent la France coloniale. De fait, elle sert, surtout la nuit, d'instrument de contrôle de la population, et, notamment en raison de la jeunesse de ses membres, les abus sont fréquents : les ministres et chefs d'État étrangers sont quelquefois arrêtés et fouillés ainsi que la population brazzavilloise. Dans certains cas, elle fait même la police des mœurs ou de la mode, et on la soupçonne d'aider le gouvernement à accomplir ses basses œuvres, notamment d'être à l'origine des assassinats politiques restés longtemps inexpliqués, comme ceux de Lin Lazare Matsocota, d'Isidore Pambou et de Massoueme (Massema 2005 : 46-52). En 1965, Jean-José Maboungou va, comme un certain nombre de ses camarades, se rapprocher du formateur de la Défense Civile, Ange Diawara, qui deviendra non seulement son mentor, mais aussi une figure charismatique du pouvoir et de la révolution. Ange Diawara, le chef, va servir de modèle à l'élève, et deviendra pour ce dernier, l'homme nouveau du Congo indépendant. Diawara a, comme son nom l'indique, des ancêtres malinké et une mère lari. Il a suivi des études universitaires au CESB qu'il a arrêtées en deuxième année, puis a fondé un foyer. Symbole même de l'autorité et de la culture, il prêtait à Jean-José Maboungou des ouvrages et l'incitait à se cultiver : son leadership, sa force physique, ses compétences en boxe et en karaté, firent de lui une figure emblématique pour la jeunesse jusqu'au « maquis » de Goma Tsé-Tsé où le révolutionnaire semble avoir trouvé sa *Sierra Madre,* mais où les forces armées gouvernementales vont inlassablement sillonner la région à sa recherche en 1972-1973[11].

10. Le corps national de la Défense Civile est un corps d'élite placé sous le contrôle du Bureau politique du Mouvement national de la Révolution. Il comporte trois objectifs : l'éducation civique et politique des citoyens, l'encadrement des militants, la sécurité civile et la défense passive de la population, en collaboration avec les forces de l'ordre habituelles en période normale. En période exceptionnelle, elle assure la sécurité politique de l'État, la protection des populations, le maintien de l'ordre, la défense des entreprises économiques et des édifices d'intérêt public, la recherche et le contrôle des fauteurs de trouble et des agents de subversion. En cas d'agression extérieure, elle est placée sous le contrôle de l'état-major. Assemblée Nationale du Congo, loi n° 12/65, 18 juin 1965.

11. Souvenirs personnels.

Le pasteur Ntoumi : « L'Envoyé »

Trente ans plus tard, sous la présidence de Pascal Lissouba, l'ancien Premier ministre du président Massemba-Débat, le Congo se retrouve face à une guerre des milices qui se prolonge et s'achève avec l'entrée des troupes venues d'Angola par le Cabinda et Dolisie ; les premiers accords de paix sont signés en 1999. L'ancien président Denis Sassou-Nguesso[12] a repris les rênes du pouvoir en 1997, grâce à l'action de l'armée angolaise venue en renfort de l'armée nationale congolaise dont l'ancien président est un officier général. Le président Pascal Lissouba ayant refusé d'aller aux pourparlers internationaux de paix à Libreville et choisi l'alliance avec Bernard Kolélas et le président Kabila doit quitter le pays avec son Premier ministre pour se réfugier en Europe. Les miliciens Ninja ont perdu leur leader Bernard Kolélas, et le quartier de Makélékélé, au sud de Brazzaville, est attaqué : la population locale fuit pour aller se réfugier dans le Pool. C'est là qu'apparaissent les Nsilulu[13] du pasteur Ntoumi, qui sont mis sur le pied de guerre par celui que l'on désigne comme « l'Envoyé » à l'instar de Simon Kibangou qui fut lui aussi appelé *Ntumua ya Nzambi 'a Mpungu,* « l'envoyé de Dieu tout puissant ». Cette période va être appelée la guerre du Pool, et voit alterner de 1998 à 2007 des périodes de paix relative et des périodes de combats liés aux razzias des Ninja-Nsilulu et aux combats des armées angolaises, plus aguerries que l'armée congolaise, qui interviennent avec leurs hélicoptères et l'infanterie et poussent les gens de la région à se réfugier dans la forêt de Bangou.

Le pasteur parle le lari, mais n'est pas Lari, il s'est réfugié dans la petite ville de Goma Tsé-Tsé qui compte 2 500 habitants et se situe sur la ligne du chemin de fer Brazzaville-Pointe-Noire. C'est aussi et surtout pour les catholiques du diocèse, un lieu de pèlerinage : l'église y pratique un culte à Saint Michel, et de nombreuses participantes de la confrérie de Saint Michel, nommées en plaisantant les « Michelets », y viennent de toute la région pour la messe de clôture du trentain. Coiffées de leur fichu bleu, les 267 membres de l'assemblée confrérique de Saint Michel chantent et dansent pour honorer l'archange pendant l'office, et comme l'indiquent les fidèles avec fierté : « c'est le seul culte à Saint Michel de toute l'Afrique ! » Le pasteur a trouvé dans cette dévotion et dans la consécration à Saint Michel une source d'inspiration pour son propre culte et pour ses fidèles qui vont devoir eux aussi suivre des règles confrériques, et respecter les rituels du « blindage » pour les miliciens, comme le font tous les enfants-soldats de cette guerre pour empêcher que les balles

12. Le président du Gabon El Haj Omar Bongo est le beau-père de l'ancien président Denis Sassou-Nguesso.

13. *Nsilulu* signifie le pays de la promesse, de l'espérance en lari.

ne pénètrent leur corps. L'archange Saint Michel, muni d'une épée et souvent représenté comme écrasant un dragon, est le plus puissant des archanges *quis ut Dei,* « qui est comme Dieu », il n'est donc pas étonnant que le pasteur, pour vaincre Satan, se soit déclaré son fidèle. Ses adeptes ainsi que ses miliciens portent, à l'instar de l'archiconfrérie de Saint Michel, un vêtement ou un morceau de tissu violet, une forme de déclinaison du bleu confrérique avec une nuance de rouge. Ainsi, lorsque l'assemblée est réunie pour un rite de guérison et des prières, les vêtements liturgiques violets dominent et attirent le regard. La thérapie semble jouer un grand rôle dans la représentation du travail du pasteur, qui procède à la fois de la culture traditionnelle ou de l'interprétation de celle-ci, ainsi que des rites chrétiens néopentecôtistes.

Un jour, alors qu'il doit prendre la parole, il se met à chanter *Nuni na Nuni.* Il relate une histoire bien connue, sur le mode chanté, et la met en scène. Le chant se poursuit ainsi : *« Yilanda, tanga kwa, kansi toya buka tamba diambu… »*[14].

Le pasteur montre ainsi sa maîtrise de la culture traditionnelle lari, et son chant évoque celui des oiseaux : « N'importe quel oiseau peut chanter, mais lorsqu'il y a un *toya* qui chante la nuit, c'est l'annonce du malheur dans le village. » Le chant du pasteur mentionne trois oiseaux dont deux sont gros, et l'un est petit. Les deux gros ont comploté pour tuer le petit, mais le petit s'est sauvé pour rester en vie. Dans l'esprit du pasteur, le petit était certainement lui-même, modestie oblige, mais les auditeurs ont pu interpréter la mention du *toya* comme étant l'image même du pasteur, puisque depuis sa venue dans le Pool, et en particulier à Goma Tsé-Tsé, la guerre faisait rage, la région se dépeuplait, sa milice pratiquait des razzias, la ville était détruite. Le peuple a pu aussi penser que les deux gros oiseaux représentaient les deux présidents en conflit : Pascal Lissouba et Denis Sassou-Nguesso, l'ancien président. Cette manière de dire tout en finesse qui plonge ses racines dans la tradition lari explique sans doute le succès de « l'Envoyé » ainsi que celles de ses pratiques thérapeutiques et stratégiques qui combinent la tradition et la promesse messianique.

Il nous a paru singulier que Goma Tsé-Tsé, une petite station sur la voie du chemin de fer Congo-Océan (CFCO) soit devenue à la fois le lieu d'un pèlerinage, un maquis pour l'adepte de la Révolution cubaine, un refuge, et un lieu de guerre pour les milices contre le pouvoir congolais et ses alliés angolais et rwandais.

---

14. Portail Overblog, Severinnews. Le Blog d'Arsène Séverin, A. Séverin, « Ntumi,chante Nuni na Nuni », 24 février 2010 (consulté le 30 juin 2022).

Goma Tsé-Tsé : un maquis, un lieu de pèlerinage, un champ de bataille

Le maquis

Ange Diawara, devenu lieutenant dans l'armée populaire nationale après la suppression de la Défense Civile suite au coup d'État militaire de 1968, tenta lui aussi en 1972 un coup d'État, en cherchant comme tous les précédents putschistes à prendre la radio La Voix de la Révolution congolaise avec des hommes armés de fusils d'assaut et de bazookas. Son action échoua en raison d'un certain amateurisme de sa troupe et sans doute d'un manque d'organisation ; les soldats tiraient par balles ici et là, et firent des dommages à l'École normale supérieure de Brazzaville sise à quelques centaines de mètres de là. Les faibles troupes portant un brassard rouge semblaient manquer de cohésion[15]. Après l'échec de ce coup d'État, Ange Diawara se réfugia dans le village de sa mère à Goma Tsé-Tsé avec ses compagnons, à 25 km de Brazzaville. Le village et ses environs devinrent « le maquis », et l'on cherchait à y poursuivre sous d'autres formes la révolution socialiste marxiste-léniniste en croyant suivre le chemin tracé par Ernesto Che Guevara. L'épopée de ces jeunes intellectuels qui aspiraient à fonder un État véritablement socialiste en travaillant et en encadrant les paysans a donné lieu à un ouvrage posthume dont se réclament les anciens de la Défense Civile ou ceux qui, jeunes lycéens, les regardaient avec envie, et qui avaient osé parler avec Ange Diawara qui se tenait souvent dans sa voiture russe *Gaz* à la sortie du Lycée Savorgnan de Brazza ou du Collège Chaminade de la capitale.

Le mouvement révolutionnaire du 22 février 1972 a donné naissance au M22. Certains auteurs y voient une référence à Matswa Grenard, une autre figure charismatique de la lutte anticoloniale de la région dont c'était le numéro de matricule. L'autocritique du M22 cherche à justifier le putsch par la dispersion du groupement révolutionnaire qu'il qualifie d'hétéroclite, et qui, selon les auteurs de l'opuscule, aurait eu le défaut majeur de ne pas être lié aux « masses ». Pourtant, le pouvoir politique congolais invoquait tous les jours à la radio par la voix du président Marien Ngouabi les « larges masses populaires », mais selon la critique du M22 ce n'était que verbiage révolutionnaire !

L'autocritique du M22 explique cette dissociation des groupes révolutionnaires de la façon suivante :

> Ainsi l'alliance appelée « Défense Civile-Forces progressistes » était en fait une coalition des groupes « Ngouabi », « Lissouba » et « Noumazalaye » (ce dernier groupe représentait

15. Observation personnelle.

en quelque sorte la Défense Civile). À la fin de cette période « Lissouba » fut écarté du pouvoir et les deux autres qui y restèrent décidèrent, sur l'initiative de Ngouabi, la création mécaniste d'un « parti d'avant-garde » lequel serait ainsi l'organisation des révolutionnaires qui manquait pour diriger la lutte anti-impérialiste (Diawara *et al.* 2011 : 42).

Il n'est pas étonnant que des militaires aient choisi de prendre le pouvoir en 1968 : ils s'estimaient lésés par la Défense Civile qui, avec ses jeunes gens non formés, assurait des tâches revenant aux forces armées et à la sécurité du territoire. Les nombreuses plaintes concernant les excès de zèle de ces jeunes, la crainte qu'ils inspiraient en raison de leur âge et de leur inexpérience poussa les militaires à se passer de leurs services et à récupérer le monopole des armes et du pouvoir en 1968.

Les putschistes compagnons de Ange Diawara ont cherché, à l'instar de leur héros Ernesto Che Guevara, à organiser et armer les paysans, à les former pour qu'ils manifestent leurs revendications fondamentales ; ils créent de petites cellules politiques autour de Goma Tsé-Tsé avec des objectifs pratiques. Il est étonnant que seuls les paysans soient mentionnés, car, dans le Pool, ce sont les femmes qui nourrissent leur famille, les hommes s'adonnant principalement aux brûlis ainsi qu'au dessouchage. L'objectif des putschistes est de créer des centres dans une partie du pays, principalement dans le monde rural. Pendant ce temps, sur les ondes, le chef de l'État Marien Ngouabi fustige ce « Diawara », alors qu'autour de Goma Tsé-Tsé et sa région, l'hélicoptère de l'armée congolaise tourne, à la recherche de ces révolutionnaires que les paysans protègent. D'ailleurs, tout un chacun à Brazzaville sait où se trouvent les insurgés, ce qu'ils ont mangé à « Pont du Djoué » par exemple. Le président Marien Ngouabi prend à cœur le putsch manqué de celui pour lequel il semblait *a priori* avoir de la considération, et cherche dans un premier discours en 1972 à lui donner une chance de se racheter s'il se rend dans les huit jours. N'a-t-il pas lui aussi mené deux putschs dont le dernier a porté ses fruits ? Un an plus tard, le 23 février 1973, le ton monte dans un discours fleuve et en partie improvisé. Le chef de l'État fait encore preuve de compréhension envers les jeunes qui restent fascinés par cette aventure révolutionnaire, et interpelle les lycéens : « Alors pourquoi, jeunes lycéens, croyez-vous que celui qui imite un grand révolutionnaire l'est automatiquement ? En fait, il veut utiliser la pensée de Guevara non pas pour le peuple mais pour ses propres ambitions. » Il poursuit sur ce thème de la double appartenance en disant qu'Ange Diawara était entouré de jeunes avec qui il allait s'entraîner : au maquis, les jeunes ont moins de 17 ans, mais « Diawara est par excellence le champion du double jeu. La tortue dont je parlais lors de mon meeting du 23 novembre 1971 : d'un côté la carapace et de l'autre la carapace » (Ngouabi 1975 : 303). En d'autres termes, c'est un faux révolutionnaire, qui, comme la tortue, présente deux carapaces. Les jeunes ont une vision romanesque de cet homme, et l'ont érigé en héros d'autant plus qu'il possède la force physique. Ils pensent qu'il va soulever le monde paysan, mais, comme l'affirme le président Ngouabi, il avait été ministre des Eaux et Forêts et de l'Agriculture pendant trois ans, et au cours de son mandat ministériel, il n'était allé qu'une seule fois pendant huit jours sur le terrain.

Ange Diawara et ses compagnons sont à la recherche de moyens financiers, et ils seront tous appréhendés au Congo-Kinshasa. Blessé, Ange Diawara est convoyé vivant à Brazzaville où il est enfermé, puis tué par le chef du renseignement (Massema 2005 : 82-87). Morts, lui et son compagnon le lieutenant Jean-Baptiste Ikoko seront ensuite exposés au stade de la Révolution où les enfants des écoles sont priés de venir voir : « Ce macchabée-là est mort, et bien mort » hurle dans le micro à plusieurs reprises le président Marien Ngouabi (1975 : 307). Voici ce qu'a retenu un blogueur de ce discours du stade de la Révolution où l'on présentait les corps avec des billets de 10 000 francs CFA dans la bouche, censés être des dollars puisque les deux conjurés avaient été désignés comme des agents de l'impérialisme américain. Un blogueur CGB, ancien lycéen affirme :

> C'est quelque chose qui nous avait secoués, je me rappelle bien avec quelle verve Ngouabi parlait, avec quelle vanité, j'ai encore en mémoire des fragments du discours de Ngouabi : « Diawara et Ikoko sont bel et bien morts et ils n'existent plus. Leur aventure est terminée »[16].

Cette séance de profanation de deux cadavres devant une foule de plus de 20 000 élèves est totalement contraire au respect envers les morts que manifestent les Congolais. C'est ainsi que s'achève cette épopée révolutionnaire qui marque la fin du parcours des révolutionnaires intellectuels et romanesques selon les propos du chef de l'État.

La « miliciarisation » de la société congolaise marque ainsi un arrêt. Elle va cependant renaître sous la présidence de Pascal Lissouba, élu suite à la Conférence nationale de 1991, ancien Premier ministre de Massemba-Débat et devenu l'initiateur de la nouvelle première milice des Aubevillois. Dans ce nouveau régime où l'on a instauré le pluripartisme, d'autres milices sont rapidement créées, liées à d'autres forces politiques, celles des Zoulous, des Cobras, des Ninja, des Mambas des Tcheks, des Requins, la dernière en date étant celle des Nsilulu du pasteur Ntoumi.

---

16. Blog Zenga-mambu.com, 2017/02/08, CGB, 13 février 2017 (consulté le 3 mars 2022).

Goma Tsé-Tsé : un lieu de pèlerinage, de guerre et de prédation

Monseigneur Roch Kounkou (1909-1982) fait de Goma Tsé-Tsé un lieu dédié à l'archange Saint Michel, un lieu de pèlerinage marial, et pratique aussi l'exorcisme dans la région. Le pasteur Bintsamou dit Ntoumi est lui aussi un exorciste de profession puisque, dans le néopentecôtisme, il est d'usage d'exorciser les enfants-sorciers et de pratiquer avec les fidèles des thérapies de groupe. Issu de Makélékélé, un quartier périphérique du sud de Brazzaville, le pasteur Ntoumi est considéré comme un thérapeute spécialisé dans les jeunes gens fous qui, pour certains, consomment du chanvre avec excès, d'autres peuvent être des enfants-sorciers. Comme le relate la géographe Dorier-Apprill (2006) à propos de Makélékélé : « Ces églises *Bula mananga* fondées par de jeunes Kongo originaires du fleuve y sont devenues le fer de lance d'une affirmation identitaire forte. » Il s'agit d'églises spécialisées dans « la destruction des œuvres du mal ». Chassé de Makélékélé en 1998-1999 pour faits de guerre, le pasteur rejoint le pays lari à 25 km de Brazzaville en compagnie de ses patients, de sa famille et des Nsilulu. Dorier-Apprill mentionne aussi l'origine populaire de ces cultes issus de ce quartier. Les jeunes gens embrigadés ont un niveau d'études moyen, et sont considérés pour certains comme des laissés pour compte de la société. En d'autres termes, la milice fondée par le pasteur Ntoumi est à l'opposé de celle de la Défense Civile que nous avons évoquée plus haut : la première s'adressait aux jeunes gens ayant fait des études dans le cadre français extrêmement sélectif au Congo, alors que la seconde réunissait des jeunes gens avec un niveau d'études primaire et quelquefois secondaire, mais comportait aussi un tiers d'analphabètes selon l'enquête d'Etanislas Ngodi (2013).

Arrivé dans son refuge de Goma Tsé-Tsé, le pasteur s'inspira de la liturgie catholique en lui empruntant une partie de l'uniforme des « Michelets », et surtout, la figure tutélaire de l'archange. L'uniforme des « Michelets » de Goma Tsé-Tsé contribua au choix par le pasteur du violet comme signe de l'appartenance à son église, et l'archange Saint Michel qui terrasse le dragon servit de référence spirituelle à ses groupes de combat ; le *mbétengué,* la gifle de Saint Michel, la punition des fidèles ou des guerriers eut pour certains des effets redoutables ; ce fut le cas du père Jean, que nous évoquerons plus loin, qui en mourut. L'exil du pasteur et de ses ouailles à Goma Tsé-Tsé en raison de la guerre eut pour vertu de l'inciter à créer son église, ses écoles, ses centres de santé, tout en sachant que lors des attaques par hélicoptères, l'issue pouvait être mortelle ; il ne restait plus qu'à fuir dans la forêt où la survie devenait de plus en plus précaire, c'était d'ailleurs l'objectif recherché par les militaires (Ntoumi 2010). Les Ninja se sont eux aussi réfugiés dans le

Pool, et la milice de Bernard Kolélas, leader charismatique et ancien maire de Brazzaville qui fréquentait lui aussi les Églises de réveil de Makélékélé, est invitée à rejoindre les Nsilulu ; celle-ci sort donc renforcée par cette milice combattante, au grand dam des membres de l'armée nationale. C'est ainsi que la milice Ninja-Nsilulu changea d'aspect : elle s'équipa en matériel de guerre et en moyens de transport. Plusieurs ecclésiastiques ont fait les frais de ce transfert de propriété que ce soit l'évêque de Kinkala ou même un simple prêtre qui ont tous deux perdu et leur bourse et leur véhicule. Perçus au début de leur activité comme des ascètes avec leurs armes rudimentaires, coiffés en rasta marchant torse nu et pieds nus, les Nsilulu affichaient le renoncement du moine-soldat. Dès l'époque de Ramsès, un chef Ninja bien connu, ils utilisaient un pick-up tout-terrain et disposaient d'armements modernes, de mitrailleuses, de fusils et d'armes de poing. Ainsi, ils se sont équipés au fil du temps, grâce aux barrages, à l'intimidation, aux menaces de mort ; le chemin de fer devint le marché où ils allaient se servir[17]. Ils étaient d'une part, la proie de la rigueur ascétique de leur organisation, et d'autre part, ils exprimaient leur violence dans des actions de barrage, de recel, de vol, envers les personnes et les choses ; le chemin de fer devint la source de revenus la plus sûre et la plus régulière. Certaines vidéos nous montrent le pasteur en gare avec ses miliciens armés, et disposant lui aussi d'une arme de poing. En 1999, pour se prémunir de la milice Ninja-Nsilulu, les militaires avaient installé un canon sur un wagon de tête de train ; il est cependant resté, semble-t-il, en gare de Pointe-Noire. Les Nsilulu ont cependant poursuivi leurs prédations, et nous allons nous attarder sur un exemple singulier, celui de l'itinéraire du père Jean Guth, curé de la paroisse de Mayama et père spiritain[18]. Ce cas est renseigné par quelques mots griffonnés sur des feuillets par le père lui-même, retrouvés sur lui après sa mort ; il fut l'otage des Nsilulu pendant cinq mois, et son parcours nous permet de comprendre quelle fut la route suivie par Freddy, leur chef de bande.

---

17. Une vidéo intitulée « Balade du Pasteur Ntoumi dans quelques gares du Pool », sur Youtube, nous montre le pasteur diriger sa trentaine d'affidés dans les gares de Mampouya. Vidéo Kibouendé, gare du CFCO : La recette semble relativement maigre. Le pasteur a droit à un siège en liane quand il est dans le train. Il marche avec ses hommes et court avec ses hommes. Les hommes de la station de chemin de fer, les regarde tous avec un visage fermé.
18. Malgré l'homonymie, nous n'avons pas de relation familiale avec le père Jean Guth.

Le cas du père Jean

C'est une prise d'otage qui est restée très discrète malgré les requêtes formulées auprès des autorités politiques congolaises par l'évêché, et les autorités françaises. Le père Jean était curé de la paroisse Saint Pierre Claver de Mayama dans le Pool ; il devait aller célébrer la messe de Pâques à Kindamba puisque les fidèles n'avaient pas eu d'office depuis le début de la guerre. Kindamba étant attaquée par les forces gouvernementales, l'abbé fuit le 31 mars 2002 avec six personnes à bord de son Toyota Land Cruiser. Au bout de 22 km, il tombe sur un barrage ; c'est un homme qui parle couramment le lari, la langue du pays, et qui a emporté avec lui une somme d'argent. L'occasion est trop belle pour Freddy, le chef de cette bande de Ninja-Nsilulu, de s'approprier un véhicule de ce type et de dépouiller le père spiritain et ses passagers. Il considère le prêtre catholique comme un « infiltré » — la théorie du complot n'est jamais très loin —, et, après avoir pris tous ses biens, la bande de Nsilulu lui applique le *mbétengué,* la gifle de Saint Michel. Dépouillé de ses vêtements, allongé à terre, on le frappe du plat de la machette ; la victime a les mains ligotées dans le dos, les Ninja lui coupent aussi un tendon du pied gauche, le père Jean s'évanouit ; il a plus de 60 ans. S'étant rendu compte de leur geste, ils le conduisent à Loukouo, au dispensaire où le prêtre est bien connu, mais l'infirmier sur place n'a pas les moyens pharmaceutiques pour soigner le prêtre, il remet donc le malade à la bande de Ninja-Nsilulu, fort embarrassée par cet homme qui ne peut plus marcher et dont la plaie va s'infecter et provoquer une septicémie. Il est caché à Wayako où on le soigne avec la médecine traditionnelle nsilulu, avec des herbes. Les forces armées nationales sillonnent la région en hélicoptère, si bien que les Ninja sont obligés d'emmener leur malade qui s'affaiblit de plus en plus, ses côtes ayant été cassées ainsi que ses dents. Victime de mauvais traitements, il est fiévreux et fait une crise de paludisme. Les Ninja veulent gagner la forêt de Bandou pour s'y réfugier ; ils construisent alors un radeau sur lequel ils placent leurs blessés et le père Jean en empruntant la Louolo, un affluent du fleuve Niari, et c'est ainsi qu'ils arrivent là où commence la forêt vers le village de Louolo. Le père Jean gardait dans ses vêtements un bout de papier sur lequel étaient notés les lieux où ils se déplaçaient comme une sorte de mémorandum ; c'est là, près d'une ancienne compagnie forestière qu'il est mis en terre à Louwolo Pouété, et qu'il sera exhumé ultérieurement. Un milicien a pris ses sandales. Comme l'affirment les évêques, toutes les autorités avaient été informées de sa disparition, mais nul n'avait osé aller sur place, si ce n'est l'armée congolaise combattante qui avait quant à elle d'autres objectifs. Cet épisode tragique du père missionnaire spiritain Jean Guth qui était familier de ces régions et de la culture du Pool, nous montre la peur qu'inspirent le pasteur Ntoumi et ses troupes de Ninja-Nsilulu.

Ainsi, à l'instar d'Ange Diawara qui, pendant un an, a parcouru les mêmes lieux sans être appréhendé par les forces de l'ordre sur ce terrain, le pasteur Ntoumi et sa troupe ont échappé aux forces de l'ordre et de l'armée nationale, non sans mal. Cette situation fait douter bien des commentateurs concernant le rapport qu'entretient le pasteur avec le pouvoir : serait-il, lui aussi, comme l'exprimait le défunt président Marien Nouabi, une « tortue double face » ? D'aucuns l'accusent de jouer un double jeu, voire d'être le cheval de Troie du pouvoir. Ils estiment que l'on a cherché à le protéger, et se demandent aussi qui a fourni l'armement aux Ninja-Nsilulu qui était devenu relativement considérable. Le paradoxe du pasteur Ntoumi et de ses recrues qui sillonnent les routes et le CFCO en s'attribuant tout ce qui fait ventre va se manifester lors de sa parousie à Makélékélé le 10 septembre 2007.

Lors de cet événement pendant lequel le pasteur veut prendre ses fonctions de « Délégué général auprès du président de la République, chargé de la promotion des valeurs de la paix et de la réparation des séquelles de guerre », on le voit entouré de ses affidés, les uns en camion, les autres en voiture ; ils viennent tous en majesté à Brazzaville en occupant toute la route avec leurs véhicules, salués d'abord timidement par la population au bord de la route, puis plus chaleureusement par leurs partisans. Arrivé à destination, le pasteur apprend que le chef de l'État est en vacances, il est entouré de ses partisans en gants blancs et en t-shirts à son effigie, et surtout protégé par ses miliciens en armes qui montent la garde et font peur à une partie de la foule. Le pasteur, comme le notent les observateurs, est en costume deux pièces, et ni lui, ni sa troupe ne portent les stigmates des séjours en forêt[19]. Il dispense avec son porte-voix des discours en français et en kikongo, se comporte en chef respecté et montre bien, comme il l'indique lui-même, qu'il sait rassembler les jeunes et la foule. Sa venue, bien qu'il n'ait pas obtenu de rendez-vous formel avec le chef de l'État, est un événement pour Brazzaville. La troupe repart comme elle est venue. L'histoire ne s'arrête pas là, elle montre que le pasteur est craint comme le *toya,* l'oiseau annonciateur du malheur et qu'il suscite également dévotion et enthousiasme chez les jeunes. Il est celui par qui la peur et la guerre ont envahi la région du Pool, celui que les troupes cherchent à faire fuir en forêt, où la vie devient précaire et où nombreux sont ceux qui n'y survivent pas. Comme l'avait montré Roland Desvauges

19. Ceux qui sortaient de la forêt étaient en général hâves, en haillons, extrêmement affaiblis et amaigris.

(1963 : 16-27) dans une enquête sur le travail dans le Kouilou[20], les jeunes gens des savanes n'aiment pas la forêt, et beaucoup la craignent.

❖

Les sociologues congolais se sont beaucoup interrogés sur la « milicianisation » de la société congolaise, mais ont oublié dans leur questionnement que la Défense Civile répondait déjà au même critère : celui de disposer d'une jeunesse en armes pour des tâches considérées comme infrapolitiques. Concurrente de l'armée, de la gendarmerie et de la police, la Défense Civile est aussi rejetée par les populations qui étaient prises à partie par des adolescents dont on craignait l'inexpérience, la maladresse et le manque de jugement. D'autres ont vu dans cette main-d'œuvre jeune et naïve, un moyen de participer à des tâches en rapport avec leur idéal politique. Pour Jean-José Maboungou, l'appartenance à ce groupe fut un changement radical, comme s'il était soudain devenu grand et qu'il avait des objectifs à atteindre. Il trouva sur sa route son héros : Ange Diawara. Le monde socialiste à venir avait suscité des discussions à foison, l'avenir n'était pas encore écrit et tout était à faire. Cette plongée dans le futur, dans le changement a provoqué l'exaltation jusqu'au jour où le chef de l'État Marien Ngouabi a évoqué le « macchabée-là » qu'était devenu Ange Diawara. Sa mort, et surtout la présentation du cadavre au stade de la Révolution congolaise a sonné, pour certains élèves qui y avaient été conduits, le glas de l'enfance.

En créant sa milice des Aubevillois censée protéger le pouvoir présidentiel, le président Pascal Lissouba semble avoir voulu reprendre le fil de l'histoire de la Défense Civile. Il a cependant omis un élément fondamental dans son raisonnement : le pluripartisme permet à chaque acteur politique important de créer son propre groupe milicien. Il existe cependant une différence notable entre la première milice de la Défense Civile et celle des Ninja-Nsilulu. La première avait pour prétention, après la colonisation, d'instaurer un nouvel ordre politique : celui du socialisme scientifique dont elle pensait qu'il serait un support au développement du pays. La nation congolaise voulait montrer qu'elle était indépendante des destinées de son ancienne métropole et qu'elle choisissait librement ses amis, tout en attribuant à NGolé (C. de Gaulle) qui avait donné l'indépendance au pays, un pouvoir charismatique. La Défense Civile a aussi servi d'instrument de « coups de main politiques » aux hommes de pouvoir.

20. Kouilou est l'autre nom du fleuve Niari près de son embouchure.

Tout autre est le mouvement Nsilulu du pasteur Ntoumi qui revendique pour la jeunesse du Pool un passé glorieux et mythique, celui du *Kongo dia Ntotila,* un mouvement culturel et religieux qui s'enracine dans les croyances du Royaume du Congo, d'un pays à la recherche d'un pouvoir messianique, de ses racines et de son histoire. Confronté à la guerre, le mouvement a plongé dans le banditisme, l'appât du gain, celui des véhicules 4x4, tant ceux des particuliers que ceux des ecclésiastiques catholiques, et tenu par la nécessité de trouver des armes et de la nourriture. Dirigés par le pasteur comme on peut le voir en vidéo sur les rails ou en gare, ou laissés seuls à leurs prédations en bandes autour de Loukouo, aguerris par l'apport des Ninja de Bernard Kolélas, ces jeunes deviennent *in fine* les instruments d'une volonté de pouvoir du pasteur, tout en croyant obéir à une puissance d'origine divine. Ils deviennent les organes de *l'empowerment* du pasteur ; lorsque ce dernier négocie avec le pouvoir politique congolais, il vient en majesté, et les Congolais ne s'y trompent pas, leur commentaire porte d'abord sur la tenue du pasteur et de son entourage. La Défense Civile craignait la « cinquième colonne », les contre-révolutionnaires, les colonialistes et impérialistes ; elle a été fondée sur la relation politique « ami-ennemi ». L'« ethnie » disparaissait du paysage politique, mais reparaissait dans la notion de « bourgeois ennemi de la révolution » ou « bourgeois comprador » : ils étaient tous issus des « ethnies » du Sud. Les Nsilulu, quant à eux, craignent par-dessus tout les « infiltrés », ceux qui ont l'apparence d'être les amis de la « tribu » qui parlent le lari, mais qui sont, comme ils le pensent du père Jean, de l'autre bord. Les « ethnies » sont revenues sur le devant de la scène et se combattent à visage découvert. Les deux groupes vivent l'un comme l'autre dans une situation profondément polémogène, où les catégories de l'ami et de l'ennemi se transforment et évoluent.

Laboratoire interdisciplinaire en études culturelles, Misha, Université de Strasbourg, France.

BIBLIOGRAPHIE

Bernault F., 1996, *Démocraties ambiguës en Afrique Centrale. Congo-Brazzaville, Gabon (1940-1965),* Paris, Karthala.

Diawara A. *et al.*, 2011, *Autocritique du M22. Le mouvement révolutionnaire du 22 février 1972 au Congo Brazzaville,* Paris, L'Harmattan.

Desvauges R., 1963, « Les chômeurs de Brazzaville et les perspectives du barrage du Kouilou », *Cahiers de l'ORSTOM,* 2.

Dorier-Apprill E. *et al.*, 1998, *Vivre à Brazzaville. Modernité et crise au quotidien,* Paris, Karthala.

Guevara E., 2000, *Passage de la guerre révolutionnaire,* Paris, Métaillé.

Guth S., 1973, *La République Populaire du Congo : École et Société,* Thèse de doctorat, Strasbourg, Université de Strasbourg II.

Guth S., 2003, « Les collégiens et la guerre au Congo », *Cahiers d'Études africaines,* XLIII (1-2), 169-170 : 337-350.

Kiriakou H., 2022, « La ville est à nous ! Engagement des jeunes pendant les premières années de la révolution congolaise (1963-1965) », *Histoire Urbaine,* 63 (1) : 103-122.

Maboungou J.-J., 2016, *Sur le sentier d'un enfant de la Défense Civile,* Paris, PAARI éditeur.

Mambou Gnali A., 2002, Beto na Beto. *Le poids de la tribu,* Paris, Gallimard.

Massema A. R., 2005, *Crimes de sang et pouvoir au Congo-Brazzaville. Les assassinats de Lazare Matsocota, Joseph Pouabou, Anselme Masoueme, Ange Diawara, Marien Ngouabi, Pierre Anga,* Paris, L'Harmattan.

Ngodi E., 2013, *Le mouvement Nsilulu dans le Pool ou les Combattants de Saint Michel,* Paris, L'Harmattan.

Ngouabi M., 1975, *Vers la construction d'une société socialiste en Afrique,* Paris, Présence africaine.

Ntoumi P., 2010, *Une longue nuit : la demeure du silence,* Paris, Éditions ICES.

Résumé

La jeunesse milicienne congolaise est étudiée en évoquant la première milice d'État, la Défense Civile (1964-1968), et la dernière manifestation milicienne dans la région du Pool du Congo-Brazzaville : celle des Nsilulu du pasteur Ntoumi. Tout oppose ces deux formations : l'une prend Che Guevara comme héros et considère Ange Diawara comme son chef, l'autre est une création d'un pasteur néo-pentecôtiste qui exerce une fonction de guérisseur et dont la troupe se réfugie dans la région du Pool. La Défense Civile s'achève à Goma-Tsé-Tsé, là où, trente ans plus tard, commence l'aventure de la milice des Nsilulu qui se bat contre les forces gouvernementales congolaises et angolaises. La population du Pool voit en fin de compte le pasteur comme un *toya,* un oiseau nocturne de mauvais augure. Les milices servent *in fine* de moyen infrapolitique pour permettre à un leader de peser sur le pouvoir.

Mots-clés : Congo-Brazzaville, Goma Tsé-Tsé, Ange Diawara, pasteur Ntoumi, Défense Civile, milice Nsilulu.

Abstract

From the Congolese Guardians of the Revolution to a Militia of Youngsters (1965-2007). — Militianism of the Congolese youth is studied through the Civil Defence group (1964-1968) and the Nsilulu group of Pastor Ntoumi in the Pool region of the Republic of the Congo. These militias are totally opposed: the former considers Che Guevara as a hero and Ange Diawara as a leader, while the latter is a new religious Pentecotist group. Civil Defence ends in Goma-Tsé-Tsé, where, thirty years later, the adventure of the Nsilulu militia fighting against Congolese and Angolan government forces begins. The Pool inhabitants saw the Pastor as a *toya* bird, a bird of ill omen appearing at night. Finally, in Congo, militias are used as an infrapolitical resource in order to give power to a political leader.

Keywords: Congo-Brazzaville, Goma Tsé-Tsé, Ange Diawara, Pastor Ntoumi, Civil Defence, Nsilulu militia.

Abdoulaye Moussa Diallo

La posture de « chercheur apprivoisé »

Enquêter sur la professionnalisation des acteurs communautaires de santé au Sénégal

La question de la démarche d'enquête est au cœur de plusieurs travaux d'épistémologie de la recherche en sciences sociales, tant dans le monde francophone (Bourdieu *et al.* 1985 ; Naepels 1998 ; Bierschenk & Olivier de Sardan 1998 ; Vidal 2021) qu'anglophone (Hughes 1996 ; Chiseri-Strater 1996 ; Becker 2002). Les années 1990 ont marqué le développement d'une anthropologie réflexive plus consciente de la manière dont les enquêtes de terrain et les analyses sont produites (Bellier 2002 ; Ghasarian 2002 ; Berger 2004 ; Olivier de Sardan 2008), y compris pour les recherches en santé (Arborio 2007 ; François *et al.* 2018). Selon Max Weber (1919), la notion de « neutralité axiologique » consiste, pour le chercheur, à ne pas porter de jugements de valeur dans son travail d'enquête et dans son travail d'analyse. Accepter l'assignation d'une posture, quelle que soit sa provenance, pourrait compromettre la scientificité de ses résultats (Bazin *et al.* 2011). La posture « assignée » est ainsi souvent reniée par les anthropologues au profit de celle dite « revendiquée »[1]. La notion de posture revendiquée renferme deux acceptions distinctes. La première renvoie à l'affirmation d'une identité de chercheur indépendant dans la formulation de son questionnement, l'analyse de ses données et la présentation de ses résultats. Revendiquer sa posture autorise le chercheur à se démarquer des assignations politiques des décideurs/financeurs de sa recherche, visant à instrumentaliser son rôle et ses productions scientifiques. Résolument plus empirique, la seconde acception fait allusion au dévoilement du statut de chercheur aux informateurs sur le

1. Un numéro hors-série du *Journal des Anthropologues* (Bazin et al. 2011) a été dédié aux communications d'anthropologues, de travailleurs sociaux et d'autres acteurs lors d'un colloque organisé par l'AFA et le CLERSÉ, intitulé « Postures assignées, postures revendiquées : face aux bouleversements politiques et institutionnels, comment pratiquer nos terrains aujourd'hui ? ». Du 12 au 13 novembre 2009, les participants ont discuté de nouvelles formes d'outils, de procédures et de techniques de recherche de groupe plus adaptées au monde actuel dans les locaux de l'Université Lille 1 à Villeneuve d'Ascq.

terrain. Je m'intéresse aux implications méthodologiques de cette dernière et à la dextérité que requiert son application dans la « positionnalité » du chercheur vis-à-vis de ses informateurs (Chiseri-Strater 1996 ; Bordes 2022).

Les travaux de Gérard Althabe (1990) et de Jean-Pierre Olivier de Sardan (1995a, 2000) montrent que cette démarche n'est pas toujours opérante : l'utilisation unique de la posture revendiquée ne garantit pas toujours un bon ancrage sur le terrain. Pourquoi ? Parce que le chercheur doit parfois manipuler/naviguer entre ses postures plurielles, y compris celles qui lui sont assignées sur le terrain. Des recherches ont démontré qu'une mauvaise manipulation des postures assignées et des identités corollaires n'est pas sans incidence sur les résultats de la recherche. Certains pensent qu'être issu du milieu peut apparaître comme un avantage dans la mesure où les positions à la fois d'*insider* et d'*outsider* du chercheur autochtone peuvent être mises à profit pour repenser le familier (Bolak 1996 ; Bila 2009 ; Rogers 2019). D'autres considèrent qu'il est nécessaire pour le « chercheur du cru » de construire une distance par rapport aux liens préétablis et de se déconnecter de certains réseaux locaux et de certains codes du savoir-vivre local pour contourner les biais de familiarité avec le milieu d'enquête (Diawara 1985 ; Ouattara 2004).

Toutes ces recherches suggèrent une gestion des biais pendant l'enquête de terrain. Or, ces formes d'implication ou de dés-implication sur le terrain ethnographique ne permettent pas de dissiper totalement le risque de subjectivité (Baïnilago 2004). Cette recherche de scientificité devra alors être comblée de manière réflexive dans le traitement des données et dans la production des résultats de la recherche (Olivier de Sardan 2008). Dans cet article portant sur l'ethnographie des acteurs communautaires de santé (ACS) dans le système de santé sénégalais, j'emprunte cette perspective de gestion des biais *a posteriori* de l'enquête ethnographique en tant qu'anthropologue familier du milieu hospitalier. Ma familiarité ne repose pas sur des liens de consanguinité (Diawara 1985) ou de proximité identitaire (Ouattara 2004 ; Rogers 2019). Elle est plutôt construite à partir de plusieurs mandats de recherche au cours des dix dernières années dans ces établissements de santé au sein desquels j'ai aussi mené mes recherches doctorales. L'essentiel demeure de rendre compte de « l'écart entre ce qui est vécu "là-bas" [sur le terrain] et ce qui est écrit "ici" [résultats présentés] » (Homolle 2011 : 50). Mais, il est indispensable de négocier le passage d'un chercheur *outsider* à un chercheur *insider* pour effectuer des recherches auprès des soignants africains (Hane 2018).

La technique de l'observation participante, tantôt comme « stagiaire », tantôt comme « expert » ou « socioanthopologue », a permis une immersion à la fois au sein des ménages, des formations sanitaires et des institutions de tutelle. La participation a consisté à remplir des fiches de suivi de vaccination, à prendre part aux visites à domicile auprès des femmes en âge de reproduction et à assister aux actes paramédicaux posés par les ACS. Posture assignée par les acteurs ou posture revendiquée par le chercheur ? Posture de « chercheur apprivoisé », grâce à laquelle l'objectivation de l'enquête émane de l'acceptation des rôles assignés sur le terrain, conjuguée à un travail réflexif de reconquête de l'autonomie ethnographique au moment de l'analyse des données.

Mon enquête montre que dans un cadre où la politique de terrain demeure un enjeu fort pour la suite de la recherche, c'est plutôt la neutralité du chercheur qui revêt une coloration partisane, soit en faveur des promoteurs de l'autonomisation, soit dans l'intérêt de ses opposants. La posture assignée par les acteurs à l'aune des premières impressions permet en ce sens de se départir de la « neutralité obstruante » de la posture revendiquée en faveur des postures attribuées par les acteurs eux-mêmes. Elle autorise un positionnement équidistant permettant de saisir les pratiques des groupes antagonistes dans le domaine étudié. Cette manière d'appliquer une forme de « cynisme méthodologique » (Olivier de Sardan 2000 : 428), en jouant le jeu de ses enquêtés sous plusieurs casquettes, fait de l'ethnographe un chercheur qui se laisse volontairement « apprivoiser ».

La posture de « chercheur apprivoisé » renvoie à la couverture itérative adoptée par l'ethnographe, qui requiert de combiner différentes postures en adéquation avec les attentes des acteurs qu'il a en face de lui, et d'analyser, *a posteriori,* de manière réflexive son rôle dans la production des données. Concrètement, il s'agit d'afficher son accord avec les opinions d'une personne et/ou d'un groupe pour se faire accepter, puis d'analyser son propre rôle comme matériau d'enquête. Le premier nécessite un ajustement et une gestion constante de la « présentation de soi » *(« impression management »)* sur le terrain (Goffman 2002), tandis que le second répond aux défis d'objectivation des résultats qualitatifs (Olivier de Sardan 2008). La posture de « chercheur apprivoisé » permet ainsi à l'ethnographe de se conformer aux exigences de l'objectivation dans son terrain, à travers une imprégnation lente et continue (Laplantine 2001), afin de s'adapter au rythme des antagonismes liés aux conflits inter et intra professionnels.

Je propose donc d'effectuer un voyage sur le terrain de la santé en Afrique, où la socioanthropologie[2] des groupes professionnels et la méthodologie propre à cette discipline ne sont pas encore très développées. L'objectif est de montrer comment se construit la réalité qu'on décrit à partir des partis pris éventuels. Pour ce faire, je vais d'abord montrer en quoi la quête de

2. Durant ma formation initiale, j'ai navigué entre ces deux univers scientifiques dont je contribue à effacer les frontières à l'instar d'autres chercheurs tels que G. BALANDIER (1957), J.-P. OLIVIER DE SARDAN (1995b), etc.

reconnaissance et de valorisation des bénévoles plonge le chercheur dans une complexité liée à sa posture de recherche sur le terrain. Il s'agira ensuite de retracer le cheminement de l'enquête, l'approche de terrain et la spécificité de la zone d'étude, et d'expliquer la nécessité d'une concordance entre les pratiques des acteurs et la posture du chercheur. Je finirai par dresser une liste non exhaustive des exigences de réflexivité pour l'usage de la posture de « chercheur apprivoisé », en suivant une approche comparative.

Contexte d'enquête auprès des acteurs communautaires de santé (ACS)

En 2014, l'État du Sénégal a décidé d'élaborer une politique nationale de santé communautaire (PNSC) pour garantir l'accès universel à des soins de santé de qualité, conformément à la politique des soins de santé primaires prônée depuis la conférence d'Alma Ata en 1978. Cette politique basée sur l'impulsion de la santé communautaire internationale s'est déclinée à travers le renforcement de l'implication des ACS au niveau opérationnel de la pyramide sanitaire (Hane 2018 ; Diallo 2021). Constitués majoritairement de femmes (2/3 des individus), les ACS sont conviés à participer à la prise en charge de la santé des populations locales (Diallo 2021). Malgré les formations de courte durée reçues par certains, ces bénévoles sont considérés dans le système sanitaire sénégalais comme des aide-soignants, des aides sage-femme, des vendeurs en pharmacie, des aides à domicile, etc., et leur nombre passe de 25 000 en 2017 à 33 000 en 2020, soit une augmentation de 8 000 en trois ans[3]. Les ACS se considèrent quant à eux comme un groupe professionnel à part entière, mais invisibilisé. Pour sortir de cette invisibilité, ils ont recours à des pratiques émancipatoires dissimulées, quelquefois en déphasage avec les directives de leurs autorités de tutelle (Diallo 2023). En mettant en jeu des acteurs aux ressources et aux intérêts différenciés, cette quête de reconnaissance et de valorisation du bénévolat sanitaire plonge le chercheur dans une complexité liée à sa posture de recherche sur le terrain.

Une enquête ethnographique en terrain « sur-pâturé »

La mobilité des populations et le déficit de personnel soignant diplômé dans cette zone centre-sud du Sénégal constituent un enjeu majeur pour la prise en charge de la santé, notamment celle de la mère et de l'enfant

3. Ministère de la Santé et de l'Action sociale (MSAS), *Annuaire des statistiques sanitaires et sociales,* Dakar, 2020.

(EDS-Continue 2018). La surveillance de la santé globale des populations à Kaolack et Kolda, régions où les populations sont plus vulnérables qu'ailleurs, rend nécessaire un engagement plus fort de la part des ACS (ECPSS 2017). Cette zone centre-sud est considérée comme un cas exemplaire, en raison de son rôle sociohistorique dans le développement de l'approche communautaire, de l'expérimentation du travail des bénévoles sanitaires et de sa situation géographique transfrontalière avec la Gambie et la Guinée Conakry.

Les ACS issus de cette zone ont fait l'objet de diverses études, qu'elles soient de type scientifique ou de l'expertise. Il s'agit donc d'un terrain « surpâturé » d'enquêtes de courte durée, caractérisées par des promesses non tenues par les enquêteurs professionnels de l'État et des ONG et la généralisation des pratiques d'achat d'informations. Ces pratiques ont engendré des biais avec lesquels j'ai dû négocier. L'entrée sur mon terrain s'est présentée comme une « porte à moitié ouverte » pour étudier, de manière approfondie, les finalités des engagements locaux et le devenir professionnel des ACS (Diallo 2021). Mon expérience d'enquête de longue durée (quatre ans) m'a inscrit dans un processus de conversion en passant d'une présence « sur » le terrain à un acteur « dans » le terrain (Bordes 2022). Mes interactions avec les professionnels de santé ont révélé la méconnaissance des méthodes de recherches qualitatives (Kohn & Cristiaens 2014). C'est dans ce contexte que ma présence continue dans les établissements de santé a créé des tensions de posture de recherche, rendant nécessaire mon implication dans le milieu d'étude, au-delà des documents introductifs classiques.

L'entrée sur le terrain en santé en Afrique : « une porte à moitié ouverte » pour les études de longue durée

Les enquêtes dans les structures de santé exigent du chercheur de présenter une lettre d'introduction, cosignée par ses institutions de rattachement. Habitués aux enquêtes « éclair », les agents de santé perçoivent la longue présence de l'anthropologue comme une menace à la bonne marche de l'organisation, à son image et aux pouvoirs des individus qui en contrôlent le fonctionnement (Bizeul 1998). En évoquant les mécanismes de préservation de l'héritage culturel au sein de son groupe social d'appartenance, Mamadou Diawara (1985 : 14) a bien résumé cette situation de perturbation induite par la présence du chercheur en ces termes :

> La méfiance que je suscite dans tous les milieux révèle la perturbation provoquée par le chercheur que je suis. Je suis donc socialement marqué : je suis partout un étranger, même

si les traitements en tant que tels varient selon les conditions sociales. Pourtant, je continue à aller à l'encontre de l'ordre des choses, mon métier se confond avec une transgression permanente. En même temps, je sollicite la collaboration de ceux que je dérange. Là se situe la contradiction fondamentale que je m'efforce quotidiennement de dépasser.

Selon Thierry Berche (1998), le personnel hospitalier considère souvent les anthropologues comme des concurrents, dont la préoccupation principale est de démontrer qu'ils ne connaissent pas très bien la société dans laquelle ils travaillent. Dans le même temps, les anthropologues sollicitent la collaboration des soignants pour observer leurs pratiques. Sous ce rapport conflictuel, les chercheurs, considérés comme externes aux personnels soignants, se heurtent fréquemment aux réticences des acteurs sanitaires pour mener des enquêtes qualitatives en milieu hospitalier, en dépit des permis d'enquêtes délivrés par l'autorité réglementaire (Ndoye 2013).

Par exemple, j'ai été amené à observer de manière *incognito* les interactions entre les ACS et les patients, notamment les piqûres, les perfusions et l'administration de médicaments. J'ai été très vite perçu par les agents paramédicaux et communautaires comme un intrus, et sommé de quitter la salle des injections, malgré ma lettre d'introduction. Ces restrictions visent, d'une part, à éviter que le chercheur ne devienne « un élément relativement incontrôlable au sein d'un système par ailleurs extrêmement contrôlé » (Spencer 1973 : 93) et, d'autre part, à restreindre l'accès aux « propos susceptibles de provoquer des remous à l'intérieur et de susciter l'indignation à l'extérieur » (Bizeul 1998 : 758). C'est dans cette situation ambivalente que l'on peut entrevoir une objectivité de la posture assignée. Mais quelle démarche méthodologique faut-il entreprendre ?

Chronique longitudinale de la stratégie d'enquête

Les matériaux recueillis ont été tirés d'un corpus de recherches menées depuis six ans sur les manières dont le bénévolat s'opère au Sénégal dans le domaine sanitaire. La méthodologie de recueil des données repose fondamentalement sur une approche qualitative avec une composante ethnographique importante (trois séjours d'immersion de six mois chacun). Au total, 72 entretiens, 9 rencontres de *focus groups* et plusieurs mois d'observations ont été réalisés, mais non sans défis empiriques dont les causes émanent des rapports professionnels marqués par des jeux de pouvoir et d'empiétement de territoires professionnels.

Les groupes socioprofessionnels dans le domaine sanitaire forment une écologie liée au sein d'un système des professions (Abbott 2005) dans lequel les acteurs n'ont pas les mêmes perceptions de la finalité du bénévolat sanitaire. Des divergences de conceptions rendent complexe la méthodologie à adopter pour appréhender cet objet. Un meilleur usage de la posture de « chercheur apprivoisé » par rapport aux aspirations professionnelles des ACS suppose que le chercheur ait recours à une réflexivité nourrie par sa forte imprégnation des enjeux du terrain (Olivier de Sardan 1995a). Dans mon cas, il s'agissait de mobiliser mes expériences d'enquêtes passées pour effectuer un recrutement sélectif des personnes à interroger et de déterminer les niveaux d'enjeu.

Un processus de recrutement des interlocuteurs suivant les niveaux d'enjeu

L'enquête exploratoire ou les expériences d'enquêtes passées restent des moments cruciaux de réflexivité pré-enquête, dont l'objectif principal est de tâter le terrain en préparant une monographie locale pour mieux s'imprégner du milieu d'enquête (Beaud & Weber 2010). Sanjek (1991) rappelle en ce sens que la sélection des interlocuteurs pour l'exhaustivité, à travers un cheminement incluant tous les segments de l'objet étudié, demeure un des « critères de validation » des résultats ethnographiques[4]. Le processus de recrutement des répondants a pris en compte les critères de diversité des interlocuteurs, de tri des personnes-ressources à interroger à différents niveaux de responsabilité, et d'identification des personnes susceptibles d'avoir des conflits d'intérêts.

J'avais décelé trois niveaux d'enjeu, correspondant chacun à des groupes cibles :

1. Le niveau « élevé » est composé d'ACS bénévoles (aide-soignants, matrones, relais, aides à domicile, *bàjjenu gox*[5] ou marraines de quartier) et de responsables sanitaires locaux (médecins, infirmiers, sages-femmes, membres des comités de gestion des hôpitaux). La mutation du bénévolat en source principale de main-d'œuvre médicale est un enjeu majeur dans l'accès à

4. SANJEK (1991) propose trois critères de validation des résultats ethnographiques : 1) Dans quelle mesure les théorisations de l'anthropologue se fondent-elles sur des données de terrain fournies comme « preuves » ? 2) Est-on informé du « cheminement du terrain » ? Qui sont les informateurs et comment on a recueilli leurs informations ? 3) Les décisions interprétatives prises au fur et à mesure sur le terrain sont-elles explicitées ?

5. La catégorie des *bàjjenu gox* a été créée en 2010. Elle est exclusivement composée de femmes (âgées entre 40 et 60 ans, choisies parmi les femmes leaders autochtones ou primo-arrivantes, issues de familles respectées dans le quartier/village pour faire la promotion de la santé sexuelle et reproductive).

l'emploi pour ces bénévoles, d'une part, et dans l'atteinte des objectifs de santé assignés par les responsables sanitaires locaux d'autre part.

2. Le niveau « moyen » comprend les femmes en âge de reproduction qui bénéficient des services des ACS, et les leaders locaux (chef de quartier/village, président de commission santé) qui participent au processus de leur sélection (élection ou désignation). Les leaders locaux estiment que la valorisation du bénévolat est cruciale pour maintenir les activités de santé communautaire et l'emploi local.
3. Dans le niveau « faible », il y a des membres d'ONG et du ministère de la Santé et de l'Action sociale dont les mutations en cours dans le bénévolat sanitaire ne menacent pas directement la profession.

Suite à ce travail préliminaire de typologie des logiques d'intérêt et des acteurs, des passages séquencés sur le terrain étaient à prévoir[6]. L'objectif de cette démarche est de garder en tête une posture conforme à chaque phase et d'éviter les chevauchements de postures qui peuvent mettre le chercheur dans une position inconfortable (voir *infra* vignette ethnographique n° 2).

Un séquençage des phases d'enquête pour éviter les chevauchements des postures

J'ai effectué trois phases d'enquête en conformité avec les trois niveaux d'enjeux identifiés. La posture du « chercheur apprivoisé » a été prépondérante durant les phases 2 et 3. La première phase des entretiens avec la cible institutionnelle n'a pas nécessité de posture empruntée. Comme je l'ai déjà mentionné, les acteurs rencontrés sont éloignés des enjeux socioprofessionnels des ACS et sont, par conséquent, moins enclins à modifier leurs discours et leurs pratiques en ma présence. Il s'agissait davantage d'un bras de fer psychologique entre chercheur et autorités :

> L'enquête sur des acteurs en position dominante économiquement ou politiquement est, elle aussi, périlleuse : elle induit des effets d'intimidation, de séduction ou de flatterie, renforcés par la capacité à manœuvrer de personnalités rompues à l'art de gouverner ou de communiquer (Cefaï & Amiraux 2002 : 3).

Afin de « s'imposer aux imposants » (Chamboredon *et al.* 1994), j'ai adopté la posture de socioanthropologue relativement expérimenté pour m'imposer auprès de mes interlocuteurs. L'enquête auprès des institutions a

6. Je prolonge ici la réflexion de GOFFMAN (1974) sur les *« trip »,* c'est-à-dire les « morceaux de réel » auxquels s'intéresse l'analyse.

nécessité moins de dissimulation de mon statut de chercheur que l'enquête menée auprès des agents de santé où les velléités d'instrumentalisation de mon rôle étaient omniprésentes.

Les phases 2 et 3 de l'enquête ont été respectivement axées sur les observations *incognito* au sein des établissements de santé et des domiciles des patientes ainsi que sur les entretiens (récits de vie et *focus groups*) avec les parties prenantes des établissements de santé (personnel de santé, ACS et population). Au cours de ces deux dernières phases, les ACS, le personnel paramédical et les agents municipaux de santé ont été les groupes les plus enclins à instrumentaliser le bénévolat sanitaire, respectivement à des fins de préservation d'emploi, de main-d'œuvre gratuite et de recrutement de partisans politiques. L'adoption de la posture de « chercheur apprivoisé », tantôt comme expert, futur partenaire, tantôt comme stagiaire subalterne, a permis de mieux saisir ces formes d'instrumentalisation du rôle du chercheur.

Un écosystème d'acteurs aux structures représentationnelles disparates : quels effets sur l'enquête ?

Il est important de prendre en compte la diversité spatio-temporelle des formes, des degrés et des séquences de professionnalisation pour comprendre la structuration de l'expertise savante d'un groupe socioprofessionnel, car les professions n'écrivent pas unilatéralement leur histoire (Abbott 1988). Elles sont interdépendantes, parce qu'elles se disputent des territoires complexes et largement contingents. Si l'on considère que la professionnalisation du travail de bénévole sanitaire ne dépend pas que du ressort des ACS (Diallo *et al.* 2024) des positionnements distincts par rapport aux tentatives de mobilité professionnelle de ces derniers laissent entrevoir un ordre négocié entre les parties prenantes du système sanitaire (Ridde 2011).

L'enquête a ainsi révélé des structures représentationnelles irréductibles les unes des autres (Abric 1994). Les acteurs institutionnels insistent davantage sur les textes officiels qui régissent le bénévolat sanitaire :

> Les volontaires de santé ne peuvent être que ce que les textes disent d'eux. Ils sont un personnel d'appoint, chargés d'assister le personnel titulaire : les médecins, les infirmiers et les sages-femmes. [...] On travaille pour l'amélioration de leur statut, mais pour le moment, ils demeurent des bénévoles (femme, 51 ans, médecin, agent du ministère de la Santé).

Cette situation de bénévoles n'est pas toujours partagée par les responsables sanitaires locaux. Les professionnels de santé médicaux, paramédicaux et municipaux, ainsi que les acteurs des ONG, qui côtoient les ACS au quotidien, ont une meilleure compréhension de leur contribution tant dans la continuité des soins dans les centres et les postes de santé que dans la mise en œuvre des interventions sanitaires auprès des ménages. Ces derniers les considèrent comme des volontaires en valorisant leur travail par une rétribution financière *a minima*. « On essaye toujours de faire gagner de l'argent à nos bénévoles, en les impliquant dans diverses activités. [...] Cela les motive et c'est bon pour le moral au travail » (femme, 38 ans, sage-femme).

Du côté des ACS, les rétributions financières fluctuantes proposées par ces collaborateurs opérationnels, sous la forme de *per diem* ponctuels ou de salaires mensuels, ne sont pas à la hauteur de leurs attentes. Ils réclament plus de respect et de considération dans le système de santé. Dans les interactions socioprofessionnelles et le bénévolat sanitaire, on observe un flou sur le rôle et la place des ACS dans le système sanitaire (Diallo *et al.* 2024), ce qui justifie ma posture changeante en fonction des acteurs.

Choix des postures à partir des premières impressions des acteurs

Dans ce milieu d'interconnaissance, les personnes rencontrées lors des présentations préliminaires (visites guidées dans le milieu d'enquête) ont tendance à expliquer, avec leurs propres mots, le travail du chercheur (Ferdinando 2015). Leurs premières impressions renvoient aux attentes de ces acteurs envers le chercheur (Guigou 1988). Trois situations ont présidé aux choix des labels sur le terrain. Ces scènes ont été relatées dans mon journal de terrain de 2018. Elles illustrent l'articulation entre les enjeux éthiques et méthodologiques d'une part, et l'acceptation des fonctions attribuées au cours de l'enquête d'autre part.

Vignette ethnographique n° 1

Situation n° 1 : Le label de socioanthropologue

La posture « découverte », c'est-à-dire sans cacher son identité de socioanthropologue, a été adoptée face aux acteurs institutionnels (ministères, organismes internationaux, élus locaux) et sociaux (populations bénéficiaires des soins) qui sont moins enclins à changer leurs comportements en ma présence.

Situation nº 2 : Le label d'expert

Du côté des responsables sanitaires locaux, la présence du sociologue-consultant semble plus rassurante que celle de l'anthropologue-chercheur. Le second est perçu comme un intrus qui ne s'intéresse qu'aux travers des pratiques des agents, tandis que le premier est perçu comme un collaborateur qui analyse les données statistiques recensées dans les registres de consultation et les rapports d'activités des structures de santé. Cela explique pourquoi le sociologue-consultant est, aux yeux des responsables sanitaires locaux, un expert venu faire un diagnostic de l'organisation (« Vous allez nous aider à comprendre les comportements des bénévoles ? C'est vraiment intrigant pour nous, on ne sait pas ce qu'ils veulent ! »). Cette entrée par expertise (recherche appliquée) est habituellement plus collaborative et rassurante pour les responsables sanitaires locaux. Donc, au lieu de me départir des ambiguïtés liées à ma présence sur le terrain, j'ai plutôt utilisé ces amalgames pour mieux me faire accepter dans le milieu d'étude. L'anthropologie de terrain bénéficie ainsi de la notoriété de la sociologie quantitative et vice-versa. C'est d'ailleurs sous cette casquette de sociologue-consultant que j'ai pu obtenir des statistiques sur le nombre d'ACS dans les quatre districts enquêtés.

Situation nº 3 : Le label de stagiaire

Après ma présentation auprès des ACS, une phrase revient constamment : « Êtes-vous un stagiaire en santé communautaire ? Soyez le bienvenu ! » Le stagiaire est perçu comme inoffensif, du fait qu'il n'appartient ni au groupe des dominants (personnels médical et paramédical, gestionnaires trésoriers, agents des ministères ou des ONG) ni au groupe des concurrents (*nijay gox* ou parrains, cercles de maris, grands-mères, élèves/étudiants). Son temps de séjour relativement court (deux mois en moyenne) dans les centres et les postes de santé fait de lui un « allié » des ACS, avec lesquels il peut échanger à propos d'expériences pratiques, voire d'aspirations professionnelles. J'ai incarné ce rôle de stagiaire en santé, en suivant une démarche ethnographique qui a combiné des techniques de dissimulation pour entrer dans l'univers des ACS. Ce label m'a garanti une forme d'anonymat pour observer les pratiques de délégation des tâches et la division du travail dans les centres et les postes de santé. La dissimulation de mon statut d'anthropologue m'a permis de ne pas être exclu des interactions entre ACS et personnel soignant telles que la délégation des actes médicaux comme la piqûre, le montage des perfusions, le pansement des malades, la consultation des patients, et d'être autorisé à assister aux interventions sanitaires au sein des ménages. Concomitamment à l'usage du statut de stagiaire comme couverture dans les établissements de santé, j'ai dû me mêler aux ACS en milieu communautaire à travers le port de tee-shirts et de casquettes, la fréquentation des mêmes locaux durant les heures de pause... pour être autorisé à observer leurs pratiques transgressives et comprendre le sens qu'ils en donnent.

Ces postures assignées à ma personne ont été les rôles que j'ai incarnés durant des expériences antérieures d'enquêtes dans ces mêmes établissements de santé[7]. Au lieu de m'en départir, j'ai entretenu la duplicité dans le but de conserver ma légitimité à assister aux activités dans le milieu d'enquête. Ainsi, les variations des pratiques d'autonomisation des ACS perturbent les postures du chercheur qui devient un « agent double » (Gagnon 2011) et affectent fortement le déroulement de l'enquête. D'où la nécessité de se positionner différemment sur le terrain pour observer les pratiques des acteurs, en essayant en permanence de comprendre les enjeux qui se trament.

Une nécessaire concordance entre pratiques des acteurs et pratiques du chercheur

La lutte pour améliorer la situation statutaire d'un groupe professionnel nécessite le recours à des pratiques soigneusement organisées pour rester en conformité avec les normes biomédicales en vigueur. Cependant, il peut arriver que des pratiques confuses fassent irruption dans les scènes d'observation (Becker 1988). C'est ainsi que le chercheur devient « le témoin d'actes illégaux, de pratiques condamnables, de conflits de diverses sortes... » (Bizeul 1998 : 758). Dans leur processus d'autonomisation, les ACS convoquent des moyens conventionnels et non conventionnels pour se frayer une place dans le système sanitaire sénégalais.

Lors des pratiques conformes aux normes professionnelles établies dans une organisation, les acteurs mobilisent des moyens de lutte établis tels que l'acceptation de la délégation des tâches (voire du sale boulot), le pseudo-syndicalisme (boycott et freinage), l'associativité (association mixte et regroupement de femmes), la politisation (militantisme dans les partis politiques) et la collaboration avec les ONG locales. Durant ces mobilisations, qui visent à la fois à sortir de l'invisibilité tutélaire et à se prémunir de la concurrence externe, le chercheur reste dans un positionnement relativement privilégié pour observer et rendre compte des dynamiques en cours. En cela, ces luttes

7. J'ai participé à l'exécution de mandats d'études de courte durée, organisés par des laboratoires de l'Université Cheikh Anta Diop (laboratoires LASAP/sociologie et parasitologie/médecine) et des ONG sur divers thèmes comme l'amélioration de l'offre de soins, la prise en charge des maladies et l'amélioration de la santé.

n'affectent en rien le protocole de recherche initial, contrairement à l'adoption de moyens non conventionnels, qui eux, nécessitent souvent des réajustements méthodologiques.

Lorsque les pratiques sont en déphasage avec les normes juridiques, sociétales, professionnelles en vigueur dans une organisation, l'ethnographe est projeté dans « le secret des dieux », de manière voulue ou par inadvertance. Dans les deux cas, sa crédibilité sur le terrain dépend de sa capacité à rassurer ses informateurs pour ne pas perdre leur confiance. Mais, comment se positionne l'ethnographe lorsqu'il est témoin des pratiques d'un groupe professionnel remettant en cause les normes instituées dans une organisation ? Choisir son camp devient dès lors un acte inéluctable : dénoncer les « pratiques transgressives » auprès des responsables sanitaires ou fermer les yeux sur ces pratiques. J'ai privilégié la dernière proposition, qui me semble résolument la plus proche de la neutralité, surtout quand on est appelé à arbitrer les pratiques des acteurs.

Vignette ethnographique n° 2

J'ai été appelé à arbitrer les différences de conception du rôle d'ACS. L'infirmier souhaitait que je sensibilise les ACS sur le sens du don de soi, alors que ces derniers voulaient que je dénonce l'exploitation dont ils font l'objet dans le système sanitaire. Devant cette situation embarrassante, j'ai décidé de suspendre mon jugement à chaud pour ne contrarier personne. Je suis donc resté souriant et silencieux dans le but de me dérober d'une prise de position tranchée. En revanche, dans les coulisses, il fallait que je soutienne le camp dans lequel je me trouvais en ce moment précis (soit le personnel responsable, soit les ACS). Alterner les statuts sur le terrain permet de gagner la confiance des acteurs en s'affichant comme quelqu'un qui s'intéresse à tous les points de vue sur le travail d'ACS.

Toutefois, dans mon cas, faire l'impasse n'a pas suffi à mettre à l'aise les ACS. Il fallait donc plus que de l'empathie pour continuer à avoir leur confiance.

Quand l'empathie ne suffit pas, s'encliquer devient un passage obligé

Le terme « enclicage » a été forgé par Olivier de Sardan (1995a) pour parler d'une des formes les plus répandues de l'implication du chercheur sur le terrain, qui recèle des biais méthodologiques redoutables dont les chercheurs ne sont pas toujours conscients : notamment celui de ne recueillir que le point de vue d'une clique, celle dont il est le plus proche sur le terrain. De ce point de vue, l'enclicage introduit de fait un biais dans le processus de recrutement, le déroulement des entretiens et des observations, ainsi que dans l'analyse des résultats. Dès lors, comment objectiver les informations recueillies dans cette situation ? Quel défi déontologique pose la posture de « chercheur apprivoisé » ? Selon Norbert Elias (1993), l'engagement et la distanciation sont deux opérations intellectuelles à la fois indissociables et contradictoires.

En Afrique, les recherches anthropologiques sur le VIH ont beaucoup contribué à faire avancer le débat sur l'engagement et la distanciation (Fassin 1999). Dans la plupart des études ethnographiques « chez soi », les anthropologues ont montré la manière dont ils ont rompu leur lien d'appartenance et pris leur distance vis-à-vis des différentes formes de familiarité sur le terrain (Moussaoui 2012 ; Rogers 2012, 2022). Cette opération de reconquête de l'autonomie par la distanciation a consisté, pour Fatoumata Hane (2018), Fatoumata Ouattara (2004), ou Tidiane Ndoye (2009), à se dés-impliquer dans certains réseaux locaux et à se départir des codes du savoir-vivre local. Faisant preuve de plus de patience avec ses interlocuteurs, Mamadou Diawara (1985) a, quant à lui, privilégié la triangulation des informateurs pour réussir sa quête de la vérité historique sur le royaume du *Jaara* au Mali. Ces stratégies de distanciation par rapport aux interlocuteurs constituent ce que Gérard Althabe (1990) a nommé « l'opération fondatrice », nécessaire dans toute démarche scientifique. Mais, confrontée aux autres exigences de l'enquête, cette opération fondatrice trouve rapidement ses limites quand elle se heurte au respect des normes de sociabilité et à la détresse des populations enquêtées (Diawara 1985 ; Bila 2009).

Dans mon cas, les attentes des acteurs en situation d'autonomisation ont transcendé l'« empathie », l'« écoute active » et l'« atopie », indiquées dans plusieurs manuels de recherche comme autant de qualités à convoquer au cours d'une enquête (Bourdieu *et al.* 1968 ; Naepels 1998 ; Beaud & Weber 2010). Elles ont exigé de moi l'« enclicage », c'est-à-dire « être identifié et s'identifier à une clique, à un sous-groupe » (Bierschenk & Olivier de Sardan 1998 : 269). Souvent analysé comme un biais de posture dans la recherche, surtout lorsque le chercheur n'arrive plus à discerner le discours des acteurs et la réalité objectivante (Olivier de Sardan, 1995b, 2008), l'enclicage peut aussi regorger d'avantages réels dans l'observation par immersion.

Comment tirer avantage de l'enclicage ?

Au lieu de chercher à me singulariser des soignants comme Fatoumata Hane (2018), Fatoumata Ouattara (2004), ou Tidiane Ndoye (2009), j'ai plutôt opté pour une observation participante des activités ordinaires du quotidien des ACS pour débusquer le caché (Blanc & Pessin 2004 ; Moussa 2014), un peu à la manière de Jean Peneff (1992) empruntant la casquette de brancardier pour observer les interactions, les attitudes et les pratiques dans les services d'urgence à l'hôpital en France. Ma démarche repose sur la négociation d'une place dans la division du travail d'ACS à deux niveaux distincts. Dans les centres et les postes de santé, il s'agissait d'entrer dans l'univers des pratiques dissimulées, en faisant montre d'une « approbation » des pratiques illégales des ACS pour les amener à se confier ouvertement. C'est ainsi que j'ai compris le sens que les ACS donnent à la vente de médicaments non homologués et à la pratique de l'avortement clandestin : ces pratiques transgressives traduisent une nécessité de répondre à une demande parallèle de santé, tout en augmentant les sources de revenus de celles et ceux qui les effectuent. Ce décryptage des logiques d'actions des ACS présente un double intérêt pour le chercheur : elle permet, d'une part, de contenir les susceptibilités et de garder une position d'observateur libre (Beaud & Weber 2010 ; Marzo & Gomez-Perez 2020) et, d'autre part, de donner des interprétations dépouillées de jugements de valeur à ses résultats. L'avantage de la posture de « chercheur apprivoisé » réside donc dans sa capacité à procurer une place « naturelle » dans la division du travail pour observer des interactions ambiguës et des pratiques dissimulées. Cependant, cette place « naturelle » n'est pas acquise, mais conquise en occupant des rôles conformes aux attentes des acteurs.

Auprès des habitants, l'enclicage a consisté à s'habiller comme les agents pour participer aux interventions de vaccinations (programme élargi de vaccination des enfants et chimio-prévention du paludisme saisonnier pour la femme enceinte et le nouveau-né) et à partager avec eux les espaces de socialisation (case du centre de santé, salle d'attente, mirador servant de lieu de préparation du thé). En facilitant l'acceptation de ma présence au sein des centres et des postes, se confondre aux ACS s'est avéré plus avantageux pour l'enquête. En portant la blouse et en remplissant des carnets de vaccination en tant que stagiaire, j'ai pu observer la division du travail et la délégation des tâches. Cette posture de « chercheur apprivoisé », prenant part aux activités dans le milieu d'enquête, présente néanmoins des limites qu'il importe à présent de relever.

Limites du positionnement comme « chercheur apprivoisé »

La posture de « chercheur apprivoisé » donne l'impression que le chercheur acquiesce passivement aux différents points de vue de ses interlocuteurs (Bellier 2002). Elle présente trois principaux écueils. Le premier est la manipulation par les dominants. Les entrevues avec les autorités hiérarchiques des ACS ont été des séances au cours desquelles ont été amplement rappelés le principe désintéressé du bénévolat et la nécessité de trouver des solutions pour améliorer les conditions de travail des ACS. Pour minimiser les ingérences des discours instrumentalistes dans l'enquête et sortir du rapport de domination symbolique avec les autorités sanitaires, je me suis appuyé sur des « interlocuteurs dédiés ». Il s'agit des sous-chefs, qui n'occupent pas de position politique, mais disposent d'une aisance avec la thématique abordée du fait de leur proximité avec l'objet d'étude. Cette technique suggère de dédoubler les entretiens, parfois de manière informelle, avec des interlocuteurs qui n'ont pas d'intérêt à orienter les résultats de la recherche. Mais cette permutation des cibles n'épuise pas les difficultés soulevées par ma démarche ethnographique.

Le deuxième écueil est la victimisation des dominés visant la sortie de l'invisibilité (Acker 1997). La posture que j'ai adoptée ne préserve pas l'enquête des déconvenues, sous-tendues par une logique de victimisation de la part des ACS. Des ACS ont manqué des rendez-vous avec moi bien qu'ils eussent déjà donné leur accord de principe. Pourtant, ces attitudes de désintéressement sont contraires à la grammaire sociale sénégalaise reposant sur le principe moral de *teranga* (bienveillance) obligeant la personne à honorer les rendez-vous fixés chez elle en se montrant courtoise, accueillante et disponible. Pourquoi alors de tels agissements ? Parce que les ACS voulaient révéler une réalité factuelle sans avoir à la dire[8]. Leurs attitudes traduisaient foncièrement une volonté de se valoriser en pointant du doigt l'augmentation des horaires de travail qui va de pair avec l'augmentation de la charge de travail, notamment dans l'organisation des soins, la gestion financière et hygiénique des structures de santé. Cette forme de victimisation m'a amené à revoir mes choix méthodologiques (Bizeul 1999), en opérant une analyse segmentée de cette situation particulière, comme je l'ai montré dans mon développement précédent.

8. Révolution silencieuse ou mobilisation consensuelle, les formes de professionnalisation et de valorisation à bas bruit sont très répandues chez les agents du *care,* en particulier les professions médicales et paramédicales (Couty & Dupont 2005 ; Sainsaulieu 2012, 2017). Ces agents ont certainement conscience du rôle qu'ils jouent dans la société et tentent d'améliorer leurs conditions financières sans dommages collatéraux pour les patients bénéficiaires des services (Davant 2003).

Le troisième et dernier piège, découlant des deux précédents, est le militantisme. Le partage du vécu des ACS (conditions de travail difficiles, rémunérations jugées dérisoires, discrimination dans les recrutements) peut conduire le chercheur à vouloir monter au créneau pour dénoncer cette situation difficile des travailleurs subalternes. Mais cette manière d'afficher son parti pris revêt une coloration militante qui l'éloigne de sa vocation objective. Conscient de ce risque de glissement, j'ai toujours tenu des propos lacunaires lorsque j'étais invité à prendre la parole lors des réunions d'ACS : « Je vous remercie pour votre invitation. Les acteurs communautaires sont un maillon important dans la continuité des soins au niveau périphérique, comme l'ont souligné des chercheurs avant moi » (extrait de la réunion de l'Association des relais polyvalents (ARPV) de Kaolack, 16 novembre 2019). Ces propos, qui font référence à d'autres chercheurs, me dédouanent d'une position de porteur de voix et m'éloignent des fausses promesses tenues par des chercheurs antérieurs. Par ailleurs, les responsables sanitaires veulent faire du chercheur un divulgateur des pratiques marginales de leurs subalternes. Pour contourner ce piège, j'ai livré des comptes rendus d'enquêtes laconiques sous forme d'entretiens libres pour protéger mes informateurs d'éventuelles sanctions professionnelles.

- Infirmiers : alors, M. Diallo, qu'avez-vous retenu de nos agents communautaires. Ils sont braves, hein ! Mais bon… [silence]. Parfois, ils ont des pratiques nébuleuses !
- Moi : Ah oui, ils sont braves et motivés. Ah bon, ils ont des pratiques nébuleuses ! Visiblement, ils sont disposés à aider, malgré les conditions de travail assez difficiles.
- Infirmiers : Oui, c'est vrai. Ils ne sont pas rétribués à leur juste valeur… (extrait, entretien informel, infirmier-chef de poste, homme, 42 ans).

Cette attitude « d'enquêteur passif » (Beaud 1996), en restant bref dans la prise de parole au sein d'un groupe professionnel ou en reprenant les mots des responsables locaux, permet de s'éviter le langage du dévoilement et de la dénonciation. Mais ce n'est pas tout. Mon implication dans la production des données a néanmoins nécessité une objectivation des biais d'enquête pour limiter les risques de surinterprétation de mes résultats.

Une double vigilance ethnographique et réflexive

Si l'appartenance à une clique est souvent analysée comme étant un biais dans l'enquête et dans la production des résultats, à travers la posture de « chercheur apprivoisé », la négociation d'un rôle avec tous les sous-groupes entraîne une moindre prise de parti sur le terrain. Le défi déontologique peut donc être dissipé en tenant compte des avatars de l'enquête dans la production des résultats (Morrissette *et al.* 2014). Il s'agit d'une reconquête *a posteriori* de l'autonomie scientifique (Althabe 1990) et d'un rapport objectivant avec les données (Oliviers de Sardan 2000), qui se sont déroulés en deux temps.

Dans un premier temps, mon enclicage au sein du groupe ACS nécessitait une pré-analyse des informations provenant spécifiquement du discours de ces derniers afin de les isoler du reste du corpus de données pour une exploitation plus minutieuse. Cet exercice montre que ma présence a accentué les discours pour la reconnaissance et la valorisation du métier d'ACS (Honneth 2000). Par exemple, j'ai remarqué une présence accrue dans les structures de santé et une implication plus importante dans la mise en place des activités sanitaires auprès des populations, tandis que dans leurs discours, les ACS expriment leur démobilisation lorsque les *per diem* et les incitations financières mensuelles accordées par les responsables sanitaires ne répondaient pas à leurs attentes.

Dans un second temps, j'ai eu recours à la technique d'« intersubjectivité » pour respecter le « pacte ethnographique » qui consiste, pour le chercheur, à raisonner conformément à la logique des acteurs étudiés, sans falsifier la réalité (Agar 1986 ; Evans-Pritchard, cité par Olivier de Sardan 1995a). En ce sens, j'ai organisé deux ateliers de validation des résultats avec les ACS de chaque région pour soumettre mes interprétations préliminaires aux informateurs sur le terrain. À la lumière de ces échanges, des informations jugées biaisées ou infondées par les acteurs eux-mêmes ont été écartées dans l'élaboration des résultats finaux, notamment les « discours sur mesure » portant sur le bénévolat sacerdotal et désintéressé.

❖

En Afrique, les enquêtes ethnographiques en santé sont une porte à moitié ouverte, ce qui s'explique par la présence du chercheur, observateur et témoin d'un entre-soi. Dans cet article, j'ai voulu montrer comment une posture de « chercheur apprivoisé », combinant diverses postures assignées à partir des premières impressions des acteurs rencontrés lors de visites guidées par les responsables de tutelle, permet d'occuper une position d'observateur privilégié dans ce contexte également marqué par des conflits interprofessionnels. Adopter la posture du « chercheur apprivoisé » permet de susciter la confiance de l'autre, d'abolir la distance, de neutraliser l'histoire pour mieux investiguer un milieu d'enquête hiérarchisé (Rolland 2007). Cette technique ethnographique autorise le chercheur à explorer l'univers socioprofessionnel d'un groupe œuvrant dans un écosystème d'acteurs aux structures représentationnelles irréductibles les unes des autres. Mais sa longue présence sur le terrain l'inscrit dans un processus de « conversion » pendant lequel son rôle et son statut seront déterminants dans la production des données (Quinn 2020). Ainsi, l'objectivité de cette démarche réside dans la capacité du chercheur à jongler entre les statuts associés à sa présence sur le terrain, puis à déjouer les obstacles épistémologiques induits par son implication lors du traitement des données.

Dans un contexte dans lequel planent des étiquettes négatives sur la présence de longue durée de l'anthropologue, il n'est pas interdit de ruser pour accéder au terrain (Peneff 1992 ; Fassin 2005), mais la rigueur scientifique doit être pleinement restituée lors de la production des résultats (Olivier de Sardan 2008). S'il est de coutume de se présenter avec sa casquette de chercheur auprès des informateurs pour l'exécution de mandats de consultance, l'adoption de cette posture revendiquée constitue un biais lorsqu'on effectue une enquête de longue durée, particulièrement dans des terrains surenquêtés où les attentes des acteurs structurent significativement les rapports d'enquête. C'est le cas des ACS qui attendent une reconnaissance et une valorisation de leur métier dans le système de santé. Dans ce milieu d'enquête, le chercheur échappe rarement à l'implication — absolue (exécution de tâches, participation aux discussions de couloir, remises d'argent aux participants pour soutenir leurs efforts dans la réussite de l'étude, etc.) ou partielle (participer à des réunions ou aux invitations de cérémonies socioreligieuses de la part des informateurs) — au risque de signer sa « mort sociale », de se voir exclure des interactions quotidiennes dans le milieu d'étude (Beaud & Weber 2010). L'adoption de la casquette de « chercheur apprivoisé » dans des lieux et des champs d'actions bien identifiés en amont de l'enquête de terrain peut ainsi s'avérer plus « neutre » que celle du scientifique social. Plus supposée que démontrée dans les recherches, cette posture, assimilable à de l'observation participante, demeure une technique heuristique élaborée et systématisée pour faire de l'anthropologie surtout sur des terrains glissants et surenquêtés.

Centre lillois d'études et de recherches sociologiques et économiques, Université de Lille, France ; Laboratoire de sociologie, anthropologie et psychologie sociale, Université Cheikh Anta Diop, Dakar, Sénégal ; African Population Health Research Center, West Africa Regional Office.

BIBLIOGRAPHIE

ABBOTT A., 1988, *The System of Professions,* Chicago, The University of Chicago Press.

ABBOTT A., 2005, « Linked Ecologies : States and Universities as Environments for Professions », *Sociological Theory,* 23 (3) : 245-274.

ABRIC J. C., 1994, « Les représentations sociales : aspects théoriques », in J. C. ABRIC (dir .), *Pratiques sociales et représentations,* Paris, Puf : 11-35.

ACKER F., 1997, « Sortir de l'invisibilité, le cas du travail infirmier », in B. CONEIN & L. THÉVENOT, *Cognition et information en société,* Paris, EHESS : 65-93.

ALTHABE G., 1990, « Ethnologie du contemporain et enquête de terrain », *Terrain,* 14 : 126-131.

ARBORIO A. M., 2007, « L'observation directe en sociologie : quelques réflexions méthodologiques à propos de travaux de recherches sur le terrain hospitalier », *Recherche en soins infirmiers,* 90 (3) : 26-34.

BAÏNILAGO L., 2004, *Praticiens biomédicaux, traditionnels et confessionnels, face au sida. Une étude anthropologique à Bangui (Centrafrique)*, Thèse de doctorat, Aix-en-Provence, Université de droit, d'économie et des sciences d'Aix-Marseille III.

BALANDIER G., 1957, *Afrique ambiguë,* Paris, Plon.

BAZIN L. *ET AL.*, 2011, numéro thématique, « Postures assignées, postures revendiquées », *Journal des anthropologues,* 5.

BEAUD S., 1996, « L'usage de l'entretien en sciences sociales. Plaidoyer pour l'entretien ethnographique », *Politix,* 35 : 226-257.

BEAUD S. & WEBER F., 2010, *Guide de l'enquête de terrain,* Paris, La Découverte.

BECKER H. S., 1988, *Les Mondes de l'art,* Paris, Flammarion.

BECKER H. S., 2002, *Les ficelles du métier. Comment conduire sa recherche en sciences sociales,* Paris, La Découverte.

BELLIER I., 2002, « Du lointain au proche : Réflexions sur le passage d'un terrain exotique au terrain des institutions politiques », in C. GHASARIAN (dir.), *De l'ethnographie à l'anthropologie réflexive : nouveaux terrains, nouvelles pratiques, nouveaux enjeux,* Paris, Armand Colin : 1-15.

BERCHE T., 1998, *Anthropologie et santé publique en pays dogon,* Paris, Karthala.

BERGER L., 2004, *Les nouvelles ethnologies. Enjeux et perspectives,* Paris, Armand Colin.

Bierschenk T. & Olivier de Sardan J.-P. (dir.), 1998, *Les pouvoirs au village. Le Bénin rural entre démocratisation et décentralisation,* Paris, Karthala.

Bila B., 2009, « Anthropologie "chez soi" auprès de personnes vivant avec le VIH à Ouagadougou. Empathie, méthode et position des acteurs », *Ethnographiques.org,* 17.

Bizeul D., 1998, « Le récit des conditions d'enquête : exploiter l'information en connaissance de cause », *Revue française de sociologie,* 39 (4) : 751-787.

Bizeul D., 1999, « Faire avec les déconvenus. Une enquête en milieu nomade », *Sociétés contemporaines,* 33-34 : 111-137.

Blanc A. & Pessin A., 2004, *L'art du terrain. Mélanges offerts à Howard S. Becker,* Paris, L'Harmattan.

Bolak C. H., 1996, « Studying One's Own in the Middle East : Negotiating Gender and Self-Other Dynamics in the Field », *Qualitative Sociology,* 19 (1) : 107-130.

Bordes V., 2022, « Éditorial. Être "sur" le terrain, être "dans" le terrain ou comment se fabrique une recherche ethnographique ? », *Recherche sociale,* 2 (242) : 2-5.

Bourdieu P., Chamboredon J.-C. & Passeron J.-P., 1968, *Le métier de sociologue,* Paris, Mouton-Bordas.

Cefaï D. & Amiraux V., 2002, « Les risques du métier. Engagements problématiques en sciences sociales. Partie 1 », *Cultures & Conflits,* 47.

Chamboredon H., Pavis F., Surdez M. & Willemez L., 1994, « S'imposer aux imposants. À propos de quelques obstacles rencontrés par des sociologues débutants dans la pratique et l'usage de l'entretien. Genèses », *Sciences sociales et histoires,* 16 : 114-132.

Chiseri-Strater E., 1996, « Turning in Upon Ourselves : Positionnality, Subjectivity, and Reflexivity in Case Study and Ethnographic Research », in P. Mortensen & G. E. Kirsch (eds.), *Ethics and Responsibility in Qualitative Studies of Literacy,* Urbana, IL, NCTE : 115-133.

Diallo A. M., 2021, *La mobilisation à bas bruits des acteurs communautaires de santé au Sénégal : engagements bénévoles et aspirations professionnelles,* Thèse de doctorat, Lille, Université de Lille ; Dakar, Université Cheikh Anta Diop.

Diallo A. M., 2023, « Informal Work, Informal Mobilisation ? The Lateral Paths of Health Volunteers in Senegal », *European Journal of Cultural and Political Sociology,* 10 (1) : 176-201.

Diallo A. M., Ndoye T. & Faye S. L., 2024, « Mises en actes et dynamiques du bénévolat sanitaire au Sénégal : contournements d'une action publique locale ? », *Collection Recherches et Regard d'Afrique,* 3 (8) : 12-41.

DIAWARA M., 1985, « Les recherches en histoire orale menées par un autochtone, ou L'inconvénient d'être du cru », *Cahiers d'Études africaines,* XXV (1), 97 : 5-19.

ELIAS N., 1993, *Engagement et distanciation,* Paris, Fayard.

FASSIN D., 1999, « L'anthropologie entre engagement et distanciation. Essai de sociologie des recherches en sciences sociales en Afrique », in C. BECKER *ET AL.* (dir.), *Vivre et penser le Sida en Afrique,* Paris, Karthala, Codesria : 41-66.

FASSIN D., 2005, « L'innocence perdue de l'anthropologie : remarques sur les terrains sensibles », in F. BOUILLON, M. FRESIA & V. TALLIO (dir.), *Terrains sensibles : expériences actuelles de l'anthropologie,* Paris, CEA, EHESS : 97-10.

FERDINANDO F., 2015, *Qui suis-je pour mes interlocuteurs ? : L'anthropologue, le terrain et les liens émergents,* Paris, L'Harmattan.

FRANÇOIS L. *ET AL.*, 2018, « La pratique réflexive en santé mondiale : expériences et leçons apprises de jeunes chercheur.e.s et intervenant.e.s. », *Cahier Réalisme.*

GAGNON D., 2011, « Identité trouble et agent double : l'ontologie à l'épreuve du terrain », *Anthropologie et Sociétés,* 35 (3) : 147-165.

GHASARIAN C., 2002, *De l'ethnographie à l'anthropologie réflexive. Nouveaux terrains, nouvelles pratiques, nouveaux enjeux,* Paris, Armand Colin.

GOFFMAN E., 1974, *Les cadres de l'expérience,* Paris, Éditions de Minuit.

GOFFMAN, E., 2002, « La distance au rôle en salle d'opération », *Actes de la recherche en sciences sociales,* 143 : 80-87.

GUIGOU B., 1988, « Impressions de terrain », *Association française des anthropologues,* 31 : 55-58.

HANE F., 2018, *Anthropologie des dynamiques professionnelles en Afrique de l'Ouest. Construction de la fonction soignante dans la prise en charge de la Tuberculose au Sénégal,* Sarrebruck, Éditions universitaires européennes.

HOMOLLE P., 2011, « D'ici et de là-bas. Les fils d'une négociation invisible », *Journal des anthropologues,* hors-série : 49-72.

HONNETH A., 2000, *La lutte pour la reconnaissance,* Paris, Éditions du Cerf.

HUGHES E. C., 1996, *Le regard sociologique. Essais choisis,* Paris, EHESS.

LAPLANTINE F., 2001, *L'Anthropologie,* Paris, Bibliothèque Payot.

MARZO P. & GOMEZ-PEREZ M., 2020, « Faire du terrain au Moyen-Orient et en Afrique : stratégies d'approche et défis de positionnement du chercheur », *Recherches qualitatives,* 39 (1) : 1-20.

MORRISSETTE J., DEMAZIERE D. & PEPIN M., 2014, « Vigilance ethnographique et réflexivité méthodologique », *Recherches qualitatives,* 33 (1) : 9-18.

MOUSSA H., 2014, « L'anthropologue entre les tyrannies des terrains et le choix d'une éthique », *Anthropologie & développement,* 40-41 : 99-121.

NAEPELS M., 1998, « Une étrange étrangeté. Remarques sur la situation ethnographique », *L'Homme,* 148 : 185-200.

NDOYE T., 2009, *La société sénégalaise face au paludisme. Politiques, savoirs et acteurs*, Dakar, Crepos ; Paris, Karthala.

NDOYE T., 2013, « Enquêter en structure de santé : approche réflexive sur des terrains de santé », *Ethiopique,* 91 : 215-236.

OLIVIER DE SARDAN J.-P., 1995a, « La politique du terrain. Sur la production des données en anthropologie », *Enquête,* 1 : 71-109.

OLIVIER DE SARDAN J.-P., 1995b, *Anthropologie et développement. Essai de socioanthropologie du changement social,* Paris, Karthala.

OLIVIER DE SARDAN J.-P., 2000, « Le "je" méthodologique : Implication et explicitation dans l'enquête de terrain », *Revue française de sociologie,* 41 : 417-445.

OLIVIER DE SARDAN J.-P., 2008, *La rigueur du qualitatif. Les contraintes empiriques de l'interprétation socio-anthropologique,* Louvain-La-Neuve, Academia-Bruylant.

OUATTARA F., 2004, « Une étrange familiarité. Les exigences de l'anthropologie "chez soi" », *Cahiers d'Études africaines,* XLIV (3), 175 : 635-657.

PENEFF J., 1992, *L'Hôpital en urgence. Étude par observation participante,* Paris, Métailié.

QUINN E., 2020, « L'anthropologue effondré. Récit d'un enquêteur malade », *Anthropologie & Santé,* 21.

RIDDE V., 2011, « Politiques publiques de santé, logiques d'acteurs et ordre négocié au Burkina Faso », *Cahiers d'Études africaines,* LI (1), 201 : 115-143.

ROGERS S. C., 2012, « Faux amis à la campagne : décrypter le familier », in A. RAULIN & S. C. ROGERS (dir.), *Parallaxes Transatlantiques,* Paris, CNRS Éditions : 261-284.

ROGERS S. C., 2019, « L'anthropologie du proche : réflexions sur le parcours d'une ethnographe américaine », in A. MONJARET (dir.), *Carrières,* Nanterre, Presses universitaires de Paris Nanterre : 129-151.

ROLLAND D., 2007, *Glissements de terrain. Une ethnologue dans la vallée de la Matitanan,* Bordeaux, Elytis.

SANJEK R., 1991, « The Ethnographie Present », *Man,* 26 (4) : 609-628.

SPENCER G., 1973, « Methodological Issues in the Study of Bureaucratic Elites : A Case Study of West Point », *Social Problems,* 21 (1) : 90-103.

VIDAL L., 2021, *Si belle en son miroir. Singularité et marginalisations de l'anthropologie,* Rennes, Presses universitaires de Rennes.

WEBER M., 1963 [1919], *Le savant et le politique,* Paris, Union générale d'Éditions.

RÉSUMÉ

Cet article restitue de manière critique la négociation difficile de ma posture de recherche pendant mon enquête ethnographique sur la professionnalisation des acteurs communautaires de santé (ACS) au Sénégal. Situés à l'interface entre l'hôpital et les populations locales, ces acteurs sont de plus en plus nombreux et leurs responsabilités dans la prise en charge des soins est grandissante. Mais ils peinent à s'affirmer en tant que groupe professionnel auprès des autres parties prenantes de la santé communautaire, leur rôle et leur légitimité d'action étant contestés. Alors que je souhaitais adopter une position d'observateur neutre, j'ai été perçu comme intrusif en tant qu'ethnographe mais aussi en raison d'idées divergentes sur le bénévolat sanitaire, sans compter que mon rôle de chercheur était investi d'attentes diverses. Cet article rend compte de ce contexte de jeux de pouvoir et d'instrumentalisation qui oblige à naviguer entre posture revendiquée et posture assignée. L'objectivation des résultats de l'enquête requiert de prendre en compte ce statut dit de chercheur apprivoisé pendant le terrain et appelle un travail de réflexivité pour la reconquête de l'autonomie ethnographique au moment de l'analyse des données.

Mots-clés : Sénégal, chercheur apprivoisé, ethnographie, posture assignée, posture revendiquée, santé communautaire.

ABSTRACT

The Posture of the "Tamed Researcher." Investigating the Professionalization of Community Health Workers in Senegal. — This article provides a critical account of the difficult negotiation of my research position during my ethnographic study of the professionalization of community health workers (CHWs) in Senegal. Located at the interface between the hospital and the local population, the number of these actors are increasing and their responsibilities in the provision of care are growing. But they are struggling to assert themselves as a professional group among the other stakeholders in community health, and their role and the legitimacy of their actions are contested. Although I wanted to adopt the position of a neutral observer, being an ethnographer was perceived as intrusive, not only because of differing ideas about voluntary health work, but also because my role as a researcher was invested with different expectations. This article describes this context of power plays and instrumentalization, which meant that I had to navigate between the posture I claimed and the posture I was assigned. If we are to objectify the results of the survey, we need to take into account the status of researcher that we tamed during the fieldwork, and we need to work on our reflexivity so that we can regain our ethnographic autonomy when we come to analyse the data.

Keywords: Senegal, assigned posture, claimed posture, community health, ethnography, tamed researcher.

Sékou Traoré

Da'wa dans la rue en Côte d'Ivoire post-crise

Une nouvelle forme de prédication à l'ère du numérique

Issue de la langue arabe classique, la *da'wa* signifie en langue française « appel à l'islam ». Elle tire ses origines du Coran (16-125) : « Par la sagesse et la bonne exhortation appelle (les gens) au sentier de ton Seigneur. Et discute avec eux de la meilleure façon » (Boureïma 2019 : 573). Pour Dominique et Janine Sourdel (2013), la *da'wa* est une propagande dont s'acquitte le *dâ'i* (littéralement « celui qui appelle à l'islam ») pour convertir les membres d'autres communautés religieuses à l'islam. Outre son essence religieuse, la *da'wa* a été redéfinie selon les normes sociales, à la faveur de la conférence organisée en 1987 par la Ligue islamique mondiale. Il s'agissait de sortir cette idéologie du cadre strictement privé de l'islam pour en faire un instrument d'utilité publique, qui embrasse la sphère profane en s'ouvrant aux questions de la société moderne et en y apportant sa part de réponse (Miran-Guyon 2000). En contexte ivoirien, la *da'wa* était l'affaire des *karamôgô,* hommes de savoir en langue malinké. Communément appelé marabout — déformation du terme arabe classique *mûrabit* — le *karamôgô* était un lettré musulman qui faisait du prosélytisme une fonction et s'appuyait sur ses connaissances ésotériques pour soutenir spirituellement sa communauté (Traoré 2022). Précurseur de la *da'wa* par l'enseignement coranique, les actions prosélytes du marabout ont favorisé la diffusion de l'islam en Côte d'Ivoire précoloniale et coloniale (Triaud 2022). Mais l'arrivée de la première vague d'étudiants arabophones de tendance wahhabites à la fin des années 1940 remit en cause son autorité et délégitima ses pratiques (Miran-Guyon 1998 ; Binaté 2016). Désireux de réformer l'islam selon l'idéologie hanbalite héritée des universités arabophones, les diplômés wahhabites fustigèrent les innovations blâmables (*bid'a* en arabe) telles que la célébration du *maouloud* (naissance du prophète Muhammad), les cultes voués aux saints, ainsi que

Cahiers d'Études africaines, LXV (2), 258, pp. 545-569.

certaines pratiques coutumières (le mariage forcé, les mutilations génitales féminines, etc.). Dans cette spirale de dénonciation, les marabouts se retrouvèrent au centre des critiques. Il s'ensuivit une crise intra-communautaire qui divisa les musulmans entre les partisans du rite malékite et les adeptes du rite hanbalite, dont la conséquence fut la séparation des mosquées et des écoles islamiques.

L'arrivée d'une nouvelle cohorte d'étudiants arabophones dans les années 1970 contribua à décrisper des tensions. Modérés et démarqués de la ligne doctrinaire wahhabite, ces étudiants, aussi nommés néo-réformistes et qui ont ajouté à leur formation théologique un cursus académique, profitèrent de la libéralisation politique de 1990 pour restructurer la communauté musulmane autour d'une structure fédérative, le Conseil national islamique (CNI), afin de servir d'interlocuteur auprès des autorités politiques sur des questions d'intérêts nationaux (Savadogo 2005). Ce décloisonnement religieux s'est accompagné de la libéralisation du secteur médiatique. En 1991, trois textes furent adoptés par l'État ivoirien pour réguler la communication audiovisuelle, le régime juridique de la presse et du journalisme professionnel. D'un régime de monopole tempéré en 1991, la Côte d'Ivoire passa à un régime de liberté de communication audiovisuelle en 2004 avec l'avènement d'Internet (Bamba 2021). Dans cet élan de bouleversement médiatique, la *da'wa* sortit de la mosquée et se laïcisa dans les espaces publics ou libres d'accès en Côte d'Ivoire. Aux méthodes anciennes du marabout — l'enseignement et les prêches de circonstance dans la mosquée entre *maghrib* et *icha,* respectivement quatrième et dernière prières canoniques de la journée du musulman — vinrent s'ajouter l'émission musulmane hebdomadaire *Allahou Akbar* sur la chaîne nationale RTI, la publication du journal mensuel islamique *Plume libre,* la création d'une fréquence radiophonique *(al-bayane),* l'organisation de conférences et débats sur des thèmes en lien avec l'islam et la société, des sketchs et des pièces de théâtre, etc. De la sorte, les médias numériques accrurent la force prosélyte de la communauté musulmane à travers la *da'wa,* morphème repris par des jeunes musulmans ivoiriens pour désigner le groupe de prédication qu'ils ont fondé, Da'wa dans la rue (DDR), officiellement en 2020.

Dans cet article, il est question de savoir comment la DDR reconfigure le champ religieux en Côte d'Ivoire à travers l'interconnexion entre espaces publics et réseaux sociaux. Organisée autour de Lassana Diané et Aka Agnini Amos, deux figures religieuses qui reproduisent la polémique islamo-chrétienne inspirée du prédicateur congolais Abdoul Madjid Kassogbia qui s'est fait une réputation dans les débats de controverses entre islam et christianisme, la DDR associe prosélytisme en présentiel et prosélytisme virtuel ou web-prédication. D'un côté, les membres de cette structure abordent les gens dans la rue ou dans les jardins publics. De l'autre, ils utilisent les réseaux sociaux et les médias numériques pour toucher un public plus large en enregistrant leurs prédications sous forme de capsules vidéo qu'ils diffusent ensuite sur leurs plateformes numériques (Facebook, WhatsApp et YouTube). Ils mettent également à disposition des contacts téléphoniques permettant à tous les musulmans et non-musulmans d'appeler directement leurs prédicateurs pour échanger avec eux sur des questions d'ordre religieux. Devenus des acteurs majeurs de la promotion de l'islam sur les réseaux sociaux depuis l'avènement du Covid-19, les jeunes « entrepreneurs religieux » (Sadouni 2007 : 101) ivoiriens de la DDR tentent en particulier de contrebalancer le prosélytisme des mouvements de prédication évangéliques (Francello 2008), en empruntant des méthodes similaires à celles de certains pasteurs évangéliques : tout comme certains pasteurs utilisent le Coran pour convertir des musulmans au christianisme, les membres de la DDR s'appuient sur la Bible pour convertir également des chrétiens à l'islam.

Appréhendée sous l'angle de la transition entre prosélytisme de proximité et web-prédication, l'étude du parcours de la DDR permet de rendre compte des spécificités des pratiques prosélytes dans un marché religieux ivoirien particulièrement dense depuis plusieurs décennies (Dakouri 2011). Cette étude est basée sur des données collectées à partir d'Internet entre mars 2020 et novembre 2024 ainsi que sur des observations participantes à la fois virtuelles (par un abonnement aux comptes Facebook et YouTube de la DDR) et en présentiel (par la participation à des sorties médiatisées à Abidjan et Bouaké). Capitale économique, Abidjan est le siège de la DDR dans la sous-région ouest-africaine. Bouaké a été choisie en raison de sa place historique dans la diffusion de l'islam réformiste en Côte d'Ivoire. Dans ces deux villes, des récits de vie ont été collectés à travers des entretiens semi-directifs. Le corpus constitué a été soumis à trois modes de traitement des données : la critique historique, l'analyse catégorielle du contenu et la triangulation. À la fois descriptive et analytique, cette étude est organisée autour de trois axes. Le premier décrit les circonstances de l'arrivée de la DDR dans la web-prédication. Le deuxième porte sur l'essor de la DDR à travers les réseaux sociaux pendant le Covid-19. Le troisième s'intéresse aux luttes de positionnement entre la DDR et certains mouvements de prédications évangéliques en contexte de menace terroriste d'inspiration religieuse.

Les premiers pas de la DDR dans la web-prédication : de la discrétion à la visibilité dans l'espace public

Si l'ouverture démocratique de 1990 permit à l'islam ivoirien de sortir de la tutelle de l'État postcolonial, c'est l'implication des néo-réformistes dans la *da'wa* qui donna à cette religion un dynamisme certain. Dans sa restructuration de la communauté musulmane, cette élite arabophone, aussi formée à l'usage du français comme langue de communication de l'islam au côté de l'arabe et du malinké dans les mosquées, créa des associations pour fédérer les différents organes de la société. L'Association des élèves et étudiants musulmans de Côte d'Ivoire (AEEMCI) créée en 1975, la Ligue des prédicateurs de Côte d'Ivoire (LIPCI) créée en 1988 et l'Association des jeunes musulmans de Côte d'Ivoire (AJMCI) créée en 1989 sont devenues la branche missionnaire de ce projet. Ces associations sont placées sous la direction du CNI, une structure fédérative créée en 1993 et qui regroupait en son sein clercs et laïcs musulmans. Dirigé par l'imam Koné Idriss dit Koudous, diplômé en théologie et en maîtrise des finances, le CNI réussit à positionner l'islam sur la scène nationale par la reconnaissance des écoles islamiques qui passèrent de la tutelle du ministère de l'Intérieur à celle de l'Éducation, par la mise à l'agenda des fêtes musulmanes et leur reconnaissance comme jours fériés, par l'ouverture de la première ambassade d'Arabie saoudite en Côte d'Ivoire, etc. Sur le terrain de la *da'wa,* la LIPCI et l'AJMCI prirent la tête. Hormis les activités religieuses susmentionnées, elles intégrèrent l'organisation des caravanes de *da'wa* à leurs pratiques. À travers des expéditions missionnaires sur tout le territoire national, ces structures partirent à la rencontre des musulmans pour raviver leur foi et éventuellement faire de nouveaux convertis (Miran-Guyon 2000). Cette pratique dont l'objectif était de dynamiser la communauté musulmane prit de l'ampleur avec l'utilisation des médias numériques. Les musulmans ivoiriens, qui bénéficiaient déjà de l'émission hebdomadaire *Allahou Akbar* sur la chaîne nationale RTI depuis 1977, purent désormais écouter l'émission radiophonique *al-bayane* qui diffusa ses premiers programmes en 2001. Ce début de décennie coïncidant avec l'avènement d'Internet dans ce pays, le CNI et ses satellites saisirent cette opportunité pour se doter d'un site web. Mis au service de la *da'wa,* le réseau social Facebook contribua à faire émerger une nouvelle communauté de croyants musulmans qui devinrent le relai des prêches et sermons des prédicateurs et imams sur cette plateforme (Binaté 2017).

Parallèlement à cette jeunesse musulmane dont la formation à la *da'wa* a été encadrée par les intellectuels arabophones francisés au sein d'institutions nationales officielles, émergea une nouvelle classe de prédicateurs musulmans qui prêchaient dans la rue. Lieu d'évangélisation pour les pasteurs évangéliques, mosquée occasionnelle pour les musulmans de proximité et espace de détente et de loisirs pour les passants, le jardin public de la commune du Plateau à Abidjan est connu pour avoir abrité les premiers prédicateurs multiconfessionnels. La Brigade anti mensonge (BAM), qui est le précurseur de la DDR, fit partie de ces groupes de prédication qui ont fait leur début dans ce jardin. La BAM a été créée par des jeunes Ivoiriens, sous l'égide de leur mentor, le prédicateur et spécialiste en religion comparée Abdoul Madjid, qui a réussi à se construire une réputation dans les débats de controverses en lien avec l'islam et le christianisme. Fondateur du groupe de prédication *Al-Badrou* en République démocratique du Congo (RDC), Abdoul Madjid est aussi membre du groupe pour l'appel à l'islam dans plusieurs pays d'Afrique centrale et occidentale où il anime régulièrement des conférences sur les religions abrahamiques (Diabaté 2021). Fort de ses talents d'orateur et de débateur, il s'est positionné comme l'un des fervents défenseurs de l'islam en RDC, un pays avec une majorité numérique chrétienne (75 %) vivant au nord, au sud et au centre de la RDC face à une minorité sociologique musulmane (8 %) principalement localisée à l'est et au nord-est de ce pays[1].

En visionnant ces débats interreligieux sur des cassettes audio-analogiques et plus tard vidéos-CD, les jeunes Ivoiriens découvrirent la vocation de cet originaire de la RDC. Lors d'une visite officielle en Côte d'Ivoire en mars 2023, il anima une conférence au Sofitel Hôtel Ivoire d'Abidjan. Cette visite augura une grande caravane de *da'wa* entre décembre 2023 et février 2024, qui amena Abdoul Madjid et ses disciples à sillonner et à organiser une série de conférences dans plusieurs villes du pays. En 2001, Abdoul Madjid s'était déjà rendu en Côte d'Ivoire et avait réussi à attirer l'attention des médias à propos des stratégies de propagande religieuse anti musulmane consignées dans un pamphlet de pasteurs chrétiens. Selon lui, ce pamphlet, intitulé « Trente jours de prière pour le monde musulman », était vendu dans un centre de documentation missionnaire, et invitait à la destruction et au remplacement des mosquées par des églises. Cela a retenti comme une sonnette d'alarme auprès des guides religieux musulmans, a fait polémique dans les mosquées et les *grins*[2] (Kieffer 2006), et lui a valu l'admiration de nombreux jeunes, surtout dans un contexte sociopolitique exacerbé par la régionalisation des débats opposant « alassanistes » et « gbagboïstes » (Le Pape & Vidal 2003). Abdoul Madjid draina dès lors de nombreux adeptes dont la plupart devinrent ses disciples.

1. Abdoul Madjid, « L'humanité sera-t-elle sauvée par Mohammad ou Jésus Bible et Coran sur table », in *Dossiers et séminaires et conférences-Abdoul-Madjid 2012-2013*, <https://islam.bf/mp3 prêches/mp3/laawolkisal> (consulté le 23 juin 2022).
2. Espace de regroupement de personnes autour du thé. On y discute des sujets d'actualité.

Inspiré et formé par les cassettes vidéos[3] d'Abdoul Madjid, Lassana Diané — Oustaz Diané, de son pseudonyme — est l'initiateur du projet DDR en Côte d'Ivoire. Initialement membre de la BAM, il créa ensuite avec Ismaël Aka, un fils de pasteur converti à l'islam, la DDR. Chrétien, Ismaël Aka était instrumentaliste et prédicateur dans la rue. Selon son témoignage :

> Je n'étais pas quelqu'un qui ne pratiquait pas. Étant chrétien, je me suis posé la question si nous on adore le véritable Dieu et que les musulmans qui sont nos frères prétendent adorer le véritable Dieu, alors pourquoi les adorations ne sont pas les mêmes [...] Je me suis levé un bon matin, il y avait des imams dans la cour ; j'ai dit que je voulais me convertir. [...] Je suis allé sur YouTube j'ai regardé les vidéos d'Abdoul Madjid. J'ai vu les vidéos de ses élèves en Côte d'Ivoire. Je me suis dit que ce serait bien de me rapprocher d'eux pour raffermir ma foi[4].

Selon Lassana Diané, père spirituel d'Ismaël Aka : « Quand je l'ai pris, ce n'était pas prévu qu'il soit un prédicateur. Mais je me suis dit, il serait mieux qu'il devienne prédicateur étant donné qu'il est fils de pasteur. Imaginez un peu un fils de pasteur devenu musulman et devenu prédicateur »[5]. Ismaël Aka est le nom de conversion choisi par Aka Agnini Amos à l'état civil. Avec Lassana Diané, ils choisirent la commune de Yopougon — réputée pour ses soirées festives et ses nombreux maquis — comme le siège de leur structure. Chaque jeudi, ces prédicateurs musulmans y organisent des sorties publiques médiatisées avant de se sédentariser à la place Figayo[6] où ils interagissent avec le public de passants ou d'invités sur des questions d'ordre religieux. L'argumentaire des prédicateurs de la DDR est axé sur la corruption de la Bible par les pères de l'Église et la révélation du Coran comme dernier testament : « Leur discours est basé sur une collection de savoirs éclatés, reposant à la fois sur un corpus religieux, composés de citations puisées dans le Coran et la Bible. Ce modèle de *da'wa* implique un travail d'argumentation et d'interprétation du texte religieux pour convaincre l'autre de la finalité du message de l'islam » (Sadouni 2007 : 106). Les membres de la DDR sont autodidactes. Ils ont acquis leurs connaissances sur le mode de « réappropriation » des discours d'Abdoul Madjid lors de ses conférences-débats. À la différence de

3. « Je n'ai jamais été chez un maître coranique. Personne ne peut dire qu'il m'a formé. Moi je me suis auto-formé. Même d'Abdoul Madjid, je n'ai reçu aucune formation. C'est toutefois avec ses vidéos que je me suis formé. » Entretien avec Lassana Diané, membre fondateur de la DDR, le 19 novembre 2024 à Abidjan.
4. Voir <https://www.youtube.com/video/Exu9IGeYX7k/> (consulté le 22 juin 2022).
5. Voir <https://www.youtube.com/video/Exu9IGeYX7k/> (consulté le 22 juin 2022).
6. La place Figayo est située dans la commune de Yopougon, en face de l'hyper-marché Cosmos. Elle est dédiée aux activités culturelles et festives mais accueille aussi les groupes de prêcheurs publics.

leur mentor qui privilégie l'action individuelle lors de ses sorties médiatiques, ces jeunes ont façonné leur système de représentation autour du « groupe ». Ils ont su constituer une équipe autour d'un noyau composé de Lassana Diané et Ismaël Aka, et autour duquel gravitent plusieurs dizaines de personnes. Les capsules vidéos, qui sont les produits dérivés de leurs sorties médiatiques, reposent sur un travail en chaîne.

Dans cette chaîne, Lassana Diané et Ismaël Aka sont les conférenciers. Ils mènent les discussions et orientent le débat. Selon la nature de la question de l'invité, une méthode propre lui est appliquée. Les méthodes abordées ici n'étant pas exhaustives, la plus connue est la contradiction. Elle consiste à opposer un argument biblique contraire à la question ou à l'argumentaire de l'invité. Par exemple, lorsqu'un invité atteste de la divinité du Christ, Lassana Diané et Ismaël Aka lui opposent généralement les passages bibliques Jean 20, verset 17, Jean 8, verset 40, etc. et battent en brèche son argumentaire. Confronté à des adversaires plus savants de la Bible que lui, l'invité se plie très souvent à une série de questions dont la finalité est de le convertir séance tenante à l'islam. Il en est de même lorsque le thème abordé concerne le statut du sauveur de l'humanité, la trinité, la corruption de la Bible, le prophète Muhammad dans la Bible ou la crucifixion du Christ. Une seconde méthode, le raisonnement par analogie, intervient quand le sujet de discussion porte sur la comparaison de l'authenticité de la Bible et du Coran. À ce sujet, les prédicateurs de la DDR opposent à la « pureté » des textes coraniques la « corruption » de la Bible par les pères de l'Église. Le français est la langue de prédication de la DDR, car les non-musulmans sont ceux à qui s'adresse prioritairement leur message. Langue officielle nationale, le français réunit les différents groupes sociaux du pays. La langue arabe est exclusivement utilisée pour introduire et clôturer les séances de prêche. Sa seule fonction est d'apporter une symbolique islamique, d'autant que les conférenciers de la DDR ne sont pas arabophones. Ils lisent l'arabe, mais ne le parlent pas. Cela témoigne de la diversité de profils des acteurs engagés dans le prosélytisme en Côte d'Ivoire, en dehors des soufis et des arabisants. En présence d'un invité, c'est la traduction du sens des versets du Coran en français qui est privilégiée, et non la langue malinké qui est pourtant la plus utilisée dans le milieu musulman, en raison du rôle pionnier de l'aire culturelle mandé-malinké dans l'islamisation de ce pays.

Les conférenciers de la DDR sont secondés dans leurs tâches par les lecteurs. Assis à deux ou trois autour d'une table qui rassemble les Livres sacrés, ils se relaient pour lire les passages bibliques ou coraniques à la demande des conférenciers ou des invités. Les lecteurs sont généralement choisis parmi les jeunes lettrés formés pour devenir conférenciers. Arrivent ensuite les techniciens. Ils sont chargés de filmer et de diffuser en direct les émissions. Les capsules vidéos qui en dérivent sont mises en ligne pour les *followers*. Une autre présence remarquable dans cette structuration est celle des femmes qui bénéficient prioritairement d'une place assise pendant les sorties médiatisées. Leur présence s'explique par la volonté de briser le stéréotype d'une marginalisation de la femme en islam, et de montrer que cette religion fournit un cadre d'émancipation pour elle. Il est juste de dire que parmi les groupes de prédications chrétiens et musulmans en vogue à Abidjan[7], seule la DDR accorde une place de choix à la présence des femmes dans ses forums interreligieux. Selon une source non officielle, les membres de la DDR envisagent d'étendre ses actions dans le milieu féminin. Cette tâche serait dévolue à certaines des femmes qui attendent la fin de leur formation religieuse. Arrivent, enfin, au bas de l'échelle de cette structuration, les membres de la sécurité. Ils sont chargés du bon déroulement de l'émission. D'autres tâches annexes telles que l'enregistrement des invités, leur introduction et leur retrait au sein du forum de discussions, la gestion de l'arrivée et du départ des conférenciers, etc. sont aussi de leur ressort. Chaque sortie médiatisée de la DDR regroupe en moyenne 400 personnes. L'occupation scénique laisse entrevoir un rectangle, occupé aux trois quarts par le public et au quart par l'équipe DDR. À l'aide de haut-parleurs suspendus à des supports métalliques et des micros, ils imposent leurs discours aux riverains ainsi qu'aux publics de passants. En l'absence d'invités, leurs discours s'attardent sur le relâchement des mœurs citadines, caractérisé par la recrudescence des boîtes de nuit, maquis et bars, ainsi que par l'efflorescence de la prostitution et de la délinquance d'une jeunesse qui est considérée comme avoir perdu ses repères à cause de l'influence du monde occidental qu'ils considèrent comme athée et dangereux.

La DDR est une structure apolitique. Réseau islamique transnational, elle n'est pas affiliée aux structures faîtières musulmanes nationales[8]. Celles-ci la considèrent comme un obstacle au dialogue islamo-chrétien, dans un pays où les rapports de force sont partagés entre musulmans (42,5 %) et chrétiens (38,9 %)[9]. La DDR connait un franc succès auprès des jeunes musulmans pour deux raisons. D'une part, cette structure a largement contribué à décomplexer l'expression de la religiosité d'une catégorie de musulmans confrontés à l'attitude agressive de certaines Églises évangéliques. Représentatives dans

7. Côté musulman (BAM et Nourdine Jamah) ; côté chrétien (Ministère Zobel Agodio et les Initiés de la Parole du Seigneur Jésus-Christ).
8. Le Conseil supérieur des imams (COSIM) est né en 1988. Actuellement, il constitue avec le Conseil supérieur des imams sunnites (CODIS) la faîtière des associations islamiques du pays.
9. Recensement général de la population et de l'habitat (RGPH-2021), <https://www.caidp.ci/uploads/7113b93cc641ba78c591e9f79a4e729c.pdf> (consulté le 30 janvier 2023).

le champ religieux dans les années 2000, ces Églises avaient « lancé des croisades à l'assaut des infidèles et ont mis sur le marché une littérature dénigrante à l'endroit de l'islam » (Miran-Guyon 2000 : 145). Pour la génération de musulmans ayant vécu ces événements, la DDR apparaît comme une réponse à cette méthode de prédication agressive. D'autre part, les jeunes considèrent que leurs préoccupations ne sont pas suffisamment prises en compte par le COSIM et le CODIS, majoritairement composés de personnes âgées. Accusées de clientélisme avec le pouvoir politique, ces structures ont relativement perdu la confiance d'une frange de jeunes musulmans qui estiment que leurs leaders religieux ne redistribuent pas suffisamment aux jeunes musulmans en difficulté les subsides acquis auprès de l'État. En 2017 par exemple, une étude a révélé que 80 % des détenus de la Maison d'arrêt et de correction d'Abidjan étaient issus du milieu musulman (Miran-Guyon & Guibléon 2018 : 11). En 2018, 4 701 jeunes Ivoiriens ont été demandeurs d'asile selon l'Office français de protection des réfugiés et apatrides (OFPRA). Ce chiffre passa à 4 682 en 2019[10]. Dans un pays majoritairement jeune[11], ces données traduisent les difficultés rencontrées par une jeunesse qui peine à accéder à un statut d'adulte synonyme de réussite. Elles contrastent aussi avec la croissance économique du pays qui oscillait en moyenne autour de 8 % sur la période 2012-2019[12]. La problématique de la redistribution des richesses générées est donc une réalité.

Si l'attachement de ces jeunes à leurs leaders religieux reste toutefois indéfectible, plus par appartenance communautariste que du fait d'actions concrètes posées en faveur de leur insertion socio-professionnelle, ils sont de plus en plus attentifs aux discours de la DDR. En conséquence, ce mouvement a étendu son champ d'action sur tout le territoire national et dans la sous-région. Suivis par un nombre important d'internautes à partir de leurs plateformes numériques Facebook, WhatsApp et YouTube, Lassana Diané et Ismaël Aka ont fait des émules au sein de la communauté musulmane et ont attiré dans leur sillage des centaines de jeunes désireux de faire comme eux. Cette forme de *da'wa* axée sur la polémique islamo-chrétienne a pris son essor lors de la pandémie du Covid-19, qui toucha la Côte d'Ivoire en mars 2020.

10. Voir <https://www.infosmigrants.net/fr/post/23085:en-cote-d-ivoire-nombreux-sont-ceux-qui-revent-toujours-d-europe> (consulté le 30 janvier 2023).
11. RGPH-2021 : « plus de trois quarts de la population [ivoirienne] a moins de 35 ans (75.6 %) », p. 37, <https://www.ins.ci/RGPH2021/RESULTATS%20DEFINITIFSRP21.pdf> (consulté le 27 mars 2025).
12. Ministère du Plan et du Développement, <https://www.plan.gouv.ci/assets/fichier/STEPS-C-te-d-Ivoire-VF-du-071021.pdf> (consulté le 30 janvier 2023).

L'essor de la DDR sur les réseaux sociaux pendant le Covid-19 : *da'wa* exceptionnelle dans une situation inédite

Le Covid-19 est apparu en Côte d'Ivoire en mars 2020. Il a initialement été perçu par l'imaginaire populaire ivoirien comme une maladie des pays et des personnes riches, car la première victime identifiée rentrait d'Italie et résidait dans la commune résidentielle de Cocody. Son extension aux autres communes d'Abidjan et la croissance des personnes infectées ont amené les autorités politiques à instaurer des mesures barrières axées sur la distanciation sociale. En application de ces mesures, une réunion d'information s'est tenue le 18 mars 2020 entre le ministre de l'Intérieur et les leaders religieux ivoiriens au cours de laquelle ont été décidées la fermeture des lieux de culte et l'interdiction des cérémonies à caractère religieux pouvant réunir plus de 40 personnes (Binaté *et al.* 2022). Ne pouvant se rendre dans les mosquées, les musulmans intensifient l'utilisation d'Internet. Le cheikh al-aïma Boikary Fofana, guide suprême de la communauté musulmane, déclara sur sa page Facebook le 19 mars 2020 : « Que le Tout-Puissant, Allah protège la communauté mondiale du Coronavirus »[13]. Son décès, survenu le 17 mai 2020 des suites du Covid-19, créa la psychose au sein de la communauté musulmane ivoirienne. La DDR en profita pour suspendre ses sorties publiques médiatisées. Initialement annoncée pour deux semaines, la prolongation des mesures de restriction et d'interdiction par les autorités politiques et religieuses amena l'équipe DDR à réinventer la *da'wa* pour maintenir l'échange avec son public.

Les réseaux sociaux à travers leurs pages Facebook, YouTube et WhatsApp prirent le relai. Trois principales stratégies de mobilisation via Internet sont initiées sur ces plateformes. La première concerna la diffusion des discours de sensibilisation tirés des enseignements islamiques. Le 25 avril 2020, Ismaël Aka profita d'une adresse vidéo pour inviter les fans de la DDR à faire preuve de solidarité : « Dans ces temps-ci [car] tout ce que Allah Il fait est bon »[14]. Un *hadith* rapporté par Sôhi Boukahry et Aboû Houraïra revint régulièrement dans leurs discours : « Si vous apprenez qu'une pandémie ravage une région, ne vous y rendez pas et si vous vous trouvez dans une région frappée par une pandémie, ne la quittez pas »[15]. Selon leur interprétation, cet *hadith* était en conformité avec l'interdiction des voyages dans le district d'Abidjan,

13. Voir <www.facebook.com/comudo/videos/604622663731639> (consulté le 24 juin 2022).
14. Témoignage d'Ismaël Aka, le 25 avril 2020. Extraits de « Témoignage d'un pasteur converti à l'islam ».
15. Voir <https://www.toscan.francais-brochure-covid-19-islam-min.org> (consulté le 15 août 2021).

considéré comme l'épicentre de la maladie. Cette stratégie montra ses limites lorsque la croissance des cas de contagion et du nombre de décès conduisirent à l'instauration d'un couvre-feu, contraignant la population du district d'Abidjan au confinement. Elle fit place à la rediffusion des capsules vidéos « Best of DDR ». Ce procédé consista, pour les conférenciers et techniciens de la DDR, à sélectionner les meilleurs moments des anciennes vidéos et à les rediffuser sur leurs plateformes numériques. En un temps record, certaines d'entre elles comme « Ismael Aka le fils d'un Pasteur converti à l'islam s'adresse à vous »[16], « Le nom du prophète Mouhammad est mentionné dans la Bible »[17], « Débat religieux : entre l'islam et le christianisme lequel sauve ? »[18] comptabilisèrent respectivement 1 207, 3 147 et 7 472 vues. Elles recueillirent aussi des milliers de *« like »,* « commenter » et « partager ». Rarement, une capsule vidéo de la DDR avait suscité autant d'intérêt avant le Covid-19.

Une autre méthode employée par la DDR concerna l'intensification des adresses vidéos en direct sur les pages « Oustaz Diané Officiel », « Ismaël Aka Officiel » et « DDR La Vraie Chaine YouTube ». Deux émissions ont tenu en haleine leurs *followers* durant le confinement et après la suspension des mesures barrières. Il s'agit notamment de « Cours biblique et coranique » et « Petit poteau ». La première émission était une vidéo conférence en direct qui offrait aux internautes une confrontation entre les membres de la DDR et des chrétiens sur un thème choisi, via le logiciel Zoom. Un modérateur était tenu de veiller au bon déroulement des échanges. Un temps de parole était donné à chaque invité pour son mot d'introduction avant que le débat ne soit proprement lancé. La discussion engagée sur le thème choisi offrait des possibilités de réplique dans la courtoisie, laissant ainsi aux internautes le loisir de poser des questions directement, de *liker,* de commenter. Notons que cette émission n'était pas figée. Elle pouvait parfois réunir les prédicateurs musulmans de différents pays pour des enseignements typiquement coraniques et bibliques adressés aux internautes. En juin 2021 par exemple, un cours biblique et coranique opposa Ismaël Aka et Oustaz Diané à un pasteur malawite (Yves Mutima) en présence de son fidèle (Ferhad) autour du thème : « Entre l'islam et le christianisme, où se trouve la vérité ? »

D'entrée, le pasteur axa son analyse sur les conséquences de l'incroyance au message du Christ (Mathieu 7, versets 26-28). Il détailla ensuite les miracles qui le confortent dans sa foi chrétienne. Cette attitude de la DDR qui consiste à donner la préséance de la parole à leurs interlocuteurs est une stratégie pour mieux exploiter les failles de leurs discours. C'est ce que fit Lassana Diané

16. Voir <www.youtube.com/ddrlavraiechaineyoutube> (consulté le 4 juillet 2024).
17. Voir <www.youtube.com/ddrlavraiechaineyoutube> (consulté le 4 juillet 2024).
18. Voir <www.youtube.com/ddrlavraiechaineyoutube> (consulté le 4 juillet 2024).

lorsqu'il déclara que le terme « chrétien » avait une origine « païenne », donc méconnue du Christ (Acte 11-26). Abraham étant musulman selon lui (sourate 3, verset 67), il ne pouvait en être autrement pour ses descendants. Le pasteur s'en défendit en lui rétorquant que l'islam était né à partir de la révélation du Coran, Livre qu'Abraham et Moïse n'ont pas connu. Lassana Diané répondit que leur soumission à Dieu suffisait pour en faire des musulmans, le Coran n'étant valable qu'à partir de Muhammad. Il demanda ensuite au pasteur de justifier l'appartenance d'Abraham au christianisme par la Bible. Yves Mutima trouva un passage biblique (Jean 3, versets 13-16), mais hors contexte. Ce moment de flottement du pasteur permit à Diané de prendre l'ascendant sous le regard admiratif de certains internautes qui laissaient des commentaires pour donner leurs impressions. Ferhad n'a pas pu s'opposer à Ismaël à cause d'un problème de micro. Dans l'exemple qui précède, l'enjeu n'est pas tant de convertir leurs interlocuteurs que d'impressionner le public d'internautes. Si les débats de controverse en lien avec l'islam et le christianisme sont la marque de cette structure de prédication musulmane, le public en est la raison d'être pour la part du spectacle.

En ce qui concerne l'émission « Petit poteau », il s'agit pour l'équipe DDR d'aller à la rencontre des non-musulmans en vue de les persuader de la véracité de l'islam par la discussion. Initialement organisée en présentiel, cette émission a été dématérialisée du fait de l'épidémie du Covid-19. Pour les internautes chrétiens abonnés ou non aux pages DDR, qui prolongent les débats sous les capsules vidéos de ce mouvement de prédication, une lucarne d'échange leur est offerte à travers « Petit poteau ». La plupart des chrétiens qui se prêtent à ce jeu se disent être assaillis par le doute concernant leur religion après avoir écouté la DDR. La mise à disponibilité des contacts étant l'une des particularités des conférenciers de ce groupe, des échanges sont entamés en interne pour trouver une date de rendez-vous. Pour les fidèles chrétiens qui n'ont pas une connaissance approfondie de la Bible, ils sont invités à faire participer leur pasteur. Dans d'autres cas de figure, les débats entre la DDR et les pasteurs sont le résultat des défis par vidéos interposées. Dans une vidéo qui a été vue 6 200 fois, le pasteur Gédéon s'adressait à la DDR en ces termes :

> Je vous [DDR] lance un défi. Prenez un seul mois, laissez la Bible de côté et votre document vous faites croire aux gens que c'est tombé du ciel là [allusion au Coran] lisez-le lors de vos débats publics et vous allez voir si quelqu'un va vous écouter. Vous allez disparaître. Parce que c'est la lumière qui attire or la lumière est dans la Bible [...] La seule chose qui fait que les gens viennent vous écoutez là, vous dites que : Jésus a dit, la Bible a dit et quand la création entend cela, il est curieux de venir voir ce qu'on est en

train de dire[19]. [Oustaz Diané répondit] : Je voulais dire à Gédéon de la Tchetchouvah qui m'a lancé un défi. Nous en islam on est pas des lâches. Nous sommes des courageux donc je cite ton nom directement pour te dire qu'on veut un débat ouvert à Abidjan. Si tu veux, on peut se retrouver dans l'espace Ficgayo. Un débat face à face et on verra […]. Ceux qui sont en ligne, transférez le message à Gédéon. La DDR veut un débat. On va voir de quoi tu es capable[20].

En se positionnant comme une structure investie dans la défense de la communauté musulmane contre les prédicateurs chrétiens sur les réseaux sociaux, la cote de popularité de la DDR grimpa dans le paysage religieux ivoirien, à tel point que certaines capsules dérivées de leurs vidéos comptabilisèrent plus de 697 000 vues[21]. Le 10 mai 2021, Ismaël Aka et Oustaz Diané ont été reçus par la chaîne nationale RTI[22]. Le média islamique, *al-bayane,* a consacré plusieurs reportages à cette structure de prédication[23]. Si les internautes ont été aussi nombreux à s'abonner aux plateformes numériques de la DDR, c'est parce qu'elle proposait une méthode de prédication « nouvelle » pour la population ivoirienne dans un contexte d'angoisse lié à la pandémie de Covid-19 et de confinement qui empêchait les rassemblements religieux. Devenue le premier interlocuteur des musulmans ivoiriens sur les réseaux sociaux depuis lors, elle totalisait en novembre 2024, 1 055 666 abonnés sur sa page Facebook[24]. Parallèlement à cette page officielle de la DDR, d'autres pages annexes ont été créées par « les fans de Oustaz Diané et Ismaël Aka » et « les élèves d'Oustaz Diané » qui totalisent respectivement 65 746 et 63 960 abonnés[25]. Ces pages dédiées aux convertis musulmans et aux jeunes convertis qui ont rejoint la DDR trouvent leur utilité dans la promotion des activités de cette structure. Elles servent également à la commercialisation des gadgets-DDR (tee-shirts, bonnets, chapeaux, articles islamiques) ainsi que de sites de lancement d'appel à financement d'un centre de formation destiné à l'encadrement et au soutien des nouveaux convertis à l'islam.

Après la suspension des mesures barrières en juillet 2020, la DDR multiplia la *da'wa* de proximité. Elle alla à la rencontre de « nouvelles âmes à conquérir » à la manière des mouvances de prédication évangéliques (Mary 2002) et de la *Jamah at Tabligh*. Ce mouvement de prédication est

19. Voir <https://youtu.be/rhvPX_17ttE/gedeonlanceundefialaddr> (consulté le 30 mai 2024).
20. Voir <https://youtu.be/YJlShn9Ev7M/laddrlanceundefiagedeon> (consulté le 30 mai 2024).
21. Voir <https://www.youtube.com/channel/UCkNi90ORn66edC-hB5sBbnQ?sub_confirmation=1> (consulté le 8 juillet 2024).
22. Voir <https://youtu.be/x6F2T7IY?si=Xaxk0CiGsglwn-nc> (consulté le 10 mai 2021).
23. Voir <https://www.youtube.com/video/Exu9IGeYX7k/> (consulté le 22 juin 2022).
24. Voir <https://www.facebook.com/share/1AGbDRShfJ/> (consulté le 19 novembre 2024).
25. Voir <www.facebook.com/groups/776525239959183/> (consulté le 24 juin 2022).

d'origine indo-pakistanaise. Né en 1927 à Mewat près de New Dehli, il prit pied en Afrique à partir des années 1950. Depuis 1980, la *Jamah at Tabligh* s'implanta définitivement en Côte d'Ivoire. Sa particularité réside dans le dynamisme de ses prédicateurs. Itinérants, ils séjournent dans les mosquées et y mènent des activités prosélytes (prêches, *da'wa* de proximité, visites). En plus de la *da'wa* dans les mosquées et auprès des marginaux sociaux (prostitué.e.s, enfants de la rue, délinquant.e.s), la *Jamah at Tabligh* a formé plusieurs prédicateurs ivoiriens pour en faire des représentants locaux de leur idéologie. C'est au sein de ce groupe que la conversion de Manhan Olivier, ex chef de gang devenu prédicateur, a eu lieu. Après sa formation à la *da'wa,* il se distingua par l'usage du *noushi* — langage de rue ivoirien — comme moyen de communication pour mieux s'identifier aux personnes marginalisées (Diabaté 2021). Son exemple inspira les membres de la DDR dans le suivi des nouveaux convertis. Un an après le pic du Covid-19 en effet, Oustaz Diané fit le bilan de la DDR : « Dans le mois seul de ramadan [avril-mai 2020], nous avons converti 89 personnes. Mais avant ramadan, on avait déjà 56 [convertis] et après ramadan on avait 32 [convertis] »[26]. D'abord affectés sur un groupe WhatsApp-DDR pour apprendre les rudiments de l'islam, ils furent ensuite confiés à une mosquée de leur lieu d'habitation pour un encadrement plus efficient en attendant la fin des travaux du centre de formation qui leur est dédié. Le succès de la DDR entraîna une vive concurrence avec certains mouvements de prédication évangéliques, également animés par la volonté de marquer le paysage religieux ivoirien.

Lutte de positionnement entre prédicateurs de rue en contexte de crise sécuritaire régionale

En avril 2022, le directeur général des cultes ivoiriens, Messamba Bamba, rencontra les prédicateurs de rue. Organisée pour pacifier les prédications, cette rencontre a mis en présence, du côté chrétien, Gédéon de la Tchetchouvah (du Ministère Zobel Agodio d'Abidjan [MZA]) et frère Thierry (le russophone des Initiés de la Parole du Seigneur Jésus-Christ) et, du côté musulman, la DDR et la BAM. Cette démarche de la Direction générale des cultes (DGC) intervint dans un climat de crispation des débats entre ces web-prédicateurs. La joute oratoire allant crescendo, assortie parfois de propos niant la croyance de l'autre, les autorités politiques se sont posées en instance d'apaisement en fixant une ligne directrice dans l'organisation des prêches conformément

26. Voir <https://m.youtube.com/channel/UCkNi90n66edChB5sBbnQ/vidéo/débatinterreligieuxdu25juillet2021/> (consulté le 30 juillet 2021).

au respect de la liberté religieuse. Durant les échanges, Messamba Bamba a invité les différents leaders religieux à présenter leurs mouvements, avant de les exhorter à : « proscrire de leurs langages tous propos agressifs envers les autres religions »[27]. Son action s'inscrit certes dans le cadre de la régulation des prédications et des activités religieuses nationales, mais démontre aussi l'importance de la portée du contenu des messages véhiculés par ces prédicateurs, surtout dans un pays qui proclame sa laïcité constitutionnelle et qui travaille à se relever de deux décennies de crises sociopolitiques marquées par des conflits à relents religieux (Konaté 2003 ; Savadogo 2005 ; Miran-Guyon 2015).

La Côte d'Ivoire a en effet fait son entrée dans le troisième millénaire en situation de conflit militaro-politique. Censées en être le dénouement, les élections présidentielles de 2010 ont replongé le pays dans une spirale infernale de violences qui se soldèrent par des milliers de morts, de blessés et de déplacés. La ville d'Abidjan, principal théâtre des affrontements, enregistra le meurtre de pasteurs et d'imams, ainsi que la destruction d'édifices religieux. Marie Miran-Guyon et Bony Guibléon (2018 : 5) ont ainsi souligné que : « les plus belliqueux des proches de l'ancien président [Laurent Gbagbo] voulaient faire basculer le conflit politico-électoral dans la guerre religieuse. » Ce fut donc sans surprise que le cheikh Boikary Fofana, président du COSIM, et monseigneur Paul Siméon Djro Ahouana, archevêque métropolitain de Bouaké, furent associés par le président ivoirien Alassane Ouattara à la Commission dialogue vérité et réconciliation (CDVR) pour sillonner avec une équipe d'experts le territoire ivoirien et contribuer au retour de la paix. Même si les résultats obtenus par cet organe n'ont pas été satisfaisants, d'où sa dissolution en 2015, l'implication des religieux dans la gestion des crises qui s'ensuivirent devint l'apanage du pouvoir en place.

Après l'attentat meurtrier de Grand-Bassam qui a endeuillé le pays en mars 2016, le COSIM s'est mis en ordre de bataille. Lors de sa réunion hebdomadaire du mercredi, cette structure faîtière musulmane invita les imams à dénoncer dans leurs sermons du vendredi le terrorisme sous toutes ses formes. Si cette action visait à disculper la communauté musulmane, le COSIM mena ses actions plus loin en mettant en place les plus grandes caravanes de *zyara* (visite) et de *da'wa* jamais organisées dans le pays. Officiellement, elles consistaient à visiter toutes les localités pour recueillir des informations sur les mosquées, l'histoire de l'islam de ces localités et organiser des séries de prêches. Officieusement, il s'agissait d'établir le contact avec les imams sur tout le territoire national, de les sensibiliser sur la menace terroriste et ses stratégies d'implantation, de recenser l'ensemble des édifices religieux

27. Voir <https://web.facebook.com/directiongeneraledescultes/1119908858795309> (consulté le 9 janvier 2023).

nationaux et d'identifier les potentiels facteurs de risques. Cette stratégie a conforté la place de leader du COSIM auprès de l'État dans la lutte contre le terrorisme[28].

L'intimité du COSIM avec le régime d'Alassane Ouattara lui a fait perdre la verve satirique qui avait fait sa renommée avant 2011. Dans la droite ligne de cette collaboration, Tuo Zié déclare :

> Malgré les dérives du pouvoir, c'est rare de voir des chefs religieux musulmans sortir pour condamner ou critiquer. Ceux qui ont essayé ont très vite été maitrisés. Sur les réseaux sociaux, dans les vidéos, on ne manque pas d'entendre que les musulmans doivent soutenir le pouvoir en place. Donc, pour moi, l'État et les religieux musulmans sont de connivence ; au point que les musulmans ont même du mal à critiquer des situations qui ne les arrangent pas. On peut citer à ce niveau les lois sur le mariage, l'homosexualité, les exactions gouvernementales[29].

En faisant notamment appel au COSIM dans un contexte sécuritaire fragile, le gouvernement d'Alassane Ouattara se dota d'un moyen supplémentaire pour exercer une police de contrôle sur les populations d'un pays où l'islam (42,5 %) et le christianisme (38,9 %) sont les principales forces religieuses[30]. Dans un tel contexte, les voix dissidentes sont jugées subversives et sont durement réprimées. En août 2018 par exemple, l'imam Aguib Touré a critiqué le coût du pèlerinage à La Mecque pendant un sermon du vendredi[31]. Accusé par les autorités politiques ivoiriennes de faire l'apologie du terrorisme et d'inciter à la haine, il fut écroué à la Maison d'arrêt et de correction d'Abidjan (MACA)[32]. Quelques semaines plus tard, le pasteur N'goran Koffi Konan Israël fut appréhendé par les forces de l'ordre[33]. Il était accusé de propager des théories subversives pour avoir publié une série de vidéos où il dénonçait la recrudescence des ressortissants étrangers sur le sol ivoirien. Ces arrestations n'ont suscité aucune réaction officielle du Forum des confessions religieuses (FCR), structure créée en 1995 pour fédérer les religions nationales et proposer des solutions aux crises sociopolitiques suscitées par le décès de Félix Houphouët-Boigny en 1993 (Guibléon 2011). Le silence des prêtre,

28. Entretien avec Abdoul Karim Ouattara, imam au lycée technique de Cocody, le 8 janvier 2024 à Abidjan.
29. Entretien réalisé avec Tuo Zié, éducateur spécialisé de l'Association des églises baptistes évangéliques de Côte d'Ivoire (AEBECI) le 18 janvier 2024 à Bouaké.
30. RGPH-2021, <https://www.caidp.ci/uploads/7113b93cc641ba78c591e9f79a4e729c.pdf> (consulté le 13 janvier 2023).
31. Voir <https://www.youtube.com/@nehemietoure8728 (consulté le 30 janvier 2023).
32. Voir <https://www.facebook.com/aguibou.toure.104/videos/1592931014169366/> (consulté le 15 juillet 2022).
33. Voir <https://youtu.be/3OTeahccr8w>.

pasteur et imam impliqués dans les rencontres interreligieuses fut interprété par l'opinion publique nationale comme un aveu d'adhésion et de soutien aux actions étatiques qui sont de nature à museler les hommes de Dieu.

L'interpellation des prédicateurs de rue musulmans et chrétiens par la DGC s'inscrit dans ce contexte. Placée sous la tutelle du ministère de l'Intérieur, la DGC est un organe de régulation chargé d'encadrer les activités religieuses nationales et de promouvoir le dialogue interreligieux. Dans l'exercice de ses fonctions, la DGC est aussi chargée d'appliquer les politiques étatiques sur les religions, tout en garantissant les rapports de bons procédés entre ces deux entités. Sa réception des prédicateurs de rue le 5 avril 2022 répondait au besoin d'apaiser les tensions suscitées par la rivalité entre les promoteurs de l'islam et du christianisme sur les réseaux sociaux. Depuis l'apparition des web-prédicateurs sur la scène nationale ivoirienne en effet, la stratégie d'occupation de l'espace est très souvent accompagnée de rhétoriques religieuses marquées par des propos mobilisateurs. Lors d'une sortie médiatisée en novembre 2021, Oustaz Diané et Ismaël Aka ont donné quelques orientations et la raison d'être de la DDR :

> Nous nous inscrivons dans ce qu'on appelle l'inter-religieux. Dans notre domaine, on parle de Bible et de Coran [...]. La méthode que nous avons envoyée *[sic],* c'est que je prends ta propre Bible pour te convertir à l'islam comme ils le font encore à nos parents. Gédéon prend le Coran pour prêcher, pourquoi vous ne lui dites pas d'arrêter de prendre le Coran [...]. Les Pasteurs savent que les musulmans ne croient pas en Jésus en tant que Dieu, mais aiment dire « celui qui donne pas sa vie à Jésus, il est perdu [...] », ils parlent indirectement des musulmans[34].

Issu du Ministère Zobel Agodio (MZA), Guéi Monsékéla Ferdinand fit ses débuts dans la prédication dans l'espace public autour des années 2000. De son père spirituel Agodio, il aurait reçu l'appellation Tchetchouvah qui signifierait en langue hébraïque « reconversion ». Avec une voix de stentor dont il se vante à l'occasion (ce qui l'amène d'ailleurs à s'abstenir d'utiliser des haut-parleurs ou pupitres lors de ses sorties médiatisées), Gédéon de la Tchetchouvah prit les rênes de l'église après la mort de Zobel Agodio. Dès lors, il se donna pour mission de perpétuer la « Révolution chrétienne » entamée par son père spirituel, qu'il résuma en ces mots (Bamba 2021 : 95) : « La mission qui m'a été confiée est la guerre de l'éternel contre les fausses doctrines. Elle consiste à interpeler les clergés des églises où règnent les fausses doctrines [il regrette] le fait que le peuple de Dieu se meurt tandis que les clergés s'engraissent sur son dos. »

34. Voir <https://www.youtube.com/débatintereligieux/vidéo7novembre2021/> (consulté le 15 juillet 2021).

Ses talents d'orateur lui ont permis d'être suffisamment populaire sur la scène nationale. Bien qu'il ait officiellement créé sa page de prédication Facebook en 2018, il comptabilisait 370 953 *followers*[35] en mars 2024. Ses positions doctrinales rencontrèrent l'assentiment de nombreux internautes, notamment parmi les jeunes. Par exemple, sa formule du « goûter voir avant le mariage » — qu'il entend comme l'entretien de rapports charnels avec la femme avant toute forme de procédure de mariage — a fait le *buzz* sur les réseaux sociaux. Au-delà de la polémique suscitée par une telle déclaration que Gédéon s'est évertué à démontrer et à justifier dans la Bible, il remit en cause la rhétorique de la chasteté avant le mariage telle que prônée par les pères de l'église. Ce positionnement doctrinal fit de Gédéon le porte-parole des nombreux jeunes qui peinent à accéder à un statut social d'adulte pouvant les mener au mariage.

Tout comme la DDR, Gédéon de la Tchetchouvah faisait des sorties hebdomadaires médiatisées, notamment les mardis, dans les communes d'Abobo et de Yopougon. Ses prises de position en ligne sur l'islam ont amené la BAM à lui demander une confrontation publique dans une vidéo postée en 2019. Gédéon avait refusé à cette date tout débat avec les musulmans. Cette capsule vidéo de son refus devenue virale sur les réseaux sociaux le poussa à reconsidérer sa position. Après de nombreux défis lancés par la DDR, Gédéon reçut finalement Ismaël Aka en début d'année 2021, dans un débat étriqué, qui ne put répondre aux attentes des internautes, sur le thème « Marie est-elle ou non la mère de Dieu ? ». Débuté à 17 heures, le débat ne dura qu'une demi-heure, ce qui ne permit pas aux protagonistes d'épuiser le sujet, et qui frustra les *followers* des deux camps qui multiplièrent les déclarations injurieuses sur la toile. La DGC a su saisir cette opportunité pour se positionner en instance de régulation. Dans la mesure où ces mouvements religieux ne sont affiliés à aucune organisation faîtière nationale, leurs prédicateurs ont dû présenter leurs structures avant de se faire enregistrer. Des notes succinctes portant sur leurs activités, leur famille, leur domicile et leur proche ont été relevés. Les propos de Lopez Alley Ekra, prédicateur de rue du groupe Nourdine Jamah, sont illustratifs de cette mesure de surveillance :

> Nous sommes surveillés. Toutes les informations sur moi, ma famille, mes activités, mon lieu d'habitation se trouvent à la DST [Direction de la surveillance du territoire]. On connait les lieux où nous prêchons donc on envoie souvent des corps habillés en tenue civile pour nous écouter. On vient écouter ce qu'on dit dans nos prêches. Un jour, j'ai reconnu un lieutenant. Lorsqu'il repartait après le prêche, je l'ai approché pour le saluer[36].

---

35. Voir <https://www.facabook.com/share/p/WkgJx4ypcrNnoBJ1/?mibextid=oFDknk> (consulté le 7 mars 2024).
36. Discussion informelle avec Ekra Lopez Alley, prédicateur de rue du groupe Nourdine Jamah, le 24 décembre 2023.

Dans cet élan de fichage et de surveillance, le président de la DGC Messamba Bamba invita les prédicateurs à s'appuyer uniquement sur leur religion et leur Livre sacré pour prêcher. La mise en œuvre de cette mesure de restriction rencontra toutefois des résistances pour deux raisons. La première réside dans la nature même de ces mouvements religieux. Leur vocation controversiste a construit leur renommée autour de la polémique islamo-chrétienne. C'est en invitant « l'autre » à leur croyance respective par la polémique comparative des religions qu'ils ont réussi à se hisser sur la scène religieuse. Sortir de ce cadre les condamnerait donc à disparaître. Le second facteur est lié à l'hétérogénéité du public dans les forums interreligieux, qui sont des espaces libres d'accès. Dans ce cadre de rencontre public, les questions adressées aux prédicateurs concernent tous les milieux religieux. D'ailleurs, les prédicateurs de la DDR s'appuient sur les questions que les passants et invités chrétiens leur adressent pour outrepasser l'interdiction de s'en tenir au Coran pour prêcher. Autrement dit, ils continuent à faire la *da'wa* avec le Coran et la Bible malgré l'interdiction de la DGC. Répondant à la question d'un fidèle chrétien venu connaître « l'identité du vrai Dieu », Ismaël Aka déclarait en préambule :

> D'abord, j'aimerais attirer l'attention des gens ainsi que des internautes. Quand vous êtes venu *[sic]* là, est-ce que vous avez entendu dans notre bouche on a cité la Bible, non. Est-ce qu'aujourd'hui là, on a parlé Jésus est Dieu, non *[sic]*. Qui est venu avec ça, c'est eux. Il nous invite à aller où, dans la Bible comme dans le Coran. C'est une invitation. Vous qui vous plaignez pourquoi vous parlez de la Bible, c'est une invitation. Moi quand on m'invite, je vais. Comme il nous a invité, on s'en va là-bas [dans la Bible] comme ça[37].

Au-delà du principe de laïcité sorti des tiroirs par la DGC pour tenter de réguler et d'encadrer les activités des mouvements de prédication dont la DDR, se cache un enjeu sécuritaire. Dans un champ religieux éclaté, c'est-à-dire où le savoir islamique n'est plus le monopole de personnes d'ascendance maraboutique, les changements liés au prosélytisme islamique limitent la politique de contrôle exercée par l'État, d'autant que les nouveaux acteurs exercent dans le cadre strictement privé et ne sont pas toujours affiliés aux instances islamiques officielles reconnues par ce même État. La diversité de leurs profils parmi lesquels les autodidactes, les femmes, les intellectuels transnationaux, etc. rend complexe leur identification. Dans un contexte de montée de l'extrémisme religieux violent et de l'idéologie salafiste en direction des pays côtiers du Golfe de Guinée dont les principaux porte-étendards dans la sous-région ouest-africaine sont Al-Qaïda au Maghreb Islamique

37. Voir <https://youtu.be/0n8Hu_TEbW0?t=614>.

(AQMI), Daesh et Boko Haram (Pérouse de Montclos 2012 ; Diarra 2021), l'État travaille à éviter à la Côte d'Ivoire le scénario du 16 mars 2016 où une attaque terroriste perpétrée par AQMI dans la ville de Grand-Bassam avait fait 19 morts.

Placé dans un arc de crise, avec les tensions sociopolitiques chez ses voisins du Mali et du Burkina Faso, ce pays côtier ouest-africain a créé un cercle de collaboration avec les pays occidentaux, régionaux et sous-régionaux pour limiter l'ampleur de la menace terroriste. Solidaires de l'État ivoirien, les guides religieux des structures faîtières musulmanes ont initié des réunions d'informations et d'actions avec leurs pairs maliens et burkinabè, en vue de s'impliquer davantage dans la lutte contre le terrorisme. L'expulsion de la DDR du Burkina Faso en juillet 2021 par les autorités de ce pays, en accord avec les leaders religieux chrétiens et musulmans qui craignaient la remise en question des rapports interreligieux pacifiques et surtout dans un contexte de troubles sécuritaires, est représentatif de leur niveau de collaboration[38]. Malgré leur engagement pour préserver les rapports interreligieux, des ramifications de la DDR se sont implantées dans certains pays ouest-africains tels que le Bénin et le Sénégal. La DDR revendique actuellement sa présence dans « 54 pays dont la France et les États Unis d'Amérique »[39] où elle travaille à construire un espace public islamique — comme au Sénégal où a émergé une nouvelle classe d'entrepreneurs religieux animés du désir de moraliser la société et de se positionner sur la scène nationale (Samson 2009).

❖

La construction de réseaux islamiques dans l'internationalisation des activités religieuses est une stratégie couramment élaborée par les organisations panislamiques pour développer leur *soft power* dans un pays. Propre aux pays arabo-musulmans depuis les années 1990, cette stratégie a intégré une nouvelle classe d'entrepreneurs religieux dont le succès s'est construit autour des médias numériques. Abdoul Madjid Kassogbia s'inscrit dans ce registre. Son modèle de prédication axée sur la polémique islamo-chrétienne a inspiré la création de Da'wa dans la rue (DDR) en Côte d'Ivoire. Cette structure de prédication islamique, dirigée par Lassana Diané et Aka Agnini Amos qui se présentent aussi comme des élèves d'Abdoul Madjid, ne s'identifie pas

---

38. Voir <https://youtu.be/9S4RRTnkrEU?si=OTmPxU7swnZIZVWX> (consulté le 30 juillet 2021).
39. Entretien avec Lassana Diané, membre fondateur de BAM et DDR, le 19 novembre 2024 à Abidjan.

au soufisme, au réformisme ou à l'islamisme. À travers l'exemple du prédicateur Ahmed Deedat en Afrique du Sud, Samadia Sadouni (2007 : 102) définit cette forme de *da'wa* comme un « communautarisme religieux qui [..] reste lié par la rencontre de l'Autre ». L'exemple de la DDR en contexte ivoirien montre la diversité de profils des acteurs musulmans investis dans la prédication. L'enseignement islamique dans le cadre formel n'est plus un critère indispensable à la construction de l'image du prédicateur nouveau, encore moins son insertion dans la trajectoire de l'islamisation. Cette forme « dérégulée » du prédicateur et « déréglementée » de *da'wa* trouvent son sens dans la dynamique du marché religieux ivoirien, mais surtout dans la liberté de communication conférée par Internet et les réseaux sociaux, permettant aux jeunes de s'émanciper des organisations faîtières islamiques et d'adapter le contenu de leurs discours aux attentes populaires. Par-delà la réinvention de la *da'wa,* se cache derrière la DDR une idée revancharde, notamment pour la jeune génération de musulmans qui considèrent que l'islam a perdu du terrain lors des deux décennies de crises sociopolitiques durant lesquelles certaines églises évangéliques avaient axé leurs actions prosélytes sur la diabolisation de cette religion et poussé à la conversion de musulmans au christianisme. Les heurts par vidéos interposées en ligne entre la DDR et les prédicateurs de rue chrétiens sont l'une des conséquences de ce « rattrapage », qui intervient dans un contexte sécuritaire fragile où l'État travaille en tandem avec les organisations religieuses pour repousser loin des frontières ivoiriennes la menace terroriste. Malgré les tentatives de régulation de la DGC, des foyers de résistance demeurent.

Université Alassane Ouattara, Bouaké, Côte d'Ivoire.

BIBLIOGRAPHIE

BAMBA M., 2021, *La société ivoirienne et les mouvements religieux,* Mémoire de Master, Lyon, Université Jean Moulin Lyon 3.

BINATE I., 2016, « La réforme contemporaine des médersas en Côte d'Ivoire », *Autrepart,* 80 : 123-144.

BINATE I., 2017, « Les Musulmans de Facebook en Côte d'Ivoire : une nouvelle voie de socialisation, de da'wa et de mobilisation communautaire », *Émulations-Revue des Sciences sociales,* 24 : 53-71.

BINATE I., GOSSELIN A. & SORE Z., 2022, « Religiosité musulmane en temps de Covid-19 au Burkina Faso et en Côte d'Ivoire. Un dialogue entre normes sanitaires et pratiques religieuses », *Cahier d'Études africaines,* LXII (4), 248 : 849-882.

BOUREÏMA A. D., 2019, *La traduction du sens du Noble Coran en langue française,* Riyad, Darussalam.

DAKOURI G., 2011, « À propos du rôle de la religion dans la crise ivoirienne », *Abidjan. net,* <https://news.abidjan.net/articles/410649/a-propos-du-role-de-la-religion-dans-la-crise ivoirienne>.

DIABATE F., 2021, *Réveil des cœurs et éveil des consciences,* Abidjan, Témoignages Al Bayane, t. 1.

DIARRA L., 2021, *Radicalisation et perception de la menace terroriste dans l'extrême nord de la Côte d'Ivoire : le cas de Bounkani,* African Center for Peace Studies, <https://timbuktu-institute.org/index.php/toutes-l-actualites/item/468-rapport-inedit-r%20adicalisation-et-perception-de-la-menace-terroriste-dans-l-extreme-nord-de-la-cote%20-d-ivoire>.

FANCELLO S., 2008, « Sorcellerie et délivrance dans les pentecôtismes africains », *Cahiers d'Études africaines,* XLVIII (1-2), 189-190 : 161-183.

GUIBLEON B., 2011, « Questionnement sur le dialogue interconfessionnel : le forum des confessions religieuses en Côte d'Ivoire », *Gabonica (Revue du Cergep),* 5 : 165-177.

HOLDER G., 2009, « Vers un espace public religieux pour une lecture contemporaine des enjeux politiques de l'islam en Afrique », in G. HOLDER (dir.), *L'islam, nouvel espace public en Afrique,* Paris, Karthala : 15-20.

KIEFFER J., 2006, « Les jeunes des *"grins"* de thé et la campagne électorale à Ouagadougou », *Politique africaine,* 101 : 63-82.

KONATÉ Y., 2003, « Le destin d'Alassane Dramane Ouattara », in M. LE PAPE & C. VIDAL (dir.), *Côte d'Ivoire l'année terrible 1999-2000,* Paris, Karthala : 253-310.

LE PAPE M. & VIDAL C. (DIR.), 2003, *Côte d'Ivoire, l'année terrible 1999-2000,* Paris, Karthala.

MADORE F., 2016, « L'islam ivoirien et burkinabé à l'ère du numérique 2.0 », *Journal des anthropologues,* 146-147 : 151-178.

MADORE F., 2018, *Rivalités et collaborations entre ainés et cadets sociaux dans les milieux associatifs islamiques en Côte d'Ivoire et au Burkina, 1970-2017),* Thèse de doctorat, Laval, Université de Laval.

MARY A., 2002, « Prophètes pasteurs, la politique de délivrance en Côte d'Ivoire », *Politique africaine,* 87 : 69-94.

MIRAN-GUYON M., 1998, « Le wahhabisme à Abidjan : dynamisme urbain d'un islam réformiste en Côte d'Ivoire contemporaine (v. 1960-1996) », *Islam et sociétés au sud du Sahara,* 12 : 5-74.

MIRAN-GUYON M., 2000, « Vers un nouveau prosélytisme islamique en Côte-d'Ivoire : une révolution discrète », *Autrepart,* 16 : 139-160.

MIRAN-GUYON M., 2006, *Islam, histoire et modernité en Côte d'Ivoire,* Paris, Karthala.

MIRAN-GUYON M., 2015, *Guerres mystiques en Côte d'Ivoire : religion, patriotisme, violence (2002-2013)*, Paris, Karthala.

MIRAN-GUYON M. & GUIBLEHON B., 2018, « Religion et politiques en Côte d'Ivoire ; un demi-siècle d'intimités ambivalentes », *Observatoire international du religieux,* Note d'analyse 9, Paris, CNRS.

NEWEL S., 2007, « Pentecostal Witchcraft : Neoliberal Possession and Demonic Discourse in Ivorian Pentecostal Churches », *Journal of Religion in Africa,* 37 : 461-490.

PÉROUSE DE MONCLOS M.-A., 2012, « Boko Haram et le terrorisme islamiste au Nigeria : insurrection religieuse, contestation politique ou protestation sociale ? », *Question de recherche/Research Questions*, 40 : 1-33, <https://www.sciencespo.fr/ceri/sites/sciencespo.fr.ceri/files/qdr40.pdf>.

SADOUNI S., 2007, « Ahmed Deedat et l'islam indien en Afrique du Sud : individualisme et transnationalisme islamique », *Archives de sciences sociales des religions,* 139 : 101-118.

SAMSON F., 2009, « Nouveaux marabouts politiques au Sénégal : lutte pour l'appropriation d'un espace public religieux », in G. HOLDER (dir.), *L'islam, nouvel espace public en Afrique,* Paris, Karthala : 151-171.

SAVADOGO B., 1998, *Confréries et pouvoirs. La tijaniyya hamawiyya en Afrique occidentale (Burkina Faso, Côte d'Ivoire, Mali, Niger) : 1909-1965,* Thèse de doctorat, Aix Marseille I, Université de Provence.

Savadogo M., 2005, « L'intervention des associations musulmanes dans le champ politique en Côte d'Ivoire », in M. Gomez-Perez (dir.), *L'Islam politique au sud du Sahara,* Paris, Karthala : 583-600.

Savadogo M. & Gomez-Perez M., 2011, « La médiatisation des prêches et ses enjeux. Regards croisés sur la situation à Abidjan et Ouagadougou », *Revue ethnographique de l'Institut d'Ethnologie de l'Université de Neuchâtel,* 22.

Sourdel D. & Sourdel J.-T., 2013, *Vocabulaire de l'islam,* Paris, Puf.

Traore S., 2022, « La crise des années 1980 et le maraboutage en Côte d'Ivoire : quand l'argent bouleverse tout », *Afrika Focus,* 35 : 127-151.

Triaud J.-L., 2022, *Musulmans de Côte d'Ivoire à l'époque coloniale (1900-1960). Un monde de karamokos,* Paris, Les Indes savantes.

Résumé

Da'wa dans la rue (DDR) est un mouvement de jeunes prédicateurs musulmans qui s'est donné pour mission de réislamiser la Côte d'Ivoire en utilisant les médias numériques. Ce mouvement est parti de la métropole d'Abidjan avant de s'étendre à d'autres villes par la diffusion de capsules vidéos à partir des plateformes numériques telles que Facebook, WhatsApp et YouTube. Avec pour public cible un auditoire hétérogène composé à la fois de musulmans et de non musulmans, ces jeunes ont d'abord investi les espaces publics — jardins publics, carrefours — pour mener un prosélytisme de proximité avant de recourir à la web-prédication, abordant des questions religieuses parfois controversées en lien avec l'islam et le christianisme. Cette étude retrace l'histoire du DDR et étudie ses pratiques actuelles de promotion de l'islam, par l'occupation de l'espace public et de l'espace virtuel, dans un environnement marqué ces dernières décennies par la prégnance des mouvements évangéliques.

Mots-clés : Côte d'Ivoire, Da'wa dans la rue (DDR), médias numériques, prosélytisme, web-prédication.

Abstract

Da'wa in the Street in Post-Crisis Côte d'Ivoire: A New Form of Preaching in the Digital Age. — Da'wa dans la rue (DDR) is a young Muslim predicators movement that undertook a mission of islamization through digital bias in Côte d'Ivoire. This call to Islam started from the metropolis of Abidjan to extend to inland cities by broadcasting video clips on Facebook, WhatsApp and YouTube. With a heterogenous audience composed of both Muslims and non-Muslims as their target, these young people first invaded public spaces—public gardens, crossroads—to carry out local proselytizing before resorting to web-preaching, tackling sometimes controversial religious issues relating to Islam and Christianity. This study traces the history of the DDR and examines its current practices for promoting Islam, through the occupation of public and virtual space, in an environment marked in recent decades by the significance of evangelical movements, for the occupation of public and virtual space.

Keywords: Côte d'Ivoire, Da'wa dans la rue (DDR), digital media, proselytism, web-predication.

Analyses et comptes rendus

AURÉGAN Xavier & PAIRAULT Thierry (DIR.). — *L'Afrique et ses présences chinoises.* Paris, L'Harmattan, 2024, 256 p., bibl., ill., annexes.

L'influence chinoise sur le continent africain n'a cessé de croître au cours des deux dernières décennies, suscitant ainsi un regain d'intérêts scientifique, médiatique et géopolitique pour les relations entre les deux régions du monde[1]. *L'Afrique et ses présences chinoises* constitue une contribution majeure et opportune à la littérature francophone sur les dynamiques des engagements afro-chinois ou sino-africains, tout en apportant des perspectives nuancées pour mieux appréhender celles-ci. Cet ouvrage collectif est l'un des fruits du séminaire « Présences chinoises » de l'École des hautes études en sciences sociales (EHESS), coanimé depuis 2014 par les coordinateurs Xavier Aurégan, géographe et maître de conférences à l'Université catholique de Lille, et Thierry Pairault, socio-économiste, sinologue et directeur de recherche émérite au Centre national de la recherche scientifique (CNRS), avec leurs collègues.

L'ouvrage rassemble dix contributions pluridisciplinaires d'auteurs non seulement européens, mais aussi des Suds — malgré un déséquilibre proportionnel —, réparties en deux parties : « Stratégies géopolitiques chinoises » et « Approches socio-politiques africaines ». Cette organisation de l'ouvrage révèle dès lors ces deux pivots centraux, qui se concilient afin de « diversifier les éclairages sur des relations afro-chinoises plus subtiles » (p. 13), tout en se distanciant d'« une essentialisation de la Chine et des acteurs chinois » (p. 9) mais « sans obérer les stratégies "africaines" » (p. 219). Comme l'indique son titre, l'ouvrage privilégie une approche qui décentre la Chine et les acteurs chinois, tout en mettant en exergue le rôle des acteurs africains et les manières dont ils interagissent avec les présences chinoises[2]. Quant aux données mobilisées par les auteurs, elles se traduisent par une multitude de méthodes employées, majoritairement qualitatives, et de terrains étudiés, qui couvrent l'Afrique septentrionale et subsaharienne, tant francophone qu'anglophone et allant de l'Ouest à l'Est comme du Nord au Sud. Empiriquement riches et variées, ces études contribuent, chacune à sa manière, au décryptage des présences chinoises en Afrique, en adoptant un angle spécifique ou en se concentrant sur un secteur particulier. Elles dessinent conjointement le portrait d'une Afrique composée de 54 États, qui agit et réagit à travers des stratégies multiples pour faire face aux changements socioéconomiques où interviennent la Chine et l'Occident.

1. X. AURÉGAN, *Chine, puissance africaine. Géopolitique des relations sino-africaines,* Paris, Armand Colin, 2024.
2. T. PAIRAULT, F. SOULÉ & H. ZHOU, « Introduction : décentrer l'analyse des relations afro-chinoises. Quelle agencéité africaine ? », *Revue internationale des études du développement,* 252, 2023, pp. 7-26.

La première partie regroupe cinq chapitres qui abordent les « Stratégies géopolitiques chinoises » dans une perspective macro, à travers divers secteurs, notamment les organisations internationales, le financement, la santé, les télécommunications et le tourisme. Au-delà de son essor économique et géopolitique, la Chine accroît son influence dans les organisations internationales, jusque-là dominées par l'Occident. Le double mandat de Dongyu Qu à la tête de l'Organisation des Nations unies pour l'alimentation et l'agriculture (FAO) en est un exemple remarquable (chapitre 1). Bien que la Chine ne vise pas à désoccidentaliser les stratégies existantes de cette organisation, elle cherche à transplanter en Afrique le modèle chinois de l'élimination de la pauvreté et du développement agricole, privilégiant une croissance productiviste sans pour autant tenir compte des dimensions politiques, sociales et (agro)écologiques. Cette rivalité entre la Chine et l'Occident se prolonge jusqu'aux financements mis à disposition des pays africains (chapitre 2). La France, par exemple, cède du terrain dans les financements publics et privés en Afrique par rapport à la Chine. Cela pourrait être considéré comme une perte d'influence économique, surtout dans ses anciennes colonies, mais également une perte d'influence politique, car les acteurs économiques chinois sont souvent sous le contrôle ou la tutelle de l'État, et ce, au service de la volonté du gouvernement chinois. À l'instar du financement, la coopération sanitaire est l'une des missions principales de la Chine depuis le début des engagements sino-africains (chapitre 3). Si les missions médicales chinoises sous Mao avaient pour objectifs principaux de propager l'idéologie communiste et de promouvoir la Chine, elles visent aujourd'hui à servir une stratégie discursive de l'État-parti sous le slogan du transfert de connaissances médicales. Contrairement à la diplomatie sanitaire, la route de la soie numérique (RSN) est une stratégie récente, lancée dans le contexte des sanctions états-uniennes, qui promeut le développement des infrastructures de télécommunication des pays partenaires, comme le Sénégal (chapitre 4). L'entreprise chinoise Huawei y joue un rôle majeur, visant non seulement à vendre des équipements chinois, mais aussi à influencer les normes du secteur à l'échelle mondiale. Cela en fait un acteur privé qui articule ses propres intérêts économiques avec ceux des acteurs publics chinois. Par rapport aux secteurs susmentionnés, le tourisme paraît être un instrument subtil au service de l'influence chinoise sur la scène globale (chapitre 5). Les exemples du Maroc et de l'Afrique du Sud montrent que la Chine instrumentalise les flux touristiques vers l'étranger pour revêtir son tourisme d'une dimension politique, en déployant des stratégies à multiples niveaux afin d'orienter ses citoyens vers certains pays ou les en détourner, en fonction de ses intérêts.

Intitulée « Approches socio-politiques africaines », la seconde partie de l'ouvrage, également composée de cinq chapitres, met en lumière l'agentivité, ou l'« agencéité » (p. 9), des pays et des acteurs africains à plusieurs échelons[3], allant des projets d'infrastructure aux arts martiaux, en passant par les praticiens de la santé. Les trois premiers chapitres traitent tous des entreprises chinoises de construction. À travers quatre études de cas, le chapitre 6 montre les nuances de la « sinitude » des projets

3. G. Mohan & B. Lampert, « Negotiating China : Reinserting African Agency into China-Africa Relations », *African Affairs,* 112 (446), 2013, pp. 92-110.

d'infrastructure perçus comme chinois au Ghana, qui impliquent généralement une pluralité d'acteurs, locaux comme étrangers. Des entreprises ghanéennes ont même été engagées par le gouvernement pour concevoir et superviser certains projets afin de garantir la qualité des travaux. Le chapitre 7 s'intéresse plutôt à l'engagement sociétal et à l'indigénisation des entreprises chinoises en Algérie. Les dynamiques institutionnelles et politiques algériennes, en conjonction avec les objectifs politiques de l'État chinois et la culture d'entreprise dite « chinoise », façonnent les choix d'engagement sociétal de ces entreprises. Également dans le contexte algérien, le chapitre 8 analyse les stratégies des entreprises chinoises sur les marchés publics dans le secteur du bâtiment, des travaux publics et de l'hydraulique (BTPH). Ces stratégies découlent non seulement de leur souplesse et de leur endurance financières grâce au soutien du gouvernement chinois, de leur avantage informationnel dû à leurs expériences ainsi que de la solidarité entre elles, mais aussi du contexte socio-institutionnel algérien, caractérisé par les difficultés financières du gouvernement et la pratique de la corruption. Les deux autres chapitres étudient la réception africaine des présences chinoises par le bas. Le chapitre 9 examine comment les films de kung-fu façonnent la culture populaire ivoirienne, spécifiquement celle des gangs de rue. Dans le contexte postcolonial, les Ziguéhis en Côte d'Ivoire, s'inspirant des héros du kung-fu et développant un nouveau modèle de masculinité, réinventent une identité culturelle moderne. Se concentrant sur le secteur de la santé, le chapitre 10 explore l'influence chinoise sur la pratique des tradipraticiens au Cameroun dans un climat de pluralisme médical. Avec l'arrivée des produits et des appareils médicaux chinois, la Chine devient une véritable source d'inspiration, renouvelant le milieu du bien-être en Afrique. L'appropriation d'un appareil de diagnostic importé de Chine, dénommé « analyseur quantique », par ces praticiens camerounais forge une image de « modernité », contribuant ainsi à leur respectabilité et à attirer des patients.

L'ensemble des dix chapitres montre l'influence croissante de la Chine dans divers secteurs sur le continent africain, tout en mettant en évidence la diversité des engagements sino-africains et l'agentivité des États et des acteurs africains. La contribution de cet ouvrage collectif réside non seulement dans la démarche de décentrage de la Chine dans les narratifs des relations Chine-Afrique, mais aussi dans l'hétérogénéité des études de cas empiriques à travers de multiples niveaux et sphères socioéconomiques et politiques. Néanmoins, cet ouvrage présente certaines limites, ce qui ouvre de nouvelles voies pour de futures recherches sur les présences chinoises en Afrique. Par exemple, privilégier une optique macro ou méso risque d'occulter la diversité des acteurs individuels chinois, dont les origines géographiques et les positions sociales varient largement. Elle peine également à saisir leurs aspirations, vécus et capacités d'agir des individus, ainsi que leurs interactions quotidiennes avec les Africains, au-delà du discours des « agents du développement » ou des « agents néo-colonialistes » envoyés par l'État chinois ou ses entreprises publiques[4]. Dès lors, les « présences chinoises » en Afrique pourraient sous-entendre à la fois la présence de la Chine, celle des Chinois et de toute chose perçue comme « chinoise ». Largement

4. H. W. French, *China's Second Continent : How a Million Migrants Are Building a New Empire in Africa,* New York, Vintage Books, 2014.

accessible, cet ouvrage sert de référence incontournable, en langue française, pour les chercheurs, enseignants, étudiants et décideurs politiques intéressés par les relations Chine-Afrique.

Cai CHEN
Laboratoire d'anthropologie des mondes contemporains,
Institut de sociologie, Université libre de Bruxelles, Belgique

BONO Irène. — *Un entrepreneur du national au Maroc. Ahmed Benkirane, traces et discrétion.* Paris, Karthala, 2024, 555 p., bibl., ill.

Un entrepreneur du national au Maroc. Ahmed Benkirane, traces et discrétion d'Irène Bono, édité chez Karthala en 2024, est un ouvrage dense par son nombre de pages (555) et surtout par son contenu particulièrement foisonnant. Il est de ces livres qu'on lit doucement, avec attention, tant chaque page déborde d'informations qu'une lecture trop rapide manquerait. Il est riche aussi par les réflexions méthodologiques qu'il soulève, par l'originalité de son approche et par le savoir très pointu qu'il donne à lire. Son objectif est d'analyser, dans un temps long (des années 1950 jusqu'aux années 1990), la construction de la nation marocaine à travers la biographie d'un entrepreneur économique, Ahmed Benkirane, issu de la bourgeoisie, tour à tour haut fonctionnaire, homme d'influence, et surtout militant, toute sa vie, de la souveraineté nationale (politique, économique, journalistique, bancaire).

Commençons par le parti pris méthodologique de cet ouvrage — celui de s'appuyer sur ce personnage central pour explorer diverses manières de faire du politique au Maroc — puisque l'auteure consacre de nombreuses pages, dans l'introduction, à expliquer et à justifier ce choix. En effet, Irène Bono semble vouloir se défendre, d'emblée, d'éventuelles critiques selon lesquelles une étude politique ne devrait pas s'appuyer sur une micro-échelle, sur l'agir individuel, sur des récits biographiques et sur la mémoire individuelle des expériences politiques, au nom d'un risque de subjectivité et de surinterprétation. Rapidement, elle s'en explique (p. 32) : son travail ne repose pas uniquement sur les longues discussions qu'elle a eues avec le protagoniste principal, mais il s'appuie également sur les très nombreuses archives personnelles (documents, notes, photos, journaux, etc.) conservées par celui-ci, et sur des entretiens (40) réalisés avec d'autres personnalités ayant un lien direct ou indirect avec Ahmed Benkirane et qui partagent avec lui l'expérience d'un « climat politique » (p. 26), celui de la construction de la nation marocaine et de sa souveraineté, avant et après l'indépendance du pays (1956). D'ailleurs, la lecture de cet ouvrage suffit à légitimer cette approche méthodologique, qui se distingue de l'étude politique classique de groupes sélectionnés pour leur prétendue représentativité, ou de l'analyse par les idéologies ou par les partis politiques : ce travail montre de façon unique, grâce justement à la description de trajectoires de vies individuelles, la dimension sociale et relationnelle de la résistance à la colonisation ; les tensions personnelles entre les générations de lutte ; la vie des militants, au Maroc comme à l'étranger ; la diversification du mouvement nationaliste avec ses tensions internes ; ou encore les différentes manières de participer au jeu politique postindépendance par l'étude du positionnement des acteurs, gravitant autour des gouvernements successifs, mais davantage engagés dans l'action publique ou la diplomatie informelle.

L'ouvrage montre ainsi parfaitement combien les expériences individuelles sont significatives, car inscrites dans des configurations sociales qu'il s'agit de décrypter. Le récit biographique révèle les logiques internes des événements passés, l'apport personnel de chacun des acteurs qui y a participé, ses intentions et stratégies. Mais l'ouvrage travaille aussi des questions réflexives fondamentales à toute approche biographique, s'interrogeant sur le type de sources produites par le témoignage. Partant de l'évidence, pourtant parfois oubliée, que la source n'est pas une preuve mais un « indice » (p. 42) qu'il faut questionner et déconstruire, Irène Bono rappelle que le récit biographique est surtout discours, interprétation *a posteriori,* donc réécriture d'un parcours avec ses oublis et ses mises en cohérence après coup. L'auteure insiste aussi sur la « valeur heuristique » (p. 46) de sa relation personnelle avec Ahmed Benkirane, le récit de celui-ci venant alimenter ses propres recherches, et réciproquement. Chaque chapitre de l'ouvrage est d'ailleurs introduit par un court texte de Ahmed Benkirane en personne, venant porter un éclairage sur le contenu à suivre, soit par une anecdote, soit par une réflexion profonde. Cet ouvrage semble ainsi être une co-construction très réussie de l'auteure et du sujet de l'étude, même si Irène Bono n'emploie pas ce terme, et son titre aurait certainement gagné à parler de « portrait », au sens anthropologique du terme[5], car c'est bien de cela qu'il s'agit ici.

Une autre originalité fait tout l'intérêt de cet ouvrage : la politique de discrétion qui, selon Irène Bono, caractérise l'engagement de Ahmed Benkirane. Cette manière de faire discrète ne signifie pas agir dans l'ombre, mais plutôt faire du politique là où l'on ne l'attend pas et, par conséquent, là où on ne le voit pas, si on ne l'y cherche pas. Ahmed Benkirane, homme multifacettes, fut pendant des années (s'il ne l'est pas encore) un personnage en vue. Il était mondain, ami proche de plusieurs dirigeants, travailla dans des cabinets ministériels en tant qu'économiste, dirigea un journal influent à l'international, représenta une banque d'affaires, fut ambassadeur, etc. Mais ses actions militantes s'inscrivaient dans des lieux en dehors du champ politique classique, et l'ouvrage interroge alors, grâce à l'intérêt porté à cet homme d'influence, la relation complexe entre le jeu politique et l'action publique (p. 251). Ahmed Benkirane fut un entrepreneur du national au Maroc, au double sens du terme : en tant qu'homme d'affaires incontournable favorisant le développement économique, et en tant qu'homme engagé politiquement, par le biais de ses affaires, pour la souveraineté monétaire et économique du pays. Ainsi la lutte pour la construction nationale passa-t-elle par des acteurs privés, au-delà des partis politiques et des autorités (p. 290). Par cette réflexion, Irène Bono rejoint Mohammed Tozy[6] — qu'elle cite — qui a montré que le pouvoir au Maroc, au-delà

5. J. Massard Vincent, S. Camelin & C. Jungen (dir.), *Portraits. Esquisses anthropographiques,* Paris, Éditions Petra, 2011.
6. M. Tozy, *Monarchie et islam au Maroc,* Paris, Presses de Sciences Po, 1999.

de la violence politique d'un État habituellement décrit comme répressif mais faible, est aussi affaire de la société, dans une autre « forme de l'agir politique », écrit-elle (p. 25).

L'ouvrage est composé de trois grands moments basés, tous, sur les expériences de Ahmed Benkirane. Les chapitres 1 et 2 portent sur ses engagements dans la lutte pour l'indépendance. À travers ses pérégrinations, à l'intérieur du Maroc ou comme étudiant à Paris, on le voit évoluer dans des cercles sociaux propices à sa socialisation militante. Les chapitres 3 et 4 montrent sa participation, de diverses manières, à l'affirmation de la souveraineté nationale. Son implication dans une diplomatie informelle lui permit d'influer sur la question des formations syndicales, de la place des étrangers dans l'économie du pays, et d'intervenir dans le débat public pour dénoncer la scission interne au mouvement national. Les deux derniers chapitres (5 et 6) décryptent deux actions qu'il entreprit pour façonner indirectement le champ politique et continuer à lutter dans un contexte de fortes violences politiques. Grâce à un journal économique très prisé à l'international qu'il dirigea, il réussit à faire publier ses idées alors que tous les journaux politiques de l'époque étaient censurés et fermés. Enfin, son positionnement en tant que représentant d'une banque d'affaires nationale lui permit de se positionner, à l'international, dans les négociations sur la coopération commerciale marocaine. En tant qu'opérateur économique privé, Ahmed Benkirane fut au cœur de l'intérêt national, considérant que les pratiques d'affaires participaient pleinement à la lutte pour la souveraineté, quitte à se permettre une certaine désobéissance ou résistance, à défaut de pouvoir exercer son influence.

Pour finir, il faut souligner la rigueur scientifique de cet ouvrage. Chaque donnée repose sur une source citée, située et complétée, en note de bas de page, par d'autres sources contradictoires permettant à Irène Bono de discuter les informations, de les mettre en perspective. Au-delà de l'approche biographique et du choix, comme sujet, d'un entrepreneur économique non référencé parmi les leaders politiques les plus en vue, la dernière originalité — ou la dernière force — de cet ouvrage est de penser l'indépendance du Maroc comme une continuité et non comme un moment de rupture. La construction de la souveraineté débuta dans un temps bien antérieur à celui de l'indépendance politique ; et la dépendance administrative et économique perdura bien après. Aussi, le choix d'étendre l'analyse sur une longue période est-il totalement justifié. Il montre que la nation est un processus en continuelle transformation.

Fabienne SAMSON
Institut des mondes africains (Imaf), IRD, Aubervilliers, France

CHEKROUN Amélie. — *La conquête de l'Éthiopie. Un* jihad *au XVI*e *siècle.* Paris, CNRS Éditions (« Zéna »), 2023, 380 p., bibl., cartes, chronologies, index, tableaux.

Le livre d'Amélie Chekroun traite d'une fracture dans l'histoire de l'Éthiopie qui n'est toujours pas résorbée. L'*imām* Aḥmad lança en 1531, depuis Harär, un *jihad* de douze ans qui emporta le royaume chrétien, pourtant retranché sur les hautes terres, coupées de falaises et de canyons. Jusque-là, les musulmans avaient répliqué, par des razzias, aux attaques des chrétiens, alors que l'*imām* entreprit une conquête systématique qui subjugua les populations d'un État, chrétien depuis le règne d'Ezana (325). Dans un style alerte, Amélie Chekroun a l'ambition de conduire le réexamen exhaustif et original d'une source connue : *Futūḥ al-Ḥabasha* [La conquête de l'Éthiopie] par l'*imām* Aḥmad, récit rédigé en arabe au XVIe siècle par Shihāb ad-Dīn Aḥmad dit : « 'Arab Faqīh ». Le manuscrit d'Alger, édité et traduit en français par René Basset[7], demeure la référence pour les éditions et les traductions des autres manuscrits, dans les langues européennes et en somali.

Arabisante, islamisante et éthiopisante, Amélie Chekroun confronte *La conquête de l'Éthiopie* avec des sources arabes et éthiopiennes contemporaines du texte fondateur. Elle poursuit ainsi les travaux des orientalistes italiens (Conti-Rossini, Cerulli) qui, les premiers, ont publié et comparé les manuscrits éthiopiens et arabes relatant et commentant la conquête. Il s'agit, écrit-elle, « [d']en finir avec *Grañ [sic]* » (p. 220) citant le surnom dépréciatif *Grañ̃* (le Gaucher) donné par les écrits des Éthiopiens à l'*imām* Aḥmad qui, s'étant imposé aux sultans du Barr Sa'ad ad-Dīn, s'installa à Harär, au centre d'un territoire, entre mer Rouge et Rift, le pays d'Adal des Éthiopiens. Rompant avec la sempiternelle répétition des expéditions punitives, l'*imām* planifia une succession d'attaques qui, de 1531 à sa mort face aux Portugais en 1543, aboutirent à la complète sujétion du royaume chrétien. Habilement, il avait d'abord assailli les provinces méridionales, rattachées à l'Éthiopie aux XIIIe-XIVe siècles et où résidaient de nombreux musulmans, puis il avait fondu, au Nord, sur l'Amhara et le Tegray, le cœur du royaume chrétien. Au Sud, les chrétiens, minoritaires, se convertirent à l'islam tandis que, majoritaires au Nord, ils devenaient des *dhimmi* assujettis à l'*imām*. Dans les régions conquises, l'administration locale des *negus* se mit au service du conquérant et rallia l'islam.

Amélie Chekroun, à juste titre, rappelle qu'à l'instar des Éthiopiens chrétiens, les éthiopisants ont utilisé — et utilisent toujours — le surnom *Grañ̃* pour désigner l'*imām* Aḥmad. Mais, doit-on la suivre quand elle écrit : « adopter le surnom de "Gaucher", que ce soit en amharique ou en somali, revient à conserver une perspective christiano-centrée » ? (p. 224). Mais, ainsi qu'elle l'écrit (pp. 219, 319), le *Futūḥ al-Ḥabasha,* traduit en somali, a promu l'*imām* fondateur du nationalisme somalien. Il est statufié[8], l'épée à la main gauche, et les Somali appellent leur héros *Gurey* « le Gaucher ». Elle est plus convaincante quand elle s'élève contre cette « somalisation » de l'*imām* qui dut affronter les révoltes des clans somali au sein de ses armées, de plus en plus composites à mesure que s'amplifiait la conquête. Je suis

---

7. R. Basset, *Histoire de la conquête de l'Abyssinie par Chihab Eddin 'Ahmed ben 'Abd el Qâder,* vol. I, texte arabe, vol. II : traduction française et notes, Paris, E. Leroux, Pub. École des Lettres, Alger, 1897-1909.

8. À Ǧiǧǧiga, la région-État Somali d'Éthiopie a édifié des statues de l'imām Aḥmad, du sayyid Maxamed Caddille Xasan, héros de la lutte contre les Britanniques (1899-1921) et, aussi, du Premier ministre éthiopien Mälläs Zénawi (1995-2012). Je remercie Géraldine Pinauldt (Institut français de géopolitique) qui, en 2015, m'a indiqué cette « rencontre » de statues.

volontiers Amélie Chekroun qui, dans son chapitre 1 : « *Futūḥ al-Ḥabasha* un ouvrage de *jihad* » (p. 37), étudie les intentions du rédacteur, Shihāb ad-Dīn Aḥmad, 'Arab Faqīh. Elle replace son récit dans un genre qui avait surgi lorsque l'élan des deux premiers siècles de l'islam commença à faiblir. On consigna donc la mémoire des hauts faits du passé afin de préparer les esprits à de futurs *jihad.* Dans *La conquête de l'Éthiopie,* nous découvrons comment fabriquer un *jihad* et le mettre en œuvre puis, en outre, nous cernons la vision du royaume chrétien qu'avaient les acteurs musulmans qui allaient l'affronter et le soumettre. L'autrice saisit cette occasion extraordinaire pour confronter leur vision aux témoignages des Éthiopiens et des Européens venus secourir les chrétiens.

Le livre d'Amélie Chekroun présente de nombreuses cartes historiques originales et des chronologies très utiles : par exemple la « Chronologie des souverains du Barr Sa'd ad-Dīn » (p. 327) et la « Chronologie des rois chrétiens d'Éthiopie aux XVe et XVIe siècles » (p. 329). Le tableau : « Le déroulement du *Futūḥ al-Ḥabasha* » (pp. 333-343), qui met en parallèle les chapitres des éditions française, anglaise et arabe, est remarquable. Cependant, une carte de la Corne, au XXIe siècle, aurait évité de localiser Kismaayo (p. 223), non pas au nord, mais au sud de Mogadiscio, juste à l'embouchure commune du Jubba et du Wabi Shabeele qui coule, sur plus de 400 km, parallèlement à un cordon dunaire de l'océan Indien. Je relève, aussi, la note n° 1 (p. 221) où E. van Donzel devient von Donzel et la note n° 3 (p. 229) qui qualifie Mustafa Kemal Atatürk de « dernier souverain ». Je regrette que la bibliographie mentionne seulement le plus ancien des livres de Mohammed Hassen[9] et qu'elle ignore le plus récent où il montre la présence des Oromo[10] dans le royaume chrétien dès la fin de la dynastie Zag^we^é (XIIe siècle) et donc avant la conquête de l'*imām.* Enfin, plus que pour Amélie Checkroun, l'emploi de « médiéval » (p. 213 et p. 320) afin d'étiqueter l'une des périodes de l'histoire de l'Éthiopie me gêne, car ce me semble européocentrique.

Amélie Chekroun fait preuve d'un réel talent pédagogique en déroulant ses analyses dans huit chapitres très denses mais courts (pas plus de 50 pages) et qui, éclairés par des tableaux, des figures et des cartes, traitent chacun un sujet, de façon exhaustive. Après le chapitre 1, mentionné plus haut, viennent en chapitre 2 : « Les sultans du Harar : histoires et luttes de pouvoir » et en chapitre 3 : « Populations et organisation du Barr Sa'd ad-Dīn ». Elle y retrace comment une dissidence religieuse s'imposa face aux sultans et comment l'islam permit la fusion, certes difficile, d'une société composée de nomades et de sédentaires établis sur l'une des routes reliant les hautes terres chrétiennes à la mer Rouge si bien que des marchands musulmans allaient en Éthiopie et des chrétiens fréquentaient le port de Zaylah/Seylac. Le quatrième chapitre : « Le royaume d'Éthiopie selon 'Arab Faqīh » décrit les « données » récoltées et rassemblées par les musulmans sur les terres et les populations d'Éthiopie. En risquant

9. M. HASSEN, *The Oromo of Ethiopia. A History 1570-1860,* Cambridge, Cambridge University Press, 1990 ; The Oromo and the Christian Kingdom of Ethiopia 1300-1700, Woodbridge-Rochester, James Currey (« East Africa Series »), 2015.

10. « Oromo-s » *(sic)* est étrange. Le « s » au pluriel des ethnonymes renvoie à l'usage : les Allemands, les Afar.

d'être anachronique, furent-ils une sorte de « 5e colonne » ? L'autrice, très nuancée, explique qu'il n'y avait pas de cloison étanche entre chrétiens et musulmans, mais, bon gré mal gré, une cohabitation[11]. Le cinquième chapitre : « À guerre exceptionnelle, leader exceptionnel » décrypte la « culture de guerre en Éthiopie musulmane » et la « construction de la figure idéale » de l'*imām*. Dans le sixième chapitre « La conquête de l'Éthiopie », Amélie Chekroun réussit, par une lecture croisée des sources en provenance des deux camps, à analyser l'offensive irrésistible des troupes musulmanes qui frappa tant les contemporains. Enfin, dans le septième et dernier chapitre : « L'armée de l'*imām* », elle décrit l'organisation des armées et l'état d'esprit des combattants qui aspiraient au « paradis ou [à] la fortune » (p. 299).

L'autrice a pris le parti d'une conclusion courte — trop ? — qui, résumant les huit chapitres de son livre, trace, en trois points, les pistes de recherche qu'elle en a déduit : « Le sultanat du Barr Sa'd ad-Dīn (≈1415-≈1583) » (p. 319), « Repenser la "conquête de l'Éthiopie" » (p. 320) et : « Pour une histoire de l'islam médiéval de la Corne de l'Afrique » (p. 322). Elle précise ainsi les sujets auxquels éthiopisants, arabisants, islamisants, somalisants et bien d'autres, notamment ceux qui étudient les Afar, les Oromo, devront s'atteler. Ce grand et gros livre, qui fournit aux chercheurs un état renouvelé des connaissances en histoire, en ethnologie, en sociologie, les guidera dans la méthodologie de leur travail et les aidera à prendre leur distance vis-à-vis des représentations qui assènent tant de certitudes.

Le livre *La conquête de l'Éthiopie. Un* jihad *au XVIe siècle* n'est pas destiné aux seuls chercheurs, spécialistes de l'histoire de l'Éthiopie, de la Somalie, de la Corne de l'Afrique et du Yémen. Il permet d'aborder et de comprendre l'Afrique de l'Est et l'Afrique en général et éclaire le lecteur sur les conflits actuels que subissent les populations des deux rives du détroit de Bab el-Mandeb[12].

Alain GASCON
Institut français de géopolitique-Université Paris 8-IFG Lab

CHRÉTIEN Jean-Pierre. — *Explorateurs et explorés au Burundi. Une vraie-fausse rencontre (1858-1900).* Paris, Karthala, 2023, 328 p., bibl., cartes, ill.

Jean-Pierre Chrétien, spécialiste renommé de la région des Grands Lacs, nous livre, sous le titre *Explorateurs et explorés au Burundi. Une vraie-fausse rencontre (1858-1900),* un ouvrage à la fois très érudit et réjouissant, ce qui ne va pas toujours de soi… Très érudit d'abord, et particulièrement complet sur les tentatives européennes de compréhensions géographique, humaine et culturelle de l'espace burundais. On trouve dans cet ouvrage une description fouillée des diverses expéditions qui ont parcouru cet espace, depuis les « globe-trotters de l'époque victorienne (1858-1876) »,

11. À Gondär, Eslambét, le quartier des marchands musulmans jouxte les palais royaux (témoignage personnel).
12. A. LAURET, *La guerre et l'exil,* Paris, Les Belles lettres (« Mémoires de Guerre »), 2023.

où l'on suit Burton et Speke, Livingstone, Cameron et Stanley, jusqu'aux « éclaireurs de la colonisation allemande (1892-1902) », avec notamment Oscar Baumann, en passant par les « pionniers de l'évangélisation (1878-1891) », pour finir par les missions scientifiques et les safaris, qui nous portent au début du XXe siècle. Ces divers voyages étaient essentiellement tournés vers les relevés topographiques et la recherche des sources des fleuves, particulièrement celles du Nil, énigme qui apparaît comme obsédante dans cette seconde moitié du XIXe siècle. Jean-Pierre Chrétien nous expose minutieusement l'évolution des connaissances, les tentatives heureuses ou avortées, les erreurs accumulées, et nous donne nombre de cartes montrant la maîtrise progressive des réalités d'un terrain au départ totalement inconnu des Européens. Ces passages, très vivants, nous font toucher du doigt les difficultés de compréhension de la toponymie, de la mesure des distances ou encore de la confusion entre lieux et pouvoirs locaux. Elles s'accroissent encore par la subjectivité des voyageurs, qui apportent avec eux « la mentalité de l'époque, ses rêves collectifs », ses fantasmes : on y retrouve pêle-mêle le rêve des monts de la Lune et les souvenirs de Ptolémée ou encore ceux du prestigieux royaume du prêtre Jean, le romantisme et l'admiration des corps « sauvages », la recherche d'une possible origine hamitique d'éventuels « Caucasiens de l'Afrique » et l'opposition avec les « Nègres noirs », distinction qui devait perdurer longtemps et causer tant de souffrances dans cet espace. On retrouve ainsi les racines de l'invention d'une histoire locale tendant à prouver cette hypothèse, « un bricolage » où se nouent histoire politique et histoire raciale autour du mirage de l'empire du Kitara, « véritable empire carolingien de l'Équateur, qui serait porteur de l'éthiopianité comme Charlemagne était un relais de la romanité » (p. 193). Une histoire fantasmée qui a pris corps dans une soi-disant « conquête tutsi » du Burundi, discours hélas « inlassablement repris par des auteurs devenus inconscients de leurs sources » *(ibid.)*, et qui s'est matérialisée dans la gestion coloniale du Burundi, où les Batutsi sont devenus synonymes de chefs, avec les conséquences que l'on connaît. Cette histoire mêlée des mythes présents chez les voyageurs, et de la volonté de les plaquer sur les réalités rencontrées, cette observation biaisée de populations étranges et inconnues par les Européens, est tout à fait passionnante.

Cet ouvrage serait déjà en soi un apport considérable à la connaissance de ces « premiers contacts », si Jean-Pierre Chrétien, comme il l'annonce dès l'introduction, ne s'interrogeait sur « la pertinence du concept d'exploration » (p. 6). Car il ne s'agit pas ici d'une histoire des « explorateurs », mais bien de l'analyse approfondie d'une rencontre d'humains ancrés dans des temps et des lieux. Loin d'une vision eurocentrée, « explorateurs » et « explorés » sont placés face à face, chacun avec ses mythes qui s'affrontent ou parfois s'interpénètrent, chacun avec son regard sur l'autre et les interprétations, souvent fausses, qui en découlent. C'est en ce sens que ce livre, pour un historien de l'Afrique, est particulièrement réjouissant, ou mieux satisfaisant. Car pour une fois, les paroles des Européens et des Africains sont mises sur un pied d'égalité. Il ne s'agit plus d'une si fréquente histoire de l'Europe en Afrique, mais bien d'une histoire des Africains, confrontés à l'irruption de nouveaux arrivants inconnus, qu'il va falloir en un juste retour de choses, explorer et comprendre. Jean-Pierre Chrétien a collecté ce regard inversé depuis longtemps. En 1968 déjà, il écrivait sur « Baumann vu par les Barundi »[13], en publiant la teneur des souvenirs locaux. Enseignant à l'École normale supérieure du Burundi de 1964 à 1968, et ayant effectué de nombreux séjours ensuite dans ce pays, il a mené des enquêtes orales et a eu la chance de pouvoir recueillir les souvenirs personnels de vieillards témoins, lorsqu'ils étaient enfants, de l'irruption de ces « Blancs ». Ce sont des témoignages irremplaçables qui, hélas, ont souvent été négligés dans d'autres espaces. Nous percevons ainsi, par ces voix, « le mélange de curiosité et de méfiance que suscitent les premiers Blancs, perçus comme des êtres monstrueux ou surnaturels », et « la façon dont ces étrangers inédits ont été intégrés à la vision locale du monde » (p. 218). Considérés comme des choses, des bêtes sauvages ou des « ogres », ils effraient, interrogent ou suscitent la curiosité. On les considère comme de « gros bébés barbus » et « il est piquant de trouver dans ces clichés (de grands enfants qui se ressemblent tous) un écho anticipé des stéréotypes que les Européens entretiendront ensuite sur les Noirs ! » (p. 222). Ils impressionnent, notamment avec leurs fusils effrayants et leurs allumettes, mais ils engendrent aussi comme de la pitié, incapables qu'ils sont de trouver seuls leur chemin. En fin de compte, l'opinion majoritaire dans certaines régions fut qu'ils étaient certainement des revenants maléfiques, et qu'il valait mieux ne pas les fréquenter, alors qu'ailleurs ils suscitèrent l'enthousiasme d'un retour de grandes personnalités locales : « Paradoxalement l'étrangeté de ces personnages surgis du lointain ou du passé permettait de les intégrer au rythme de l'histoire burundaise, que ce soit au titre d'esprits malveillants ou de rois salvateurs » (p. 272).

Si Jean-Pierre Chrétien nous fait sentir si bien les réactions des populations locales, il n'oublie pas les « compagnons obscurs », sans lesquels les voyageurs européens auraient été bien en peine de réaliser leurs expéditions, ce qui est un élément de plus pour « relativiser la notion d'"exploration" » (p. 275). Cet intérêt pour ceux qui ont été les véritables piliers des « explorations », n'est pas non plus nouveau pour l'auteur, qui en a déjà évoqué les personnalités[14]. Il s'agit « d'une chaîne de partenaires, depuis le riche marchand indien de Zanzibar jusqu'aux humbles porteurs » (p. 286), en passant surtout par les chefs d'expéditions et les guides africains, les vrais explorateurs de métier, auprès desquels les voyageurs européens font figure de novices. Connaissant les nouvelles colportées le long des routes de commerce, interprètes essentiels, en lien avec les commerçants de Zanzibar, ils sont absolument indispensables aux « explorations » ! Jean-Pierre Chrétien nous les présente, les Saïd bin Salim, Bombay, et bien d'autres encore, et exhume leur histoire passée sous silence au profit de la gloire des Européens, remise ainsi à son juste niveau : « Les Européens sont portés par le mouvement d'échanges de la région des lacs : rien de l'aventure de Christophe Colomb chez les Burton, les Livingstone ou les Baumann ! » (p. 305). Les « explorateurs » sont ramenés à leur place, celle surtout des éclaireurs de la coloni-

---

13. J.-P. Chrétien, « Le passage de l'expédition d'Oscar Baumann au Burundi (septembre-octobre 1892) », *Cahiers d'Études Africaines,* VIII (1), 29, 1968, pp. 48-95.
14. J.-P. Chrétien, « Les premiers voyageurs étrangers au Burundi et au Rwanda : les "compagnons obscurs" des "explorateurs" », *Afrique & histoire,* 4 (2), 2005, pp. 37-72.

sation, et les propagateurs de nombre de futurs clichés. En fin de compte, s'il y a eu contact, il s'agit surtout de « la rencontre de plusieurs imaginaires qui s'entrecroisent sans se recouper vraiment » (p. 318). Une « vraie-fausse rencontre », en somme…

Pierre Boilley
Institut des mondes africains (Imaf),
Université Paris 1 Panthéon-Sorbonne, France

Colleyn Jean-Paul & Sanogo Mingoro. — *Les « dit-on » et autres récits plus sérieux. Mali, 1980-2020.* Paris, Éditions de la Maison des sciences de l'Homme, 2022, 192 p., bibl., photographies.

Ethnographers frequently acknowledge their interlocutors in their books. It is less frequent that they present them as fully-fledged collaborators, and even rarer that they include them, as Jean-Paul Colleyn has done with Mingoro Sanogo, as co-authors. This joint authorship is intrinsic, not only to the book, but to the ethnographic project at its very core, a hybrid product that is neither entirely European nor entirely African, where each party attempts to reach out to the other to grasp their preoccupations, their ways of thinking, indeed their obsessions.

The inclusion of an interlocutor as a co-author is hardly the only remarkable feature of the book. The core of the book consists of a variety of "dit-ons," an amalgam of *dictons,* "sayings," and *on-dits,* "rumors." These are grouped into four sections: Sexuality, Love, and Marriage: the Proximity of Spirits *(génies);* Crises of Faith; and Fragments of Voices. Other than these broad categories, which in any case overlap, the book consists largely of a series of discrete anecdotes, along with occasional recorded conversations and a series of folktales about sexuality and marriage that are all clustered together in the first section. Other than the relegation of the folktales to the opening section, the anecdotes are not organized according to any obvious principle. They read more like a collection of short stories than like a novel.

Some of the stories, recited by Mingoro Sanogo himself, relate episodes from his own life. Most, however, are told by others, generally friends of Mingoro Sanogo and Jean-Paul Colleyn, and translated by Mingoro Sanogo into French, initially for Jean-Paul Colleyn's benefit. Stories told by Mingoro Sanogo are often originally in French, but the others are either in Mamara, the language spoken by Minianka and Mingoro Sanogo's native tongue, or in Bamana-kan, a variety of Mande which is also the most widely spoken language in Mali. This polyglot origin of the stories is not at all reflected in their content. An essential, if understated and often implicit, theme of the book is that language and ethnicity, features that ethnographers of Africa have long stressed as primordial, are often relatively irrelevant for understanding the predicaments that underpin the daily life of Africans.

Indeed, many of the themes of the book, not simply the irrelevance of ethnicity, remain tacit. The authors deliberately refrain from analysis. Jean-Paul Colleyn supplies just enough contextual information to make the stories intelligible to non-Malian readers. Within each section, stories are not told in any discernable order. If there is an underlying logic (and here I must confess that I have not found one), it is entirely up to the reader to infer it. In their conclusions, the authors suggest that this is deliberate. Such an underlying logic would reflect the theoretical abstractions in which anthropologists typically frame their analyses. Such abstractions, the authors persuasively argue, substantially impoverish their depictions of African quotidian realities. Life, after all, is not experienced as a logical sequence of events, except perhaps retroactively. To capture life phenomenologically, logic needs to be tabled, if not suppressed outright.

This is not to suggest, by any means, that the book is just a random selection of anecdotes. Almost all of these stories are, in one sense or another, about secrets. These include the intimate secrets of a married (or *a fortiori* an unmarried) couple; the secrets of initiatory religious associations, notably Nya and Komo; or the bitter rivalries that lie beneath the surface of ostensibly solidary groups. Admittedly, such secrets are often (not always) *"secrets de Polichinelle,"* widely known but not to be enounced, at least in public. This is why rumors are so essential: to the book, of course, but also to social life in general, not to mention to the ethnographic enterprise. Not surprisingly, much of the book relates to the so-called "secret" societies of Nya and Komo. The fact that Mingoro Sanogo, in his youth, was initiated into and possessed by Nya gave him a seat among the elders of the associations, even if he ultimately participated far more actively as a *korèduga,* a ritual buffoon. Curiously, the book, voluble about Nya, is silent about the *korèdugaw* other than relating a story about their origin, as if this were a secret about which Mingoro Sangoro cannot speak. For that matter, the book does not reveal any of the secrets of Nya, but rather approaches its power indirectly, in terms of its effects, salutary or lethal, and of the rivalries among its leaders. The leaders deplore the absence of successors in the next generation thanks in large measure to the increasing islamization of Mali; fortunately, the book scrupulously avoids nostalgia for "tradition" and the tired trope of disappearing cultures.

But the greatest and most important secret of the book is the secret of ethnographic research. The best ethnography is the product of serendipitous conversations as much as, if not more than, formal interviews. Ethnographers are confronted with a wealth of rumors, stories, and unpredictable events that, like the stories in the book, do not present themselves in a way that immediately points to any coherent synthesis, much less a theoretical conclusion. It is the ethnographer's task to place him/herself in a position to receive this material, to pay close attention, and ultimately to make sense of it as best as he/she can. The book is, in miniature, a replica of the ethnographer's trajectory, presenting the reader with the pleasure of savoring fascinating bits and pieces while leaving them the responsibility of coming to their own conclusions. It is, like life, a mystery story with no solution provided.

Robert LAUNAY
Department of Anthropology,
Northwestern University, Evanston, Illinois, USA

GAGLIARDI Susan Elizabeth. — *Seeing the Unseen. Arts of Power Associations on the Senufo-Mande Cultural "Frontier"*. Bloomington, Indiana University Press, 2022, 342 p., bibl., ill., index.

Art historian Susan Gagliardi conducted fieldwork among Senufo in southwestern Burkina Faso in 2006-2007. The Senufo are famous for their elaborate sculptural tradition associated with *poro* associations. It may come as a surprise, then, that her work focused, not on *poro,* but on two different "power associations," *komo* and *kono* (Susan Gagliardi explains why she prefers the term "power association" to labels such as "secret society" and "initiation society" more commonly employed in the literature). *Komo* and *kono* are usually associated with Bamana Mande-speakers in Mali. As it happens, the term *"bamana"* is used in parts of Côte d'Ivoire and Burkina Faso to refer to Senufo, rather than to Mande, speakers. It is no accident that Susan Gaglardi puts the word "frontier" in quotation marks in the subtitle of the book. In spite of linguistic differences, she suggests that the frontier between Senufo and Mande is permeable and ought not to be reified, as artificial in many respects as the frontier between Mali, Burkina Faso, and Côte d'Ivoire, the homeland of both Senufo and Mande.

The boundaries that Susan Gagliardi calls into question are not simply national, ethnic, and linguistic. As an art historian, she is centrally concerned with the question, "What is an object?" After all, the very power objects created and deployed by the power associations she studies are also prominently featured as objects of art in museums. As such, they appear to be finished products, whose form and substance are stable. On the contrary, Susan Gagliardi suggests that they need to be understood as assemblages in process. She uses the example of the *boli,* a common *bamana* power object. A *boli* frequently takes the form of the headless legs and torso of a large animal, a cow or a hippopotamus. As early as the early 20th century, the missionary ethnographer Father Joseph Henry dissected several of them to attempt to determine their composition, an amalgam of animal and vegetable material, often with the addition of sacrificial blood. Such attempts (Henry's was hardly the last) to determine the composition of the object mask the fact that it is perpetually in process. Those with the authority to deploy these objects are also continually adding, but also removing, specific materials. Such materials are not generically animal or vegetable but, on the contrary, highly specific (and often secret), and intrinsically related to the purpose to which the object is being employed. The highly specific context in which an object is being created and used determines the perpetually contingent nature of the assemblage. Even the most accurate analysis of an object's composition would fail to capture its function and purpose. Susan Gagliardi is hardly suggesting that such objects not be displayed in museums, but such a display is inevitably, in important respects, a misrepresentation.

Boli are hardly the only kind of assemblage in power associations. Masks are similar creations, hardly reducible to wooden sculptures but also incorporating animal matter (feathers, tusks, horns, sacrificial blood) as well as additions of various plant substances. Their contingency also involves their very identification. She cites instances of particular masks that have been alternatively classified as *komo* or *kono* on the basis of formal criteria that are ultimately of little or no interest to the leaders of the associations in question. Art historians have long interrogated ways in which we look at and understand African art, but Susan Gagliardi's critique, based on her own fieldwork with power associations, is especially radical.

Susan Gagliardi's fieldwork, it should be stressed, was particularly difficult (and I would add impressive) because power associations are a domain intrinsically shrouded in secrecy. As she relates, she confronted this ethical dilemma openly and frankly. She insisted to her interlocutors that she had no intention of uncovering, much less revealing, their secrets. As a woman, her situation was particularly problematic. Indeed, one of the most engrossing chapters of the book is where she explores explicitly female understandings of power associations. Women are prohibited from seeing certain masks, and during some performances in the village, women are confined to their houses, their windows shut. Susan Gagliardi chose to experience such events as a woman, rather than to attempt to assert White privilege to assume masculine prerogatives. Instead, she argues that women constitute an integral, even necessary, audience for power association masquerades. Deprived of vision, women are nevertheless totally privy to the sounds of the performance, and quite ready to comment among themselves about what is occurring. Her account of women's eye(-less) view is definitely a highlight of the book.

All in all, as an attempt to bridge frontiers and challenge boundaries of all kinds, including those of the objects dear to art historians, this is a challenging and engaging work that bridges art history and anthropology—yet another boundary she chooses to cross.

Robert Launay
Department of Anthropology,
Northwestern University, Evanston, Illinois, USA

Lacam Clélia. — *Le Bleu et le Noir. Jeux de pouvoirs dans une mission catholique féminine (Gabon, 1911-1955).* Rennes, Presses universitaires de Rennes, 2023, 430 p., bibl., ill.

Do African women have history? And more precisely, do African nuns have history? In the 1970s, the tendency of feminist history was to analyse women as victims of oppression. By the 2000s, a trend has emerged to endow them with agency. Through a critical re-reading of colonial texts, new postcolonial books in subaltern studies like Lacam's *Le Bleu et le Noir* show how black nuns did in fact have agency and, despite their oppression, history, too.

This study fills a gap left by both devout religious historians and radical gender theorists. Specialists of women's history and gender studies have long refused to take any interest in traditional organized religious institutions because in their eyes they have only perpetuated the inferiority of women. Religious historians and church hagiographers have for their part marginalized the study of nuns to more important spiritual subjects, and see gender studies as a sin, indoctrination in lesbianism, androgyny, a denial of the God-given difference between men and women. To fill this gap, Clélia Lacam has given us a book both historical and critical. Inspired by gender theorists of new women's history,[15] Lacam consulted nuns' letters preserved in the Spiritan archives in Castres (a few rare examples written by Gabonese sisters themselves), missionary archives of Lyon, Paris, the Vatican in Rome, and Spiritan archives of Chevilly-Larue. She has done the ant-work of a historian, consulting biographies and obituaries, journals and correspondences between nuns in Gabon and their superiors in France. In Rome she found 150 letters written by Gabonese nuns, a "new feminine corpus" (p. 29) that permits these lost, forgotten, marginal, black African women's voices to finally be heard.

Spiritan fathers had long imposed their own version of the history of the evangelization of Gabon. Maurice Briault, priest-historian, wrote on the nuns of francophone Africa, almost monopolizing the subject in the first decades of the 20th century.[16] André Raponda-Walker, priest-historian, told his version in a first-person autobiography.[17] Until now, male priests have written this history. Clélia Lacam offers us a new feminist and subaltern minority report of the Blue Sisters of Gabon.

The Blue Sisters (so-called for their dark blue habits) originated from the 1836 founding of the Sisters of the Immaculate Conception, in Castres, southwestern France. It was Spiritan fathers who invited them to Gabon, where they participated in the founding of the colonial capital city Libreville in 1849 as a haven for freed slaves. But in order to free themselves from the male-domination of Spiritan tutelage, their mother superior sought out and acquired a direct affiliation with the Vatican in 1852… an example of the oppressed having agency, being capable of resisting domination (in this case male domination) and acquiring a space of freedom and autonomy. But still, Clélia Lacam admits, the list of male ecclesiastics who dominated the Blue Sisters in the church hierarchy was vertiginous: Popes, bishops of Albi and Cahors, Spiritan superiors, vicars apostolic of Gabon, superiors of mission stations, confessors, chaplains, simple priests (p. 85). The Blue Sisters were "inscribed in a strict hierarchy of multiple masculine authorities," (p. 49) "considered as subordinate

15. S. Curtis, *Civilizing Habits: Women Missionaries and the Revival of French Empire,* Oxford, Oxford University Press, 2010; A. Hugon, *Histoire des femmes en situation coloniale: Afrique et Asie, XXe siècle,* Paris, Karthala, 2004; R. Jean-Baptiste, *Conjugal Rights: Marriage, Sexuality and Urban Life in Colonial Libreville, Gabon,* Athens, Ohio University Press, 2014; P. Martin, *Catholic Women of Congo-Brazzaville: Mothers and Sisters in Troubled Times,* Bloomington, Indiana University Press, 2009; K. Storning, *Sisters Crossing Boundaries: Germany Missionary Nuns in Colonial Togo and New Guinea, 1897-1960,* Göttingen, Vandenhoeck & Ruprecht, 2013.

16. M. Briault, *La Sœur Saint-Charles de l'Immaculée conception de Castres,* Paris, Paul Téqui, 1914; *La Légende dorée sous l'Équateur africain,* Castres, Impression des Orphelins-Apprentis, 1933.

17. A. Raponda-Walker, *Souvenirs d'un nonagénaire,* Versailles, Les classiques africains, 1994.

assistants of priests," (p. 85) "obedient to a sexual division of religious labor," (p. 81) "called upon to accomplish the totality of traditional female tasks:" (p. 82) teaching children, doing laundry, sewing, cooking, nursing. Nuns were women in a man's world.

But there was another form of oppression, racial. The first indigenous black Blue Sister was integrated in 1913, Sister Hyacinthe. Entire chapters have been dedicated to her in the official histories of works on the religious life of Gabon.[18] I must "confess" that when I first got this book I presumed that it would be another such hagiography. But unlike those flattering portraits of brave, humble, and chaste nuns teaching poor "uncivilized" African children the Gospel and healing the sick in sweltering tropical rainforests of equatorial Africa, Clélia Lacam seeks to tell another story, one less holy, less religious, less hagiographical.

Her story begins with some photographs of the Blue Sisters, showing how the white-European nuns wore blue habits with white veils while the black-African nuns wore blue habits with black veils (note the title of her book *Le Bleu et le Noir*). From this starting point she explores what her subtitle calls "power games" in female Catholic missions. One might pick up this book expecting to find social history. But what one will find is political analysis, a story of power and resistance at the microlevel of the organization.

During the period under study (1911-1955) the total number of black Gabonese women to put on the blue habit and take their vows of poverty, chastity, and obedience, was only 49. Spiritans had called the sisters to join them because it was hard to recruit African women.

In the traditional African societies of Gabon women were a valuable commodity of exchange. Losing a daughter to the church meant losing a dowry. At first the novices came from the most assimilated coastal ethnic groups—Mpongwe, Galoa, Benga—from elite families (one of them descended from King Denis, who had signed the first treaty with the French in 1839). But lacking enough recruits, they started accepting lower-status ethnic groups, like the Fang. Strictly separated and strictly subordinated to their white superiors in the religious hierarchy, visibly differentiated by their black veils, these indigenous nuns suffered from what Clélia Lacam denominates "double subalternity" (p. 79), that is, being subject to male domination by priests as well as racial discrimination by white sisters. All nuns in the 19th century understood that obedience to authority was not merely a form of subjection. Even Clélia Lacam admits that it was a spiritual liberation, an honor, a sovereign Christian virtue (p. 114). But the Blue Sisters were subject to a rigid indoctrination in submission to ecclesiastical domination that under African colonialism was not only male, but also white.

If her book stopped there in its analysis, it would be a simple matter of telling anecdotes of unjust oppression. But Clélia Lacam does more than that. In the second part, entitled "shaking off the masculine colonial yoke," she examines how the Blue

18. M.-G. GODAR, *Missionnaire des Noirs: Mère Saint-Martin Hortala des Sœurs bleues de Castres, 1870-1940,* Castres, 1940; G. GOYAU, *La Femme dans les missions,* Paris, Flammarion, 1933; M. S. OYEMBO VANDJI, *Les Sœurs de l'Immaculée Conception de Castres: 150 ans de présence missionnaire au Gabon,* Libreville, CERGEP/Les éditions udégiennes, 1999, and *Sur les pas de Hyacinthe,* Libreville, 2009.

Sisters, granted with their own hierarchy and invested with reserved spheres of action, reappropriated their status as women missionaries. "Finding the lost voices of sisters, French or Gabonese, is not merely analyzing their submission to religious domination," she explains, "but it is above all investigating the strategies and initiatives they employed to acquire a space of freedom, and even sometimes to enlarge the limits of what is religiously permissible" (p. 147).

Travelling overseas to equatorial Africa offered something of an adventure for French nuns who were usually restricted to convents. Blue Sisters had exotic missions transcending traditional gender norms. They had to be robust, young (an average age of 23) educated, and adventurous to live in colonial Gabon. They professionalized their work, acquired experience in nursing, tropical medicine, gained expertise in tropical illnesses unknown in the metropole. Writing journals of their voyages, "the nuns emancipated themselves from gender norms which reserved to men long-distance travel," (p. 162) visiting places that were seldom visited in deepest, darkest Africa, going upriver into the tropical rainforests of Gabon without men, "sometimes escaping the control even of priests," (p. 169) learning local languages at hinterland missions where no French women and few French men had gone before, learning to grow their own food, make their own clothes, deal with indigenous peoples, live autonomously. "These voyages represented an emancipatory experience" (p. 173).

During the war years they had to become food sufficient, consuming only local products like manioc and bananas (p. 179) growing what they needed during wartime scarcities (which lasted in Gabon for a decade after the war), even growing commodities like coffee, cacao and palm oil (pp. 182–183). The sisters also managed to successfully integrate into the colonial world, the "small European circle" (p. 184) that ruled in Libreville, weaving white women networks with wives who had accompanied their husbands on the colonial enterprise. Blue Sisters went on visits in groups of three or four to attend formal ceremonies and official receptions, and received visits by local dignitaries (including famous celebrities like Dr. Albert Schweitzer). European women living in the colony spent time with other white women in the missions and convents, building colonial society, making contacts that mattered. "Their convents, in theory veritable places of sociability, became through these Sunday meetings, one of the places where women of 'good society' could be found" (p. 190). This gave the Blue Sisters influence in the larger power games of white colonial society.

Soon their reputation spread to France, through brochures and books and "propaganda" (a word whose meaning in this Catholic context meant the spreading of the Christian faith, but which here takes on a more political connotation). In 1931, Sister Marie-Germaine Godar published *Le Christ au Gabon,* which enjoyed a large readership among Catholics in France.[19] Throughout the 1930s the Spiritan Father Maurice Briault multiplied descriptions of the Blue Sisters of Gabon[20] as brave heroines of the French "civilizing mission" teaching, nursing, and saving black souls (p. 197).

19. M.-G. Godar, *Le Christ au Gabon,* Louvain, Museum Lessianum, 1931.

20. M. Briault, *La Sœur Saint-Charles de l'Immaculée conception de Castres,* Paris, Paul Téqui, 1914; *La Légende dorée sous l'Équateur africain,* Castres, Impression des Orphelins-Apprentis, 1933.

As for the indigenous black African sisters, they found themselves doubly oppressed, and in many cases, forgotten (nameless even in some photographs reprinted in Clélia Lacam's book). Forced to do laundry, grow food, cook and clean, these black nuns found themselves at the bottom of the order. What's more, they were expected to like it! Obedience was drilled into them by their white fathers and sisters. Ridicule, punishment, and even suspension from their order were all tools of domination employed by European superiors.

One way they resisted was to play off the rivalry between the Spiritan Fathers and the Blue Sisters (p. 288). Another was for a novice to quit (p. 290). After several years of such desertions the vicarate started transferring such novices to new missions in the hinterland. Evangelization there of the "uncivilized" people of the tropical rainforests was seen as more suitable for these native Gabonese nuns, although, as Clélia Lacam notes, it also liberated them from all Western feminine tutelage (p. 292).

Six "indigenous" female missions had been created by 1940, and in them "indigenous" Gabonese nuns found themselves treated as equals to their white European counterparts. They enjoyed a greater liberty of movement (p. 297) and were given better jobs with greater responsibilities over education, evangelization, and visits. In the 1920s, Gabonese nuns started being named as superiors of these missions (p. 298). "For these Gabonese sisters, leaving on a mission was discovering an unknown autonomy, acquiring a right of initiative and obtaining a veritable *agency*" (p. 298).

The third part of Clélia Lacam's book tells how, after the Second World War, the Blue Sisters liberated themselves. They did this by taking advantages of the overall progressive context of late colonialism, becoming active participants in the Libération movement of Charles de Gaulle, capitalizing on their celebrity through such publicity building propaganda as the short 1948 film *"Cent ans de mission"* which was broadcast in France and represented them as brave heroines of the French "civilizing mission," and then, in 1951, successfully translating that myth into independence from male domination by the Spiritan Fathers (p. 320). Finally, with the advent of Gabonese nationalism, the black African sisters managed to liberate themselves from their white European superiors, starting in 1949 when powerful posts of mother superior were transferred to them, first in the hinterland missions and then eventually to more prestigious missions along the coast. "In 1955, they held 11 stations, while their European co-sisters possessed only 7" (p. 387). Those who were once below were now above. This is good subaltern historiography.

For Clélia Lacam this story of emancipation of the indigenous Blue Sisters by 1955 illustrates a form of Catholic decolonization written in the larger context of Gabonese independence proclaimed five years later (p. 404). For traditional Catholics this book may not be to their liking. It has little good to say about the missionary enterprise, about the spread of the Christian Gospel, about the bravery and suffering of those devout Europeans who came to Gabon less to exploit and more to help, save, teach, and heal. Albert Schweitzer once won the Nobel Peace Prize for his missionary work at Lambaréné hospital. Those days are now over. No one wants to hear *that* story any more. These days the trend in current African history is postcolonial, critical, feminist, and subaltern. Nothing could find readers in these times better than a critical re-reading of the Blue Sisters' habits.

Douglas YATES
American Graduate School in Paris & CY Cergy University, France

Instructions aux auteurs/ Notes to contributors

La rédaction examinera les manuscrits **inédits**, en français ou en anglais, qui lui seront soumis. Tout manuscrit accepté par le comité de lecture est réservé aux *Cahiers d'Études africaines*. L'auteur qui envisagerait de publier son article dans une autre revue sera tenu d'en avertir la rédaction afin d'obtenir son accord. L'article devra, une fois accepté, se conformer aux règles éditoriales de la revue.

• Les articles ne doivent pas dépasser 50 000 signes.

• L'exemplaire sera envoyé (en format word pour Mac) par courrier électronique (Cahiers-afr@ehess.fr) comprenant les notes en bas de page et en numérotation continue dans le texte, la bibliographie, le résumé (traduit en anglais) n'excédant pas 120 mots et une liste de moins de 10 mots-clés (sans oublier la région et la ville étudiées) (traduits également en anglais).

• La bibliographie sera présentée en fin d'article, par ordre alphabétique de noms d'auteurs. Elle suivra le modèle suivant :

COPANS J., 1980, *Les marabouts de l'arachide*, Paris, Le Sycomore.

SAMOFF J., 1987, « School Expansion in Tanzania : Private Initiatives and Public Policy », *Comparative Education Review*, 31 (3) : 333-360.

FRESTON P., 2001, « The Transnationalisation of Brazilian Pentecostalism », in A. CORTEN & R. MARSHALL-FRATANI (eds.), *Between Bable and Pentacost*, London, Hurst & Co. : 195-215.

• Les références bibliographiques dans le cours du texte seront simplement données entre parenthèses de la façon suivante : (Copans 1980) ; (Samoff 1987 : 352) ; (Freston 2001 : 203-204).

• Les figures et les cartes seront remises prêtes à clicher. Si elles ont été faites au moyen d'un logiciel de dessin ou de graphisme, une copie du fichier correspondant doit être envoyée également avec mention du logiciel utilisé. Les illustrations doivent être libres de droit et fournies en format JPEG ou TIFF en résolution 300 dpi.

Les Cahiers publient également des recensions d'ouvrages et des articles à caractère bibliographique. Ces contributions sont le plus souvent sollicitées par la rédaction, mais elles peuvent aussi lui être proposées. En règle générale, elles ne doivent pas dépasser 8 000 signes (Cahiers-afr@ehess.fr).

The Cahiers d'Études africaines (CEA) welcome the submission of manuscripts in English or in French from scholars and postgraduate students. Submitted papers should not have been published elsewhere. Once his/her article has been accepted for publication by the *Cahiers*, the author shall inform the *Cahiers* should he/she consider publishing the article in another journal.

• Articles should not exceed 50,000 characters.

• Articles must be sent by email (Cahiers-afr@ehess.fr)

• Authors should pay particular attention to normalising the spelling adopted for terms in vernacular languages. Such terms should be italicised and not put into quotation marks. The diacritic marks should be clearly identifiable (the transcription system used being indicated if need be).

• A complete bibliography will be presented at the end of the article. It should contain all published works (books and articles) referred to, listed alphabetically by author's name, as follows:

MITCHELL J. C., 1956, *The Kalela Dance. Aspects of Social Relationships among Urban Africans in Northern Rhodesia* (Manchester: Manchester University Press).

NEWBURY M. C., 1974, "Deux lignages au Kinyaga," *Cahiers d'Études africaines* XIV (1), 53: 26-38.

WILKS I., 1975a, *Asante in the Nineteenth Century. The Structure and Evolution of a Political Order* (London: Cambridge University Press).

— 1975b, "Dissidence in Asante Politics: Two Tracts from the Late Nineteenth Century," in I. ABU-LUGHOD (ed.), *African Themes* (Evanton, IL: Northwestern University): 47-63.

• Simple references in the text shall be inserted as follows: (David 1957: 153-165, 256; Dylan 1982: 43).

• Footnotes will be numbered consecutively throughout the article. Notes concerning Tables should be asterisked and attached to the Table. They are not included in the continuous numbering.

• Maps and figures should be presented on a separate page, with a title and number (if they have be drawn on a computer, please inform us of the software used). Their location should be clearly marked in the margin of the article. If they are not original documents, their origin should be mentioned. Illustrations should be copyright free and provided in .JPG or .TIFF format in 300 dpi resolution.

• For each article, an abstract not exceeding 15 lines (roughly 200 words) and a list of less than 10 keywords will be provided by the author.

The CEA also publishes book reviews. Although reviewers are usually directly solicited by the CEA editors, submissions are also welcome. In general book reviews should not exceed 8,000 characters (Cahiers-afr@ehess.fr).

Le Directeur de la publication : ROMAIN HURET

CORLET IMPRIMEUR - 14110 CONDÉ-EN-NORMANDIE
N° 258 DÉPÔT LÉGAL 2e TRIMESTRE 2025 - N° 25040438

Cahiers
d'Études africaines

Appel à contributions

Interroger les traumatismes de guerre
Combattant.e.s africain.e.s et désordres psychosociaux (XXe-XXIe siècles)

Numéro thématique coordonné par Olufisayo Ajala (Stellenbosch University) et Camille Evrard (ERC MadAf, CNRS-IMAF)

Ce numéro spécial a pour objectif d'interroger la notion de « traumatisme de guerre » au regard des expériences de combattant.e.s africain.e.s au XXe et au XXIe siècles affecté.e.s par les violences auxquelles ils.elles ont pris part activement, au point qu'un retour à la vie d'avant les combats est devenu impossible. L'objectif est, tout d'abord, de documenter les vécus de combattant.e.s confronté.e.s à des troubles, désordres, ruptures et souffrances psychologiques ou sociales. Il s'agit ensuite d'analyser les prises en charge et modes d'accompagnement, ou au contraire leur absence, qu'ils soient liés à des institutions biomédicales, militaires, familiales ou religieuses, ou qu'ils soient pensés en termes sociaux ou thérapeutiques. Il importe, enfin, d'étudier les enjeux liés à la (non)reconnaissance morale, sociale ou politique de l'expérience combattante, ainsi qu'aux réparations et à leurs conséquences sur les individus — tenant ainsi compte des temporalités multiples dans lesquelles ces phénomènes s'inscrivent ou sont parfois (ré)activés.

Peu de travaux de recherche se sont intéressés aux manifestations « anormales », aux décompensations psychiques, aux « désordres » mentaux, aux souffrances psychologiques et aux ruptures sociales affectant les combattant.e.s africain.e.s. Des historien.ne.s ont ouvert des brèches, en documentant par exemple les mémoires traumatiques de vétérans sud-africains de la Première Guerre mondiale retournés au pays (Delport 2016), ou encore les névroses de guerre analysées par l'institution militaire française chez des soldats nord-africains pendant la Seconde Guerre mondiale (Le Gac 2017). D'autres se sont penchés sur la prise en charge psychiatrique d'anciens tirailleurs marocains de retour de la guerre d'Indochine (Doudou 2018), et la notion de troubles du stress post-traumatique (TSPT) a fait l'objet de critiques à la lumière de mémoires publiés de conscrits sud-africains envoyés combattre durant la *South African Border War* des années 1966-1988 (Doherty 2015).

Sur des terrains plus contemporains et dans des situations de guerres dites civiles ou d'insurrections violentes et de contre-insurrections, une littérature plus variée existe, relevant des études cliniques, des sciences sociales ou de la littérature grise. Citons la contribution de psychologues clinicien.ne.s et chercheur.e.s sur les mémoires traumatiques de militaires, policiers et gendarmes algériens ayant servi pendant la décennie noire (Bahmed & Beddad 2019). On constate aussi un intérêt grandissant des clinicien.ne.s pour les militaires en lien avec la situation critique actuelle au Sahel et jusqu'au Nord-Cameroun. Certains décrivent la spécificité des psycho-traumatismes chez des soldats confrontés aux attaques de Boko Haram (Nguimfack & Ovambe Mbarga 2021, 2022 ; Umeh, Olawa & Abel 2023). D'autres interrogent la gestion personnelle des souffrances psychiques chez des militaires togolais exposés lors d'opérations de maintien de la paix (Baoutou & Vinay 2021). En sociologie politique, des travaux émergent sur la capacité des institutions militaires africaines à fournir le soin, l'accompagnement, ou les compensations nécessaires (Ajala & Heinecken 2025). Plus largement, les recherches sur les groupes armés et le désengagement peuvent fournir d'importantes informations sur les souffrances de combattant.e.s non issu.e.s de corps étatiques : repentis (Sumo Tayo 2024), femmes (Coulter, Persson & Utas 2008), enfants (Hynd 2021).

Enjeux de définitions

Au regard de la diversité des situations combattantes et de leurs effets sur les individus, l'usage de la notion de traumatisme se veut, dans cet appel, la plus ouverte possible. Elle englobe les névroses traumatiques dans leur acception strictement psychiatrique ou psychologique, qui renvoie aux troubles associés à l'effraction du réel de la mort. Mais elle peut aussi, suivant une approche de sciences humaines et sociales, embrasser des situations de rupture ou d'atypie bien plus diverses, des phénomènes de hors-sens ou hors-normes. Les notions de prise en charge ou d'accompagnement sont elles aussi comprises dans un sens large, renvoyant autant au soin comme *care* (Borgeaud-Garciandía, Araujo Guimarães & Hirata 2020) qu'à des réponses thérapeutiques variées dans ou hors du champ biomédical. Loin donc de s'en tenir à une acception normative de ce qui fait traumatisme ou désordre, non plus que ce qui fait prise en charge, le numéro inclut dans son périmètre des manifestations et des pratiques ancrées dans les histoires locales des situations considérées.

Cet appel souhaite promouvoir des approches dépassant le cadre défini par les travaux historiques centrés sur les grands conflits européens et la prise en charge essentiellement psychiatrique des traumatismes de guerre, mais à même de puiser dans les travaux récents sur les émotions, l'intimité et l'après-guerre (Cabanes & Piketty 2009 ; Audouin-Rouzeau & Saint-Fuscien 2021 ; Guillemain & Tison 2022). On pourra également s'appuyer sur la vaste littérature sur le trauma (Loriga 2017), les mémoires des conflits (Leese, Köhne & Crouthamel 2021), ou encore la folie (Aïtmehdi & Tiquet 2019 ; Hunt & Büschel 2024). Autant d'approches utiles pour questionner l'expérience vécue et son poids sur les individus, sur le moment et dans les différents temps de « l'après ».

De même, le terme combattant.e est ici choisi parce qu'il englobe des cas de figures variés et permet d'éviter de tracer une ligne de partage *a priori* entre usage légitime et illégitime de la force. Il s'agit de ne pas limiter l'analyse aux seuls individus issus des institutions militaires liées à une autorité étatique. Des terminologies variées, en fonction des contextes étudiés et des acteurs impliqués, pourront aider à gagner en précision descriptive et analytique : soldats des armées coloniales ayant servi au cours de l'occupation coloniale, des guerres mondiales ou des guerres de décolonisation ; révolutionnaires et *freedom fighters* des mouvements de libération ; auxiliaires des mouvements contre-révolutionnaires ; enfants-soldats ; militaires de métier contemporains ; djihadistes.

La période couverte est volontairement large, allant des guerres coloniales aux opérations militaires contemporaines. Il s'agit ainsi d'observer la manière dont ces phénomènes évoluent au cours du temps. Notons également que les combats dont il est question ne se sont pas toujours déroulés sur le continent africain — que l'on pense par exemple à la guerre d'Indochine et aux guerres mondiales, aux opérations de maintien de la paix internationales, ou aux différents théâtres d'opérations djihadistes.

Axes thématiques et questions transversales

Les trois volets autour desquels s'articule le numéro, à savoir l'expérience combattante et le surgissement des symptômes, les acteurs et les modes d'accompagnement, et les formes de reconnaissance et de réparation des traumatismes dans la durée, requièrent de porter une attention fine à la diversité des contextes, des positions politiques et idéologiques des parties prenantes d'un conflit, et de la nature professionnelle ou non de l'engagement.

Tout d'abord, comment documenter et donner sens à l'expérience du point de vue des individus affectés ? Les facteurs à l'origine des souffrances ou des désordres, dans leur diversité mais aussi leur entrecroisement, sont à considérer : blessures physiques, expériences paroxystiques de guerre, violences ou mort imminente, attaque surprise, explosions soudaines, etc. La vie militaire, dans sa quotidienneté et dans les rapports de force et les formes de domination qui la structurent, façonne aussi l'expérience et le vécu de la guerre : exposition prolongée au combat, injustice ou racisme au quotidien, malnutrition, angoisse pour la famille, éloignement, désorientation, conditions d'engagement, etc. Approcher au plus près les effets de l'expérience combattante et leur traduction en symptômes psychiques et physiques exige de s'intéresser aux mots des affections, quand celles-ci s'expriment. Comment les combattant.e.s décrivent-ils.elles dans leurs langues leur histoire et les problèmes qui en ont découlé ? Les femmes et les hommes, les enfants, expriment-ils différemment leurs difficultés ? Quant aux parties prenantes du soin, quels termes utilisent-elles ? L'observation des comportements et leur catégorisation (comportements violents, « folie », isolement, rupture voire mise au ban de la société, automutilation, addictions diverses) s'établissent parfois selon des lignes de division genrées, ethnicisées ou racisées, et le sens qui leur est donné peut varier en fonction des acteurs, des contextes et des institutions considérés.

Penser le soin nécessite de s'intéresser aux différentes formes d'accompagnement adoptées, comme les soutiens sociaux, familiaux, les thérapies biomédicales, tradipraticiennes et/ou religieuses, spirituelles et sorcellaires, sans les compartimenter puisqu'elles cohabitent le plus souvent. Le soin appartient à la sphère publique ou privée, est rationnalisé ou de l'ordre du bricolage, hybridant diverses formules d'apaisement ou formes de solidarité. De quelle manière est-il dispensé, organisé, vécu — et pourquoi est-il parfois insuffisant ou absent ? Comment est-il perçu socialement et quels sont les éventuels obstacles au soin, telle la stigmatisation des désordres, parfois considérés comme une transgression des normes sociales, ou la honte face à ce qui est vécu ou lu comme une faiblesse ? Le stigmate des troubles voire de la « folie » pèse d'autant plus lourd qu'il entre en conflit avec les valeurs de l'éthique militaire et de la masculinité. À cet égard, repère t-on des attentes et des accompagnements différents selon que les combattant.e.s sont des femmes ou des hommes, des adultes ou des enfants ?

Un dernier volet a trait à la pluralité des temporalités dans lesquelles s'inscrivent les troubles : pendant les combats, immédiatement après, et longtemps après. L'étude des répercussions des désordres, tant dans leurs aspects physiques et psychologiques individuels que sur l'environnement familial, social et professionnel, est une entrée importante. Dans le temps de l'après-guerre, la non reconnaissance des sacrifices consentis, le silence et l'abandon opèrent potentiellement un redoublement des souffrances, ou des traumatismes secondaires. Les formes et dispositifs de reconnaissance et de réparation peuvent se situer sur le plan intime comme à l'échelle d'une communauté, d'une société, d'un État, et il convient d'en interroger les logiques et les effets sur les troubles et leur gestion individuelle et collective. Dans le temps plus long, les discours publics, les narrations concurrentes et les jugements revisités sur un conflit (était-il légitime ? étions-nous dans le « bon » camp ?) peuvent venir renforcer les difficultés des vétérans en souffrance.

De façon transversale, il y a lieu de s'intéresser à la manière dont la nature des conflits et le mode d'engament affecte le vécu traumatique des combattant.e.s. Les guerres de libération et d'indépendance, les dites révolutions et les guerres menées pour défendre la souveraineté d'une nation, sans compter le combat fondé sur des idéologies religieuses, n'impliquent pas subjectivement les combattant.e.s de la même manière que la participation aux missions de paix des Nations unies, par exemple, essentiellement redevable de rétributions financières réelles ou espérées. De même, l'engagement libre ou la mobilisation forcée génèrent nécessairement des vécus très contrastés. De quelle manière le regard sur le conflit, l'investissement politique, idéologique ou religieux, et les conditions de la participation entrent-ils en jeu ?

Il paraît enfin central de questionner le fait que, sous l'impulsion combinée des normes liées aux mécanismes internationaux sur la « santé mentale » (Doron 2015) et de l'implication de nombreux États dans des opérations militaires dites contre-terroristes, l'attention envers les potentielles séquelles psychiques de soldats semble augmenter ces dernières années. Le numéro souhaite susciter des réflexions sur le développement de l'application du concept de TSPT aux militaires ou aux combattants démobilisés sur les terrains africains. La diffusion du modèle d'analyse basé sur la notion de stress, et lié au questionnaire standard post-traumatic check list, a établi de nouvelles normes qui visent à rationaliser les soins post-conflit, au risque d'appauvrir les termes de l'expérience. Confronter ces approches avec des observations qualitatives sur la part intime de la guerre, en documentant un vécu très peu exposé et en réfléchissant à son coût psychique et social, nous paraît donc particulièrement important.

Ce numéro ambitionne de rassembler des contributions usant d'approches et de méthodologies variées ancrées dans les sciences humaines et sociales. Il s'agit de faire dialoguer des propositions qui s'appuient sur un large éventail de recherches historiques ou sur le contemporain, utilisant des démarches et des documentations variées — sources archivistiques, ethnographiques, orales, biographiques, littéraires ou cinématographiques, etc. L'accès difficile aux sources et au travail de terrain lorsqu'il s'agit de militaires ou de groupes armés pose des défis méthodologiques majeurs qui incitent à tirer le meilleur parti de cette richesse méthodologique. Ainsi, nous accueillons avec enthousiasme des entrées diverses (archives militaires, judiciaires, médicales, politiques ; entretiens ou témoignages, focus groups, etc.), ainsi qu'une réflexion sur l'éthique et la positionnalité des chercheur.e.s, concernant par exemple les sources médicales, les contextes thérapeutiques, ou encore les interactions avec des enquêté.e.s vulnérables (Aïtmehdi, Evrard, Gallien & Marquis 2024).

La date limite pour l'envoi des résumés (500 mots maximum), rédigés en anglais ou en français, est fixée au 10 juin 2025 à minuit (GMT+1). Les propositions sont à envoyer à cahierscfp@gmail.com.

Modalités complémentaires de soumission : Les propositions sous forme d'un document Word, seront rédigées en police Times New Roman, taille 12, interligne simple. Elles indiqueront : les noms, prénoms, affiliation(s), statuts et coordonnées de·s l'auteur.rice.s ; le titre proposé ; le ou les terrains d'enquête présentés et les méthodes de collecte des données ; et un résumé de l'argument proposé (maximum 500 mots).

Les auteur.rice.s seront informé.e.s de la sélection des propositions retenues le 30 juin 2025 et la date limite de réception des premières versions des articles est fixée au 15 novembre 2025.

War Trauma and Psychosocial Disorders among African Combatants (20th-21st centuries)

Special Issue edited by Olufisayo Ajala (Stellenbosch University) and Camille Evrard (ERC MadAf, CNRS-IMAF)

The aim of this special issue is to examine the notion of "war trauma" in the light of the experiences of 20th- and 21st-century African combatants affected by violence in which they played an active part—to the point where a return to life before the fighting has become impossible. The term "combatant" includes people who have the legal status of members of the armed forces of State and who take a direct part in hostilities. The term "fighter" is used to described members of organized non-state armed groups who participate in hostilities. For the purposes of this call, we use the term "combatant" to refer to both combatants and fighters.

Firstly, we would like to document the experiences of combatants confronted with psychological or social disorders, breakdowns, and suffering. Secondly, we need to analyse the care and support provided, or the lack thereof, whether they are linked to biomedical, military, family, or religious institutions, or whether they are seen in social or therapeutic terms. Finally, it is important to study the issues associated with the moral, social, and political (non-)recognition of the combat experience, as well as reparations and their consequences for individuals—taking into account the multiple temporalities in which these phenomena are embedded or sometimes (re)activated.

Few research studies have focused on the "abnormal" manifestations, psychic decompensation, mental "disorders," psychological suffering, and social breakdown affecting African combatants. Historians have broken new ground by documenting, for example, the traumatic memories of South African veterans of the First World War who returned home (Delport 2016) or the war neuroses analysed by the French military among North African soldiers during the Second World War (Le Gac 2017). Others have examined the psychiatric care of former Moroccan riflemen returning from the Indochina War (Doudou 2018), and the notion of post-traumatic stress disorder (PTSD) has been criticized in the light of published memoirs of South African conscripts sent to fight in the South African Border War of 1966-1988 (Doherty 2015).

In more contemporary settings and situations of so-called civil wars or violent insurgencies and counterinsurgencies, the scholarly literature is more varied and based on clinical studies, social sciences, or grey literature. One example is the contribution by clinical psychologists and researchers on the traumatic memories of Algerian soldiers, police officers and gendarmes who served during the Black Decade (Bahmed & Beddad 2019). There is also a growing interest among clinicians in the military in connection with the current critical situation in the Sahel and as far as north Cameroon. Some authors describe the specificity of psycho-trauma among soldiers faced with Boko Haram attacks (Nguimfack & Ovambe Mbarga 2021, 2022; Umeh, Olawa & Abel 2023), others examine the personal management of psychological suffering among Togolese soldiers exposed during peacekeeping operations (Baoutou & Vinay 2021) and the ability of

African military institutions to provide the necessary care, support, and compensation for families of fallen servicemen (Ajala & Heinecken 2025). More broadly, research on armed groups and disengagement can provide important information on the suffering of combatants who do not come from State bodies: "reformed" combatants (Sumo Tayo 2024), women (Coulter, Persson & Utas 2008), and children (Hynd 2021).

Definition issues

In view of the diversity of combat situations and their effects on individuals, the notion of trauma is used as openly as possible in this call for papers. It encompasses traumatic neurosis in the strictly psychiatric or psychological sense, which refers to disorders associated with confronting the reality of death. However, it can also, following social sciences approaches, embrace situations of rupture or atypia that are far more diverse and phenomena that escape understanding or norms. The notions of care (Borgeaud-Garciandía, Araujo Guimarães & Hirata 2020) or support are also understood in a broad sense, referring to a variety of therapeutic responses within or outside the biomedical field. The issue includes, within its scope, beliefs and practices of care, caring, support, and therapy that are rooted in the local histories and narratives of the different social contexts.

The aim of this call is to promote approaches that go beyond the framework defined by historical studies focusing on major European conflicts and medical care, while drawing on the wealth of recent works on emotions, intimacy and the aftermath of war (Cabanes & Piketty 2009; Audouin-Rouzeau & Saint-Fuscien 2021; Guillemain & Tison 2022). We can also draw on the vast literature on trauma (Loriga 2017), memories of conflict (Leese, Köhne & Crouthamel 2021), and madness (Aïtmehdi & Tiquet 2019; Hunt & Büschel 2024). These are all useful approaches for questioning the experience and its impact on individuals, both at the time and in the various "aftermath" periods.

The term "combatant" is used here because it covers a wide range of situations and avoids drawing an a priori line between legitimate and illegitimate use of force. The aim is not to limit the analysis to individuals from military institutions linked to a state authority. This call rather expands the descriptive and analytical use of the terminology to encompass a range of contexts and actors' including but not limited to: soldiers from colonial armies who served during colonial occupation, the world wars or the wars of decolonisation; soldiers of State militaries; revolutionaries and freedom fighters of liberation movements; auxiliaries from counter-revolutionary movements; child soldiers; mercenaries; and other contemporary armed non-State actors.

The period covered is deliberately broad, ranging from colonial wars to contemporary military operations, as the aim is to observe how these phenomena evolve over time. It should also be noted that the combats covered did not or do not always take place on the African continent—for example, the Indochina War and the world wars, international peacekeeping operations, or the various theatres of operations for Islamist terrorist groups.

Themes and cross-cutting issues

The three strands around which this issue is structured—the combat experience and the emergence of symptoms, the actors and methods of support and care, and the forms of recognition and reparation of trauma over time—require close attention to the diversity of contexts, the political and ideological positions of the parties involved in a conflict, and the professional or non-professional nature of the commitment.

First of all, how can we document and give meaning to the experience from the point of view of the individuals affected? The factors at the root of the suffering or disorder, in their diversity but also their interrelationship, need to be considered: physical injuries, paroxysmal experiences of war, violence or imminent death, surprise attacks, sudden explosions, etc. Military life, in its everyday aspects and in the power relations and forms of domination that structure it, also shapes the experience of war: prolonged exposure to combat, injustice or racism in everyday life, malnutrition, anxiety for the family, distance, disorientation, conditions of engagement, etc.

To get a close-up view of the effects of the combat experience and how they translate into psychological and physical symptoms, we need to look at the words used to describe the illnesses when they are expressed. How do combatants describe their history and the problems it has caused in their own languages? Do women, men, and children express their difficulties differently? As for those involved in care, what terms do they use? Observation of behaviour and its categorization (violent behaviour, "madness," isolation, disruption or even exclusion from society, self-mutilation, various addictions and so on) sometimes follows gendered or racialized dividing lines, and the meaning given to them may vary depending on the persons, contexts and institutions involved.

Thinking about care requires an interest in the different forms of support adopted, such as social and family support, biomedical, traditional and/or religious, spiritual, and witchcraft therapies. Care also belongs to public and private spheres, and it is rationalized or spontaneous, using different forms of welfare and solidarity. How is it provided, organized, experienced—and why is it sometimes insufficient or absent? How is it perceived socially, and what are the potential obstacles to care, such as the stigmatization of disorders, sometimes considered as a transgression of social norms, or shame in the face of what is experienced or perceived as a weakness? The stigma of disorders or even "madness" weighs more heavily because it conflicts with the values of military ethics and masculinity. In this regard, do we see different expectations and support depending on whether the combatants are women or men, adults or children?

A final aspect relates to the multiple timeframes in which the disorders occurred: during the fighting, immediately afterward, and long afterward. The study of the repercussions of the disorders, both in their physical and psychological aspects on individuals and the family, social and professional environment, is an important point. In the post-war period, failure to recognize the sacrifices made, silence, and abandonment have the potential to increase suffering and secondary trauma. The forms and mechanisms of recognition and reparation can take place at an intimate level, as well as at the level of a community, a society, or a State. Therefore, it is important to examine their logic and effects on the problems and their individual and collective management. We would also like to think about how public discourses, competing narratives about a conflict (Was it legitimate? Were we on the 'right' side?) can (in)validate the experience of participants in these wars.

Across the board, we need to look at how the nature of the conflict and the mode of engagement affect the traumatic experience of combatants. Wars of liberation and independence, so-called revolutions and wars fought to defend the sovereignty of a nation, not to mention combat based on religious ideologies, do not involve combatants in the same way as participation in United Nations peace missions, for example, which owes a lot to real or expected financial rewards. In the same way, voluntary enlistment and forced mobilization generate very contrasting experiences. How do the way in which the conflict is viewed, the political, ideological, or religious investment, and the conditions of participation come into play?

Finally, it seems important to question the fact that, under the combined impetus of international mechanisms on "mental health" (Doron 2015) and the involvement of many States in so-called counter-terrorist military operations, attention to the potential psychological after-effects of soldiers seems to have increased in recent years. This issue aims to stimulate reflection on the development of the application of the concept of PTSD to soldiers or demobilized combatants on African ground. The scholarly spread of the analytical model based on the notion of stress and linked to the standard post-traumatic checklist questionnaire has established new standards that aim to rationalize post-conflict care. We wonder whether these models do not reduce the combatants' experiences to numbers and data. Comparing these approaches with qualitative observations on the intimate part of war, by documenting a very little exposed experience and by reflecting on its psychological and social cost, seems therefore particularly important to us.

This issue will bring together contributions using a variety of approaches and methodologies rooted in the social sciences. Proposals can be based on a wide range of historical and contemporary research, using a variety of processes and documentation—archival, ethnographic, oral, biographical, literary, cinematographic sources, among other sources. The difficult access to sources and fieldwork when dealing with the military or armed groups poses major methodological challenges that encourage making the most of the wealth of methodological resources. We therefore welcome a wide range of sources and investigative approaches (military, justice, medical and political archives; interviews or testimonies, focus groups, etc.), as well as reflection on the ethics and positionality of researchers, concerning medical sources, therapeutic contexts, or interactions with vulnerable participants in the studies (Aïtmehdi, Evrard, Gallien & Marquis 2024).

The deadline for submitting abstracts (maximum 500 words) written in English or French is set for June 10, 2025, at midnight (GMT+1). Proposals should be sent to cahierscfp@gmail.com.

Additional submission guidelines: Proposals are to be submitted in Word format, in Times New Roman font, size 12, with single-spacing. They shall include the following information: the surname, first name(s), affiliation(s), status and contact details of the author(s); the proposed title; the research field(s) and the data collection methods presented; and a summary of the proposed argument (maximum 500 words).

Authors will be notified if their proposals have been selected on June 30, 2025, and the deadline for submitting first versions of article is set for November 15, 2025.

BIBLIOGRAPHIE/BIBLIOGRAPHY

AÏTMEHDI G. & TIQUET R., 2020, « Introduction au thème. Penser la folie au quotidien », *Politique africaine,* 157 : 17-38.

AÏTMEHDI G., EVRARD C., GALLIEN R. & MARQUIS P., 2024, « Introduction. Sur les traces de la folie : sources et terrains africains (XXe-XXIe siècle », Sources : Materials & Fieldwork in African Studies [Online], 8, <https://doi.org/10.4000/11xjz>.

AJALA F. & HEINECKEN L., 2025, « The Military As a Non-Caring Institution : A Case Study of Nigerian Military Widows of the Boko Haram Conflict », *Armed Forces & Society,* 0 (0), <https://doi.org/10.1177/0095327X241308223>.

AUDOIN-ROUZEAU S. & SAINT-FUSCIEN E., 2021, « Emprises de la guerre », *Sensibilités,* 10 (2) : 8-13.

BAHMED A. & BEDDAD N., 2019, « Récits traumatiques et mémoire collective chez les militaires et paramilitaires », in F. MOUSSA-BABACI (dir.), *Devenir des victimes et prise en charge des traumatismes,* Paris, L'Harmattan : 27-43.

CABANES B. & PIKETTY G. (DIR.), 2009, *Retour à l'intime au sortir de la guerre,* Paris, Tallandier.

BAOUTOU K. F. & VINAY A., 2021, « Transition de la vie militaire à la vie civile et échec de résilience : Cas du Sergent-chef B. », Communication au 5e Congrès Mondial sur la Résilience Développement humain RESILIO, Yaoundé, Cameroun, <https://hal.science/hal-03277533/document>

BORGEAUD-GARCIANDIA N., ARAUJO GUIMARÃES N. & HIRATA H., 2020, « Introduction : care aux Suds Quand le travail de care interroge les inégalités sociales », *Revue internationale des études du développement,* 242 (2) : 7-34, <https://doi.org/10.3917/ried.242.0007>.

COULTER C., PERSSON M. & UTAS M., 2008, *Young Female Fighters in African Wars : Conflict and its Consequences,* Stockholm, Nordiska Afrikainstitutet.

DELPORT A., 2016, « “Stumbling on Civvy Street” : The Re-adjustment of White South African War Veterans to Life in Post-war Society, 1918-1928 », *Scientia Militaria : South African Journal of Military Studies,* 44 (1) : 111-144.

DOHERTY C., 2015, « Trauma and the Conscript Memoirs of the South African’ Border War », *English in Africa,* 42 (2) : 25-56.

DORON C., 2015, « L’émergence du concept de “santé mentale” dans les années 1940-1960 : genèse d’une psycho-politique », *Pratiques en santé mentale,* 61 (1) : 3-16, <https://doi.org/10.3917/psm.151.0003>.

DOUDOU A., 2018, *Les soldats marocains face à la violence : 40 ans d’expérience dans l’Armée française (1914-1954),* Thèse de doctorat, Nancy, Université de Lorraine.

DUCLOS N. (DIR.), 2010, *L’adieu aux armes ? Parcours d’anciens combattants,* Paris, Karthala.

GOUMBRI P., YAOGO A., OUANGO J.-G. *ET AL.*, 2016, « Un cas de folie simulée dans un environnement militaire au Burkina Faso », *Perspectives Psy,* 55 (1) : 36-39, <https://doi.org/10.1051/ppsy/2016551036>.

GUILLEMAIN H. & TISON S., 2022, *Du front à l’asile, 1914-1918,* Paris, Nuvis Éditions.

GRANJO P., 2007, « The Homecomer : Postwar Cleansing Rituals in Mozambique », *Armed Forces & Society,* 33 (3) : 382-395.

HYND S., 2021, « Trauma, Violence, and Memory in African Child Soldier Memoirs », *Cult Med Psychiatry,* 45 : 74-96, <https://doi.org/10.1007/s11013-020-09668-4>.

HUNT N. R. & BÜSCHEL H. (EDS.), 2024, *Psychiatric Contours : New African Histories of Madness,* Durham, Duke University Press.

KINGMA K., 2014, « Demobilization, Reintegration and Peacebuilding in Africa », in E. NEWMAN & A. SCHNABEL (eds.), *Recovering from Civil Conflict,* London, Routledge : 181-201.

LEESE P., KÖHNE J. B. & CROUTHAMEL J. (EDS.), 2021, *Languages of Trauma : History, Memory, and Media,* Toronto, University of Toronto Press.

LE GAC J., 2017, « Haunted by Jinns : Dealing with War Neuroses among Muslims Soldiers during the Second World War », in X. BOUGAREL, R. BRANCHE & C. DRIEU (eds.), *Combatants of Muslim Origin in European Armies in the Twentieth Century : Far from Jihad,* London, Bloomsbury Academic : 184-203.

LORIGA S. (DIR.), 2017, « Du trauma historique », *Politika,* <https://www.politika.io/fr/notice/du-trauma-historique>.

NGUIMFACK L. & OVAMBE MBARGA G., 2021, « Comprendre le psycho-traumatisme de guerre en milieu socioculturel africain : une analyse socio-culturelle des symptômes du psycho-traumatisme chez les soldats de la guerre de Boko Haram au Cameroun », *L’information psychiatrique,* 97 (5) : 387-396, <https://doi.org/10.1684/ipe.2021.2267>.

NGUIMFACK L. & OVAMBE MBARGA G., 2021, « Les procédés psychologiques dans les ritothérapies du psychotraumatisme de guerre : Vers une ritopsychothérapie ? », *L’Autre,* 22 : 308-319.

OVAMBE MBARGA G. & NGUIMFACK L., 2022, « Expériences mystico-culturelles dans les psychotraumatismes de guerre en Afrique : Cas de quatre soldats camerounais », *Djiboul,* 3 (2) : 320-333.

SUMO TAYO R., 2024, « Itinerary of a Christian Ex-Boko-Haram Bomb Maker in Cameroon », *African Affairs,* 123 (492) : 349-375, <https://doi.org/10.1093/afraf/adae021>.

TAFRAOUTI J. I., 2015, *Les aspects cliniques et thérapeutiques des psycho-traumatismes de guerre : à propos de cinq observations colligées dans le service de psychiatrie de l'hôpital militaire d'instruction Mohamed V de Rabat,* Thèse de doctorat, Dakar, UCAD.

UMEH C. S., OLAWA B. D. & ABEL J., 2023, « The Mental Health of Non-commissioned Soldiers Deployed to Boko-Haram Zones in Nigeria : Examining the Roles of Rank and other Armed Service Characteristics », *Anxiety, Stress, & Coping,* 37 (2) : 265-277, <https://doi.org/10.1080/10615806.2023.2226614>.

N° 214,
juillet-décembre
2024, 192 p.
ISBN 978-2-7132-3370-8

RÉDACTION
Laboratoire d'anthropologie sociale, Collège de France, 52, rue du Cardinal-Lemoine, 75005 Paris
Tél. : 01 44 27 17 43
etudes.rurales@ehess.fr

Revue semestrielle publiée par les Éditions de l'École des hautes études en sciences sociales et diffusée par Harmonia Mundi.

SERVICE DES PUBLICATIONS DE L'EHESS
Campus Condorcet, bât. EHESS, 2, cours des Humanités, 93322 Aubervilliers Cedex.
Tél. : 01 53 10 53 55.
editions@ehess.fr

ABONNEMENTS
Institutions :
France 78 € TTC,
UE 90 € TTC,
étranger 92 €.
Particuliers :
France 51 € TTC,
UE 52 € TTC,
étranger 53 €.

VENTE AU NUMÉRO 33 €

EN LIGNE
www.cairn.info,
https://journals.openedition.org/etudesrurales/
www.persee.fr

JOURNAL DES AFRICANISTES

Le Journal de la Société des africanistes, devenu *Journal des africanistes* en 1976, est publié régulièrement, depuis 1931, au rythme habituel de deux fascicules par an. On y trouve des articles de spécialistes (ethnologues, archéologues, préhistoriens, linguistes, etc.),des dossiers thématiques, des comptes rendus d'ouvrages et diverses informations scientifiques. *Le Journal des africanistes* constitue, de ce fait, un instrument de référence précieux pour les chercheurs et les documentalistes.

OBJETS DE L'EXIL 94-1/2 | 2024

Dossier coordonné par Hinde Maghnouji et Pierre Peraldi-Mittelette

SOCIÉTÉ DES AFRICANISTES
Secrétaire général :
Fabio Viti

Musée du quai Branly – Jacques Chirac
222 rue de l'Université
75007 Paris
Tél. : +33 (0)1 56 61 71 17

Cotisations et abonnements
Membres de la société : 48 €
Vente au numéro (port en sus) :
20 € le fascicule
35 € le double numéro

Les règlements adressés à la Société des africanistes doivent être en euros uniquement :
– par CCP 1549 59 P Paris à l'ordre de la Société des africanistes
– par chèque bancaire à l'ordre de la Société des africanistes

Pour se procurer les numéros du *Journal des africanistes* :
– par mail à l'adresse africanistes@yahoo.fr ;
– *via* le site web www.africanistes.org ;
– ou par courrier à FMSH-Diffusion 18-20 rue Robert Schuman 94220 Charenton-le-Pont

Revue semestrielle publiée par la Société des africanistes avec le soutien de l'Institut des sciences humaines et sociales (InSHS) du CNRS et avec le concours du Centre national du livre

Cahiers
d'Études africaines

Special issue **254** · 2024

The Ambiguities of Migration Deterrence

Awareness-raising campaigns about the risk of migrating—ones that have been on the increase in Africa over the last twenty years—are aimed at deterring migration to Europe. Different sorts of measures, from theatre plays featuring repentant returnees, to music videos promoting local paths to success, going through street billboards picturing the perils of crossing deserts or the sea, promote migration control through deterrence and the borderization of Africa and Europe. Taking such programmes as an object of study, the contributors to this special issue explore the place of migration and diverse imaginaries of mobility in contemporary African societies. The projects and norms of states and international organisations, as well as those of a myriad of actors from the development, voluntary and culture sectors, are thus brought face to face. Restoring historical depth to processes that are often caught up in truncated chronologies, this volume sheds light on the role of African states in migration control since independence, raising questions about the future of programmes that are increasingly exposed to criticism.

Revue *Cahiers d'Études africaines*, n° 254
ISBN 978-2-7132-3357-9
20 € · 248 pages

CONTENTS

Rédaction/Editors
Campus Condorcet, EHESS IMAF
5 cours des Humanités
93322 Aubervilliers cedex - France
Tél. : 01 88 12 02 21
Courriel : Cahiers-Afr@ehess.fr

Se procurer la revue/ To obtain the journal
Abonnements/ *subscriptions*
EHESS - Éditions
Email : editions-vente@ehess.fr

Vente au numéro/ Single issue sales
Harmonia Mundi livre
Le Mas de Vert - Ancienne Route de St-Gilles - 13200 Arles
Tél : (33) 04 90 49 58 05

Cahiers d'Études africaines en ligne/online :
https://journals.openedition.org/etudesafricaines/
https://www.cairn.info/revue-cahiers-d-etudes-africaines.htm

Cahiers d'Études africaines

Numéro **257** · 2025

Imaginaires de la liberté, expériences d'émancipation

Ce numéro explore les imaginaires de la liberté et les expériences d'émancipation où s'entremêlent quête d'individualisation et aspirations collectives. Quels espoirs animent les jeunes Ghanéennes qui partent vendre leur force de travail sur les marchés d'Accra ? Pourquoi, au Mali, la lutte armée est-elle saisie comme un outil d'émancipation ? Comment s'articulent langages politiques, expériences contestataires et construction de l'État au Somaliland ? Cas ethnographiques et réflexions théoriques révèlent combien les idéaux et les espoirs de liberté, autant que les expériences et les actions d'émancipation, gagnent à être étudiés au plus près des pratiques réelles, dans l'ordinaire de la vie. Ils rendent compte également du poids des héritages du passé, comme ceux de l'esclavage et de la colonisation, et des dynamiques néolibérales présentes dans les processus d'ouverture socio-politique et existentielle.

SOMMAIRE

Revue *Cahiers d'Études africaines*, n° 257
ISBN 978-2-7132-3412-5
20 € · 328 pages

Rédaction/Editors

Campus Condorcet, EHESS IMAF
5 cours des Humanités
93322 Aubervilliers cedex - France
Tél. : 01 88 12 02 21
Courriel : Cahiers-Afr@ehess.fr

Se procurer la revue/ To obtain the journal

Abonnements/ *subscriptions*

EHESS - Éditions
Email : editions-vente@ehess.fr

Vente au numéro/ Single issue sales

Harmonia Mundi livre
Le Mas de Vert - Ancienne Route de St-Gilles - 13200 Arles
Tél : (33) 04 90 49 58 05

Cahiers d'Études africaines en ligne/online :

https://journals.openedition.org/etudesafricaines/
https://www.cairn.info/revue-cahiers-d-etudes-africaines.htm

Se procurer la revue

ABONNEMENT • Bulletin à adresser à : EHESS • Service abonnements
Campus Condorcet, bât. EHESS,
2 Cours des Humanités • 93322 Aubervilliers Cedex
Courriel : editions-vente@ehess.fr

Nom .... Prénom ....
Institution ....
Adresse ....
....
Pays .... Courriel ....

❍ Je désire souscrire ...... abonnement(s) 2025 (nos 257 à 260).
❍ Je désire souscrire ...... abonnement(s) 2024 (nos 253 à 256).

Tarifs 2025	France	Union européenne	Autres pays
Institutions	89 €	100 €	100 €
Particuliers	54 €	54 €	56 €

Je joins mon règlement d'un montant de ...... euros par :

❍ Chèque (bancaire, postal, Eurochèque) à l'ordre de M. le Régisseur de recettes Publications EHESS

❍ Carte bancaire à débiter
Numéro : Expire le :

❍ À réception de la facture (valable uniquement pour les institutions)

❍ Je désire recevoir une facture acquittée.

Date : Signature :

CEA

VENTE AU NUMÉRO

Type de numéro	Tarif 2025	Tarif numéros 1990-2022	Tarif numéros antérieurs à 1990
Simple	20 €	18 €	8,50 €
Double	35 €	33 €	15,50 €
Triple	45 €	42 €	20 €

Collection complète (jusque 2010, soit 172 parutions) : 1 650 euros

- Diffusion en librairie : Harmonia Mundi livre • Le Mas de Vert • Ancienne Route de St-Gilles 13200 Arles • Tél. : 33(0)4 90 49 58 05
- Aux Éditions de l'EHESS : vente sur place et par correspondance (y compris pour tout numéro paru avant 2000)
- editions-vente@ehess.fr • www.editions.ehess.fr